国家出版基金项目
NATIONAL PUBLICATION FOUNDATION

国家重点研发计划“城市交通智能治理大数据计算平台及应用示范”
(2018YFB1601105) 资助

“十三五”国家重点图书出版物出版规划项目

U0819521

——面向未来的交通出版工程·交通大数据系列——

面向城市交通治理的大数据计算平台 TransPaaS

张晓春　林　涛　段仲渊　丘建栋 / 著

同济大学出版社·上海

图书在版编目(CIP)数据

面向城市交通治理的大数据计算平台 TransPaaS/张晓春等著. —上海:同济大学出版社,2021.11

面向未来的交通出版工程. 交通大数据系列 "十三五"国家重点图书出版物出版规划项目

ISBN 978-7-5608-9971-8

Ⅰ.①面… Ⅱ.①张… Ⅲ.①数据处理—应用—城市交通运输—交通运输管理—研究—中国 Ⅳ.①U12-39

中国版本图书馆 CIP 数据核字(2021)第 225976 号

国家重点研发计划"城市交通智能治理大数据计算平台及应用示范"(2018YFB1601105)资助

"十三五"国家重点图书出版物出版规划项目

国家出版基金资助

上海市新闻出版专项资金资助

面向未来的交通出版工程·交通大数据系列

面向城市交通治理的大数据计算平台 TransPaaS

张晓春　林　涛　段仲渊　丘建栋　著

丛书策划：高晓辉
责任编辑：高晓辉
责任校对：徐春莲
封面设计：王　翔

出版发行　同济大学出版社　www.tongjipress.com.cn
　　　　　(地址:上海市四平路 1239 号　邮编:200092　电话:021-65985622)
经　　销　全国各地新华书店、建筑书店、网络书店
排版制作　南京文脉图文设计制作有限公司
印　　刷　上海安枫印务有限公司
开　　本　787mm×1092mm　1/16
印　　张　20.5
字　　数　512 000
版　　次　2021 年 11 月第 1 版
印　　次　2022 年 8 月第 2 次印刷
书　　号　ISBN 978-7-5608-9971-8
定　　价　168.00 元

版权所有　侵权必究　印装问题　负责调换

内 容 提 要

近年来，随着数据驱动城市治理的理念逐步推广，我国 36 个主要城市中有 10 个开展了城市级大数据平台建设工作，研发了交通运行监测系统、评价分析系统、决策支撑系统等各类型的交通大数据应用。但如何对各类数据进行有效整合，形成强大的交通计算平台，对交通实时运行状态进行掌控，对长期状态进行研判，是当前大城市交通治理的关键。本书提出了城市交通大数据智能计算平台的完整技术体系，围绕城市交通大数据的全生命周期管理与交通算法模型平台构建，结合分布式大数据计算、容器化技术、弹性资源调度技术，介绍了城市交通大数据智能计算平台的搭建与应用示范。

本书第 1 章介绍了城市交通大数据计算平台的背景与趋势，2020 年中央政治局常务委员会首次提及数据中心建设，大数据平台建设已上升到国家战略层面。第 2 章介绍了城市交通大数据计算平台的目标选择与通用架构设计。包括对城市交通治理内涵的解读，交通大数据平台的发展路径，对目前存在的问题与痛点进行了分析，并基于此提出了城市交通大数据计算平台的通用架构设计。第 3 章介绍了构建城市交通大数据计算平台的关键技术，包括分布式大数据平台，容器化技术，资源与任务调度技术，数据抽取、转换与装载技术，安全控制技术与多租户管理技术。第 4 章介绍了业务驱动的交通数据中台是如何构建的，主要内容包括数据中台的架构设计、多源数据汇集、数据标准体系、数据治理、数据服务与数据安全体系。第 5 章介绍了如何构建标准化的、弹性资源调度的交通算法中台，主要内容包括算法中台的架构设计、算法的标准规范、算法资源管理与算法服务。第 6 章介绍了深圳交通中心基于交通大数据计算平台的理念与架构设计打造的 TransPaaS 平台，主要内容包括功能与界面介绍，以及实际的应用案例。第 7 章介绍了 TransPaaS 平台在深圳、湛江、苏州等城市的应用示范。

本书可作为高等院校交通大数据教学实验与科研的参考书，也适合从事智慧交通或交通规划领域的工作者以及政府相关管理人员阅读。

作者简介

张晓春，男，教授级高级工程师，全国工程勘察设计大师，深圳市工程勘察设计大师，深圳市城市交通规划设计研究中心主任/董事长、深圳市智慧城市科技发展集团有限公司董事长；国家重点研发计划重点专项首席科学家，科技部“十三五”“十四五”核心专家，中国城市规划学会城市交通规划学术委员会专家，中国智能交通协会常务理事，广东省交通信息工程技术研究中心主任，深圳市交通信息与交通工程重点实验室主任，同济大学、中山大学兼职教授，深圳大学特聘教授，深圳市政协委员、人口资源环境委员会副主任。主持开展了深圳、香港、澳门、南昌、南宁、成都、重庆、宁波、长春等国内40多个重要大城市的交通发展战略与政策、重大交通专项规划和设计、智能交通和大数据等大型项目；曾获全国优秀规划设计一等奖、省部级科技进步一等奖、中国土木工程詹天佑奖等各级奖项80余项。主持参与了《建设项目交通影响评价技术标准》《城市停车设施规划导则》等多部标准的编制，出版《面向协同实施的城市交通规划》《深圳城市交通规划设计技术体系及工作指引》等系列技术专著。作为项目负责人，主持了国家重点研发计划“综合交通运输与智能交通”专项“城市交通智能治理大数据计算平台及应用示范”项目。

林涛，男，教授级高级工程师，深圳市城市交通规划设计研究中心总经理，深圳市首批杰出青年工程勘察设计师，兼任国家重点研发计划首席科学家/项目负责人、中国城市交通规划学会专家委员会专家、深圳市城市规划协会/学会副会长、深圳市城市交通协会副会长、深圳智能网联汽车产业创新促进会会长，深圳大学特聘教授、中山大学和华南理工大学校外导师。长期从事城市交通发展战略与政策研究、城市综合交通规划、城市综合治理、工程设计、智能交通和产业实践、城市级大数据平台规划及建设等技术工作，近年来先后荣获中国土木工程詹天佑奖1项、全国优秀城乡规划设计二等奖1项、省级优秀城乡规划设计一等奖3项，合计获得各类奖项共计50余项。作为项目负责人，主持了国家重点研发计划“物联网与智慧城市关键技术及示范”专项“城市地面基础设施智能监测与运行保障关键技术研究与示范”项目，主编完成了《深圳市交通拥堵综合治理探索与实践》《深圳市综合交通体系规划与实践》2部著作，在核心期刊上发表论文

20余篇。

段仲渊，男，高级工程师，深圳市城市交通规划设计研究中心交通信息专业总师、数据模型中心主任，深圳市交通信息与交通工程重点实验室主任委员，广东省交通信息工程技术研究中心特聘研究员。具有20余年的交通信息化从业经验，主持了深圳市多个大数据、交通仿真项目及科研课题，在推进重大交通基础设施建设、交通与信息化研究和有效缓解交通拥堵中起到了关键性作用，有力推进了全市交通发展，为深圳城市建设、经济社会发展做出了重要贡献。发表论文15余篇，获得发明专利5项，参编出版书籍5本，获国家、省部级及市级优秀规划设计奖及科学技术奖20余项，其中城市交通仿真系统获得华夏科技一等奖；城市交通综合评估系统获得中国智能交通科技二等奖。

丘建栋，男，教授级高级工程师，深圳市城市交通规划设计研究中心副总工程师、交通信息与模型院院长。具有15年交通建模、交通仿真和大数据领域从业经验，主持或参与30余项大、中城市的大数据及仿真平台项目，参与10项部省市级科研课题，是“利雅得宏观交通模型”“城市交通大数据智能计算平台”“深圳福田中心区智能交通工程”“深圳市交通大数据公共技术服务平台”等课题主要负责人，科研贡献卓越。累计申请30项专利，发表论文35篇，参编5本专著和行业标准。曾获华夏科技奖、中国智能交通科技奖、中国公路科学技术奖、深圳市科技进步奖等23项省市级奖项。2015年建立面向全球的“未来交通实验室”。获评为深圳市投控系统“十大青年工匠”、深圳市罗湖区“菁英人才”，以及深圳市高层次专业领军人才。

“面向未来的交通出版工程·交通大数据系列”

丛书编委会

学术顾问

周兴铭

郑健龙

吴志强

朱合华

李　杰

主　任

全永燊

副主任

杨东援

编委会成员（以姓氏笔画排序）

马　林　方守恩　邓兴栋　丘建栋　刘永红　李　健

李玮峰　杨　飞　杨　涛　余　志　张天然　张晓明

张晓春　陈小鸿　邵　丹　林　群　林航飞　周　涛

段仲渊　段征宇　郭继孚　薛美根

本书编委会

庄立坚	谭章智	杨　滇	刘　恒
罗钧韶	屈新明	陈振武	周　勇
易　双	朱　玥	潘嘉杰	邵　源
汤俊青	杨湘绥	朱华强	林青雅
董绍轩	傅恺延	叶柏龙	黎旭成

总 序

FOREWORD

城市交通领域正在发生一系列深刻的变化。在管理体制变革、相关技术领域创新以及社会发展目标变化的背景下，城市交通战略与对策规划方法、技术支持系统务必作出相应的调整。如何将与交通相关的大数据资源转变为决策支持，进而提升相关的行动效果，正是在此背景下提出的重要课题。

当前，正值交通规划与战略决策体系变革的热潮，我非常高兴地看到"面向未来的交通出版工程·交通大数据系列"丛书的编写稿。这套丛书涵盖了基础分析理论、实践经验总结、平台构建实操以及领域场景应用思考等各个环节，为城市交通规划、设计和管理领域大数据技术的应用推广提供了宝贵的理论依据和实践范例。丛书的作者们长期致力于交通大数据分析领域的研究与实践，字里行间蕴藏着他们的不懈努力和辛勤付出。

在生态文明的前提下，强调以人为本的城市交通，面临着通过技术与政策解决社会问题的巨大挑战，是一个需要体系化作战才能取得胜利的战场，也是一个存在诸多未知和不确定性的领域。经过多年努力，尽管我们已经在交通网络连接方面取得了巨大的成功，在构建健康社会和经济空间结构方面不断取得进展，却依然面临社会治理模式、城市生活模式和经济发展模式转型的挑战。因此，突破原有经验和理论的束缚，通过创新决策方式、创新服务模式、创新对策方法，探寻城市交通可持续发展的路径，显得尤为重要。

交通大数据技术所展现出的应用前景，对于城市交通复杂系统的可持续发展具有重要的意义。它能够帮助管理者和研究人员更加及时、准确地认识城市交通自身属性，乃至认识所关联的社会经济环境发生的变化，更快地掌握演化进程中的各种规律，更好地适时响应外界环境变化对城市交通系统生存发展的调控需求。交通大数据已经成为科学决策不可或缺的基础资源与技术支持手段。

对于处在变革和创新时代的城市交通来说，交通大数据技术绝非信息技术的简单应用，而是推动管理和决策模式变革的一种技术手段。正因如此，对于应用场景的深入理解，对于管理和决策科学的融会贯通，是交通大数据研究的精髓，也是这套丛书的独到之处。在领略大数据应用逻辑的基础上研究数据处理方法，是这套丛书向读者传递的重要学术内容。

尽管我们在交通大数据技术研究和应用方面取得了可喜的进展，但若想真正进入“自由王国”还需付出更大的努力。希望这套丛书的出版，能够帮助更多人进入这一富有挑战和希望的领域，从而更好地推动城市交通领域的技术进步。

（全永燊）

2021 年 11 月

前言

PREFACE

大数据是现代信息社会的重要战略资源，是加快社会数字化转型、提升政府治理能力现代化的重要驱动力。交通是大数据实践应用的关键领域，以数据治理驱动城市交通治理，全面提升城市交通服务和市民出行品质，是新时期城市交通发展的一项重要任务。

大数据具有多元化、大样本、动态性、广覆盖等特点，既为城市交通治理研究提供新机遇，也带来巨大挑战。海量跨媒体多源数据异构、数据时空分布碎片化，难以对大规模城市交通实体的运作规律形成完整而全面的感知。交通态势研判主要关注交通流量、速度等表象特征，缺少因果分析、时空溯源分析以及交通实体间的机理关系分析，对交通问题成因、未来发展态势等决策支撑能力明显不足。尤其是数以亿级的交通实体特征的多维度高阶瞬间提取，和全市域、大范围、大规模快速交通推演的巨大算力要求，传统大数据处理平台架构难以支撑应对。面对不同规模城市、不同时期交通治理阶段对信息系统资源的差别化需求，集中统一建立数据和计算中心的建设模式缺乏弹性，难以兼顾成本和效率。

分布式云计算、PaaS多租户等平台技术日趋成熟，为突破传统交通治理模式，实现基于交通大数据智能计算的城市交通治理提供了新思路和新技术支撑。围绕城市交通治理的“应急事件识别及处置、短期交通态势研判及管控、中长期城市生长分析及决策”等多个场景应用，构建一个集数据治理体系、计算体系和服务体系于一体的交通大数据计算云平台。平台提供按需调度的可伸缩、高可靠的云平台计算能力和可编辑的城市级图形生成能力，最终实现数据资源标准化共建共用、算法模型上架共享及积木式编排搭建复用和快速可视化全能制图能力，为城市交通规划、建设、管理和多部门决策业务需求提供重要基础支撑。交通大数据计算平台将作为城市交通治理的关键技术引擎，成为一种新型的城市交通治理基础设施和技术装备。

本书为“十三五”国家重点图书出版规划项目“面向未来的交通出版工程·交通大数据系列”丛书中的一个分册，系统梳理了深圳市城市交通规划设计研究中心近些年在深圳、湛江、苏州等城市构建交通大数据平台的理论研究与应用实践相融合的成果，即面向城市交通治理的大数据计算平台（简称 TransPaaS 平台），重点论述了 TransPaaS 的架构设计、关键技术和应用实践。

全书共分为 7 章。第 1—3 章提出大数据计算平台是城市交通治理关键技术引擎，重点介绍大数据计算平台产生的背景，交通行业大数据平台的内涵、技术路径与总体架构；第 4 章、5 章提出如何高效地建设交通数据中台和交通算法中台，重点介绍了面向全息感知的交通大数据平台、海量知识高阶提取的交通知识图谱、复杂交通系统推演及弹性计算的交通算法中台；第 7 章、8 章提出如何更好地让数据充分应用起来，重构数据空间与业务空间，以公交、轨道和道路等常见场景的规律分析和协作式的智能规划制图切入，重点介绍高度集成的 TransPaaS 大数据计算平台功能、架构设计及其主要城市应用实践成果。

本书可作为高等院校交通大数据教学实验与科研的参考书，也适合从事智慧交通或交通规划领域的工作者以及政府相关管理人员阅读。

将发展迅猛的现代信息技术与城市交通治理应用结合，促进城市交通治理能力提升，任重道远，需要不断深入研究与探索实践，希望本书能够起到抛砖引玉作用。由于编者认识局限、水平有限，本书难免存在谬误、错漏之处，恳请读者批评指正。

编　者

2021 年 10 月于深圳湾

目 录

CONTENTS

1 大数据时代下的城市交通治理

1.1 城市交通治理的新挑战

进入 21 世纪,中国城镇化、机动化进程不断加快。近 10 年来,中国城镇化率由 36.2%提高至 63.9%,城镇常住人口由 4.6 亿人增至 9.0 亿人。北上广深等城市机动车保有量均超过 300 万辆,全国民用汽车保有量从 1 609 万辆增至 28 087 万辆[1]。随着我国超大城市空间的规模不断扩大、产业结构持续优化、人口教育水平与交通基础设施水平大幅提升,交通发展工作重点也逐步从“要素驱动、规模增长”阶段转到“创新驱动、内涵提升”的新发展阶段。当前,我国超大城市的交通发展面临一系列共性问题与挑战。一是区域协同层面,跨市域边界、跨交通方式、跨利益主体的多元协同需求凸显,交通设施共享水平及协同发展能力亟待提升。二是空间约束方面,重大交通战略设施建设及运营服务模式面临转型升级,交通设施的建设及运营模式亟待转型,在有限交通空间内寻求价值最大化。三是品质诉求方面,超大城市出行需求持续增长,出行目的日益多元化,对个性化出行服务和宜居环境的诉求日益强烈。如在城市道路空间使用时强调交通、商业、服务、景观等功能有机融合,实现从“道路”向“街道”的转变,打造充满活力的高品质公共活动空间。四是创新驱动方面,未来 15～30 年,共享移动性、汽车电气化、自动驾驶、新型公共交通、可再生能源、新型基础设施、物联网等将得到飞速发展,城市交通的设施供给模式、服务组织方式与管理范式将发生颠覆性改变。总之,当前城市交通发展,以交通设施规模扩容为主的供给模式难以为继,亟需推动交通结构、功能与品质的全方位提升,需要全面把握城市交通内存运行规律,支持治理决策。

1.1.1 日益复杂的城市综合交通体系

随着中国主要城市均进入跨越式发展阶段,综合交通体系内涵不断丰富,交通需求特征发生巨大变化,交通系统体系结构日益复杂化[2],运输规模不断扩大,运输种类方式日益增多,交通数据信息量呈现爆炸式增长。交通形势快速变化,管理部门难以及时跟踪、准确掌控、高效评估交通发展态势,交通治理与决策面临重大挑战[3]。一方面,管理部门越来越难以准确掌控交通发展态势来进行科学决策;另一方面,交通综合治理是一项复杂的系统工程,需要全面的数据调查、科学细致的交通评估分析。传统以定性分析和问卷调查获取数据等手段,时效性差,频率较低,过度依托于样本数据的抽样统计和被调查对象的意愿,对全过程环节的质量管控要求很高,难以获得真实的客观规律。

城市交通治理,尤其是重大工程项目的规划与建设,其牵涉影响面更趋广泛,对市民日常工作生活、社会经济活动开展、城市功能影响巨大。以公共财政为主体参与投资的城市轨道、干线道路等重大基建项目,以及小汽车限购、停车政策调整等重大交通管理政策,耗资巨大、影响深远,为避免投资浪费、保障公共财政投入的合理性和有效性,需要进行多方案综合评估并谨慎决策。新时期交通和城市发展对于更加科学、高效的交通规划决策提出了更高要求。

因此，传统城市交通治理模式已难以适应当前发展要求[4]。我国亟待构建面向未来城市的数据治理体系，以数据治理驱动城市交通治理，推动决策能力、管控能力、服务能力以及共治能力的全面升级。

1.1.2 数据驱动城市交通治理模式变革

在当前成本低、覆盖广、时效性强的交通大数据迅速发展新形势下，数据驱动交通治理模式变革，迫切需要借助"互联网＋大数据＋交通"创新思维，开展交通大数据系统平台建设，依托平台进行定量化、系统化的交通评估分析，需要依托数据对内在运营规律的深刻洞察，来对方案进行研判，确定方案可行与否、孰优孰劣，为规划管理部门提供有效的规划技术突破与决策支持。

通过较低成本和广泛覆盖的手机信令数据，建立人员出行监测分析的应用服务，可动态监测分析人员的出行特征及时空分布特征，为人员出行热点分析和流量监测预警提供支持。通过卡口视频等数据，建立车辆出行监测分析的应用服务，分析评估车辆出行轨迹、出行时空分布特征，并可识别通道机动车流量流向，进行溯源分析，评估交通出行需求及分布情况。通过出租车 GPS 数据，建立道路交通运行监测分析应用服务，进行道路交通运行动态实时监测和评估，掌握道路交通运行特征，并可识别常态化交通拥堵路段，能够分析拥堵产生和消散的演变过程，也可分析拥堵时空分布，进行交通拥堵成因机理分析。以公交 GPS 等数据为基础，提供公交运行监测分析服务，可实时动态监测公交主走廊的公交运行速度，对比小汽车运行情况，进行公交竞争力分析。通过上述各类动态交通监测评估应用服务，为分析城市交通发展政策与综合治理措施对城市交通系统的实际影响，多元、多层、多维度地提供定量化的技术手段。因为相应的业务建设需要，以上交通大数据采集可以产生大量的数据副产品，通过对这些数据的挖掘分析，得到城市交通运行规律的客观证据。

1.2 数据驱动城市交通治理的瓶颈痛点

交通大数据平台汇聚了来源多样、类型繁杂、体量巨大的数据，需要对动态监测、分析研判、方案决策等多种类型的应用提供支撑。在整合各类服务对象的不同需求、建设平台和应用系统的过程中，面临着诸多痛点问题。

1.2.1 缺乏顶层设计，平台建设盲目

城市交通治理是一个综合性的复合新兴领域，涉及交通全息感知、超大规模实体的知识表达、交通态势科学推演、高性能计算等方面的技术，相关的方法体系尚未建立，无法深度把握城市交通复杂规律。支撑城市交通治理的智能计算平台缺乏相关的理论体

系支持，缺乏顶层设计，数据采集盲目，平台建设盲目，具体表现在：

（1）信息收集碎片化，无法获取完整的出行链及活动时空规律；

（2）缺乏社会经济属性挖掘，规划政策难以“对症下药”；

（3）短期预测各个子系统的推演普遍独立，难以形成联动；

（4）长期预测缺乏城市生长演化的过程调控；

（5）前端采集、网络传输、计算资源动态调度遇到瓶颈；

（6）现状推演无法“秒出”结果，准确率无法支持实时调控。

由于缺乏顶层设计，现有的城市交通大数据平台难以形成对交通复杂规律的认知洞察能力、推演判断能力、规模计算能力和社会共治能力，这些特点制约了城市交通规划政策管控、实时状态调控、精细化需求引导等交通治理应用。

1.2.2 要素关系多阶，知识表达不明

交通治理的核心是制定公共政策、协同规划建设、精准供需匹配、动态调节管理水平，这需要对大中城市百万级甚至千万级出行规律的全面、客观、准确、及时地把握。交通要素包括人、车、路、空间，随着城市交通的规模不断扩大、深度不断加深，各要素之间的关系从一阶向多阶转变，关系规模超过万亿级别，检索、计算的时空复杂度超过关系数据库的应对极限，亟需建立大规模城市交通知识表达、检索、抽取和推理的技术体系，刻画人、车、空间特性和活动链条的全息数据，按照时间、空间关联关系抽取，建立相互之间的直接因果以及多阶因果关系，用于揭示居民出行规律、交通运行规律以及城市演化规律。

1.2.3 平台架构单一，难撑复合需求

城市交通治理业务功能多种多样，对应的数据种类不尽相同，数据组织与知识表达的存储格式、调用方式各异，研判的算法、模型具有不同的特征，对计算的性能、时延也不一样。此外，城市交通治理涉及大量的视频、信号灯、地磁等传感器，云、边、端的设备如何在同一个架构体系下协同工作，也是一个急需解决的关键问题。业务、功能、设备、数据、算法等方面的多样性需要一个强大的平台架构支持，而现有的大多数大数据计算平台架构较为单一，多采用云端分布式集群的技术架构完成数据汇集、治理、计算等操作，不能够满足城市交通治理的复合业务需求、多样数据需求以及实时响应的研判计算需求。如何设计一个协同调度“云—边—端”设备的分布式计算架构，支撑业务功能差异化、数据弹性生长的城市交通治理场景，也是城市交通大数据计算平台需要解决的重要问题。

1.2.4 数据种类多样，缺乏数据体系

交通领域的数据分布广泛，类型多样，采集手段各异，数据资源如何分类、如何组

织，是交通大数据在管理、使用和开放共享方面需要研究的首要问题。目前交通领域的数据组织、管理还处在很初级的阶段，具体表现在：

（1）缺乏统一的标准，对数据仓库、数据表、字段的命名、数据类型、数据长度、是否主键、是否应该建立索引等进行规范，使得每接入一项数据或增加一个表格，需要花大量时间对数据进行标准化的讨论与设计。

（2）缺乏数据模型的设计、管理与维护，当数据项发生变化时，往往是直接对数据表（物理层）进行更改，忽略了数据模型（逻辑层），从而难以对数据的版本进行管理与追溯。

（3）没有建立元数据的管理与维护机制，元数据的设计不完善，技术元数据与业务元数据的缺项很多，难以满足数据管理与数据服务的需要；也没有建立元数据的自动采集程序，定期对元数据进行维护。

（4）没有建立各类数据的"血缘"管理，无法进行数据表与数据字段的影响分析，识别出会因数据表或字段发生变化而受影响的数据表与字段，也无法对数据的"血缘"进行追溯，无法建立数据全局地图，识别出交通大数据平台中的关键数据表与关键字段，对它们进行重点维护与监控。

（5）没有建立主数据管理的流程与系统，主数据是指系统间的共享数据，主数据必须存在并加以正确维护，才能保证业务系统的参照完整性，但目前，交通大数据平台中哪些数据是主数据，这些主数据如何进行管理、如何正确维护、如何提供服务，这些问题并没有得到重视与研究。

（6）没有建立数据治理的流程规范，交通行业对于数据治理的理解还停留在数据管理的初级阶段，很多单位甚至没有配备专门的数据管理员（Database Administrator，DBA），数据管理极为粗放，数据库账号密码管理不严，随意传播，任何人都可以对数据库进行操作，随意建表、删表、修改表，既无法对这些数据库操作进行监管，也无法评估这些操作带来的影响。

城市交通大数据计算平台需要解决的首要问题，是建立交通大数据管理、使用、开放共享的标准规范体系，包括：多源交通数据的分类体系，建立各类数据的数据字典，对数据的数据项、数据结构、数据流、数据存储、处理逻辑等进行定义和描述；交通大数据的元数据框架体系，保证数据的高效管理、查找、评估与共享；涵盖交通大数据的处理、存储、组织、分析与应用的全生命周期。

1.2.5 数据多源异构，汇聚监管困难

交通大数据的类型众多[5]，如浮动车 GPS 数据、公交 IC 卡数据、路况数据、手机信令数据、气象数据、人口数据等，具有来源多、类型杂的特点。

（1）来源多。城市交通大数据涵盖了交通数据、气象领域、环境领域等各方面的数据，涉及交通警察局、交通委、自然资源局、公交公司、地铁公司、统计局、气象局等多个

不同单位，来源于综合业务、指挥调度、交通监测、交通控制、信息服务等业务系统。

（2）类型杂。数据类型方面，既有结构化数据，也有各种类型的非结构化、半结构化数据；从数据形式上看，既有传感器、线圈等产生的流数据，也有以文件形式保存的数据，还有数据库记录，以及视频、图片、文字等数据。

来源多样、类型杂乱的多种数据，对数据接入的管理提出了挑战。目前国内交通大数据平台数据接入使用 WebSocket、Kafka、ETL 等多种不同的技术进行开发。一方面，各个接入程序需要手动管理，没有形成统一的数据汇集平台，导致数据接收的管理与运维困难，接收程序可能分布在多台服务器中，需要管理员人工进行维护，如果集中在同一台服务器，又容易造成单台服务器的性能瓶颈；另一方面，也难以对数据接收进行监控，对接收中断、数据量异常、数据质量异常等问题进行识别与预警，问题出现时，不能及时地掌握情况，也很难排查出有问题的环节。

1.2.6 数据量大增长快，挖掘效率低下

城市交通时时刻刻都在产生、汇聚大量的数据，尤其是视频、图片等非结构化数据，例如北京、深圳等超大城市，每天产生的结构化数据超过 100 GB，如果考虑道路监控视频、卡口图片等非结构化数据，每天的数据量将达到 PB 级。面对如此数量级的数据，传统的关系型数据库已经无能为力，进行数据处理与计算的传统单体程序也无法承受如此巨大的计算压力，必须将数据存储与计算迁移到分布式大数据集群中。分布式大数据集群通过大规模服务器集群实现存储与计算能力的水平扩展，适合海量数据的场景。目前交通行业的从业人员大多不具备分布式大数据集群的相关知识，数据存储与计算的迁移需要改变行业人员的技术栈，增加额外的学习成本，对人员的技术要求更高。

1.2.7 质量标准不一，数据应用困难

目前交通大数据平台缺乏数据质量监管的工具与举措，平台无法保证数据的可用性，用户也无法获得数据质量的相关数据。数据质量的监管应该贯穿数据的整个生命周期。在数据接入的阶段应该对数据量是否异常、数据字段是否发生变更、车辆定位数据是何种坐标系（2000 国家大地坐标系、GCJ-02、WGS84、百度 BD-09 或其他）、是否空值、是否异常值等进行监测。在数据处理的过程中，对空值和异常值采取的是何种处理策略；计算交通指标或运用交通算法模型的时候，算法与模型的精度是多少，置信区间是多少与置信水平如何：这些关乎数据质量的重要问题，目前均没有相关的工具与规范。平台应建立数据质量的实时与定期监管措施，定期输出数据质量报告并向平台用户提供。

1.2.8 涉及个体隐私，缺乏安全分级

交通大数据涉及车辆牌照、个人身份、人脸特征等公民个人的各种隐私数据，迄今

在交通数据的采集、存储、计算、管理以及共享开放方面尚未建立安全有效的制度保障和技术支撑。涉及隐私的交通数据还存在难以进行跨部门数据关联分析、难以追溯审计等问题，而开放共享还存在个人隐私泄露、社会安全方面的风险。如何根据数据字段的敏感度，建立完善的分级管理制度，并根据数据字段的敏感级别和用户信用级别，确定大数据平台内的数据使用、数据下载等多场景下的脱敏策略，建立相关的数据安全管理制度，保护数据隐私，是交通大数据平台建设不得忽视的问题。

1.2.9 应用场景多样，服务对象广泛

1. 应用场景多，离线分析与实时服务并存

交通大数据被广泛应用于交通管控与交通规划的各个方面，包括道路运行监测、车辆运行监测、公交运行监测、停车监控、交叉口延误监测、交通碳排放监测等交通动态监测系统，职住平衡分析、出行需求分析、公交客流分析、货运通道研判、对外交通研判等分析研判系统，拥堵治理、道路规划设计、公交线网优化、交通改善方案评估等方案决策系统。这些应用场景可以划分为离线数据分析与实时数据服务两种不同的场景。

（1）离线数据分析场景。交通大数据应用的核心是对多源数据的挖掘、分析和关联，发现交通运行的机理和规律，为交通决策者、管理者和出行者提供数据支撑。这些分析操作包括对数据进行不同的时间和空间粒度的切片、汇总、分类、组合分析等，大部分是基于归档和历史数据，对数据库基本上都是只读操作，对数据库操作的实时性要求不高。

（2）实时数据服务场景。随着应用的不断深入与推广，对交通大数据的实时数据服务需求也在不断增加，如出租车、公交车等重点车辆的实时位置监测，公交实时到站预测，车辆轨迹查询等，这些数据服务会对数据库进行大量的并发查询，需要快速返回查询结果。

两类不同的应用场景对应的系统目标与响应需求完全不同，为了保证不同场景下的使用性能，必须对交通大数据平台的数据架构进行针对性地设计，保证交通大数据的分析能力与数据的实时服务能力。

2. 服务对象广，功能需求多

交通大数据平台的应用场景多，服务的用户对象范围广，用户层次与用户需求各不相同，给平台带来诸多挑战。服务对象包括交通规划师、数据管理员、算法开发人员、业务系统开发人员等，这些用户中，有精通编程技术的开发人员，也有计算机技术水平相对较弱的交通规划师，他们使用平台的目的不一样，使用平台的方式也不一样，由此带来平台的功能需求各不相同。对于交通规划师，他们关注的是如何快速地获取交通规划需要的数据，并进行一定的分析，制作相应的图表，生成分析报告，他们关注的是获取数据的便捷性、数据的质量和图表的美观，要求平台的数据能够按照应用场景进行组织，并提供清晰明确的数据说明，对平台的性能和响应时延要求较低；而对于业务系统

开发人员，他们更关注平台的数据服务能力和快速响应，而不太关注数据表格之间的逻辑层次。

如何有效地整合各类服务对象的不同需求，设计平台的功能架构，是交通大数据平台构建的重点和难点。

1.2.10 算法模型多样，难以统一标准

交通大数据的计算涉及数据清洗、标准化、指标计算、模型算法等，存在以下痛点问题：

1. 算法分散管理，重复开发严重

交通大数据的处理与计算还停留在单体程序的时代，不同的数据使用者往往根据自己的需要开发相应的算法，并在个人计算机上保存与运行。由于缺乏统一的算法平台，不同算法开发者之间难以互通有无，重复开发实现相同或类似功能的现象非常常见，严重影响团队的整体效率。此外，由于个人计算机的性能限制，常常需要耗费大量的时间在等待数据处理与计算的过程中；每个开发者都需要从平台获取数据与写入，自然需要数据库的账户与密码等信息，不利于平台数据的安全管理；开发者将计算的结果写入平台，由于是在个人计算机上计算得到的结果，也无法保证计算结果的可信度与可用性。

2. 算法模型多样，难以提供标准化的服务

交通领域的算法模型涉及经济学、社会学、行为学、交通工程学等多种交叉学科，交通模型可以分为三个层次：宏观模型、中观模型和微观模型。这些模型与算法需要依托昂贵的专业软件，模型构建与使用的过程十分复杂，门槛极高，只有少数交通工程师能熟练掌握。这些模型与算法是交通行业的核心能力，如果不能够将这些模型与算法移植到交通大数据平台，那么这个平台的作用与效果将大打折扣。

交通模型是交通行业最重要的支撑理论依据，各地交通模型建模平台差异(TransCAD、Cube、EMME、VISUM)与模型校核参数差异也造成了模型通用性差、模型建模过程难以公开透明、难以形成标准化的功能服务等情况。

3. 计算资源管理调度难度大

交通大数据平台的数据量大，应用场景多，服务对象广，算法模型多，必然会导致平台上运行的计算任务多样，计算密集。这些计算任务不仅给平台提出了巨大的性能需求，也对计算任务的编排、计算资源的管理调度提出了重大挑战。

1.3 大数据技术应用的发展趋势

从中国城市交通治理的现实需求出发，结合城市交通治理的基本内涵，构建数据技术支撑体系及对应的计算平台。该平台应始终围绕服务于人的需求，客观洞察各交通

实体的客观规律，用于组织城市高效、安全、低耗可持续运行的城市交通总体目标，在以城市群为主体形态背景下，通过大数据智能计算，支持制定差异化、阶段性城市交通治理目标。

1.3.1 应用层次尚属初级，深层次应用将成为发展重点

按照数据开发应用深入程度的不同，可将众多的大数据应用分为三个层次：第一层，描述性分析应用，即指从大数据中总结、抽取相关的信息和知识，帮助人们分析发生了什么，并呈现事物的发展历程；第二层，预测性分析应用，即指从大数据中分析事物之间的关联关系、发展模式等，并据此对事物发展的趋势进行预测；第三层，指导性分析应用，即指在前两个层次的基础上，分析不同决策将导致的后果，并对决策进行指导和优化。

目前大数据应用可分成三个层次，第一层次也是最初级的层次是描述性分析，第二层次为预测性分析，最深层次是决策指导性分析。当前大数据应用实践中的分析应用多是第一层次和第二层次，而最深层次的指导性应用较少。这三种层次的大数据分析应用也可以对应人们决策过程的三个基本步骤：认识现状、预测未来和选择策略。三类应用的区别在于决策过程中人与计算机之间关系的不同。在描述性分析应用中，计算机仅承担描述当前状况的任务，将当前态势以图可视化等形式呈现出来，而判断未来态势或不同的决策后果等预测指导的工作依然需要人类专家来完成。在更高层次的分析应用中，计算机负责更复杂的工作，对效率的提高更大，自然也具有更高的价值。深度神经网络在大数据分析应用中虽已经得到一定发展，但除了不完善的基础理论，模型不具可解释性、鲁棒性较差等也是限制其在大数据应用领域发展的几大缺陷。这导致最高层次的决策指导性应用只能在非关键领域取得应用成果，而无法在自动驾驶、医疗健康等与人类生活息息相关的关键性领域发挥作用，意味着真正实现高层次的大数据分析应用面临很多问题和挑战，还要突破一系列重大基础理论与核心技术。随着大数据技术的发展，应用领域未来的重点是预测性和指导性的应用，将给多行业、多领域的人们和企业带来实质性的价值变化。

1.3.2 治理体系未形成，隐私安全效率成短板

随着大数据在各个行业领域应用的不断深入，大数据已成为重要战略性资源，然而大数据治理体系的不完善是制约大数据发展的一大因素。这导致对数据资产地位没有统一的认识，数据流通和管控困难重重；无法打破数据壁垒，数据开放共享面临不少阻力；数据泄露和滥用、隐私安全等问题，仍缺乏数据立法、信息保护等相应措施来应对。大数据治理体系发展的落后使得数据价值难以得到发掘和利用。

其中隐私与安全问题尤其制约了大数据的开放共享，然而当前数据共享开放的整体需求、共享的使用量都在大幅提升。目前对海量高质量数据资产的分析与挖掘使得

人工智能应用发展迅速，但单一组织机构往往难以实现大量的高质量数据资产的采集和积累。同时单个系统或组织往往仅能汇聚单一来源、局部片面的信息，难以对多源数据进行融合分析应用，缺乏大数据的广度和深度。因此，只有推进大数据流通与共享共赢，才能发挥大数据的巨大价值。

然而，数据在没有规则和法律保护下的开发与共享，可能导致个人隐私、商业秘密的泄露，甚至影响国家安全，因此必须对其立法，规范和限制数据的有效流通。欧洲是全球数据立法最早的地区，鉴于互联网公司对个人数据的不正当使用而导致的隐私安全问题频发，于 2018 年 5 月 25 日正式实施了“史上最严格”的数据安全管理法规《通用数据保护条例》(General Data Protection Regulation，GDPR)。欧洲的《通用数据保护条例》生效后，Facebook 和 Google 等互联网企业被指控强迫用户同意共享个人数据而面临处罚，引发舆论广泛关注。2020 年 1 月 1 日，美国发布《加利福尼亚消费者隐私法案》(California Consumer Privacy Act，CCPA)，被称为最具典型意义的州隐私立法的个人隐私保护法案。CCPA 明确了消费者权利清单，旨在加强消费者隐私权和数据安全的保护，相关企业收集个人信息后，企业负有保护个人信息安全的责任，消费者可控制并拥有其个人信息的权利。2021 年 9 月 1 日，中国正式施行《数据安全法》，规范了数据处理活动，保障数据安全，促进数据开发利用，保护个人、组织的合法权益，维护国家主权、安全和发展利益。中国的《数据安全法》将改变国内长期以来对数据的“重搜集、轻保护、弱治理”现象，加强全民数据安全保护理念，为个人、企业及政府数据安全“保驾护航”。因此，在欧美和中国均建立法规保护数据安全的背景下，过去利用互联网平台中心化搜集用户个人数据，实现精准营销的典型商业模式将面临重大挑战和行业洗牌，以上企业将转型把重心放在数据的深度治理和挖掘增值。

近年来，围绕大数据治理这一主题及其相关问题，国际上已有不少成功的实践和研究探索工作，诸如在国家层面推出的促进数据共享开放、保障数据安全和保护公民隐私的相关政策和法规；针对企业机构的数据管理能力评估和改善，面向数据质量保证的方法与技术，促进数据互操作的技术规范和标准；等等。目前大数据治理的重要性已得到社会各界的广泛认可，人们已将其作为大数据发展的重点，但大数据治理体系建设仍处于萌芽期，仍需长期推进大数据治理体系建设。

1.3.3 理论技术不成熟，技术体系渐进发展

随着科技的发展和社会的进步，人们的生活方式发生了重大改变，大到各行各业，小到衣食住行，几乎每个行为都以数据的形式存储下来，数据的规模、数据种类都在以几何级数增长。国际信息技术咨询企业国际数据公司(IDC)的研究显示，全球数据存储容量在 2020 年就已经达到 44 ZB，预估到 2030 年就将突破 2 500 ZB。然而，目前数据处理能力已远远落后需要处理的数据量，因此大量数据无法得到及时处理，这导致数据利用率低，未能发挥应有的价值，大量数据在成为“暗数据”。国际商业机器公司

(IBM)的报告同样显示了这一点,大量数据未被发掘和理解,大多数企业只分析和应用了其全部数据的 1%。

近年来,在大数据采集、处理及分析等相关技术上取得了重大进展,但对于大数据基础理论的研究还处于起步阶段,同时存在类似下述三个例子的一些问题:其一,虽然对于大数据的定义已有初步共识,但在大数据的一些本质问题上还有争议;其二,虽然在许多领域已有针对性的专用技术方案,但在通用性方面进展缓慢,迟迟没有形成通用的技术体系,甚至无法回答是否能够实现通用体系的问题;最后,由于大数据应用领先于理论和技术的发展,在数据分析的结论缺乏坚实理论基础的情况下,需谨慎使用这些结论。

信息技术未来将在相当长的时间内继续保持渐进的发展趋势。根据指数增长模型,技术发展带来的数据处理能力提高的速度将远远落后于快速增长的数据量,并且数据处理能力与数据资源规模之间的差距还将不断扩大。数据规模的高速增长将使得信息技术体系进行颠覆式创新和变革,这也带来了发展机遇。例如,硬件资源虚拟化技术抽象地虚拟化了计算机 CPU、内存、硬盘等资源,硬件变得弹性可扩展和水平可扩展;中心化计算架构面临性能瓶颈后,云计算之后雾计算、霾计算的概念逐渐发展,“云—边—端”新型计算模式逐渐兴起;等等。

在此背景下,复杂城市交通治理应用,已具备初步的技术体系支撑,在信息化技术渐进发展过程中,城市交通大数据智能计算的应用实践也将持续演化,不断深化。

1.3.4 交通大脑渐兴起,深度、精度、广度待提升

在中国,9 亿城市化人口每天出行约 17 亿人次,主要大城市每天出行人次超千万。因此,能够全面、客观、准确、及时地把握城市级大规模交通运行规律,对交通拥堵治理具有至关重要的意义。当前,中国各大城市已初步采集了各类交通大数据,研发了评价分析系统,但如何对各类数据进行有效整合,形成强大的交通计算平台,对交通实时运行状态进行掌控,对长期状态进行研判,是当前大城市交通治理的关键。

据中国信息通信研究院统计[6],我国 36 个主要城市中有 10 个开展了城市级大数据平台建设工作,总占比不足三成,城市数字底座基础支撑能力严重缺失。同时,许多政府对数据的认知仍停留在资源归集层面,缺乏有效的数据治理,大多数城市仅将收集的数据用于查验或简单统计分析,缺少融合挖掘分析,业务间深层次关联不足,交通决策仍以经验判断、“拍脑袋”为主,智慧赋能水平较低[7]。以数据分析、经验判断为主的决策模式,逐渐向深度挖掘、动态推演的赋能模式转变。

现有的城市交通大脑更多关注如何构建智能化感知和决策提升,而忽视了将决策分析与交管业务深度融合、用智能化技术手段解决业务上的痛点和难点[8]。其关键在于“大脑”的承载体属性。一方面,交通综合运行监测与指挥调度平台(Transportation Operations Coordination Center, TOCC)属于“治标”承载体,包括对载运工具实时监测

和安全监管、对出行流量的采集和预警以及对突发状态的指挥和调度等，采集到的数据为公共出行、运输数据等“大公共交通”概念数据，而非全域流量、全局态势感知数据。另一方面，公安交通集成指挥平台属于“治本”承载体，包括对交通线路的规划建设、根据流量加密地铁和公交车次，以及根据出行需求增设道路等，而难以把控信号控制、事故处理、交通诱导及拥堵疏解等交警常态性处置工作，缺乏对城市交通实时性组织与控制。

2020 年中央政治局常务委员会首次提及数据中心建设，大数据平台建设已上升到国家战略层面，如何利用数据驱动交通业务流程再造，为交通管理服务智慧赋能成为新的挑战。现有交通系统在 AI 分析、交通知识图谱等快速分析技术与设施病害识别、个体锚点识别等高精度算法群能力上尚有较大提升空间，亟需通过建设基于大规模路网车道级实时在线交通仿真技术的城市级交通大脑，构建大数据赋能支撑能力，驱动业务精细化治理和多业务协同联动。

2 城市交通大数据计算平台内涵、技术选择与总体架构

2.1 城市交通治理与平台的内涵

2.1.1 城市交通治理现代化转型

城市交通治理是提升国家及城市治理能力的战略需求和重要抓手。党的十八届三中全会提出推动国家治理体系和治理能力现代化是社会主义现代化的应有之义，治理是保持可持续发展的必然要求[9]。随着我国经济的高速发展，在城镇化和机动化的双重作用下，城市交通引发的交通供需矛盾、交通拥堵等“城市病”日益严重，城市交通成为城市治理的重点对象，推动交通治理能力现代化已成为全面深化改革总目标的必然要求。

近年来，我国城镇化和城市建设取得了巨大成就，在城市更新阶段，城镇化发展重点由大规模增量扩张时代开始进入到存量优化的时代，逐步转向以提升城市品质为主的存量提质改造。以交通流和交通设施为交通研究的基本对象的观念已经转变，现在多以交通服务和复合交通网络为研究对象；城市交通的基本逻辑、治理要求、供给方式以及需求特征都在发生改变，由被动适应向主动干预转变，推动主动化新型交通管理。因此，如何构建及运营多模式复合交通系统网络就成为现如今城市交通研究的核心内容。城市交通的发展方向已经向基于综合性复合网络提升城市运行效率的方向转变，相应的研究手段也发生了变化，要求工程、经济、社会等跨领域跨专业的综合应用。城市交通治理现代化就是对社会治理的创新，呈现跨主体、跨领域、跨地域、跨方式、跨学科等特征[10]，涉及多领域问题及专业技术，需要多学科融合的研究手段。

欧美国际先进城市近年来致力于推动交通发展模式的创新与转变，从关注车辆转移到关注个人出行、出行的品质，以及通过交通政策来打造多元利益主体的平衡。通过关注点、目标、思想、方式流程等的变革，更好地服务于人的需求，组织城市高效运行，而品质与协同贯穿始终。表 2-1 为欧盟国家可持续移动性规划与传统交通规划的对比。

表 2-1　　欧盟国家可持续移动性规划与传统交通规划对比

项目	传统交通规划	可持续城市移动性规划
规划关注点	交通(Traffic)	人的出行(出行品质)
规划目标	交通流通行能力与移动速度	可达性与生活品质，同时注重可持续性、经济活力、社会公平、公众健康和环境质量
规划思想	分方式的独立系统	不同交通方式协同发展，并向更清洁、更可持续的交通方式演变(多方式协同，发展目标协同)

（续表）

项目	传统交通规划	可持续城市移动性规划
规划编制	交通工程师	多学科背景构成的规划团队（跨领域协同、多专业协同）
	精英规划	与相关利益团体一同实施透明参与式规划（利益协同）
规划效果评估与调整	有限的效果评估	定期规划效果评估与监督，适时启动规划完善程序（规划与效果协同）

城市交通治理能力向现代化转型，更多强调治理而非管理，强调政府服务转型、服务协同和创造社会价值，城市发展将突出精明治理、精明增长。治理强调多主体参与、对协调作用的重视、持续的互动过程而非仅是一套制度或规则。未来城市治理体系将凝聚城市战略体系、空间规划体系、公共政策体系、智慧交通支撑体系和治理机制体系为一体，更加关注交通需求的精准管控、交通管理的精明控制和交通服务的个性提供，以寻求城市治理的突破点，提升未来城市智慧化治理水平。交通治理不是一整套规则，而是一个长期持续的过程，既涉及公共部门，也涉及私人部门和个体等多元利益主体，交通治理关键途径在于“协同”，通过空间、组织和利益上的协同，以及发展时序上的协同来寻求交通相关多方利益的调和，实现服务品质提升。

2.1.2 城市交通治理的核心目标

城市交通研究的核心是人的活动，依据党的十九大报告“新时代、新思想、新征程”要求，围绕“主要矛盾是人民日益增长的美好生活需要和不平衡不充分的发展之间的矛盾”思考交通治理的目标。推进城市交通治理现代化，就是在新型城镇化背景下，以城市交通服务的均等化引导城市发展，构建全民共建共享的治理格局。围绕服务于人的需求，考虑发展不平衡、不充分的新矛盾需求，组织城市高效、安全、低耗可持续运行。

城市交通治理的核心目标是为人提供更好的服务。城市治理水平，实际上是国家治理能力的集中体现。城市交通治理的目标是在适当的交通设施规模基础上，采取合理的交通调控手段，优化交通资源配置，因地制宜、适时地落实公交优先战略，为市民提供公平、公正的交通出行服务。当前社会已经进入体验经济时代，市民更加追求精细化、品质化和丰富美好体验的出行。城市交通治理通过对交通公共资源的精细化、精准化配置，采取精细化交通管理手段，适应和满足人的需求，为市民出行提供更便捷、更舒适的交通服务。

2.1.3 城市交通治理的主要内容

城市交通治理主要包括空间治理、服务治理、数据治理和制度治理四大方面。

1. 聚焦区域和城市的“两个统筹”的空间治理

区域范围内，统筹重大基建、战略通道的空间布局与协同关系，促进更清晰的分工定位、更有序的竞争合作，是区域协同发展谋求的战略目标。“治理”思维的运用必将融入城市群重大发展战略。我国超大城市应打破原有的空港、港口、铁路枢纽在城市行政区划范围内相对独立发展格局，在“城镇群”“都市圈”的战略框架下，结合区位禀赋、产业特征、设施连通优势等，重新梳理各大枢纽定位，促进战略枢纽集群与城市群之间的协同发展。如粤港澳大湾区建设作为国家战略，区域交通完善亟需以治理思维优化各类设施和服务组织。湾区世界级机场群构建有必要针对空域资源紧张等制约因素，构建湾区空域综合治理框架，优化航权资源分配，实现机场间国际航线网络协同布局。湾区轨道交通发展，可通过“分线运输”组织模式，加快形成“多点接入、多向贯通”大湾区高速网络，构建大湾区高铁枢纽群，形成大湾区对外高效联络的核心功能节点[11]。

城市范围内，协同重点在于统筹空间分配和功能关系。城市亟需依托交通设计、城市设计、景观设计和智慧设计“四个设计”在同一空间内的融合，营造安全、高效、舒适、有获得感的公共环境，实现空间价值最大化。深圳市福田中心区当前正致力于新一轮空间品质改造提升，基于大数据的时空活动分析，推动机动车道数和车道宽度的合理压缩、路段路口的窄化和零高差处理，重塑人车界面、优化空间分配，提供开敞、舒适、连续、视听丰富、智慧化的慢行环境。通过打造国际一流、全球领先的高品质街道示范区和独具特色的中央活力区，提升深圳的城市核心竞争力。

2. 打造全程服务、品质体验的服务闭环的服务治理

服务治理的重点在于面向不同主体，从服务协同与品质提升两个角度出发，以实时数据为基础，构建服务融合、协同联动的新一代交通运输智慧服务体系，打造“全息感知—监测预警—全程服务—管理控制—品质体验”的管控服务闭环。

一是以综合交通枢纽为主要载体，全面提升多方式、多业务协同水平，强化共同决策、全程服务、应急联动能力。要求建设智慧交通运输一体化系统，打通数据信息壁垒，全面整合海、陆、空、铁交通运输大数据，实现一图全面呈现、一键全局掌控、一体应急联动、全程风险可控等功能。

二是秉承出行即服务的全新理念，提供零误差、零延迟、一体化、定制化的全链条 MaaS 服务。区域范围内，努力实现对外交通服务与城市出行服务在空间、运力、班次、安检、信息等方面的无缝衔接，增加多个服务系统之间的“能见度”，跨区域出行在城市端的通达深度。城市范围内，通过出行服务和城市生活服务的数据共享、预约联动、支付打通，推动城市出行服务向“出行＋”服务的转型升级，面向人的需求提供全链条一体化的城市生活体验。

三是打造体验式的智慧交通示范区。现有智慧交通系统难以适应新时期交通服务更加精细化、动态化、协同化要求，更难以满足各类人群的出行体验要求，亟需整体提升智慧交通系统架构、系统功能和系统应用等。近年来，深圳福田中心区、广州经济开发

区、苏州高新区等地区开展的智慧交通总体规划中均提出转变过去“以车为本”的智慧交通系统建设思路，转向以人的出行体验为核心全方位提升智慧交通系统服务能力。新时期，我国城市应着力构建万物感知、万物互联、万物智能、万物共享的体验式城市服务与智慧治理生态，把出行服务看作城市生活的重要环节，使交通设施和运载工具成为承载城市生活的高品质空间。

3. 构建面向可持续发展的开放数据体系数据治理

大数据在交通治理领域发挥真正的作用仍有大差距。数据治理首先需要推动政府政务信息数据和市场数据的开放共享；其次需以交通治理为导向，引导数据体系建设，扭转被动适应的局面。

一是进一步完善多维度的综合性数据开放体系，为多元主体参与和多元利益融合提供基础性支撑平台。《2014 年联合国电子政务调查报告》显示，从数据发布的格式来看，86 个国家和地区的开放数据能经电脑处理，56 个国家和地区采用非专有数据形式发布，24 个国家和地区的开放数据提供编程开发接口，11 个国家和地区采用开放标准。

二是分别建立城市级、片区级大数据精明增长观测闭环。深圳市近年来持续完善城市交通感知系统，逐步建立城市级交通健康生长完整观测体系，长期跟踪观测城市交通运行内在规律和特征演变。如《深圳市综合交通“十三五”规划》中将手机数据与人口普查数据、建筑物普查数据、城市用水用电量及垃圾产生量等数据融合分析，判断实际管理人口规模、分布及增长趋势。片区层面，深圳市福田中心区、南昌市红谷滩新区近年来陆续通过大数据精细化跟踪交通运行特征演变，常态化开展出行特征、运能供需、职住特征的持续监测分析，为片区品质整体提升提供支持。

三是服务智慧化决策，聚焦复杂环境的城市交通情景再现集成与预判。基于人工智能和机器学习，实时推演和预测交通运行状态，形成“感知—推演—管控—服务—感知”的自学习闭环，重塑交通管理“战略制定—战术演练—精准调控”的管理模式。

4. 注重优化制度设计与过程管控的社会治理(制度治理)

建立以社会治理为基础的交通综治制度框架，推动制度现代化是城市交通治理现代化的重要内容之一。其核心是制度设计与过程管控，不仅需要制度的设计与完善，而且还需要构建政府、企业、公众等多元主体过程参与的协作关系。

一是推动体制机制创新和政府业务流程再造，指导交通综合治理体系建设与完善。在法律法规框架的基础上，形成与治理体系和治理能力现代化战略要求相适配的、确保其作为综合交通治理指导机构和规则制定机构应有的权力和能级。我国香港特别行政区设有交通咨询委员会，负责就香港的交通运输事宜向行政长官会同行政会议提出意见，并可就其职权范围内的各项事务，与市民或任何团体联络。瑞典在交通社会治理方面也有大量实践，在拥挤收费政策实施期间，斯德哥尔摩以法律保障、资金保障、组织协调、舆论宣传、公众参与、过程调校为重点，建立了基于社会治理的工作框架和制度安排，为交通需求管理这一敏感政策的实施提供了全过程的保障，市民支持率呈现持续提升。

二是通过构建利益相关者参与决策的对话机制，确保各方的利益诉求都能得到体现。建立社会公众参与机制，营造公开透明、规范高效的决策环境，尊重市民对城市发展决策的参与权和话语权，调动社会公众的积极性、主动性和创造性，协力共同推进城市交通治理成效。这样的案例有《2030 年首尔城市基本规划》，其制定过程中秉持由实际居住在首尔的市民自主决定城市未来的原则，引导公众直接参与到制定城市未来规划的工作中来，将复杂的部门规划简化为公众读本，并保障市民参与团的全程参与和监督，推进市民参与及沟通体系的发展，使得公众实质上而不是形式上参与了城市发展的决策。

为实现城市交通治理的主要内容，必须依托信息化、云计算、大数据技术，揭示个体多样性背后隐藏的群体规律性，使行为主体特征提取和对象表征成为可能，进而实现基于个体和出行双重属性特征的聚类分析。进一步将多维特征属性信息融入出行选择模型，可以实现基于精准化特征分类的模型改造，支撑城市交通治理的方向把握。

2.1.4 城市交通治理的基本原则

1. 以政府为主导，建立多元合作的格局

当前我国城市交通基础设施快速建设期即将结束，城市交通治理将不再涉及交通基础设施有无问题，而需更加关注交通基础设施的运行效率、交通服务的质量、交通资源配置的高效与公平。在治理过程中，政府、企业、公众等多元主体需要形成多方合作关系，治理过程将是一个复杂的协调过程。

为适应这一趋势，城市综合交通治理的理念将由以政府为主的管理向协同治理转变，治理主体由过去的一元主体转向多元合作，治理机制从单一命令、执行转向多元主体间协商、参与、合作，原来的政策导向将向法治导向转变，新型的治理制度将逐步形成。最终，政府、企业、社会组织、公众等多元主体间的责权关系将得以明确，以政府为主导、多元合作的格局将成为城市交通治理的基础。

2. 基于社会发展阶段，推动全社会协同实施

在城市交通基础设施建设快速发展时期，我国利用增加基础设施扩容的方式来缓解交通拥堵，实现了硬件系统的协同实施。当前城市交通进入综合治理期，此时，城市的发展阶段和工作重心将发生变化，一味扩容基础设施远跟不上小汽车的增长速度，需要从系统性的角度考虑综合交通治理现代化，因此除硬件设施的协同实施外，应进一步关注软件的协同实施，也就是完善制度和政策的协同实施，如公交优先、需求管理等理念和制度的落实，从部门管理者、具体实施方、使用方等角度出发，完善制度，更好地发挥硬件设施的作用。

从深圳、佛山和浙江一些城市的综合交通治理目前所处阶段来看，上一阶段的交通综合治理过程中已经实现了交通规划的协同，包括与总体规划的协同协调、各层次详细规划之间的协同等。目前，综合交通治理的协同实施过程也从交通规划的协同实施向交通规划和交通设计两者的协同转变，但是由于交通设计无法切入规划体系和工程的前期流程，设计和落地的协同落实困难，因此现阶段还需要建立管控的环节，来协调交通规划和交通设计，衔接规划方案和施工图阶段。同时在交通体系规划的编制过程中，建议增加两年一度的跟踪式的实施计划评估工作。

3. 关注不同空间尺度、不同城市特点，因地施治

城市交通治理面临最大的问题是交通和城市的发展脱节，改善城市交通状况，必须创新城市交通的社会治理理论，这不是交通工程技术本身能解决的问题，而是有期限的规划、工程设计与城市拓展、有机更新之间的协调问题，需要结合城市特点，通过提高城市公共交通服务品质、调控机动车拥有和使用、改善步行和自行车交通环境等系列措施来进行交通综合治理，促进交通和城市协调发展。

当前城市交通面临的并不仅仅是以大城市为单一模式的城市交通问题，而是以城镇群为主要形态、大中小城市协调发展的城市交通问题，因此要分清大城市交通、都市圈交通、城市群交通之间的关系，突出城市交通的不同特点，因地施治。如中小城市应稳固绿色交通方式出行的主导地位，鼓励中小城市公共交通发展，但发展目标不宜过高，应鼓励中小城市在维持集约化空间形态，控制出行时耗，从基本公共服务均等化的角度统筹谋划城乡客运发展等方面进行治理。

4. 充分考虑新技术的作用和新经济发展的要求

随着新技术、新经济形态的出现，传统的交通出行模式迎来了新的冲击与挑战。城市交通治理需要从交通理论层面加强研究，综合考虑信息、资本、金融等因素，从原有人、车、路的协同关系向综合性复合网络研究方向转变，以适应新技术、新经济的发展要求。在这个过程中，充分应用互联网技术，建立网络化大数据系统，从交通需求、交通供给以及交通决策方面提高我们对城市交通出行特征、运行态势、运行机理的感知和把握能力，可使城市交通治理从被动应对向更为主动、积极的引导转变，为交通治理方案的动态化制定奠定基础。

2.1.5 城市交通治理的技术支撑

城市交通治理的核心目标是为人提供更好的服务，通过空间治理、服务治理、数据治理和制度治理等优化资源配置，促进交通服务公平高效。

目前，我国 9 亿城市化人口每天出行约 17 亿人次，主要大城市每天出行人次超千万，围绕以人的需求为主体，首要面临的难题就是如何能够全面、客观、准确、及时地把握大中城市百万级甚至千万级的出行规律，完整刻画人、车、路时空轨迹，这也是世界各城市都面临的难题。

城市交通治理要围绕以人的需求为主体，重塑既有的研究方法，创造一个新的研究方法，城市交通治理的核心是制定公共政策、协同规划建设、精准供需匹配、动态调节管理水平，这需要对大中城市百万级甚至千万级出行规律的全面、客观、准确、及时地把

握，如表 2-2 所示。

表 2-2　城市交通治理研究新范式

要素		既有研究方法	新的研究方法
时代背景		交通设施大规模建设	由增量为主转向存量优化，有序建设，适度开发
关注点		满足交通工具的移动	满足交通出行者的需求
理论对象		交通流—交通设施	交通服务—交通网络
基本逻辑		被动适应需求：增加交通设施满足交通流运行要求	适应并主动引导需求：构建、组织、调控交通网络满足一体化出行服务要求
核心内容		交通基础设施：分方式单一交通物理设施网络独立构建（如道路网、地面公交网、轨道交通网等）	交通服务体系：多方式复合交通网络（物理设施网络、运输组织网络、信息诱导网络）整体构建与运行调控
应用场景		面向中长期设施建设	既面向中长期设施建设，又面向短期甚至实时管理调控
理论需求	需求理论	基于出行统计的需求预测	基于个体行为决策的需求分析
理论需求	供给理论	单一设施网络的交通承载力	多方式复合网络的交通服务能力
理论需求	交通流理论	机动车交通流	混合异质交通流
研究手段	数据来源	小规模抽样调查	现代信息技术和移动互联网支撑下的多源大数据
研究手段	分析方法	数学解析，仿真模拟	人工智能，计算实验，平行控制
研究手段	模型支撑	宏观、中观、微观模型独立构建	“宏观—中观—微观”一体化模型
研究手段	学科交叉	以工程学为核心	综合运用工程、经济、法律、社会等多学科交叉手段

信息化条件下的大数据、人工智能、大规模仿真等分析技术，可以揭示个体多样性背后隐藏的群体规律性，使行为主体特征提取和对象表征成为可能，进而实现基于个体和出行双重属性特征的聚类分析。进一步将多维特征属性信息融入出行选择模型，可以实现基于精准化特征分类的模型改造，支撑交通政策的方向把握及分人群、分区域的精准化需求管理等手段，是实现城市交通治理现代化的技术支撑。

2.1.6　大数据计算平台赋能治理

在 IT 领域中，大数据计算平台是大数据平台、云计算等技术的有机融合，是以处理海量数据存储、计算及不间断流数据实时计算等场景为主的一套基础设施。大数据计算平台的数据经过统一汇集与标准化治理以后，形成数据资产，并封装为数据服务，构成数据中台。算法与模型封装为标准化且相互独立的容器，实现统一的编排与调度，构成算法中台。常用的业务组件被封装为微服务，可以快速地拼装成业务系统，构成业务中台。用户可以利用已有的数据、算法、业务组件服务，也可以使用平台的能力，将自己的数据、算法与业务组件封装成平台的服务，快速地开发与部署相关的业务应用。

面向大规模复杂城市交通治理提出的感知能力、计算能力、研判能力，以及计算架构等方面的需求，利用新兴的大数据、云计算、人工智能等信息化技术，构建城市交通大数据组织管理体系，提升城市交通规律全面感知能力、大规模高效计算能力、高可靠实时研判能力以及有效的交通治理能力，搭建支持多方治理的云计算平台，提供交通数据分析研判和决策的全方位云服务，可提升城市交通实时组织优化和长期治理水平。

面向城市交通治理的大数据计算平台在交通领域的积累，集成涵盖人、车、路、环境等交通全要素的城市交通大数据标准体系，宏中微观一体化的交通算法模型体系，以及交通规划、管控、治理等业务体系。一方面，平台以大数据处理技术为基础，根据交通业务的需求汇入数据，并以数据标准手册为标准对数据进行治理，统一为各类交通分析决策业务提供数据支持，形成响应业务的数据中台；另一方面，平台整合符合交通领域标准业务规范的人、车、路算法和通用数据处理算法，为数据库中的业务数据提供使用场景和封装的标准算法工具，形成算法中台，给予交通业务系统有力的数据分析和决策支持；最后，平台还直接为用户提供直观的数据处理服务和算法服务，并引导用户使用数据快速出图，支撑交通规划分析和智能规划。此外，平台具备全方位系统监控和管理组件的能力，通过项目、应用、服务、日志、资源、用户、角色等管理功能，能有效地维护数据和算法的生命周期，保证平台安全稳定运行。

面向城市交通治理的大数据计算平台内涵，是应大规模复杂城市交通治理提出的感知能力、计算能力、研判能力，以及计算架构等方面的需求，不仅具有通用云计算平台的大规模、无缝扩展、弹性调度、即时服务等特点，还在基础 PaaS 平台的基础上，将交通领域的数据、算法、模型、通用业务组件封装成服务，构建城市交通大数据组织管理体系，掌握城市交通规律全面感知能力、大规模高效计算能力、高可靠实时研判能力，搭建支持多方治理的云计算平台，从而提供交通数据分析研判和决策的全方位云服务，支撑交通业务应用的快速开发与部署，为城市交通治理赋能。

2.2 大数据计算平台的技术选择

2.2.1 面向城市交通治理的数据采集体系

面对城市交通领域日益复杂的分析需求，各类新技术相互涌现。大数据分析技术成为近年来国际研究与发展的新热点。所谓大数据，指的是数据量特别巨大，“超出了传统意义上的尺度，一般的软件工具难于捕捉、存储、管理和分析的数据”，这些数据不仅数量大，而且异质、复杂、来源不同、分散于各处。大数据正在改变我们的生活和工作等方方面面。

随着城镇化进程不断推进，城市群都市圈发展趋势日益突出，大城市交通数据量呈指数式增加，数据采集体系不健全、粗放式发展，导致交通精细化感知能力缺失。目前国内城市的交通采集体系大都是随交通管理服务需求与日俱增，由不同的城市交通管理主体依据相关职能烟囱式、堆积木式地叠加建设，导致系统和设备的功能较为单一、数据标准不一和数据资源可利用率不高。面向未来复杂的交通巨系统要求，须以前端设施标准布设、多源监测、智能分析为重点，对人流、物流、车流、资金流、基础设施、城市运行、自然环境等所有与交通相关的社会生产生活要素进行全面数字化，并对各要素的时空演化轨迹进行全链条跟踪采集，打造覆盖全对象、全时空、全粒度的新一代智慧道路感知生态体系[12]。

同时，受政府管理模式影响，当前数据采集主要集中在车辆信息感知，而忽略了乘客、出行者以及环境等多层次信息采集，呈现“重车轻人”的现象，难以满足未来多样化交通管理需求。交通大数据作为城市建设、管理、发展的基础，数据感知体系正逐步由“被动建设、缺乏层次”向“深度洞察、全息感知”转变。片段式、集聚式、被动式的静态样本数据采集体系，逐渐向时空连续、面向个体、主动式的全息动态感知体系转变。

1. 从静态采集到动态采集

传统数据采集技术受现有采集技术、采集成本和采集周期的限制，存在采集成本高、采集周期长、处理时间长等缺点，往往只能获取静态的交通数据，如交通调查、土地利用等数据。

随着交通大数据采集技术的进步，采集手法多样，时效性逐渐增强，实现了多种数据的实时采集。

图 2-1 中 1.7 万辆出租车 GPS 数据每 20 s 更新一次，紫色表示载客状态，绿色表示空车状态。每 15 s 更新一次的 1.5 万辆公交车 GPS 数据见图 2-2，7.2 万辆货车 GPS 数据以及 0.7 万辆两客一危的 GPS 监管数据见图 2-3，秒级更新的百度导航实时位置 GPS 路网见图 2-4。

图 2-1　深圳市出租车 GPS 数据

图 2-2　深圳市公交车 GPS 数据

图 2-3 深圳市货车 GPS 数据及两客一危的 GPS 监管数据

图 2-4 深圳市车辆百度导航 GPS 数据

2. 从片段采集到连续采集

传统采集方法中，受现有采集技术和成本的限制，某些有用的交通数据是无法获取或长期跟踪的，如无法对每一辆运营车辆的全过程监测。

交通大数据在采集手段上的提升，消除了原有的数据盲点。如通过使用在运营车辆上装载 GPS、电子标签、卡口视频检测以及车载设备自动上传数据等采集技术，可实时还原每一辆运营车辆的运行轨迹、判别是否有超载现象、掌握驾驶员行驶状态等，实现对运营的安全监测、实时追踪以及违法预警等(图 2-5)。

图 2-5 出租车历史行程轨迹展示平台

3. 从集聚采集到个体采集

传统数据提供的信息是单一的，如地铁闸口数据只能记录当日进出某站点的人数，而不能提供更多关于乘车人的信息。

交通大数据的信息是多维的，通过多源数据的融合分析，可将该个体的特征立体化。如将地铁刷卡数据与手机信令数据、GPS 定位数据、地图应用数据等结合起来分析，可获取个体的出行偏好、收入状况、通勤 OD 等，当个体数据与其他个体数据叠加分析时，将会得出一个更加全面的社会交通出行特征。

4. 从被动采集到主动采集

传统数据的采集是滞后的，只有当事件发生后才能采集到，且对交通需求的感知是被动的。如停车数据的采集，只有当停车事件发生后，才能采集到停车位使用情况及区域停车需求情况。

交通大数据的采集可以是前置的、具有预判性以及主动感知的。当个体发出交通需求时，交通大数据可进行预判并提前协调区域交通需求。如停车预订功能，当采集到个体的停车预订需求后，可对区域某个时段的停车位进行预判，提前调节交通供需关系，同样方式可用于交叉口流量预判和道路拥堵预判。为了实现上述的功能场景，出现了以智慧道路为核心的主动数据采集产品，基于云边协同的创新架构，实现了 L2X、IoT 与 V2X 等场景下的主动数据采集。

5. 从样本采集到全样采集

由于技术水平、时间、资金等方面的限制，传统的交通调查只能选取部分的人群进行采样，根据统计，大部分调查的采样率低于 5%。随着手机信令数据、卡口视频数据、浮动车 GPS 数据、刷卡数据等大数据的采集技术发展，已经能够获得全样或接近全样的数据采集能力。

因此，未来复杂交通巨系统要求构建一个万物互联、多元化、多维度的大数据全息感知体系。物理技术、数字技术和生物技术的创新融合与高速发展，为实现城市的万物互联提供了基础，未来交通系统将发展成为集成多源传感、机器视觉、计算机网络等技术的复杂巨系统，系统体系更加庞大、组织更加复杂、需求更加多样、范围更加宽广。数字化与信息化作为城市发展的重要基础，需通过加强无线通信和传感系统，构建新一代信息感知环境，实现智慧交通系统的全面感知、高效传输与智能控制，建立满足未来城市和交通系统的大数据全息感知体系。

2.2.2 面向城市交通治理的数据治理体系

数据是企业的资产，是最大的价值来源，同时也是最大的风险来源。数据治理是对数据资产管理行使权力和控制的活动集合，基于质量标准对已接入数据进行清洗、转换和校核，剔除内容不真实的错误数据和格式不规范的脏数据，实现对接入平台的海量数据进行数据质量管控。同时让用户对数据质量、数据资产状况进行及时、全面的掌控，加强对数据模型、元数据的统一管控，自动化的数据质量稽核，实现对数据治理的高效支撑。最终确保接入业务数据的权威性、一致性、准确性和完整性。

数据治理体系建设的目标是促使企业运营合规、业务风险可控、数据价值再创造。数据治理可以使企业的数据质量得到全方位的提升，促使数据业务流程得到深度再造。由于数据治理的提升，可以更好地提高业务系统的应用价值，为决策提供高质量的数据支撑；同时，可以降低业务建设和运维成本。面向多场景应用的数据标准体系，数据治理通过有效的数据资源控制手段，进行数据的控制，实现源数据从原始库到标准库再到指标库的高效率、高质量深度治理，以提升数据质量进而提升数据价值回馈业务的能力。

2.2.3 面向城市交通治理的数据计算体系

基于数据与算法统一标准规范，利用分布式集群强大的存储与计算能力，根据交通行业特点分析，形成人、车、路、安全、绿色等多维度特征模型，将交通算法与模型沉淀到算法中台，构成交通大脑中枢，通过容器化及大数据等技术，实现弹性资源及任务调度，根据统一的输入输出配置管理规则，保障算法中台内部高可靠性、高性能、高稳定性，跨平台服务，外部与运维体系及技术组件之间低耦合，适配组装集成，自动化部署与监控，即插即用，多形态模型构建，为众多业务系统提供一致而又相互隔离的算法服务，快速为业务系统赋能。

2.2.4 面向城市交通治理的数据服务体系

大数据计算平台汇集了实时、离线的数据，面向城市交通治理的不同参与角色，为交通规划人员、数据分析人员、数据管理人员、系统开发人员等不同类型的用户提供多种场景的数据服务。考虑到不同角色的专业不同，面向城市交通治理的职责不同，有必要建立面向不同用户、不同需求的分层服务体系，为不同的用户、不同的使用目的提供不同层次的数据内容和不同形式的服务方式。

研究大数据支撑交通治理的核心应用场景及多分辨率功能需求；提出应用层的数据标准化要求，建立城市交通多维数据观测体系，研究非同步、多维、全息异构数据的弹性组织方法；研发具备深挖通实体间时空关联关系、开展智能推理能力的知识图谱架构；提出数据组织技术标准和面向治理需求的智能分析技术标准。

2.2.5 面向城市交通治理的数据安全体系

基于 Radius、LDAP、OAuth 等协议的交通大数据智能鉴权技术，根据数据敏感级别与用户信用级别确定开放共享与安全管理策略的数据敏感分级技术、交通敏感数据脱敏技术和算法等，确保数据安全和可追溯性，做到事前实施技术和管理措施，预防数据泄露；事中保障管理和技术措施持续有效，监控数据泄露；事后分析数据泄露原因，改进管控措施。针对性地在数据全生命周期每个阶段提供保护，通过从数据的产生、传输、存储、共享、使用等环节入手，建立一套全生命周期的防护措施。

2.2.6 以场景式切入的多维综合评估体系

城市交通治理的数据化支持评估体系，必须围绕规划决策、运输管理、管控诱导、智能网联、智慧出行等场景化的应用展开，从需求角度设计整体的智能计算框架。城市交通治理的重点在于面向不同主体，从服务协同与品质提升两个角度出发。全面梳理城市交通"规、建、管、运、养"等业务板块，协同治理，融合服务的应用需求。根据现状城市交通管理体制和业务流程，对交通相关百余项日常业务进行梳理和聚类，以"跨领域业务整合"为指导原则，按照"业务领域—业务线—服务对象"的三层结构进行架构设计，规划构建五大业务领域 27 条业务线的逻辑体系。

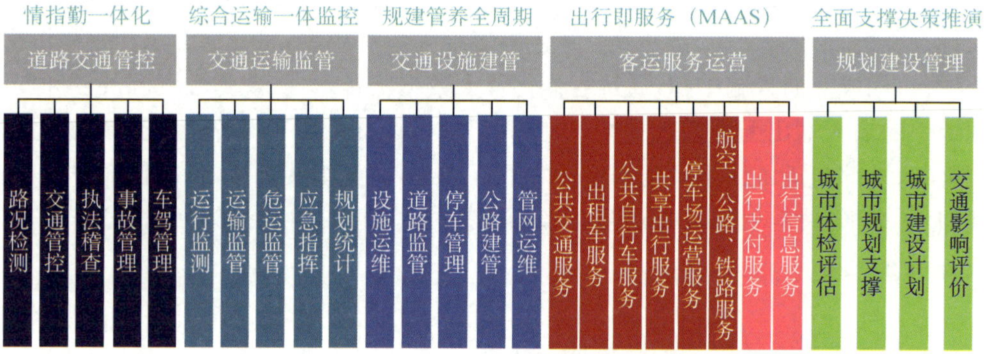

图 2-6 城市交通治理的整体业务需求

其中，道路交通管控领域包括路况检测、交通管控、执法稽查、事故管理、车驾管理，其对应服务对象为城市公安交警部门；交通运输监管领域包括交通运行监测、车辆运输监管、危化品运输监管、应急指挥、规划统计，其对应服务对象为城市交通运输局；交通设施建管领域包括交通设施运维、道路监管、公路建管、停车管理、管网运维，其中道路监管、停车管理、管网运维业务服务对象为城市管理局；客运服务运营领域包括公共交通服务，出租车服务，公共自行车服务，共享出行服务，停车场运营服务，航空、公路、铁路服务，出行支付服务，出行信息服务，其对应服务对象为交通运输企业和城市公众出行；规划建设管理领域包括城市体检评估、城市规划支撑、城市建设计划、交通影响评价，其对应服务对象为城市自然资源、建设管理部门。

城市发展进入新的转型期，亟须以挖潜存量要增量、以优化存量要质量，智慧交通需要回归城市出行的本源，成为城市治理、交通出行的核心组成部分。本书面向高效率交通运行、高品质移动性、人性化出行体验、城市生长管理构建 4 个智能治理体系。在现有成熟应用的基础上，针对治理需求变革和技术突破的双向驱动完成 10 个城市交通核心应用场景的设计。

1．高效率交通运行 ——机动车出行协调管控 场景1.1（交通协同组织）：路段交通溯源 场景1.2（“0”死亡愿景）：交通紊乱监测	3．人性化出行体验 ——高品质出行交通服务 场景3.1（人流快速通行组织）：轨道车站多方式协同人流预测 场景3.2（慢行净化专项行动）：慢行空间利用绩效监测评估 场景3.3（完整出行信号控制）：智能感知行人优先信号控制
2．高品质移动性 ——公交出行品质提升 场景2.1（道路资源分配）：道路断面全方式客流监测 场景2.2（公交优先评估）：走廊公交小汽车效率评估 场景2.3（防疫公交运营）：防疫公交运营保障	4．城市生长管理 ——智能化综合治理能力 场景4.1（可持续移动性）：交通可达性评估指数 场景4.2（交通承载力决策）：TOD开发规模评估

图 2-7　城市交通治理提升与核心场景设计

1. 城市生长管理——智能化综合治理能力

引入城市生长管理的理念，以智慧化手段监测城市的可持续生长，自动跟踪交通运行特征总结演变规律，形成“监测—分析—治理—评估—优化”的交通治理闭环。研究针对城市发展决策中交通需求、公交设施供给与土地开发强度三者之间关系的认知瓶颈，借助课题“城市交通敏捷预测与可靠推演”提供的交通状态迁移—态势演化解析能力，建立“交通可达性评估指数”和“TOD 开发规模评估”2 个场景设计，以人、车轨迹与出行链数据为核心，挖掘公共交通供给、需求以及土地开发强度之间的关联关系和演化规律，快速研判交通需求，指导土地利用开发、公共交通线网规划调整、运营优化。

2. 高品质移动性——公交出行品质提升

城市交通治理需要从关注交通管控转向到重视人的出行，重塑人车关系。本阶段研究针对公共交通服务提升与疫情保障，借助课题“超大规模的广域时空交通知识图谱研究”提供的从人到车、从车到路的信息关联能力，完成“道路断面全方式客流监测”“走廊公交小汽车效率评估”以及“防疫公交运营保障”三个场景设计，实现地面公交走廊运行效率瓶颈定位、研判路段公交与小汽车运行速度、解析道路断面多方式客流构成，从而指导公交专用道路权分配与公交优先系统的优化设计，以及疫情期间城市基本运行保障。

3. 高效率交通运行——机动车出行协调管控

交通拥堵常态化背景下，亟须借助智慧交通科技手段充分挖潜存量交通设施服务能力，带来交通通行效率、服务水平的提升。本研究针对城市交通主动脉快速路系统的进出口合流、分流交通流紊乱引发快速路通行效率降低问题，运用课题中“多模式动态交通场景视频结构化语义解析技术”提供的车辆行为识别关键能力，聚焦“快速路交通流紊乱监测治理”和“路段交通溯源”的应用场景设计。实现深度挖掘快速路规划、交通流量、驾驶行为以及交通事件产生之间的关联关系和演化规律，快速研判和推演快速路事件的产生与影响，指导快速路设计与实时管控。

4. 人性化出行体验——高品质出行交通服务

以人为本的交通治理,需要增强市民获得感、幸福感和安全感。本阶段研究以重点区域轨道客流交通集散与慢行空间净化为切入点,借助课题“大范围跨视域交通元素多维度时空关联分析技术”“社会空间属性提取与多源交通数据融合技术”提供的行人检测与行人感知能力,建立“轨道车站多方式协同人流预测”“慢行空间利用绩效监测评估”“智能感知行人优先信号控制”3 个场景设计,实现轨道客流集散的全时空人流监测与推演能力、重点地区人流快速优先通行的服务能力、慢行空间利用效果的监测与评估能力。

以未来城市交通治理需求趋势为导向,确立“数据→模型→评估→决策”总体思路,即多元融合数据中心、多层次一体化交通模型系统、多视角交通综合评估技术、多用户决策支持与信息服务平台。其中,多元融合数据中心是系统基础,多层次一体化交通模型是核心技术,多视角交通综合评估是方法手段,多用户决策支持与信息服务平台是终端应用[13]。以场景式切入的多维综合评估体系具有如下特点:①大数据评估环境,融合多元动静态交通数据;②多视角评估体系,改变传统单因素评估模式,实现交通、土地、环境、经济等多视角评估;③多层次评估空间,建立宏观、中观、微观多层次一体化交通评估模型,满足多样化评估需求;④广域化评估边界,将交通评估范围由市区、市域扩展到区域、都市圈层面,适应区域化、新型城镇化发展;⑤开放性评估平台,依托互联网、数据云搭建云评估平台,改变传统封闭评估模式,形成推动评估技术社会共同创新机制,多维评估体系框架如图 2-8 所示。

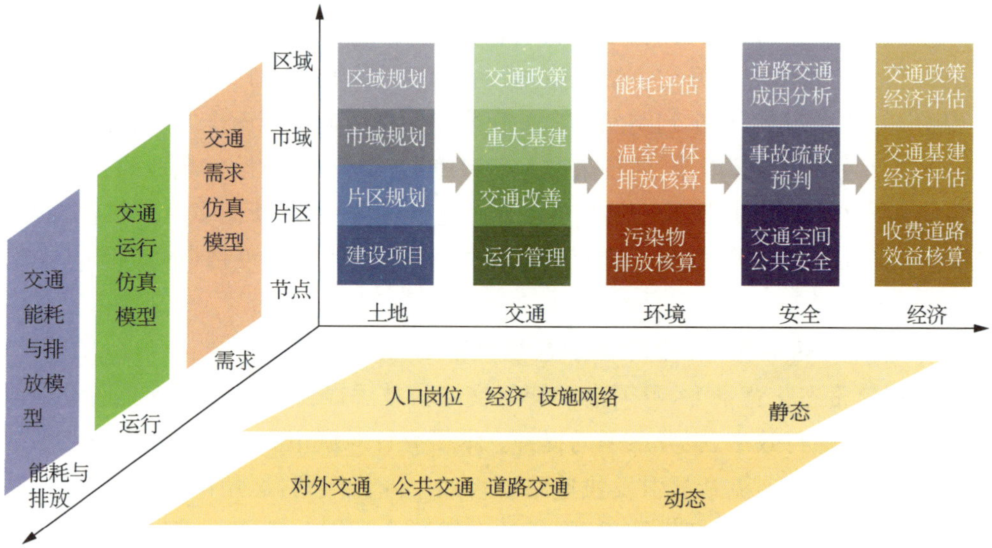

图 2-8 城市交通治理多维评估体系框架

以上综合评估体系,系统实现了城市交通大数据、多视角、宽领域、多层次的综合评估功能，提供了开放性、可扩展性、实用性的决策支持大数据智能计算平台。

2.2.7 治理能力现代化的最佳实践经验

城市交通治理的最佳实践为统筹建设综合交通大数据中心和按照治理分项能力的要求，分期、分任务建设各类专业子系统。大数据中心和专业子系统一起构成了城市治理能力现代化的支持支撑。

1. 统筹建设综合交通大数据中心

交通大数据决策系统的建设需要统筹谋划，分步实施，以跨部门的交通决策需求为导向，构建覆盖交通规划—设计—建设—管理—运行—维护全过程的大数据决策支持体系，实现交通决策管理闭环。按照全息感知、技术集成、融合应用三层次架构，统一规划建设交通大数据决策支持体系，形成数据共享、技术支撑、决策应用三大平台，实现资源共享、技术集成和应用融合。

建立综合交通大数据中心，汇聚包括交通、城管、规划、交警、统计等部门既有数据资源，整合出租、公交、道路、航空、港口等行业运营数据，增加手机信令、导航地图等互联网数据，并将传统图纸、综合交通调查等相关静态数据入库，建立集成大数据库，形成交通信息资源枢纽，奠定大数据决策支持系统的基础支撑。通过对多源异构数据进行清洗整合、关系构建和交互分析，实现数据信息提取、分析与融合，形成特征提取的中间件层，并设计开发综合交通大数据展示系统。基于综合交通大数据中心建设，为道路交通运行监测、交通模型系统提供基础数据支撑，为城市交通规划、建设及拥堵治理提供决策支持。

2. 专业子系统建设——以交通拥堵治理为例

交通拥堵治理已成为交通发展的新常态。交通拥堵综合治理针对近期城市交通运行中出行的各种交通问题，在中长期交通规划提出的总体目标和策略指导下，采取设施建设与运行管理改善相结合的“短、平、快”综合治理措施，达到改善交通运行条件、提高交通运行效率的目标。国内外城市经验表明，开展交通综合治理是改善城市交通拥堵状况行之有效的手段之一[14]。

交通拥堵治理是一项复杂的系统工程，需要全面的数据调查、科学细致的交通模拟评估分析工作作为支撑。目前，以 GPS 为基础的道路交通运行指数系统已成功运用于拥堵治理和交通政策的研究中，并将作为重要的交通需求管理调控的依据。但由于缺乏科学有效的事前分析评估手段，交通治理规划方案的针对性、实效性仍然存在较大不足。构建一个科学的仿真模拟评估技术支撑平台，利用基于 GPS、地磁、视频等传感器的多源时空数据建立交通评估模型，在重大项目实施前进行多方案直观仿真模拟与比选、实施后进行实施效果跟踪评估调校，从而有效地支持交通拥堵综合治理工作的开展。

2.3 大数据计算平台的总体架构

2.3.1 平台架构设计的核心目标

以大数据和物联网技术为支撑，建立多源交通大数据汇集、存储、管理、服务的标准规范，覆盖数据的全生命周期，实现多源数据的碰撞融合，提升数据价值；提供将数据资产封装为数据服务的能力，让数据快速地应用到业务场景中，形成面向多领域综合交通运行的一体化平台。

2.3.2 计算平台的总体功能架构

交通大数据计算平台严格遵循各类标准规范和数据管理体系，完成了大数据决策、智慧道路、综合监测、MaaS 出行等多个交通领域的集中动态展示和综合分析，并在深圳、武汉、成都、湛江、苏州等多地取得了良好的应用效果。总体功能架构如图 2-9 所示。

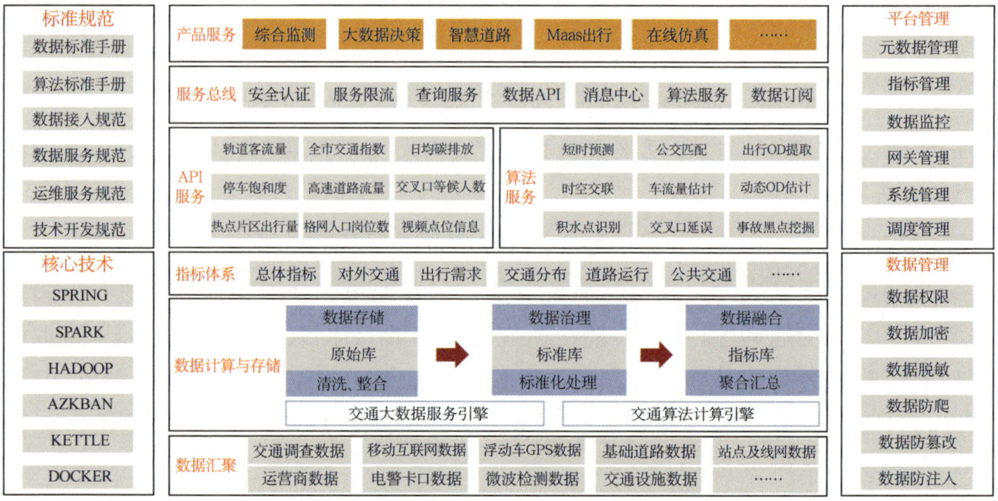

图 2-9　交通大数据计算平台总体功能架构

整体功能架构主要从以下几个方面进行大数据应用的架构设计和开发工作：

(1) 数据汇聚。通过多源数据采集及协议对接形式，形成个体出行感知（交通调查数据、移动互联网数据、运营商数据）、车辆运行感知（浮动车 GPS 数据、电警卡口视频数据、微波检测数据）、路网建设感知（基础道路数据、站点及线网数据、交通设施数据）等多源数据，并建立数据接入规范与流程，为各项应用提供数据支撑。

(2) 数据计算与存储。基于庞大的数据资源，发挥交通大数据存储及算法计算引擎能力，结合数据仓库建模思想及交通业务逻辑关系，形成面向业务驱动的原始库、标准库与指标库的层级架构，数据通过清洗和标准化处理，按照不同维度关联组合，形成总体指标、对外交通、出行需求、交通分布、道路运行、公共交通、慢行特征、静态交通、交通安全等指标体系。

(3) 指标体系。指标体系是交通数据领域的精华部分，需要分层、分主题、分对象进行全方位规划建构，建立指标编码、定义、用途、来源、计算方式、层次关系等标准化，让整个业务应用表达一致，通过统一整合复杂异构数据，以表征交通领域运行特征规律为基本原则，进行数据特征提取、数据关联计算，提炼并定义涵盖不同时空维度、不同交通领域指标体系。

(4) API 服务。采用统一的操作接口满足不同类型的访问和管理需求，基于构建的指标，开展多领域、多维度的综合分析，实现不同周期、工作日与非工作日、早高峰与晚高峰综合交通运行特征分析，将复杂的交通特性对外用 API 服务方式进行表达。

(5) 算法服务。基于数据资源，建立与各类特征指标相适应的数据分析算法，对数据资源进行分析处理和转换，结合容器化及大数据技术，依据数据及算法标准手册，构建算法模型，为众多业务系统提供一致而又相互隔离的算法服务，快速为业务系统赋能。

(6) 服务总线。平台搭建一个稳定、可扩展安全的服务环境，采用安全验证方式防止数据泄露，通过限流策略实现灵活的流量控制，基于统一的格式实现数据与内容的交互，一种服务多种接入，增强业务重用性，为产品服务与项目交付提供支撑。

(7) 平台管理。通过平台管理可以使用其中的系统管理、数据监控、元数据管理、指标管理、调度、网关服务等功能，对平台的用户、数据、服务、调度任务等进行统一的监控和管理。

(8) 数据管理。通过加密、脱敏、防注入等安全技术，确保数据在存储传输和使用过程中的安全，基于用户和角色权限控制，设置和授权用户对数据访问安全。确保数据安全和可追溯性。

2.3.3 计算平台的总体技术架构

为支撑平台的功能需求，交通大数据计算平台的总体技术架构如图 2-10 所示。

(1) 数据采集。针对数据源不同协议类型（TCP/IP、HTTP、DB 等），采用 Kettle、Netty 等技术工具实现各类数据采集与存储，提升数据汇聚的操作效率和数据交换的质量。

(2) 数据计算与存储。对于海量数据湖和数据仓库的应用，使用原生 Hadoop 集群或 CDH 集群的技术，支持大规模分布式集群方式进行数据的实时计算，集群底层支持弹性伸缩横向扩展，按作业使用的资源扩容和缩容集群。此外，对于不同的大数据应用场景，可以使用支持 PGIS 的关系型数据库（PostgreSQL）、对象存储（MinIO）、内存数据

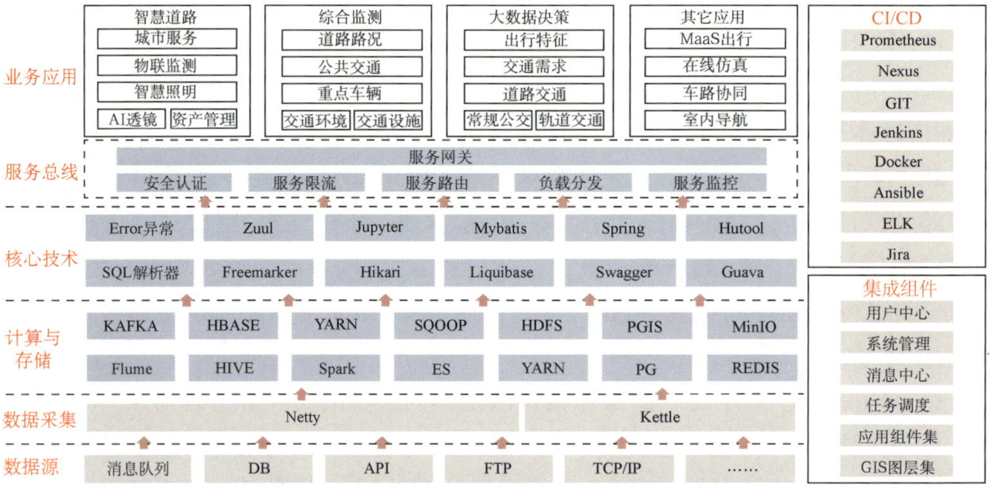

图 2-10　交通大数据计算平台总体技术架构

库(Redis)等技术,实现对不同时延、性能、数据特点、存储方式的技术需求。

(3) 核心技术。平台是以 Spring Framework 为核心容器,MyBatis 为数据访问层,Spring Security 为权限授权层,各服务之间统一采用 OAuth2.0 协议进行权限验证。采用领域驱动及分层的设计思想,打造包括多数据源管理、动态 SQL 解析、异常管理、事务管理、日志管理、数据缓存管理等功能在内独有的框架体系,基于 Jupyter 及 Docker 容器化、Azkaban 任务调度技术,实现算法管理功能。集成 LiquiBase、Swagger、Maven 工具,统一对数据库版本、接口文档、项目工程进行管理,提高平台易开发性、扩展性、协同性。

(4) 服务总线。基于 Zuul 及 Guava、Nginx 实现 API 网关,同时实现安全认证、流量控制、负载分发、服务监控等功能。平台严格按照 web 安全的规范、前后端双重验证、参数编码传输、密码 md5 加密存储、权限验证,从根本上避免 SQL 注入、XSS 攻击、CSRF 攻击等常见 web 攻击手段,保障平台安全稳定性。

(5) CI/CD。采用 Prometheus、Jenkins、GIT、Docker、Ansible、ELK 等工具的组合,实现对所有数据节点的主机资源监控、任务监控、API 服务监控、计算资源调度监控、日志集中监控、性能监控等,实现持续集成、持续交付和持续部署。

(6) 集成组件。采用业务快速开发技术,通过构建丰富的组件集,采取拖拽式界面设计技术,满足不同用户的个性化需求,缩短开发周期,节省开发成本。用户中心:处理用户信息的管理以及授权给第三方应用,采用 OAuth2.0 协议统一接入,支持云之家、手机号码、用户名等多种方式。系统管理:设定角色的数据、操作、功能菜单权限,实现指标与元数据的管理。消息中心:提供标准消息发送服务接口,应用构件调用此接口透明发送消息。布局类组件:通过定义页面布局,满足不同分辨率、不同终端的布局设计。分析图表类组件:采用折线图、柱状图、面积图、饼状图、彩虹图、环形图、仪表盘等,反映交通运行态势及规律。GIS展示类组件:基于迁徙图、灯光图、热力图、散点图、OD期望线、闪烁图、运力图等,直观展示交通运行特性。

2.3.4 平台建设的总体技术路线

依据业务架构的关注点,结合行业目标业务量、研发团队规模、已有技术平台、开发语言约束等因素,平台具体建设步骤如下:

步骤一:业务分析和应用需求调研。

根据行业特征,进行业务分析,对数据的上层应用、数据仓库应用、算法应用、数据质量以及非功能的面向交通治理的数据需求进行调研,输出具体的数据开发需求文档和设计文档。

步骤二:数据采集与治理开发工作的开展。

收集各个渠道的多源异构数据,针对不同的接入类型,形成标准接入规范文档,实现快速接入。围绕数据治理、质量和安全的需求进行应用代码的开发,制定数据治理标准规范,输出数据全生命周期的治理应用。

步骤三:建立数据计算与存储基础技术环境。

选取核心的技术组件,进行环境的搭建,包括大数据技术组件、容器技术组件、传统数据库技术组件、任务调度技术组件、数据治理安全技术组件、算法平台技术组件以及运维技术组件。通过RPC或API的方式进行各类服务化的访问,降低直接的耦合性,提升各个模块的运行稳定性。

步骤四:开放共享的数据服务。

通过数据接口的创建、发布、全生命周期的管理,以及数据网关提供多种方式满足不同场景的数据开放需求,为数据使用者与提供者提供统一规范化的"渠道",打通系统之间的信息流,提升作业效率及数据互动的用户体验,实现数据的共享与开放。

步骤五:持续的基础技术和应用的迭代升级。

通过对基础技术的持续研究,对各类技术组件进行更新。基于迭代的数据需求变更、管理变更、标准变更开展应用迭代升级,以及基于业务场景需求的反馈,持续优化功能模块,形成平台的良性更新闭环。

步骤六:采用持续集成与部署流水线作业。

通过容器化技术,结合GIT、Jenkins等持续集成工具,按照运维部署流程,实现流水线作业,有效提升开发与运维团队之间协作水平与效率。采用Prometheus等运维管理工具,通过图形化界面,监控服务器节点状态、网络环境、系统性能(CPU、内存、存储)、服务状态等平台相关运行情况,对平台进行实时运维管理。

3 交通大数据后台:高性能的弹性资源调度技术

3.1 分布式存储与计算技术

3.1.1 HDFS:分布式文件系统

3.1.1.1 HDFS 的设计由来

1. 传统关系型数据库技术的局限性分析

Hadoop 分布式文件系统(HDFS)被设计成适合运行在通用硬件上的分布式文件系统。它和现有的分布式文件系统有很多共同点。但同时,它和其他的分布式文件系统的区别也是很明显的。HDFS 是一个高度容错性的系统,适合部署在廉价的机器上。HDFS 能提供高吞吐量的数据访问,非常适合大规模数据集上的应用。HDFS 放宽了一部分 POSIX 约束来实现流式读取文件系统数据的目的。

在 Hadoop 技术出现以前,数据分析的工作主要是在关系型数据库(Relational Database)中进行,如 MySQL、Oracle、DB2、SYBASE 等。传统型数据库存在性能和扩展的问题[15],首先,数据库事务一致性的问题,就会使得传统型数据库需要解决大量的数据同步和准确性的问题,而在大数据分析的领域,没有严格的数据一致性的要求;其次,传统数据库并不具备无限水平扩展的能力,由于业务流程中写入数据一致性的严格要求,传统数据库中极少会出现大规模的数据实时写同步的场景,再加上单库单表性能的不足,以及商业化软件的收费模式,造成传统关系型数据库不适合作为大规模数据分析的工具。但从对数据的领域化快速读取这个角度出发,Hadoop 应用可以将结果集或指标等较少的数据导入到关系型数据库,让应用可以快速地进行查询访问,减少整体的查询时延。传统关系型数据库与 Hadoop 技术对比如表 3-1 所示。

表 3-1　　传统关系型数据库与 Hadoop 技术对比

对比类型	传统关系型数据库技术	Hadoop 技术
数据大小	GB,TB(较少)	PB
数据访问方式	交互和后台批量处理	后台批量处理
数据更新方式	多次读写	写 1 次,读取多次
事务特性	遵循 ACID 原则	无事务特性
数据一致性	高	低
扩展能力	非线性扩展	线性扩展

2. 谷歌 GFS 论文的技术背景和历史介绍

Hadoop 大数据技术起源于 Google 在 2004 年前后发表的三篇论文,包括分布式文件系统 GFS、大数据分布式计算框架 MapReduce 和 NOSQL 数据库系统 BIGTABLE。

当时 IT 硬件和软件厂商主要的方案局限于更好的服务器领域垂直方向的性能,例如 IBM 的大型机 Z 系列和小型机 P 系列,追求单机超过 64 核的处理器,以及 Oracle 收购 SUN 公司后推出的数据库一体机。Google 的方案通过分布式的方式将海量数据存储在一个可水平扩展的集群上,然后利用集群上的所有机器进行数据计算,其他同事可以使用非常普通的 PC 进行计算,而且通过容错机制的实现,PC 出现的故障是整个集群中的常规事件,可以非常方便地进行替换,而不影响整个集群的数据应用[16]。Lucene 开源项目的创始人 Doug Cutting 阅读了 Google 的论文后,根据论文原理初步实现了类似 GFS 和 MapReduce 的功能。2006 年,Doug Cutting 启动了一个独立的项目专门开发维护大数据技术,包括 Hadoop 分布式文件系统 HDFS 和大数据计算引擎 MapReduce。

3. 当前 Hadoop 的生态分析

Hadoop 发布之后,YAHOO、百度、阿里巴巴等大型互联网企业纷纷开始使用 Hadoop 进行大数据存储与计算。2008 年,Hadoop 正式成为 Apache 顶级项目,Doug Cutting 也成为了 Apache 基金会主席。此时,专门运营 Hadoop 的商业公司 Cloudera 成立,对整体的大数据技术栈进行商业运营。随着大数据应用的不断扩展、应用的飞速发展,以及社区的活跃度持续高涨,一系列的开源和商业软件层出不穷。围绕 Hadoop 生态出现了一系列的技术组件[17]:基于核心大数据领域的 YARN 资源调度、流式计算 Spark;基于 HDFS 键值对的 HBase 数据库、数仓应用 HIVE;基于 NoSQL 的 MongoDB 数据库;基于 HIVE 的高性能查询 Impala;基于 HIVE 与关系型数据库的数据传输 Sqoop;基于日志数据同步的 Flume;适配多种技术栈的数据源同步工具 DataX;基于不同 Hadoop 集群的数据同步工具 DistCp 和大数据安全工具 Kerberos;等等[18]。大型 IT 和互联网公司推出的重量级大数据应用产品,例如,阿里巴巴的 MaxCompute、DataWorks,华为的 FusionInsight,以及腾讯的 DataSphere Studio,都是大数据技术工具和应用的整合产品。新技术不断对现有架构和组件进行优化迭代,以满足各类新的大数据应用场景的需求。

3.1.1.2 HDFS 的体系架构设计

1. 基于服务器本地化的计算和存储技术

与当前容器技术提倡的存储计算分离的理念有所不同,HDFS 技术体系是基于服务器本地化存储与计算的整合。将数据的逻辑应用分发到数据存放的地方进行计算,通过应用对海量的数据进行切割,最后再通过每个节点计算的结果进行整合,输出最终结果。这种方案,不仅将以往单线程的数据处理工作变成了多节点的并行计算,也充分利用了单个节点的计算和存储能力。相比现在基于网络的对象存储技术,单个服务器直接对 HDFS 文件操作可以保证性能的需求,并且通过制定节点的硬件优化,例如提升 CPU 性能和使用 SSD 存储单元,可以根据需求等级强化指定节点的计算性能,满足不同场景的设计需求。

2. 无限水平扩展的技术优势分析

Hadoop 分布式文件系统 HDFS 的设计目标是管理海量服务器和磁盘(大型互联网

公司的 Hadoop 集群平均管理着上万台的节点)，最终实现大规模的服务器计算资源当作一个单一的存储系统进行管理，对应用程序提供数以 PB 级的存储容量，让应用程序像使用普通文件系统一样存储大规模的文件数据。Hadoop 分布式文件系统在一个大规模分布式服务器集群上，对数据分片后进行并行读写及冗余存储，集群中所有服务器的磁盘都可供 HDFS 使用，所以整个 HDFS 的存储空间可以达到 PB 级容量。

3. NameNode 命名节点和 DataNode 数据节点的技术分析

DataNode 负责文件数据的存储和读写操作，HDFS 将文件数据分割成若干数据块(block)，每个 DataNode 存储一部分数据块[19]。应用程序客户端(client)可以并行对这些数据块进行访问。HDFS 集群的 DataNode 服务器可以存在上千台，每个节点配有数块磁盘，集群存储容量可以在 PB 级别。

NameNode 负责整个分布式文件系统的元数据(METADATA)管理，包含文件路径名、数据块的 ID 以及存储位置等信息。为了保证数据的高度可使用性，HDFS 会将一个数据块复制为多份(默认和大多数应用设置为三份)，将相同的数据块存储在不同节点上。如果出现计算节点的物理损坏(服务器节点的硬件或软件出现故障)，或者机房基础设施故障(交换机或者某一个电源模块故障)，应用客户端会根据 NameNode 的元数据查找其备份的数据块和节点进行访问。

4. 系统高可用架构分析

通过 DataNode 多个节点存储同一份数据可以实现数据级别的高可用需求。Hadoop 提供的 2ND NameNode 技术，对主 NameNode 节点的元数据进行了复制和持久化保存，防止主节点的数据丢失。但 2ND NameNode 只提供了数据备份，并不能实现自动的高可用方案。

Hadoop V2 版本实现了基于 NameNode ACTIVE-STANDBY 的高可用方案。高可用双节点的 NameNode 共享存储和日志模块；DataNode 节点把数据块的报告同时发送给 HA 中的两个 NameNode，保证数据的一致性；客户端通过配置去处理 NameNode 的故障转移；原来的 2ND NameNode 归类为 STANBDY 的节点，对 ACTIVE 的 NameNode 进行周期性的检查。

结合 Hadoop 体系中的 ZooKeeper 技术，实现 NameNode 的高可用自动恢复 FAILOVER。每个节点会自动进行间接监控，发现异常自动进行切换，由于使用同一份数据存储和日志模块，并且每次数据更新都是双份的，所以可以在非常短的时间内实现切换的操作。虽然客户端需要自行去进行高可用切换，但通过逻辑域名的方式能够简单地实现高效可靠的切换。

5. 数据流技术阐述

客户端在 JVM 中通过 HDFS 定义的对象进行操作，首先使用 RPC 对 NameNode 进行数据块地址的请求，NameNode 接受到请求后，返回实际需要访问的数据块的 DataNode 地址，并且按照访问的顺序进行排序，例如客户端自身就是一个 DataNode，

NameNode 返回的第一个地址就是客户端本地的 DataNode 地址,此机制可以提供最佳的数据访问方式,提升整体数据 IO 的性能。每次 NameNode 返回前几个数据块的 DataNode 地址,客户端在读取完数据后,会重新进行其他数据块的查询,返回最佳的数据节点地址进行数据访问。数据访问过程中,如果出现 DataNode 不能访问,就会使用下一个节点地址进行访问,并且将故障的节点记录下来,发送异常报告给到 NameNode,防止后续其他客户端访问故障 DataNode 节点。

通过均匀分布的数据流结构,HDFS 可以运行大量的客户端进行同时在线的数据访问,而这个技术特性特别适合大规模交通实体参与的交通大数据计算平台(图 3-1)。

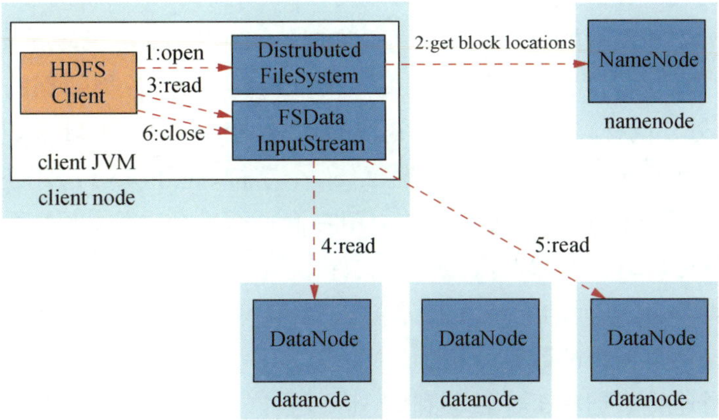

图 3-1 HDFS 存储与计算原理

6. MapReduce 技术分析

MapReduce 是 Hadoop 技术中第一个且最主要的编程框架,并且使用 Java 语言进行编程也符合行业大规模应用的基础环境需求。

MapReduce 涉及大数据应用进程、JobTracker 进程和 TaskTracker 进程三类关键进程。

(1) 大数据应用进程。是启动 MapReduce 程序的主入口,主要是指定 MAP 和 REDUCE 类、输入输出文件路径等,并提交作业给 Hadoop 集群。这是由用户启动的 MapReduce 程序进程,例如经典的 WORDCOUNT 例子。

(2) JobTracker 进程。根据要处理的输入数据量,TaskTracker 进程启动相应数量的 MAP 和 REDUCE 进程任务,并管理整个作业生命周期的任务调度和监控。这是 Hadoop 集群的常驻进程,且 JobTracker 进程在整个 Hadoop 集群全局唯一。

(3) TaskTracker 进程。负责启动和管理 MAP 进程以及 REDUCE 进程。Hadoop 集群中同时运行 DataNode 进程和 TaskTracker 进程。JobTracker 进程和 TaskTracker 进程是主从关系,所有的从服务器听从主服务器的控制和调度安排。主服务器负责为应用程序分配服务器资源以及作业执行的调度,而具体的计算操作则在从服务器上完成。MapReduce 的主服务器就是 JobTracker,从服务器就是 TaskTracker。YARN、Spark 等也都是这样的架构,这种“一主多从”的服务器架构也是绝大多数大数据系统的架构方案。

3.1.2 HIVE:分布式数据库

1. HIVE 出现的技术历史和背景回顾

初期 Hadoop 体系是使用 MapReduce 进行应用的开发,程序员通过重写 MAP 和 REDUCE 程序,实现分布式的数据计算操作。然而,对于企业中已经存在的数据类应用,就需要耗费非常大的代价进行程序的重构,并且是基于完全新的程序结构实现,对于传统数据分析类开发者的挑战也非常大,再加上 MapReduce 不能完全实现以往的各类应用需求,例如已经存在多年的 SQL 类数据分析的应用,各类数据的分组、选取、逻辑关联操作,等等。同样,实现一个简单查询的功能,使用 Java 对 MapReduce 进行编程需要 50～60 行代码,而 HiveQL 语句只需要 50 个字符,此外 Java 应用还有打包和部署发布的步骤,而 HiveQL 可以通过专门的应用查询页面进行操作,或者通过 HIVE Shell 直接输入语句就可以返回结果和直接写入文件。

此时基于类 SQL 查询的 HIVE 技术的出现,实现了基于 Hadoop 集群的 HiveQL 类的查询功能。使得传统的数据分析师、资深的 DBA、数据库研发工程师等各类角色,可以无缝且平滑地将数据和工作转移到 Hadoop 集群上,并且整个上层应用开发、测试、部署、维护等工作并没有太大的变化。HiveQL 和 SQL 标准语句差距不大,并且有部分大型互联网企业提供语句解析组件,可以尽量减少已有的数据分析资产的转换工作,以及人员对新组件的适应时间。

通过对 HIVE 的实施,实现了真正低用户门槛、可无限水平扩展、高可用、开源的企业级数据仓库的应用,特别适用于手机信令处理等交通大数据挖掘应用。

2. HIVE 运行机制的介绍

HIVE 处理输入 SQL 语句,然后调用 MapReduce 计算框架完成数据分析操作。通过 HIVE 的客户端,可以是 JDBC 或者 HIVE Shell 提交 SQL 命令。HIVE 通过执行引擎 DRIVER 将数据表的信息记录在 METASTORE 元数据组件中,通过关系数据库实现存放表名、字段名、字段类型、关联 HDFS 文件路径等这些数据库的元信息,这样可以实现数据库的各类读写和建表的操作。当提交查询时,DRIVER 提交给编译器进行语法分析、语法解析、语法优化等操作,输出 MapReduce 执行作业,最终提交给 Hadoop MapReduce 计算框架处理。

3. HIVE 与传统关系型数据库的对比分析

(1) 数据存储格式的差异。HIVE 技术可以让用户在建表的时候自由选择不同的存储形式。TEXTFILE 格式,默认模式,不做压缩,磁盘和数据解析开销相对较大,实际应用中较少被使用;ORC 格式,可以通过多种压缩技术实现数据存储空间的减少,索引技术加速 HIVE 查询的效率，当前 ORC 格式是 HIVE 中压缩比最高的形式；PARQUET 格式，通过列式存储和嵌套格式提升查询的性能。这三类格式可以在建表的时候通过简单的关键字声明实现。而传统型数据库是固定的格式，由数据库引擎决定，默认提供给用户。

(2) 数据更新的差异。传统数据库在应用中持续进行数据记录 UPDATE 的操作。而 HIVE 提供写入一次，读取多次的操作服务，虽然 HIVE 在 V0.14 后提供删除和更新的操作，但对数据表格式有一定的限制要求，并且大多数的企业通过标记位实现数据的更新标识，而非对数据进行修改或删除，在大规模数据分析的场景中，建议使用无状态的模式对数据进行操作。

(3) 执行方式的差异。传统数据库使用内置的执行器进行查询语句的执行，并且伴随插件进行分布式的应用，例如，MySQL 的 BINLOG 实现主备的应用，Oracle 使用 RAC 技术，等等。HIVE 通过对 MapReduce 任务的发布，默认就是在大规模集群上的分布式查询汇总的运行机制。

(4) 可扩展性的差异。传统数据库需要额外的技术进行扩展，例如增加单个硬件的垂直性能，分库分表组件的应用(需要 DBA 数据改造的工作)，以及保证一致性的日志同步和解析的组件。而 HIVE 技术，无须技术或应用改造，水平添加 HDFS 的数据存放节点，MapReduce 任务会自动根据 NameNode 的元数据信息查找新加入的 DataNode 节点，对数据进行访问。典型的大型互联网企业可以轻松实现对百亿行的数据进行分析和汇总查询，也不需要类似传统数据历史数据归档的操作。

(5) 数据规模的区别。传统数据库更多是根据应用的规模进行资源的选型，针对海量数据分析的需求，开源 MySQL 数据库的单库单表性能是远远不够的。而 HIVE 可以对 PB 级别的数据进行查询，根据数据表的需求，分开多个 MapReduce 任务进行分布式查询和汇总。传统关系型数据库通常在 TB 级别以下，而且单表数据量不能过大，不然会导致各类操作性能技术下降，整体的读写优化需要大量投入。

4. 基于 Spark 技术的 HIVE 查询技术分析

HIVE ON Spark 是由 Cloudera 公司发起，由 INTEL、MAPR 等公司共同参与的开源项目，其目的是把 Spark 作为 HIVE 的一个计算引擎，将 HIVE 的查询作为 Spark 的任务提交到 Spark 集群上进行计算。通过该项目显著提高 HIVE 查询的性能，同时为已经部署 HIVE 或者 Spark 的用户提供了更加灵活的选择，从而进一步提高 HIVE 和 Spark 的普及率。Spark 和 MapReduce 相比，有更快的执行速度。在多个实验场景的比较下，Spark 比 MapReduce 速度快数十倍，甚至百倍。大数据管理员只需要通过修改 HIVE 组件的配置文件，或通过 CDH 管理页面进行修改，就可以完成执行 HIVE 引擎的切换，当前大多数公司都转换为使用基于 Spark 的 HIVE 查询组件。

5. UDF 用户自定义函数功能介绍

UDF 用户自定义函数组件让用户通过 Java 语言添加自定义的函数功能，且部署在

HIVE 的节点上，实现了对 HiveQL 的强大支持。ETL 中很多的数据清洗工作，可以通过 UDF 的形式进行转换，例如时间格式转换、复杂数学公式的转换、前置执行默认语句等，使用传统的 SQL 语句实现困难，而通过 Java 的丰富生态可以进行快速自定义函数的开发。部署后，用户可以直接在 HiveQL 语句中轻松应用，类似例如标准 SQL 的 CONCAT 函数的使用。当前，80%～90%的数据仓库类开发都是通过 HiveQL+UDF 的功能实现的，企业内部丰富的 UDF 组件可以提升大数据应用的资产规模和效果。

3.1.3 HBase:分布式列式存储数据库

1. HBase 的技术背景介绍

HBase，全名 Hadoop DATABASE，源于 Google BigTable 的技术理念，于 2007 年由 POWERSET 公司创建，最初是 Hadoop 贡献的一部分。从那时起，它已成为 Apache 旗下的顶级项目。HBase 具备传统关系型和大数据双重特点，是一个分布式、可持久化、数据严格一致的数据库系统，有着强大的读写性能，并且通过支持可插拔压缩算法来有效利用磁盘空间。

2. HBase 体系架构设计

HBase 为可伸缩海量数据储存而设计，实现面向在线业务的实时数据访问延迟。HBase 的伸缩性主要依赖 HRegion[20] 和分布式文件系统 HDFS 实现。HRegion 是 HBase 负责数据存储的主要进程，应用程序对数据的读写操作都是通过和 HRegion 通信完成。在 HBase 中，数据以 HRegion 为单位进行管理，由 HRegion 完成数据操作。HRegionServer 是物理服务器，每个 HRegionServer 上可以启动多个 HRegion 实例。当一个 HRegion 中写入的数据达到配置的阈值时，一个 HRegion 会分裂成两个 HRegion，并将 HRegion 在整个集群中进行迁移，以使 HRegionServer 的负载均衡[21]。每个 HRegion 中存储 KEY 值区间的数据，所有 HRegion 的信息，包括存储的 KEY 值区间、所在 HRegionServer 地址、访问端口号等，都记录在 HMaster 服务器上。为了保证 HMaster 的高可用性，HBase 会启动多个 HMaster，并通过 ZooKeeper 进行高可用的管理。HBase 的核心设计目标是解决海量数据的分布式存储，HBase 的做法是按 KEY 的区域进行分片。应用程序通过 HMaster 查找分片，得到 HRegion 所在的服务器 HRegionServer，获取需要访问的数据。

HBase 是基于 Hadoop 构建的数据库。数据访问和数据可靠性都取决于 Hadoop。HBase 是由低延迟驱动的在线系统，而 Hadoop 是针对吞吐量进行了优化的离线系统。这些相互补充的关注为构建水平可伸缩的数据应用程序提供了强大而灵活的数据平台。

3. HBase 的应用模式

HBase 能够给应用提供丰富使用模式。首先可以使用 HBase Shell 内嵌的语法进行一系列的数据操作，包含建表、查询、修改、插入等操作。同时也可以通过 SDK 植入到现有的Java应用中,实现数据连接、数据操作、数据获取等Java客户端操作。也可以通过PHOENIX工具实现类SQL类的高级数据库操作,实现现有大数据开发人员的无缝切换、低成本的技术使用。数据科学家也可以通过Python进行HBase的快速应用。此外,HBase支持REST服务,可以实现应用API级别的访问和操作。由于HBase提供的类似ACID的特性,企业应用可以对HBase进行常规的数据库应用的实施。

然而,HBase应用的表设计与传统关系新数据有所不同,使用HBase的出发点主要是为了最优化的性能。所以相对而言,HBase的数据表设计会更加精简,从而带来极佳的性能,并且伴随HDFS的分布式海量数据库。系统设计者和用户需要对数据库事务处理和并行计算进行权衡,设计出最佳的数据表模型。基于行的键值对设计,是最重要的设计部分,要充分考虑基于性能和功能的需求。

4. HBase的应用场景分析

HBase技术具备灵活性、可扩展性以及丰富的接入应用模式。HBase可以存储多种多样的数据,例如,物联网基于时间序列的数据,在海量数据存储的基础上,通过键值对的特性保证访问的多样性和性能。针对GIS数据应用,HBase非常适合对经纬度和名字进行高性能访问,结合SCAN、HASH等功能,能够实现丰富的综合查询功能,例如相邻兴趣点(Point of Interest, POI)查询、区域查询、路径查询等实际的应用场景。相比传统GIS型数据库,HBase背后的数据库规模带来了质的飞跃,可以融合多种图层,进行各类创新性的融合查询和分析,结合图形化的展示,提供可视化的应用。

3.1.4 Spark:分布式大数据计算技术

1. Spark技术历史和背景介绍

Spark技术的出现,是大数据计算技术历史中一个极具重要的里程碑。2009年,Spark诞生于伯克利大学AMPLAB,最初属于伯克利大学的研究性项目。Spark于2010年正式开源,2013年成为了Apache基金项目,2014年成为Apache基金的顶级项目。

Spark技术设计之初,就是为了实现运行快速和通用业务应用需求的分布式计算框架[22]。Hadoop针对海量数据领域,解决了并行化、分布式和容错三大技术难点:并行化——一个计算任务分发在多个计算节点上运行;分布式——海量数据的分布式存储;容错——对计算节点的硬件故障的容错。然而,Hadoop在数据处理的速度上不能满足各类业务场景的需求。首先,MapReduce技术的运行结果,需要以HDFS的格式在数据节点持久化后才能被其他的MapReduce作业使用;其次,MAP+REDUCE的两段式开发模式,需要对现有的应用设计理念进行修改,并且很多场景无法得到便利的应用。虽然有HIVE的出现可以实现大量的数据仓库的应用,但HIVE并不能实现通用化的应用场景,同时HIVE的数据访问速度存在明显的瓶颈,小规模数据量的查询速度反而低于传统关系型数据库。Spark的出现很好地解决了以上Hadoop体系中的缺陷,相比能够实现更多通用性和低延迟的应用。然而，此类通用性的需求中，还是以 OLAP 的类型为主，OLTP 类型业务还是以常规 Java 技术栈和体系架构实现为主。

Spark 技术通过在内存中进行数据存储和操作，理论上可以实现比传统 MapReduce 快 100 倍的速度，针对机器学习、图计算、流式计算等应用场景提供了极佳的性能。Spark 为应用开发者提供了丰富的接入方法，用户可以轻松使用 Scala、Java、Python、R 等常用的语言进行快速开发，也可以在部署 Spark 的节点上通过 Spark Shell 直接执行 Scala 或 PYSpark 命令。

企业可以将 Spark 组件安装在已有的 Hadoop 集群环境中，结合本地数据计算存储一体化的设计理念和 YARN 的调度方式，通过 Spark 应用和 Hadoop 环境的深度结合，实现数据和应用的环境一致性，减少数据处理的环境异构，提升整体数据应用的性能，同时兼顾海量的存储和扩展特性。此外，随着云资源的费用下降，以及容器领域的不断成熟，越来越多的企业选择独立部署 Spark 应用，通过 API 的方式对各类大数据集群进行访问。

2. Spark 整体技术架构介绍

图 3-2 为 Spark 技术架构图。

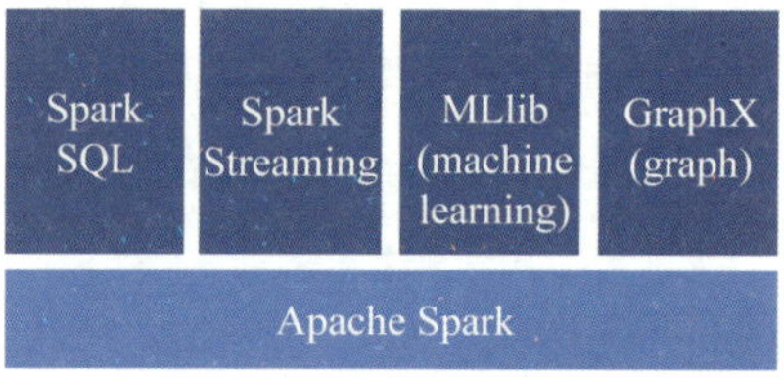

图 3-2　Spark 技术架构图

SparkCore：Spark 的基本功能，包含任务调度、内存管理、错误恢复、与存储系统交互等模块。SparkCore 中还包含了对弹性分布式数据集 RDD 的 API 定义。

SparkSQL：Spark 提供类 SQL 的查询技术。SparkSQL 支持多种数据源，比如 HIVE 表、PARQUET 以及 JSON 等。当前大多数企业的 HIVE 应用都转为 HIVE on Spark 的模式进行数据仓库的离线开发。

SparkStreaming：Spark 提供的对准实时数据进行流式计算的组件。通过 API 的形式进行流式计算的开发，同时也可以使用 SparkCore 中 RDD 的功能。

SparkMLlib：提供基于 Spark 机器学习功能的程序库，包括分类、回归、聚类、协同过滤以及模型评估等功能。

GraphX：Spark 提供的图形算法功能包。GraphX 中包含了领域中重要的基础算法，例如页面排名、最短路径、SVD＋＋等。针对图的应用体系，提供 EdgeRDD 和 VertexRDD 两种特殊的 Graph RDD 技术组件。

集群管理器：实现大规模节点之间分布式计算功能。Spark 支持在多种集群管理器上运行,包括 Hadoop YARN、Apache MESOS、Kubernetes,以及 Spark 自带的调度器。

Spark 的计算框架具备弹性和灵活性,能快速提升运行性能。和 MapReduce 一个应用一次只运行一个 MAP 和一个 REDUCE 不同,Spark 可以根据应用的复杂程度,分割成更多的计算阶段(STAGE),这些计算阶段组成一个有向无环图 DAG,Spark 任务调度器可以根据 DAG 的依赖关系执行计算阶段。机器学习算法可能需要进行大量的迭代计算,产生大量计算阶段,这些计算阶段在一个应用中处理完成,而不是像 MapReduce 需要启动大量的独立应用,所以 Spark 极大地提高了运行效率。Spark 作业调度执行的核心是 DAG,然后根据每个阶段要处理的数据量生成相应的任务集合 TASKSET,所有任务通过分布式的进程进行处理。

DAGScheduler 生成 DAG 图以后,Spark 将任务分配到分布式集群上执行。Spark 支持 STANDALONE、YARN、MESOS、Kubernetes 等多种部署方案。

Spark 整体优先使用内存进行数据存储,当前硬件的成本不断降低,内存级别的体系架构可以得到大量的实际应用;机器学习算法大多需要很多轮迭代,相比 MAP 和 REDUCE 的简单划分,Spark 的 STAGE 划分开发灵活度和运行效能得到了显著提升。

3. Spark 技术应用介绍

首先可以通过编写 Scala 应用实现对数据的离线开发,例如统计、聚合、排序等 ETL 包含的数据操作。由于使用了分布式集群和节点内存资源,相比 HIVE 的应用可以更加高效,用于数据量大且对运行时间有严格需求的场景。

使用 SparkStreaming 和 MLlib 实现对准实时的推荐算法的应用。首先将 HDFS 中训练数据复制并且转为 RDD 结构,注入到内存,对数据进行清洗和编码后,通过 MLlib 模块的 API 进行建模,输出机器学习所需要的特征参数模型。在实际准实时流式计算的场景中,开发者可以简单地使用特征参数模型对输入的对象进行推荐数据的输出。模型、输入数据、计算逻辑、输出值都是在内存环境中执行的,结合分布式的作业调度,可以适合大规模的推荐应用场景。

此外,工业级算法领域中的常见应用都可以直接使用 Spark 进行开发,例如逻辑归回、决策树、随机森林、聚类等。

4. 其他新型流式计算引擎的技术介绍

作为 Spark 的同类工具,Apache 旗下的 FLINK 是一个框架和分布式处理引擎,用于在无边界和有边界数据流上进行有状态的计算。FLINK 能在所有常见集群环境中运行,并能以内存速度和任意规模进行计算。

FLINK 和 Spark 的技术以及场景分析对比如下:Spark 可以应用在离线和准实时的场景中,Spark 把流转换为小的批处理,FLINK 针对新的数据输入,立刻进行处理,支持毫秒级的计算,FLINK 对窗口函数的操作非常灵活,可以自定义时间和数据的多种窗口操作;对类 SQL 的应用,FLINK 还有一定的差距,FLINK SQL 不具备大规模

HIVE ON Spark 的应用场景；FLINK 实现了带反馈的环应用，而 Spark 只能实现 DAG 的无环应用；社区活跃度和全球大数据领域影响力来看，Spark 更胜一筹，拥有更多的落地应用场景和开发者社区的热度。

3.1.5 Kafka：实时数据接入技术

1. Kafka 的技术背景和历史介绍

Apache Kafka 是一个开源的消息处理技术，最初的目标是为处理实时数据提供统一、高通量、低延迟的平台。Kafka 最初由 LinkedIn 开发，并在 2011 年初开源。2012 年由 Apache INCUBATOR 孵化出站，成为 Apache 软件基金会的项目。

伴随大规模分布式和海量数据的应用需求，典型的国内外互联网大型企业每天都需要处理万亿条的消息，平均到每秒百万级的规模。Kafka 的诞生就是为了满足大规模的消息处理的需求，并且提供一个高吞吐量和高可用的消息技术组件。此外，针对多种数据源的交互，例如不同应用数据库之间的交互、不用应用 API 的交互、文件之间的交互，以及以上三种数据的交叉交互和不同格式消息的交互，如果每个场景都进行独立的开发实现，随着应用的增多会带来难以维护的系统环境，以及越来越复杂的工程开发工作。所以作为数据消息 Broker 的 Kafka 技术，可以提供一个灵活可扩展的消息中间件组件，各种数据源或应用通过统一简单的交互方式进行消息的传递。同时，Kafka 提供各类丰富的消息消费和广播模式，精准实现了异步消息驱动的架构思想，不仅满足了大数据高吞吐量的需求，也实现了大规模分布式 OLTP 类业务应用的需求。

2. Kafka 消息数据 PRODUCE（生产）和 COMSUME（消费）技术分析

企业系统的开发者可以非常便利地使用 API 进行消息的生产和消费，Kafka 支持各类主流语言（Java，C++，Python，GO，Scala，NODEJS 等）和框架（.NET，SPRINGBOOT 等）。消息生产端需要指定 TOPIC（主题），PARTITIONS 信息在生产侧是可选的。消息的消费端通过 OFFSET（游标）控制重复消费，并且使用多分区的模式进行消息接收的高可用模式，任意存放分区消息服务器节点异常，可以自动切换到下一个在线的节点进行续传。

3. Kafka 的 Broker、TOPIC（主题）以及 PARTITIONS（分区）技术分析

在 Kafka 的系统中，所有客户端传输的消息都使用 TOPIC（主题）进行分类管理。这个设计理念类似于数据库中的表，或者文件系统中的文件。每个主题都可以存放在多个 PARTITIONS（分区）中。如果系统设置为多个分区对应一个主题，Kafka 将不能保证客户端所读取消息的顺序与消息写入顺序的一致性。如果业务应用需要严格的消息先进先出 FIFO 的顺序，建议使用一个单独的分区进行主题的存放。分区为 Kafka 提供了可扩展和冗余的特性，多个分区可以部署在不同的服务器节点上，提供水平扩展的性能，让多个消费端进行并行消息接收。

大数据技术领域中的流计算和离线应用，通常就是使用 Kafka 的多主题多分区的

技术组件进行源数据的传输和临时存储。通常是多个数据源的海量数据，进入到Kafka，然后被Spark或者HDFS应用等消费。这里介绍一个典型的应用场景，大规模数量的物联网设备产生的数据，如果直接使用传统数据库或者应用进行消费，若只是进行简单的网络通信对接，会带来通信阻塞或数据库连接池资源不足等问题，最终导致大量的数据丢失，以及数据的高延迟，严重影响了业务监控准确性，例如上万个传感器数据由于阻塞而不能准确地进行错误信息的上报，导致监控人员无法及时修正，带来业务的损失。使用Kafka技术，首先可以解决消息生产性能和阻塞的问题，通过上述的多服务节点多分区的分布式技术，以及多主题的功能，实现设备分布式的消息接收，然后Kafka将消息数据写入内存，保证快速的响应，并且通过磁盘顺序式的写入，而非随机式的写入，极大提升了数据在Broker持久化的性能（类似企业级高速磁带的技术，最新LTO6型单个磁带通过顺序模式可以实现160MB/s的写入速度），通过分布式、水平扩展以及高速持久化的三个技术点，可以实现高效稳定的海量数据接收；消息通过Kafka Broker接收后，可以被各类的大数据应用进行消费和应用，Spark可以对即时数据进行小批量处理，例如对固定异常特征进行判断，快速报警，HDFS可以使用FLUME进行常规批量的转换，后续转换为HIVE数仓的表格作为离线分析。

4. Kafka消息可靠性技术介绍

Kafka提供同一个分区中消息的顺序保证。如果使用相同分区中的相同生产端在消息A之后写入消息B，则Kafka保证消息B的偏移量将高于消息A，并且消费端将在消息A之后读取消息B。当生成的消息被写入其所有同步副本上的分区（但不一定刷新到磁盘）时，它们被视为“已提交”。当消息已完全提交，消息生产端可以选择是否接收消费端成功消费后的确认信息。至少存在一个副本的前提下，生产端提交的消息就不会丢失。消费端只能消费Kafka中已提交的消息。实际的系统架构设计中，需要结合硬件成本、吞吐量性能、时效延迟需求、高可用、数据冗余等具体的需求，对上述的消息可靠性进行权衡，选择最优方案。例如，用户浏览记录可以不使用消费确认机制，因为部分数据丢失从业务需求角度是可以接受的。

3.2 容器化及其资源调度技术

3.2.1 基于Docker的容器技术

1. Docker技术历史和背景介绍

Docker是一个开放性平台，主要用于软件的开发和发布，或者直接在Docker中运行应用程序。将应用程序与基础的架构进行分离是Docker的一大特性，这样做有利于实现软件应用的快速交付。与管理应用程序的方式相同，Docker也采用同样的方法去进行基础架构的管理。在Docker上可以进行项目的测试和部署代码，进而达到快速交付的目的，从而缩减应用系统投产的时间。Docker拥有两个重要的功能：第一个功能是打包，将代码打成相应运行时需要的资源包；第二个功能是运行应用程序的功能，Docker 可以直接在容器中运行运用程序，多个容器之间相互隔离且可同时存在于一个主机节点上。容器是直接运行在主机的内核上，而不需要通过加载 Hypervisor（介于操作系统和硬件中的抽象层），这便是容器的轻量级特性。这意味着与传统虚拟机相比，在给定的硬件组合上可以运行更多的容器[23]。

Docker 技术可以高效且一致性的交付应用。开发者使用标准化的本地容器环境进行服务和应用的开发，通过 CI/CD 流水线功能，通过容器分享给其他开发者；开发者可以通过容器推送给测试环境进行各类测试工作；在修复业务系统问题后，自动更新和推送修复好的应用镜像给到生产环境。Docker 可以存在于多样的基础设施环境中，对于开发者，可以在个人 PC 上安装 Docker 环境进行开发和调试（Windows，MAC，Linux 等都适用）；对于企业级应用，可以部署在普通服务器、超融合、私有云以及公有云上。此外，Docker 所具备轻量级和快速的特性，并且不需要使用 Hypervisor，可以实现同样的物理服务器中部署更多的应用，这样可以为企业节省非常可观的硬件投入成本。有大型企业内部对容器化环境测算分析，单开发测试所需要的环境，相对传统虚拟机的部署方式，可以节省 50%～70%的硬件资源。

2. Docker 镜像技术介绍

Docker 部署应用的第一步是从镜像仓库服务中拉取镜像，可以通过官方的 Docker Hub 或其他镜像提供商获取。拉取操作会将镜像下载到本地 Docker 主机，可以使用该镜像启动一个或者多个容器。镜像是由多个层进行堆叠形成的，因此从外部看，镜像便犹如一个独立的对象。而从内部看，镜像就好比一个精细的操作系统，而且该系统还含有各种依赖包和文件，以供给应用运行时使用。当初容器的设计者在设计容器时，考虑的是使容器快速且小巧，因此镜像一般都是占用空间较小。Docker 镜像由松耦合的只读镜像层组成，Docker 负责堆叠这些镜像层，并且将它们表示为单个统一的对象。所有 Docker 镜像都起始于一个基础镜像层，当进行修改或增加新的内容时，就会在当前镜像层之上，创建新的镜像层。Docker 通过快照的方式来实现镜像层堆栈，并保证多镜像层对外展示为统一的文件系统。

3. Docker Volumn 容器数据卷的技术分析

镜像用于对应用的静态文件（例如应用程序包）进行打包和分发，而数据卷用于存放动态的数据和配置信息。数据卷实现了应用程序和主机的分离，Docker 对运行它的主机一无所知，只能判断容器应该使用的文件，因此 Docker 无法安装像传统主机或虚拟机那样安装各类的存储设备，但通过数据卷可以将宿主机上的目录映射到容器中。容器 Volumn（数据卷）技术，通过声明的方式实现宿主机上指定的目录或者文件，挂载到容器里面进行读取和修改操作。

通过使用了数据卷技术，可以实现多种灵活的数据操作和应用方式。宿主机和其他容器之间可以共享容器级别的数据卷；数据卷可以是宿主机的一部分，Docker 将这个目录地址挂载到容器的指定目录中;存在两种类型的数据卷,分别是 Docker 管理的数据卷和用户绑定的数据卷;不同的容器独立管理各自的数据卷的生命周期。

4. Docker 网络技术分析

Docker 使用 Linux 桥接,在宿主机虚拟一个 Docker 容器网桥,Docker 启动一个容器时会根据 Docker 网桥的网段分配给容器一个 IP 地址,称为 Container-IP,同时 Docker 网桥是每个容器的默认网关。因为在同一宿主机内的容器都接入同一个网桥,这样容器之间就能够通过容器的 Container-IP 直接通信。Docker 的网络模式有 4 种:HOST 模式——容器和宿主机共享 Network Namespace; Container 模式——容器和另外一个容器共享 Network Namespace; NONE 模式——容器有独立的 Network Namespace,但并没有对其进行任何网络设置;Bridge 模式——默认的模式。用户可以在 Docker RUN 后面添加网络端口暴露的命令,可以将容器中的端口号映射到宿主机上,实现容器对外访问的功能,例如容器启动的 Tomcat 应用是 80 端口,通过对外绑定为 8080 端口,浏览器可以使用宿主机的 IP 地址加 8080 端口反向访问容器中的 Tomcat 的管理页面。容器之间可以通过-LINK 指令,实现本地化的容器的网络连接以及服务发现。

3.2.2 基于 Kubernetes 的资源调度技术

1. Kubernetes 技术历史和背景介绍

Kubernetes 是一个可移植、可扩展的开源平台,用于管理容器化的工作负载和服务,使用声明式配置和自动化。Kubernetes 拥有一个庞大且快速增长的生态系统,是 CNCF(云原生开源基金会)的 GRADUATED 项目之一。Google 在 2014 年开源了 Kubernetes 项目。Kubernetes 的核心技术体系源于 Google 的大规模应用管理和协同的技术架构 BORG,同时也持续吸取了开源社区的大量实战贡献。Kubernetes 提供了一个可弹性运行分布式系统的框架,基于容器的环境提供了服务发现和负载均衡、存储编排、应用自动部署和回滚、自动系统二级制打包、自我修复以及密钥与配置管理[24]。

2. Kubernetes 技术架构介绍

Kubernetes 集群由 master 主节点和 worker 工作节点组成,每个集群至少要保证有一个工作节点,并且 PODS 运行在工作节点上。整个集群的架构由控制面板组件、节点组件以及插件组件等构成。Kube-APIServer(Kubernetes 提供的 API 服务)、ETCD(基于分布式配置和服务发现的键值对存储组件)、Kube-Schedule(PODS 的调度组件)、Kube-Controller-Manager(容器编排管理)、Cloud-Controller-Manager(云管理控制器)构成了控制面板组件。Kubelet(容器在 PODS 运行的代理服务)、Kube-Proxy(PODS 的服务实现)、Container Runtime(容器运行环境)属于节点的技术组件。DNS(集群 DNS 服务)、web UI dashboard(容器集群的 WEB 管理页面)、Container Resource Monitoring(容器资源监控)、Cluster-Level Logging(基于集群的日志管理)是各类的插件。

Kubernetes 项目的架构中，主节点由三个独立组件组合而成，包括提供 API 服务的 Kube-Apiserver、负责调度的 Kube-Scheduler 以及负责容器编排的 Kube-Controller-Manager。整个集群的持久化数据，则由 Kube-Apiserver 处理后保存在 ETCD 中。

3. Kubernetes 技术应用分析

与其他容器化技术有所区别，Kubernetes 推荐使用命令指定 YAML 文件的方式进行任务的执行(Kubernetes 的 API 对象)，YAML 文件包含了容器的定义、参数、配置。PODS 是 Kubernetes 中重要的 API 之一，PODS 上可以部署多个容器应用。POD 是 Kubernetes 里的原子调度单位，集群的调度器是统一按照 POD 而非容器的资源需求进行计算的。集群通过控制器模式实现各类的容器编排的需求，例如有状态应用、无状态应用、守护进程以及单次运行任务等，结合不同高可用和服务治理的调度模式需求，满足不同的系统应用场景。集群在建立 PODS 后，需要在容器数据卷的字段里声明 PVC 名字，Kubelet 就会把 PVC 所对应的 PV(通常为 NFS 的卷)挂载在指定 POD 容器内的目录上，完成对 PODS 的整体持久化的资源准备。Kubernetes 的 CNI 网络技术组件实现了所有容器都可以直接使用 IP 地址与其他容器通信，所有宿主机都可以直接使用 IP 地址与所有容器通信的网路功能。Kubernetes 中部署的业务应用，通过 INGRESS 技术对其进行反向代理，对应用服务进行对外暴露。得益于 CNCF 的顶级监控项目 PROMETHEUS，为 Kubernetes 提供了丰富的监控服务。可以对集群的宿主机和 Kubernetes 技术组件的数据监控，实现对资源利用率、资源饱和度、资源错误率、每秒请求数量、每秒错误数量以及服务响应时间等指标的监控。

Kubernetes 作为近几年重量级的应用级基础架构 PaaS 技术项目，是 IT 行业技术发展的一个重要的里程碑。可以说，Kubernetes 的技术代表着下一代的企业级操作系统，并且申明式 API 的管理方式大大地提升了软件管理的规范性和运行效能。

3.2.3 大规模大数据应用调度技术分析和实现

大数据平台技术框架支持的开发语言种类较多，存在很多不同类型的程序运行在大数据平台之上，如 MapReduce、HIVE、PIG、Spark、Java、Shell、Python 等。很多企业在使用大数据技术的初期，各个应用自行提交任务，任务执行的时间、上下依赖，日志、故障处理都是各自的应用进行管理。这种模式无法实现对大数据各类任务的正常管理，例如有一个数据 ETL 的任务发生异常，并不能统一按照角色进行告警设置，同时，任务的失败，不一定会让其他相关依赖的任务获取到异常信息，这样依赖任务的执行将会出现应用错误，对未同步更新的数据进行计算，最终输出异常数据。对于复杂的数据开发任务，需要多个开发者进行协同开发，包括 ETL 工程师、算法工程师以及数据科学家等不同的角色，把多个不同的数据处理工作整合为一个工作流程，不适合使用独立的应用开发进行整合。

针对以上问题，大数据的技术领域使用专业化的任务调度工具进行整体的管理。

通常可以选择的工具有 Azkaban、OOZIE、XXLJOB 等。Azkaban 是由 LinkedIn 公司推出的一个批量工作流任务调度器,主要用于在工作流内按照设置好的顺序运行一组工作和流程,它的配置是使用键值对方式,在配置中设置依赖关系。Azkaban 使用作业配置文件建立任务之间的依赖关系,通过 WEB 管理界面维护和跟踪工作流。Azkaban 是行业最推荐的大数据任务管理工具,具有以下功能:可以兼容任何版本的 Hadoop;提供友好的 Web UI 界面;上传和配置简易的工作流;提供便捷的任务关系设置方法;对工作流进行调度;提供插件机制;集成现有的认证和授权;通知任务执行的结果。OOZIE 是基于工作流引擎的开源框架,由 Cloudera 公司研发和开源的 Apache 项目,提供对 Hadoop MapReduce 和 PIG 等任务调度与协调,OOZIE 和 Azkaban 功能类似,但在 Hadoop 多版本支持、事件通知等方面有所差距,要根据具体的项目进行技术选型。XXLJOB 最初在 Java 应用中使用得较多,得益于轻量级和较低的使用门槛,也被部分企业用于大数据的任务调度引擎。

3.3 多源大数据汇集技术

面向城市交通治理的大数据计算平台首要任务是对城市交通大数据的汇聚,继而才能进行数据治理、数据计算和数据服务共享等工作。数据汇聚的特点是数据源繁多、数据类型多样、数据格式复杂、接入方式多样、数据接入频率需根据实际应用服务需求而定,且需要严格遵循网络安全要求,防止数据在传输过程中泄露隐私信息。基于多种场景下的数据汇聚经验,对数据汇聚的全流程进行了总结归纳。

3.3.1 数据汇聚流程设计

按照统一的标准规范、数据处理工艺,将汇聚数据进行分类、清洗、碰撞、融合,汇入交通大数据平台原始库,实现将相关的交通数据源进行整合,交通数据源主要包括交通管理政府部门、地铁、机场、巴士等企业客流运营数据,第三方、大数据运营商用户位置数据和互联网数据等实时或静态的交通数据等。

数据汇聚前期工作,需要人工梳理各数据源的数据存储方式、数据量、传输方式及接口协议,政府部门数据需要建立数据源与共享交换平台的数据接入流程,包括开发接收程序、建立采集策略配置、采集接口配置、数据抽取、接入数据盘点、拥塞管理等工作;借助大数据计算平台的数据汇聚工具,建立数据接入调度任务,从共享交换平台将数据汇聚到原始库,针对实时消费的应用需求,通过交通业务中台的算法服务功能,对实时数据计算并为上层业务系统提供服务。

数据汇聚流程如图 3-3 所示,具体阐述如下:

(1) 接入数据盘点。梳理各数据源的数据存储方式、数据量、传输频率、接口协议和传输方式,形成数据源管理文档。

(2) 从数据源将数据传输至共享交换平台(政府部门数据)的前置机,包括开发接收程序、建立采集策略配置、采集接口配置、数据抽取、拥塞管理等。

(3) 借助大数据计算平台数据汇聚工具和交通算法中台算法服务功能,人工建立统一汇聚和调度任务,从数据交换平台将数据接入交通大数据平台原始库。

(4) 原始库数据经过清洗、转换和标准化处理,按照数据划分标准分类存入标准库。

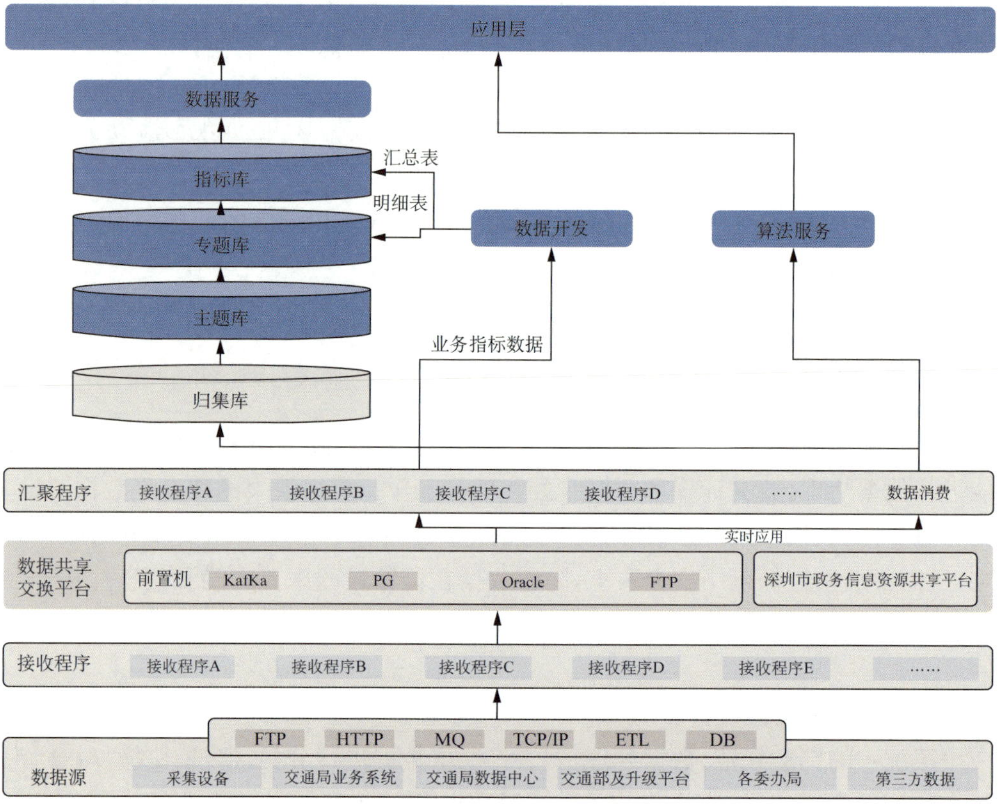

图 3-3 数据汇聚流程图

3.3.2 明确数据源

对数据进行汇聚之前需要先明确数据的需求、数据名称、数据来源和数据格式等信息,不同格式、不同数据类型来自不同数据源,其数据接入方式可能存在不同。数据源分为三大类,分别为政府部门数据、第三方数据和交通运输服务企业数据。

1. 政府部门数据

对政府部门的数据进行汇聚,一般有 GPS 数据、人员信息、事故数据、交通执法数据、交通基础设施采集数据、城市交通规划数据等数据类型,政府部门数据传输方式一般需要先通过城市数据共享交通平台,大数据计算平台需要遵循共享交换平台原有的数据接收协议或与政府部门制定新共享的数据传输协议,从数据共享交换平台通过政务网将数据汇聚入原始库。

2. 第三方数据

第三方数据源一般为互联网企业和三大运营商,此类数据通常是用户上网、通话等产生的位置数据,涉及用户的个人隐私信息,通常数据汇聚之前需要先对用户信息进行脱敏或是先计算处理成交通治理应用指标,确保维护用户的信息安全。此类数据的传输数据方式有两种:不涉及用户隐私的数据一般通过 API 方式传输;互联网企业或是运营商机房网络隔离的情况,需要在机房预先进行数据处理,通过人工拷贝的方式对数据继续汇聚。

3. 交通运输服务企业数据

公交、轨道、铁路、航空、港口等交通运输服务企业的客流数据可以直观地显示整个城市的交通客运量及其出行方式,这些企业的业务数据需要通过人工拷贝的方式汇聚到大数据计算平台。

3.3.3 数据汇聚方式

根据各种数据传输协议将数据接入方式分为数据库迁移、数据 ETL、消息队列、API 和 FTP 等,根据数据的接收周期将数据更新频率划分为实时更新、定期更新、不定期更新。实时更新和定期更新的数据可归为动态数据,需要根据数据采集规律创建数据接收程序或数据接收任务进行动态采集或是定期更新数据,动态数据的特点是时刻在发生变化,如果都采用全量数据导入方式,必然会导致大量的没有变化的数据冗余传输和存储,变化的数据也无法识别,因此针对动态新增的数据,常采用变更数据捕获技术来实现。不定期更新的数据其接收频率没有规律性,通常只接收一次或是时隔很久才会接收,通过创建数据 ETL 任务或是人工拷贝传输的方式处理比较方便快捷。具体可根据实际情况灵活采取相应数据汇聚方式。

根据部门的数据类型、数据来源和数据应用服务的特点和要求,原始库数据汇聚方式主要有以下类型:

(1) 库表数据汇聚方式。包括 ETL 数据抽取、数据交换中间件桥接、数据库镜像同步等。

(2) 文件数据汇聚方式。包括各种文件推送,如 FTP、交换中间件等。

(3) 接口数据汇聚方式。又分为被动接口归集和主动接口归集:被动接口归集即由数据源头单位信息系统调用原始库开放的数据报送(新增或更新)接口,完成数据报送;主动接口汇聚即原始库系统,主动调用数据源头单位信息系统提供的数据查询接口,获取所需的汇聚数据。特别需要注意的是,在被动接口模式下,须构建接口调用的应答、回调机制,确保接口交互的可信性和准确性;并做好双向日志记录,确保数据可对账。

在不同业务场景下,应选择不同的汇聚方式,甚至各种组合方式,以高效、安全、可靠地完成数据的归集。

3.3.4 API 对接

适用于由服务器端发起调用请求 Webserver 接口及 HTTP 接口。HTTP 接口 POST 提交数据以及 GET 请求文本数据结果的 API，统一采用 UTF-8 编码规则，请求和响应报文都以 JSON 格式提供。

3.3.5 数据库对接

基于共享交换平台能实现所需全量数据（需要提前订阅）的获取，但正如需要提前订阅一样，无法保证已订阅的数据是满足业务需求的，因此最好的全量是直接从部门业务系统数据库中抽取数据。

实现方式上，需采用大数据计算中心直连各部门业务系统数据库的方式，针对历史数据一次性全量抽取+增量变更数据捕获（Change Data Capture，CDC），准实时定期抽取增量和变化数据的方式，实现所有或所需数据的全量采集和准实时采集，实现方式如图 3-4 所示。

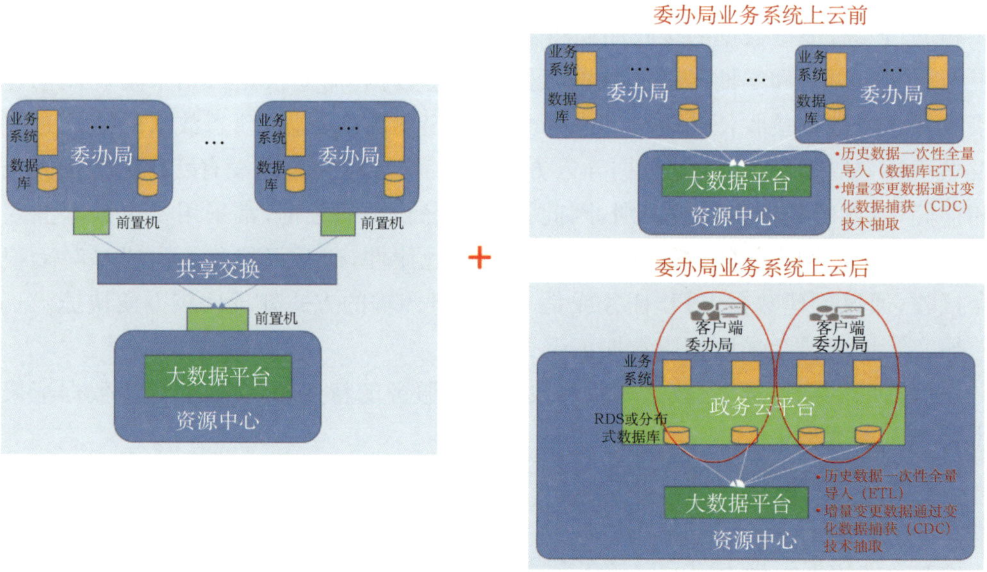

图 3-4　CDC 实现数据全量采集和准实时采集

历史数据一次性全量导入通过大数据 ETL 工具导入，技术已经很成熟，不再赘述。但是，数据源的条件多种多样，有的业务系统数据库还位于各自的数据中心机房，在网络隔离的情况下，可以由数据库管理员将历史数据导出为文件，文件通过共享交换平台或其他方式传输到大数据计算平台的原始库。

业务系统数据时刻在发生变化,但如果都采用全量数据导入方式,必然会导致大量的没有变化的数据冗余传输和存储,变化的数据也无法识别。因此针对业务系统变化或新增数据,常采用变更数据捕获技术来实现,具体实现方式如表 3-2 所示。四种方式的对比如表 3-3 所示。

表 3-2　　变更数据捕获技术的具体实现方式

实现方式	实现描述
触发器	在表上建立触发器,包括插入、修改、删除,当数据发生变化,触发将变化数据写入一个临时表,定期从临时表中抽取数据
时间戳	在源表上增加一个时间戳字段,更新表数据时,同时修改时间戳。数据抽取时,通过比较系统时间与时间戳字段的值来决定抽取哪些数据(比如抽取今天变更的数据)
快照比对	快照全量抽取数据,并建立一个结构类似的 MD5 临时表,记录源表主键以及字段数据计算出来的 MD5 校验码。对比源表和 MD5 临时表的变化决定抽取哪些数据
日志	分析数据库自身的日志来判断变化的数据,基于日志 redo 在目标库上重建数据,并发现数据的变化(insert、delete、update)

表 3-3　　不同实现方式的对比

实现方式	触发器	时间戳	快照	日志
能区分插入/更新	是	否	是	是
周期内,检测到多次更新	是	否	否	是
能检测到删除	是	否	是	是
不具有侵入性	否	否	否	是
支持实时	是	否	否	是
需要 DBA	是	否	否	是
不依赖数据库	否	是	是	否

由于接入的数据源众多,每个数据源的各自业务系统及其数据库有其自己的特点,建议根据数据源实际的情况在上面几种方式选择适合的,选择因素主要考虑以下几点:

(1) 是否对业务系统有入侵,即是否需要业务系统进行修改;

(2) 是否所有的表都有时间戳标记,可能有的业务系统的部分表并没有时间戳,新增会导致业务系统进行修改;

(3) 是否需要检测到完整的数据变更操作(插入、删除、更新),结合业务特点进行考虑;

(4) 是否需要业务系统较高的 DBA 权限,数据库的管理权限涉及业务系统的信息安全，需要认真考虑。

由于需要从几十个或上百个数据源采集数据，每个数据源的业务表及数据库的管理方式可能都不一样，如有的表设计了时间戳字段，有的表可能没有，有的库表可以有触发器方式，有的库表因性能问题可能不容许设置触发器，日志文件方式会涉及较高的数据库管理权限，不一定是所有数据管理部门 IT 系统都同意。综合来看，可能需要结合不同的数据源的沟通情况考虑多种方式结合。

业务部门需要采集的数据表能加时间戳字段的，优先采用时间戳方式，通过 SQL Agent 监控时间戳的变化，当时间戳发生变化时（如 5s 内，可配置），向外部发送变化的数据，通过实时数据采集工具 Flume 实时将数据传送到大数据计算平台进行实时处理。

如果无法通过时间戳获取变更数据，可以考虑采用日志的方式来捕获变更数据，获取数据库的日志信息本身需要一定的 DBA 权限，需由业务系统 DBA 通过脚本方式定期（周期可以缩短至分钟级）将所需要的数据表操作的日志文件导出为特定位置或通过日志流方式发送到消息中间件，避免 DBA 权限信息的泄露。

通过对日志文件或日志流的反向分析来发现变更的数据，并在大数据计算平台上保存历史数据＋变更数据的定期切片数据（如每 5 min 一个切片），在大数据计算平台内通过 SparkStreaming 技术对变更数据进行周期性的处理，保障数据湖原始库、标准库或指标库中数据与业务系统数据的一致性（延时在分钟级）。同时周期性（每天或每周）的启动一个定时任务将该周期内的切片数据合并，减少变更数据切片数量。

基于时间戳以及基于日志的 CDC 方式（文件与消息流式）的增量数据抽取与数据整合示意如图 3-5 所示。

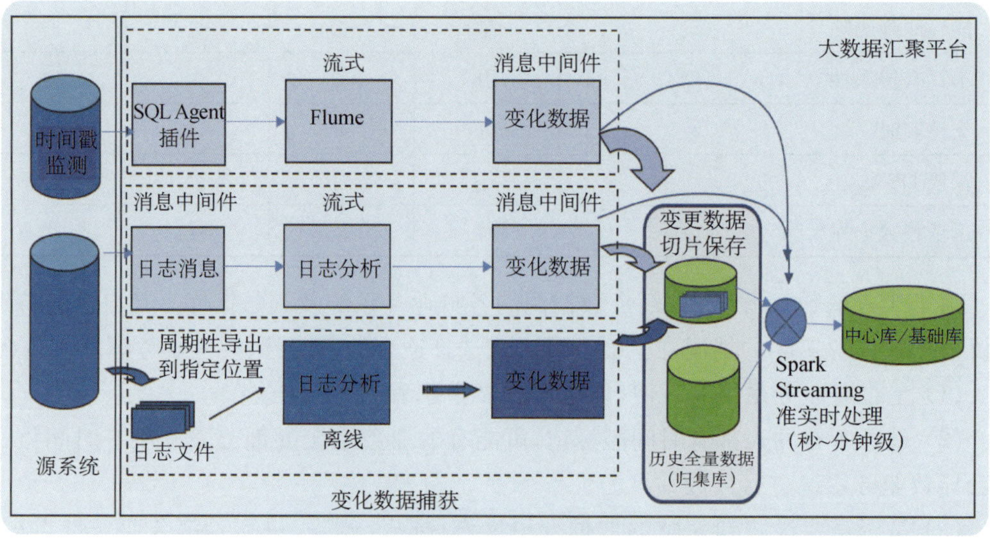

图 3-5　增量数据抽取和数据整合示意图

上述几种方案，具体采用哪种方式实现，将在实施时根据和数据管理部门或企业的沟通结果来确定。

3.3.6 消息队列对接

针对 GPS、手机信令、视频分析后产生的结构化数据等大批量实时流数据，可采用 RabbitMQ 或 Kafka 等消息队列的对接方式，有两种接入方式。

(1) 根据双方约定，由供方主动生产消息，如表 3-4 所示。

表 3-4　　消息队列接入方式一

工作项	供方	交通大数据平台(需方)
需求	与需方明确对接信息	1. 提供明确的数据需求及字段要求； 2. 提供消息生产地址、端口、主题、用户名、密码
数据获取	1. 根据需方的数据需求将数据主动的发送到消息队列； 2. 技术实现供方主导	被动接受供方的数据，再消费相关消息
传输方式	格式不定	采用 JSON 格式

(2) 根据双方约定，由大数据计算平台消费供方消息，如表 3-5 所示。

表 3-5　　消息队列接入方式二

工作项	供方	交通大数据平台(需方)
需求	提供消息生产地址、端口、主题、用户名、密码	与供方明确对接的消息数据信息
数据获取	1. 根据需方的数据需求将数据主动的发送到自有消息队列； 2. 技术实现供方主导	消费供方提供消息对列中的消息
传输方式	格式不定	建议采用 JSON 格式

3.3.7 文件数据同步

如深圳通刷卡数据采用每 15 min 推送一个 CSV 文件，该数据目前采用 FTP 文件的形式。FTP 客户端部署在政务云，使用 FTP 客户端通过 FTP 协议访问位于 FTP 服务器上的 CSV 文件，将 CSV 文件传输到云上，并写入 HDFS 文件(图 3-6)。

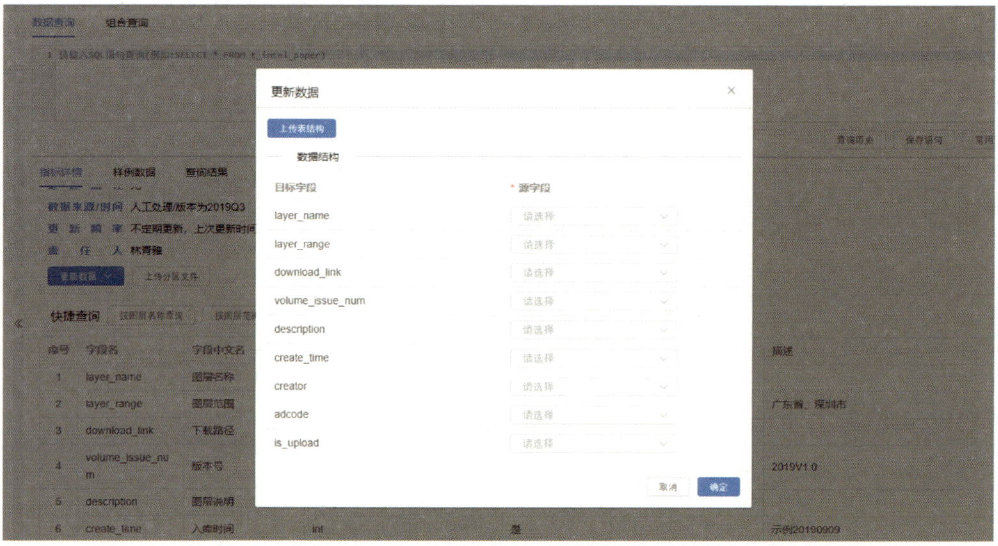

图 3-6　用 FTP 协议上传 CSV 文件

3.3.8　业务系统数据 ETL

通过 ETL 工具用户从业务系统数据库定期抽取出所需的数据，按照数据仓库模型，将数据汇聚到原始库。通过流程设计器快速构建数据处理模型，完成数据库、半结构化、非结构化数据之间的 ETL 工作，可以大大节约开发周期以及开发难度。提供高可用集群管理以及 HA 能力，使得数据处理过程高效稳定。

可用于实时数据同步的数据预处理中，支持多种异构数据源如 Kafka/Oracle/kudu 等，主键冲突时写入策略灵活，其中 HIVE 支持追加和覆盖，可支持多分区、多存储格式(orc、parquet)等。

3.3.9　数据接入监测预警

由于数据来源的复杂性，磁盘、网络、运行资源等都可能影响接入的稳定性，平台提供数据监控功能，实时查看数据接入信息，从不同维度对平台管理的数据资产情况进行统计分析，供管理人员掌控企业数据资产数量、数据访问情况、数据质量情况、数据分布情况等，帮助企业更好地管理数据资产，充分发挥数据价值。支持任务实时监控、错误日志查看、过程日志追述、集群日志查看、运行状态监控告警，以邮件、短信的形式报警通知相关负责人。支持 kafka 数据消费延迟监控告警、作业状态异常监控告警，以及其他相关运维监控指标总览等，支持短信、邮件、电话等消息通知服务。图 3-7 所示为平台提供的数据监控功能。

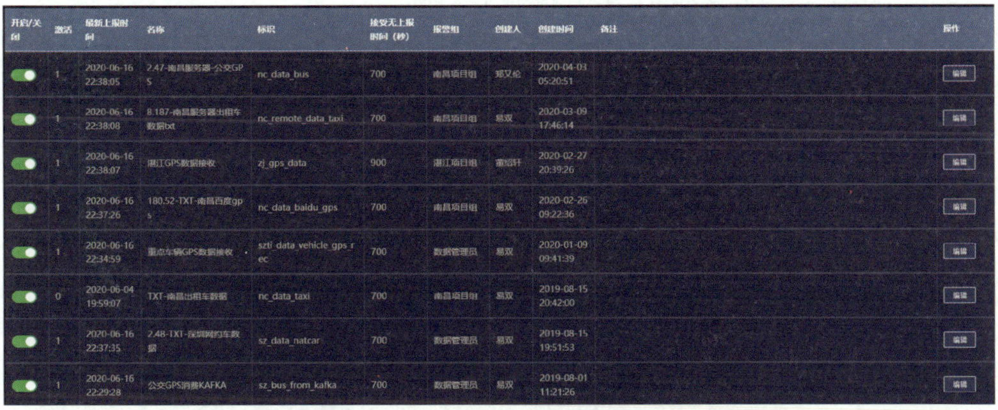

开启/关闭	激活	最新上报时间	名称	标识	接受无上报时间（秒）	报警组	创建人	创建时间	备注	操作
	1	2020-06-16 22:38:05	2.47-南昌服务器-公交GPS	nc_data_bus	700	南昌项目组	郑又伦	2020-04-03 05:20:51		编辑
	1	2020-06-16 22:38:08	8.187-南昌服务器出租车数据txt	nc_remote_data_taxi	700	南昌项目组	易双	2020-03-09 17:46:14		编辑
	1	2020-06-16 22:38:07	湛江GPS数据接收	zj_gps_data	900	湛江项目组	[illegible]	2020-02-27 20:39:26		编辑
	1	2020-06-16 22:37:26	180.52-TXT-南昌百度gps	nc_data_baidu_gps	700	南昌项目组	易双	2020-02-26 09:22:36		编辑
	1	2020-06-16 22:34:59	重点车辆GPS数据接收	szti_data_vehicle_gps_rec	700	数据管理员	易双	2020-01-09 09:41:39		编辑
	0	2020-06-04 19:59:07	TXT-南昌出租车数据	nc_data_taxi	700	南昌项目组	易双	2019-08-15 20:42:00		编辑
	1	2020-06-16 22:37:35	2.48-TXT-深圳网约车数据	sz_data_natcar	700	数据管理员	易双	2019-08-15 19:51:53		编辑
	1	2020-06-16 22:29:28	公交GPS消费KAFKA	sz_bus_from_kafka	700	数据管理员	易双	2019-08-01 11:21:26		编辑

图 3-7　平台提供的数据监控功能

3.4　大数据的知识表达:知识图谱

人工智能的飞速发展离不开随着互联网发展到来的大数据时代背景,海量数据的挖掘与处理无法通过传统技术和手段有效完成。但由于大数据存在大规模、异质、多元、结构松散等特点,对数据的组织与挖掘提出了挑战。知识图谱(Knowledge Graph)是人工智能的重要分支,于 2012 年由谷歌提出,其初衷是为了提高搜索引擎的搜索效率。随着互联网大数据时代的到来,知识图谱和机器学习/深度学习一起,成为人工智能的关键技术之一。目前知识图谱在智能搜索、个性化推荐、内容分发、电子商务、生物医疗等领域都得到了广泛的应用。知识图谱是城市交通治理中的关键支撑技术之一,为城市交通的创新分析应用提供了支持。

3.4.1　知识图谱的基本概念

知识图谱是结构化的语义知识库,用于以符号形式描述物理世界中的概念及其相互关系,其基本组成单位是"实体—关系—实体"三元组,以及实体及其相关属性—值对,实体之间通过关系相互联结,构成网状的知识结构[25]。其中,实体,对应现实世界的语义本体;关系,对应本体间的关系,连接了不同类型的实体;属性,描述一类实体的特性,实体被属性所标注。知识图谱旨在以结构化的形式描述客观世界中概念、实体及其关系,将海量复杂的信息表达成更接近人类认知世界的形式,提供了一种更好的组织、管理和理解互联网海量信息的能力。

知识图谱的核心是知识库[26],知识图谱以图(Graph)的方式来展现实体、事件及其之间的关系。知识图谱存储和查询研究如何设计有效的存储模式支持对大规模图数据的有效管理,实现对知识图谱中知识高效查询。交通大数据涉及人、车、路等,有大量的实体存在，利用知识图谱技术可以较好地描述实体间的联系。

知识图谱的构建过程就是从不同来源、不同结构的数据中进行知识提取，形成知识存入到知识图谱，主要针对纯文本、结构化数据和半结构化数据进行信息抽取[27]，如图 3-8 所示。

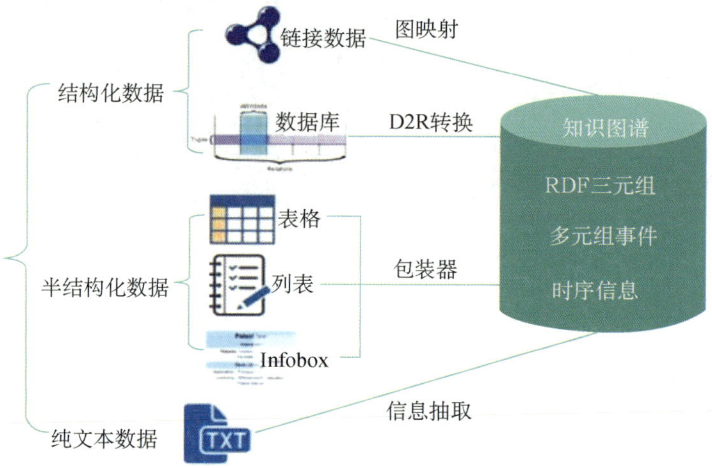

图 3-8 知识图谱信息抽取

3.4.1.1 图数据库与关系型数据库的比较

知识图谱是以图数据库为载体进行数据模型建立与提取分析，图数据库是基于图形理论实现的一种非关系型数据库，它的底层数据存储和查询方式都是以图论为基础，其中图论中的基础元素为节点和节点之间的边，在图数据库中对应的就是节点和关系。图形数据库作为一种非关系型数据库，将结构化数据存储在网络(图)上而不是关系型数据库中的表，常见的有 Neo4j、FlockDB、AllegroGraph、GraphDB、InfiniteGraph、TigerGraph、腾讯星图等[28]。Neo4j 是由 Java 实现的开源图数据库，实现了专业数据库界别的图数据模型存储，并提供完整的数据库特性，是目前是生产环境中主流的图数据库引擎。Neo4j 作为高性能的图引擎，该引擎具有成熟数据库的所有特性。

1. 图数据库的突出优势

图数据库是知识图谱重要的存储方式，由节点和边以及它们的属性构成，而关系型数据库是由表构成的，是当前传统的数据存储方式。图数据库在处理关联数据时有以下几项突出的优势：

(1) 面向对象的思维：无须像关系型数据库中需要知道所有关联表的结构，正则路径模式匹配和累加器的概念能够很方便控制查询，易于使用。

(2) 高性能：随着数据量的增多和关联深度的增加，传统关系型数据库受制于检索时需要多个表之间连接操作，数据写入时也需考虑外键约束，从而导致较大的额外开销，产生严重的性能问题。而图模型固有的数据索引结构，使得其在数据量增长时依然有优秀的性能,尤其是为递归路径查询、复杂的关联查询提供了关系型数据库无法实现的高性能。

(3) 高灵活性:Schema 的更改在关系型数据库上比较麻烦,而图数据库数据模型可以轻松地实现随时调整,比如任意添加或删除顶点、边,修改数据类型,扩充或者缩小图模型。

(4) 多维度的聚合和分层:面对多源大数据,通过设置好各种不同的粒度,图数据库能够进行很好的分层,包含时间序列、人口分布、地理空间等维度。

(5) AI 支持:支持 PageRank、梯度下降和其他数据挖掘、机器学习的算法,可以基于图开发任何想要的算法。此外,根据实体间的关联信息,可以进一步推导间接的信息和知识,为 AI 和数据科学提供了其他数据模型所不具备的丰富的信息和数据可获取性。

2. 图数据库查询性能对比

关系型数据库(图 3-9)通过外键记录两个表或者多个表之间的引用关系,在进行关联查询时通过外键在主表中寻找对应的主键记录进行数据搜索与匹配计算操作,关联查询时将会耗费大量系统计算资源,尤其是在多表关联查询场景下查询效率极低。关系型数据库中多对多关系需要使用中间表,查询效率进一步下降。图数据库(图 3-10)使用图论存储节点和节点之间的关系,而每个节点都包含对应的关系列表,

图 3-9 关系型数据库建库示意图

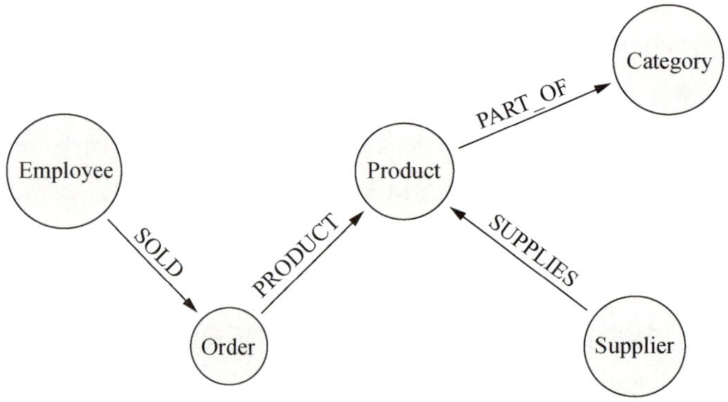

图 3-10　图数据库建库示意图

用于存放该节点与其他节点的关系，节点之间的关联挖掘分析直接基于图论进行搜索分析，在复杂数据挖掘分析效率上远高于关系型数据库[29]。

在同样的计算机硬件环境下对 Neo4j 图数据库和 Oracle 关系型数据库对同样的数据查询性能进行对比分析。其中针对简单一维的数据统计分析，Oracle 查询性能明显高于 Neo4j 图数据库，如最大公交站点客流查询，Oracle 查询时间为 3.21 s，Neo4j 查询时间为 25.64 s。针对二维关联的数据查询场景中，如站点群运力挖掘场景，其中 Oracle 查询时间为 2.41 s，Neo4j 查询时间为 0.14 s，多维关联查询中 Neo4j 性能为 Oracle 数据库的 20 倍。对 Neo4j 和 Oracle 数据库在不同关联维度挖掘查询性能对比分析如表 3-6 所示。

表 3-6　　Neo4j 和 Oracle 查询性能对比

关联表维度	一维	二维	三维	四维	五维	高维度
(Neo4j/Oracle)	约 0.25 倍	约 4 倍	约 20 倍	约 150 倍	约 1250 倍	—

3.4.1.2　知识图谱对于数据智能计算的作用

知识图谱运用到数据科学和 AI 中，从问题复杂度由浅入深，应用成熟所需时间由短至长，大致可以分为图 3-11 中的 5 个阶段。

图 3-11　知识图谱支持数据智能计算的 5 个阶段

1. 基于查询的图谱

基于查询的图谱在现阶段普遍是很成熟的。借助图数据在关联查询时的性能优势,能够支撑包含复杂关系的数据查询。例如,一个基于知识图谱搭建的交通瓶颈分析系统,用户不仅可以查询到传统的信息,如任意线路、区域、起终点的交通状态等信息。对于给定的交通事件发生点,还能够通过图上的查询快速追溯到该事件实体相关的使用者,如途经的线路、车辆和乘客,便于快速分析事件影响范围。该阶段的应用支撑了常见的数据分析工作,是数据科学和 AI 应用的起点。

2. 基于查询的特征工程

利用基于查询的特征工程技术来提升 AI,针对的场景是已知 AI 模型中哪些特征是有用的,但是运用传统方法(如关系型数据库查询)难以获取这些特征,运用知识图谱的查询功能可以轻易实现。

例如,对于一个预测停车场饱和率的 AI 模型,传统的方法往往只能采用其自身的一些属性作为特征,而如果运用知识图谱做特征工程,就可以方便地抽取出周边道路的车流量、周边区域的人流数量、交通事件等特征,能够显著提升和加速特征工程工作。

3. 基于图算法的特征工程

基于图数据结构,有以下几类常用的算法:

(1) 社区发现算法:给定网络结构,发现事物是如何紧密聚集、找出其社区结构。

(2) 中心性算法:用于理解图中特定节点的角色及其对网络的影响。能够识别不同衡量方式下的最重要的节点,例如可信度、可访问性、事物传播的速度以及群体之间的桥梁。

(3) 路径搜索算法:实现图中最优路径搜索的,是其他图算法的基础。

(4) 链接预测算法:从已知的网络结构等信息启发式地预测未来节点之间产生链接的可能性。

(5) 相似度算法:衡量事物之间的相似度。

(6) 图嵌入算法:学习图的表示,包含图的连接性和整体的拓扑结构。

运用图算法,可以为现有的 AI 模型抽取新的、有意义的、预测性的信息作为特征。表 3-7 的示例中,就包含了从图谱中抽取的新的信息,这些信息能够作为特征直接被机器学习模型处理,来建立新的 AI 模型,更好地服务于预测等任务。

表 3-7　站点特征提取示例

站点 ID	日客流量(万人)	地铁线路数量	出口数量	社群子图(Community)	节点连接数(Degree)	重要性排序(PageRank)
A-1	16.4	4	15	2	139	1.5
B-1	10.4	3	29	2	76	1.1
A-2	13.14	2	8	1	40	1.2
C-1	6.32	2	6	1	34	7

4. 图嵌入

图嵌入主要有节点嵌入、路径嵌入和图嵌入三种类型。

(1) 节点嵌入:描述节点之间的连接性。

(2) 路径嵌入:描述在图中的遍历或者路径。

(3) 图嵌入:将整个图编码成一个向量。

图嵌入阶段进一步向深度学习迈了一步,它通过学习图的拓扑结构、连通性、节点和边的属性,将图转化为一个特征向量。通过图谱中的信息嵌入到向量中,就能输入到AI模型里。

5. 图神经网络学习

图神经网络在近期和不久的将来有望成为AI的下一个拐点。原生的图学习可以理解为输入图,进行运算,最后输出图的一种深度学习模式。相比于传统的“黑盒”式的AI模型,这种深度学习模型可以展示内部是如何以及为何这么变化,提供了很好的可解释性。图神经网络将端到端学习与归纳推理相结合,有望弥补深度学习在可解释性和因果推理上的短板。

假设一个场景,某个道路交叉口发生了拥堵,而恰巧当天在周围的体育场举办了大型的演唱会,周边的地铁站又由于临时维护而关闭。此场景说明在真实世界中的各种事件存在复杂的关联,而原生的学习方式具备同时进行多维度学习的能力,通过更新图来预测多种事情。

虽然大部分研究还在进行,但利用图数据库进行挖掘分析是机器学习和AI目前的一个方向,通过因果推理上的潜力,在结构知识的表达、计算和组合泛化上形成突破,使得AI能力进一步提升。

3.4.2 知识图谱与交通领域的融合

国内外在图数据库、知识图谱技术等方面都已开展了相关研究和应用探索,搜索、智能助理等领域已形成相对成熟的通用技术,但是在城市交通领域应用的理论和技术体系尚属空白,面向交通治理的知识图谱设计、数据组织与抽取和知识挖掘等技术也尚未突破。在国内,中山大学、深圳市城市交通规划设计研究中心等高校和单位承担的国家重点研发计划“城市交通智能治理大数据计算平台”课题二“超大规模的广域时空交通知识聚合”,在知识图谱与交通领域上的运用作出了探索,构建了城市级大规模交通知识图谱以支撑高效的城市交通治理。本节后续内容主要依托该研究的成果进行介绍。

3.4.2.1 交通知识图谱的知识表达

多源异构交通大数据的知识表达是交通知识图谱进行信息抽取和融合、交通知识推理和交通知识检索等研究的基础[30]。如图3-12所示,以城市人群的活动和出行为主线,面向出行服务,从个体层、出行层、空间层和时间层四个层面研究人、车、路、出行、空间、事件等数十种多源异构数据源的知识表达。同时深入挖掘知识间的关联关系,合理判断资源配置的效率和公平性,为面向交通精细化、智能化治理的交通知识图谱奠定良好的基础。

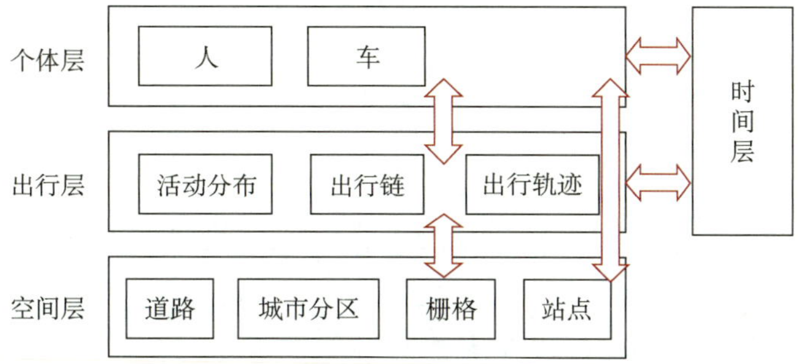

图 3-12　多源异构交通数据的知识表达层次图

以深圳市交通知识图谱为例,基于采集的 20 种多源异构交通大数据,设计了如表 3-8、图 3-13 所示的知识图谱。

表 3-8　深圳市构建交通知识图谱采用的数据列表

一级分类	二级分类	具体分类	编号
动态出行特征数据	交通出行动态数据	公交 IC 卡刷卡数据	1
		轨道 AFC 刷卡数据	2
		公交车 GPS 轨迹数据	3
		出租车 GPS 轨迹数据	4
	居民出行动态数据	手机信令数据	5
		居民出行调查数据	6
		城市人口流动数据	7
静态设施空间数据	空间设施静态数据	城市行政分区数据	8
		城市街道分区数据	9
		城市交通小区分区数据	10
		道路网络数据	11
		手机活动栅格数据	12
		气象栅格数据	13
		人口流动栅格数据	14
		兴趣点(POI)数据	15
	交通设施静态数据	公交站点线路数据	16
		轨道站点线路数据	17
		公交专用道数据	18

（续表）

一级分类	二级分类	具体分类	编号
非结构化文本数据	—	城市交通发展年报、城市交通拥堵治理报告、交通规划报告	19
其他数据	—	气象监测数据	20

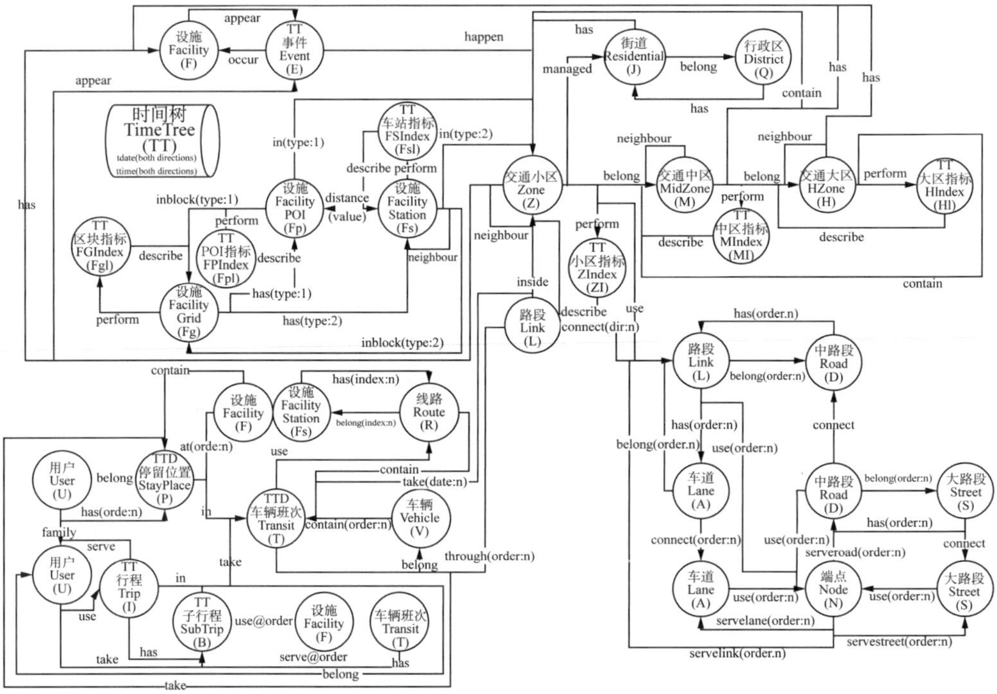

图 3-13　交通知识图谱设计

交通作为海量个体在时间与空间维度上的移动现象，本质上是复杂的知识图谱，深度交叉挖掘每个交通个体在城市空间下的完整出行链路与人车路环境及事件间的交叉关系，是精细化开展城市交通治理的前提。人—车—路—空间单元之间的关系从一阶向多阶转变，关系规模超过百万亿级别，检索、计算的时空复杂度超过关系数据库的承受极限。以建立大规模城市交通知识图谱为例，针对城市人口规模在千万级别的城市，人与人之间、人与车之间、人与空间单元之间、车与路之间的将超过百万亿级别。图 3-14 为交通知识图谱示意图。

3.4.2.2　交通知识图谱的常用分析方法

交通知识图谱的数据存储结构有利于对出行者、出行车辆、城市地理信息和自然地理信息开展聚合、交叉分析，包括公交出行链回溯、城市地理信息和自然气象信息与交通数据的融合、交通文本的知识理解和表达等。这些功能的实现利用到了图数据库中

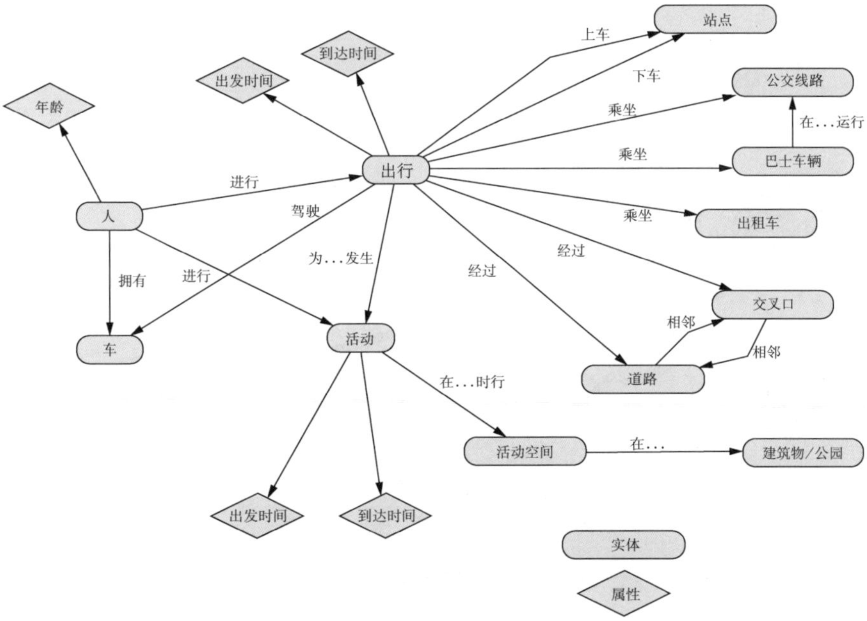

图 3-14　交通知识图谱示意图

的实体—关系间的数学计算、网络分析、空间临近性分析等图数据库特有的检索和计算方法。相比于传统数据库，图数据库的计算能力和底层计算逻辑，保证了知识图谱的检索和计算效率。交通知识图谱有助于多源异构数据的融合、存储、检索、分析，同时能够更好地挖掘城市交通与空间之间关联信息等。

1. 出行链查询和分析

受制于多源异构数据源的相互独立以及时间、空间信息匹配的技术瓶颈，交通出行者的完整出行链难以被精确识别出来。而交通知识图谱基于自身的图论算法，针对出行链的搜索与分析不仅能够揭示出行者的出行模式和特征，还能够将出行活动与城市空间特征、气象等多维度的因素结合起来，深层次挖掘交通出行者出行规律。

基于公交轨道刷卡数据、手机信令数据以及多种空间信息数据，交通知识图谱可以完整提取出行者的出行链。公交、地铁乘客的出行链的提取依托于交通知识图谱抽取的实体和建立的关系[31]。通过建立公交出行实体、公交卡实体、公交车辆实体、公交站点实体和公交线路实体，并将公交出行实体与剩余实体关联，即可将全部公交出行融合进知识图谱之中，如图 3-15 所示。由于公交站点与交通栅格有空间上的关联，而交通栅格又与气象栅格、POI、行政区、街区有空间上的关联，最终可以实现出行者和目的地特征之间的关联。

公共交通的特点在于车辆轨迹确定，但时空重复度高，且发车频率较高。因此需要在时间与空间上对所有可能的线路及班次进行寻找，最终找到符合阈值要求的匹配方案，具体技术路线如图 3-16 所示。

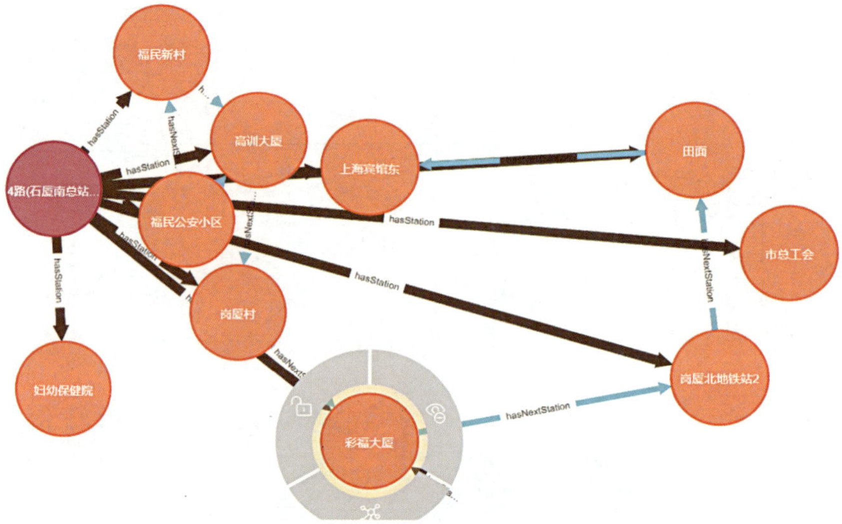

图 3-15　公交线网图谱设计

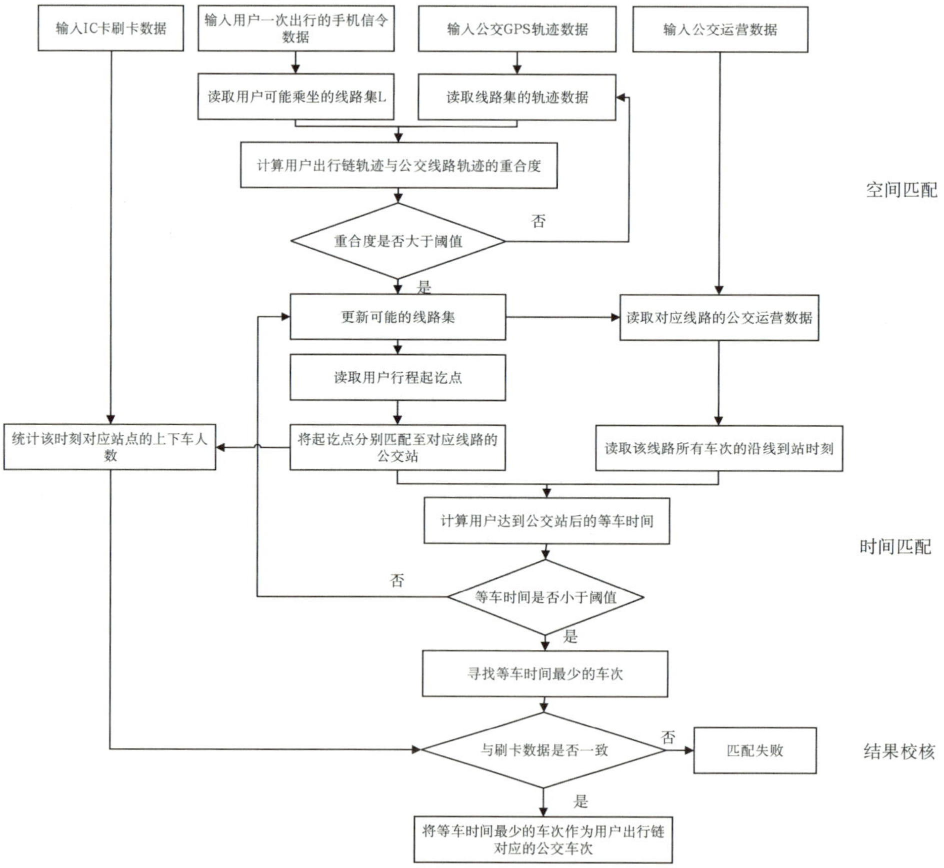

图 3-16　公共交通个体出行链的图谱设计

利用上述交通知识图谱提取到的公交出行链可以分析公交旅客的出行频率以及高频站点特征。通过与出行关联,基于乘客每个月的乘车次数,可以提取出公交常旅客、公交非常旅客及公交通勤常旅客;利用乘客出行与上下车的时间和地点特征,可以识别出乘客个体或群体的高频上下车站点和上下车时间。

2. 交通运行特征挖掘

1) 线网空间特征挖掘

公交线路运行数据在交通知识图谱中可以实现地理信息和服务信息的融合。公交线路、站点、班次和线位等数据之间依靠相同字段进行关联,跨数据表之间的检索比关系型数据库更加高效,尤其是当线网的空间特征与其他数据相连接时。

利用知识图谱的实体与关系构建方法,站点序列、线位顺序、站点停靠时间等信息能够相互关联,这大大降低了多重关系的检索条件,能够实现如站点间距离计算、线路重复性系数计算、站点周边空间特征提取等丰富的功能。图 3-17 为深圳市 4 路(石厦南总站—银湖汽车站总站)公交线路站点序列。

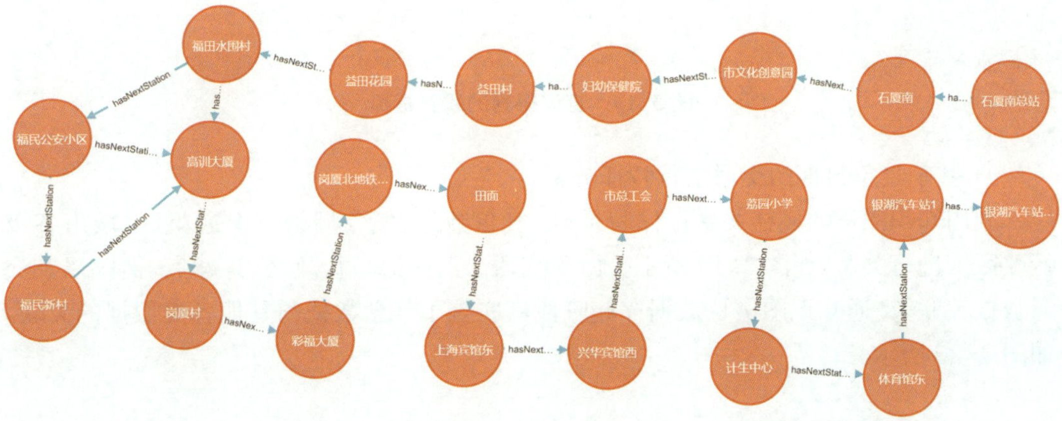

图 3-17　深圳市 4 路(石厦南总站—银湖汽车站总站)公交线路站点序列

2) 站点与线路服务特征挖掘

利用将乘客出行与公交站点信息进行关联的公交知识图谱,进行公交网络画像的推理研究,可以实现对公交站点、线路等实体的客流、服务水平等各项指标的快速查询和挖掘,实现对公交线网特征的评估。如图 3-18 所示,通过对对应线路所服务的客流、运行的车辆进行关联查询挖掘出该线路对应的运营指标情况,包括满载率、公里客流量、速度标准差、平均速度、平均通行时间等。

r.routename	ind.load_factor	ind.flow_per_km	ind.mean_speed	ind.speed_std	ind.mean_travel_time	ind.date	ind.time	to	from
								儿园"	
"61路(六约新村总站--火车站西广场)"	0.1071794871794872	122.64562953570056	5.405066567819767	1.801075002697594	79.21154306220096	"2019-09-13"	"07:00:00Z"	"中海大山地幼儿园"	"正大时代华庭"
"M190路(六约新村总站--福田高铁站)"	null	null	5.405066567819767	1.801075002697594	79.21154306220096	"2019-09-13"	"07:00:00Z"	"中海大山地幼儿园"	"正大时代华庭"
"M266路(龙岗浪背总站--横岗牛始埔总站)"	0.336984375	124.40609311755271	5.405066567819767	1.801075002697594	79.21154306220096	"2019-09-13"	"07:00:00Z"	"中海大山地幼儿园"	"正大时代华庭"
"M324路(甘坑总站--甘坑总站)"	0.8018484848484849	157.26807997879303	6.1890753952994455	2.065346504598049	69.08880286380287	"2019-09-13"	"08:00:00Z"	"中海大山地幼儿园"	"正大时代华庭"
"61路(六约新村总站--火车站西广场)"	0.11946666666666665	48.35406638153936	6.1890753952994455	2.065346504598049	69.08880286380287	"2019-09-13"	"08:00:00Z"	"中海大山地	"正大时代华庭"

图 3-18　查询得到的线路指标

3）基于气象数据的交通出行特征分析

利用知识图谱的实体关系存储特征，将气象数据、气象栅格与交通小区、城市各级行政区划进行关联，如图 3-19 所示。由于交通小区能够与行政区、兴趣点、街区以及交通数据关联，交通知识图谱从数据存储阶段即实现了气象数据与其他各类数据的关联，如图 3-20 所示。

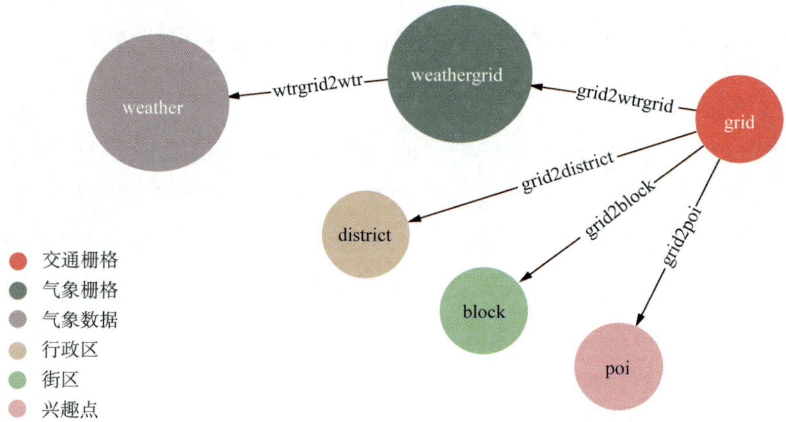

图 3-19　气象数据与城市各等级空间数据的关联

图 3-20 气象数据与公交站点关联后的图谱

利用融合了气象数据的交通知识图谱，可以开展多种气象状态与交通相关性的分析，例如进行交通路网指数、交通事故风险分析以及道路通行能力影响的分析。随着交通知识图谱可导入数据源的增加，气象数据还可以与车辆排放数据、消防车数据、灾情数据等产生关联，这将有助于对绿色交通、韧性城市与城市安全等的研究。气象数据具有连续性和较长的时间跨度，其在交通知识图谱中的存储应将时间与空间两个维度的信息作为实体，并利用图谱中的关系作为时间序列和空间序列的存储方式。这样将降低知识图谱中对长时间、空间序列的筛选和排序的计算需求，从而更高效地运行与研究相匹配的算法和模型。

4）事件影响挖掘

交通领域知识图谱能够服务于交通预测以及管控。在以下案例中，通过历史回溯方式，验证城市集会事件带来的交通指标变化。方法如下：

收集 2019 年深圳市的商业演出，并作为事件实体录入图谱；建立事件与时间、小区实体的联系（图 3-21）；统计 2019 年的公交平均速度，并以时间、小区为尺度划分实体；建立平均公交速度与时间实体、小区实体的联系，如图 3-22、图 3-23 所示。

图 3-22 中，横坐标为时间，纵坐标为交通小区内平均工具速度，图中红色区间为演唱会时间，绿色区间为前后两天同时间段。进行局部放大，如图 3-23 所示，可以发现红色区间前后的速度出现明显偏低的情况。该算例提出了发现城市事件与交通指标的相关性的方法，也验证了模型的有效性和数据的正确性。

进一步地，事件对交通指标的影响是可预测、可治理的。利用知识图谱对事件的影响进行挖掘，可以服务于预防性的公交治理、大型活动的交通管制规划等应用方向。

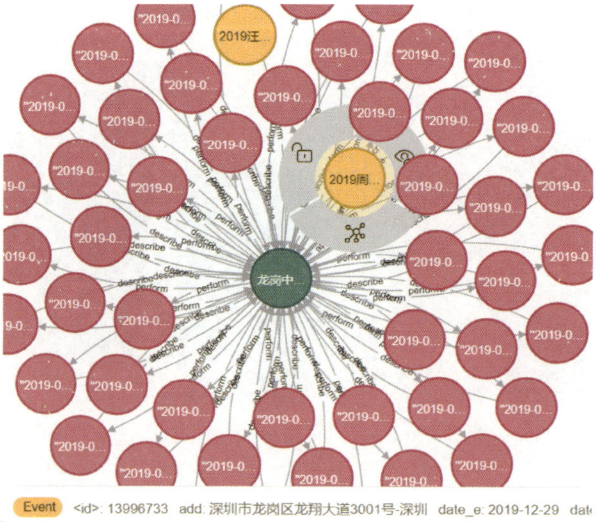

图 3-21　事件—交通小区—公交速度构成的图谱

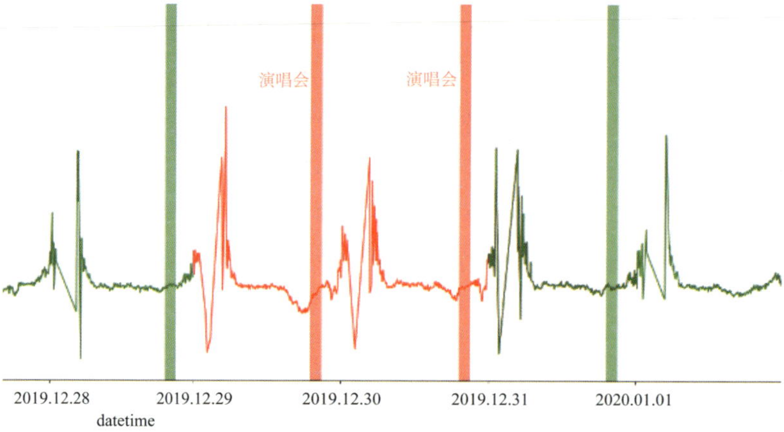

图 3-22　集会事件带来的交通小区平均公交速度变化

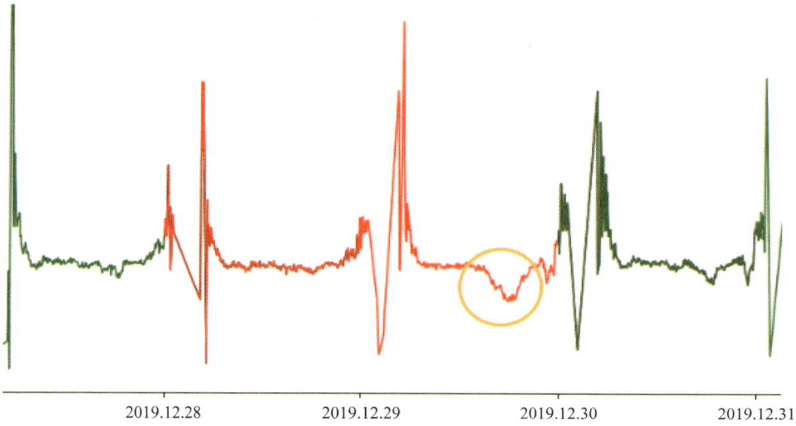

图 3-23　集会事件带来的交通小区平均公交速度变化(局部放大图)

3. 实体中心性分析

实体的中心性是图分析的常用概念,表 3-9 中介绍了一些常用的中心性指标。

表 3-9　　常用的中心性指标

类别	介绍	用途举例
度中心性(Degree Centrality)	根据每个节点相连的节点以及它们的度中心性来确定	用来发现图(网络)中与其他点关联最多的顶点
接近中心性(Closeness Centrality)	根据每个顶点到其他所有顶点的最短距离之和来确定该节点的接近中心性得分	确定最优的服务点,如物流站点、公交站点
介数中心性(Betweenness Centrality)	衡量一个顶点出现在其他任意两个顶点对之间最短路径的次数	干线发现、枢纽发现
PageRank 值	衡量有向图中的节点重要性,与重要度高的节点的连接更为重要	在某网络下进行实体重要性分析和排序

交通分析常常是考虑时间、空间范围的,即在指定时间、空间内分析交通系统的状态。以 PageRank 分析为例,下面展示了基于子图的中心性分析。

子图 1:基于静态地铁站点线网子图(站点实体间的基本关系为[next_to]),体现的是静态线网中的关系。

子图 2:基于时段客流子图(站点实体间的基本关系为[has_od],权重为该 OD 客流的数量)。体现的是时段客流层面(不考虑换乘)的站点重要性。

对子图下所有站点的 PageRank 值进行计算并排序,得到结果如图 3-24 所示。排

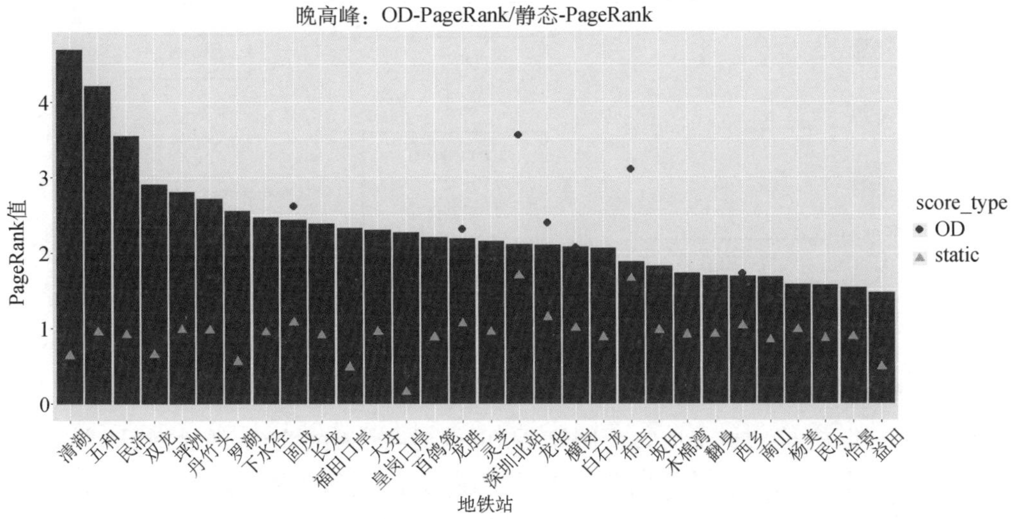

图 3-24　深圳地铁线网在静态拓扑子图、动态客流子图下各站点的 PageRank 值排序

名前几位的点是对应时段客流吸引量较大的站点，由此可知 PageRank 倾向于挖掘出图中吸引能力(接收来自其他实体的关系数目)较强的实体，早高峰前几位的得分绝对值比晚高峰要高，且得分从低到高变化时，下降幅度明显，这说明早高峰轨道目的地相对集中(工作地域相对集中)，而晚高峰轨道目的地相对分散(居住地域相对分散)。静态 PageRank 得分体现的是站点在线网拓扑网络中的重要性、连通性，而时段客流 PageRank 得分体现的是时段客流网络中，站点的重要性、连通性。若用时段客流 PageRank 得分比上静态 PageRank 得分，比值较大的则可能存在该站点静态线网地位与动态客流网地位不相匹配，站点地铁线网可达性、承载力不足。

4. 舆情抽取、融合与分析

1) 舆情知识抽取和融合

如图 3-25 所示，从网络获取舆情数据(如贴吧、微博内容、评论)获取原始文本数据后，识别出结构化的信息，如舆论事件、地点、类别、涉及对象、情绪等，通过事件融合，识别同批次的事件，进行融合。识别图谱与事件相关的实体并建立相应的关系，实现知识融合。通过实体识别、实体融合导入知识图谱并与现有交通实体建立关联，包括实体对齐和属性融合。

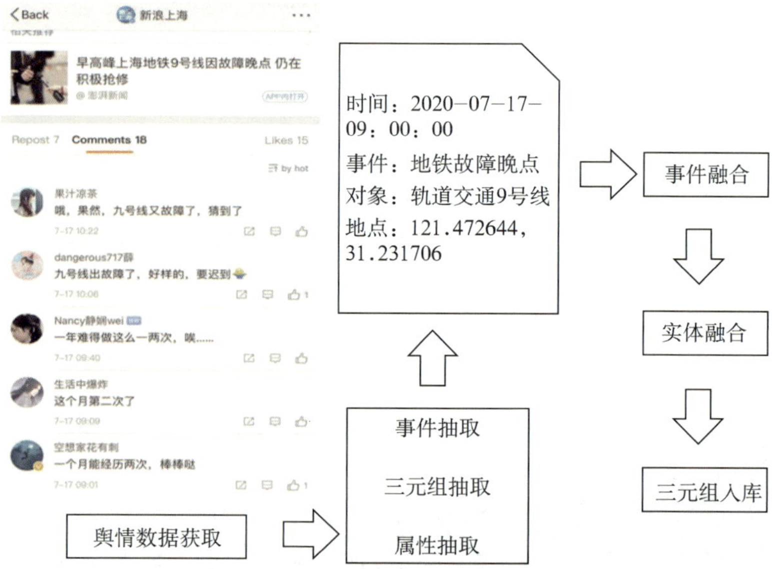

图 3-25　舆情相关的知识的抽取和融合

2) 舆情分析

舆情知识抽取、融合进交通知识图谱后，可以对各类舆情产生的时间、地点和情感变化进行相关的分析，比如某线路相关舆情情感演变分析，如图 3-26 所示，SnowNLP 得分取值范围是 0 到 1，表示的是情感分析结果为正向的概率，得分越高代表舆情评论为正向情感的概率越高。

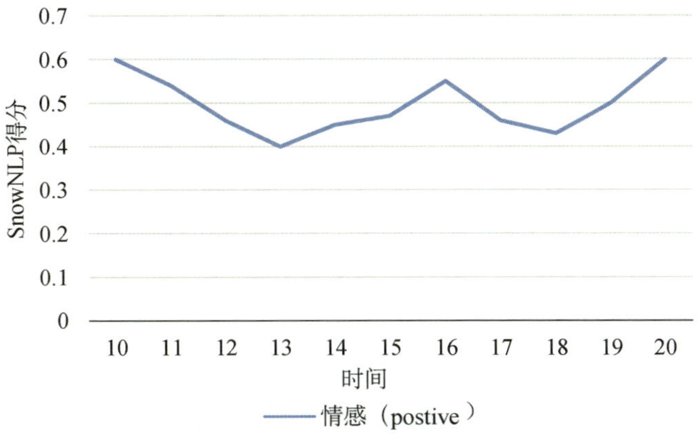

图 3-26　新浪微博 9 号线相关舆论情感演变

3.5 大数据平台的安全体系

《中华人民共和国数据安全法》《中华人民共和国国家安全法》《中华人民共和国网络安全法》《中华人民共和国民法典》《信息安全技术网络安全等级保护基本要求》《信息安全技术网络安全等级保护测评要求》《信息安全技术网络安全等级保护安全设计技术要求》等国家法规，这些简称为“等保 2.0”。它注重全方位主动防御、安全可信、动态感知和全面审计，实现了对传统信息系统、基础信息网络、云计算平台、大数据、物联网、移动互联网和工业控制系统等保护对象的全覆盖（图 3-27）。

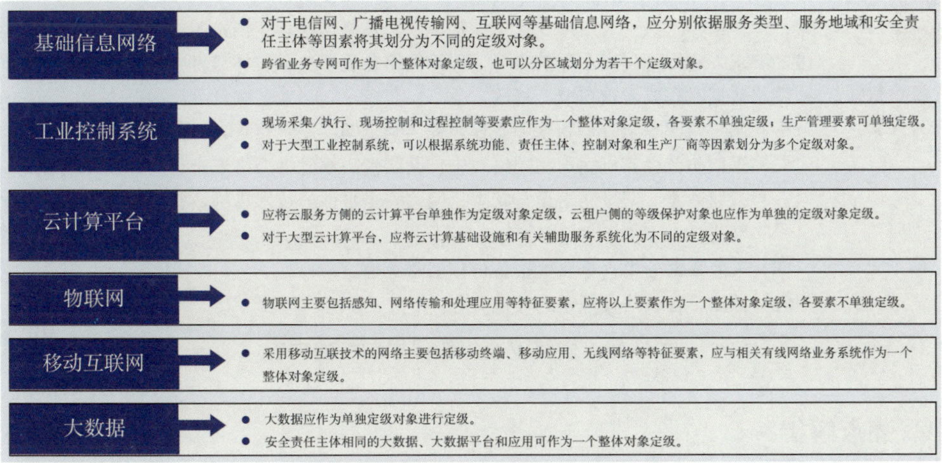

图 3-27　多方合力的数据安全保障体系

其中数据安全的基本要求存在传统数据安全和新数据安全两个层次：传统数据安全保障数据运维资产的安全，主要是保障数据的完整性、保密性和可靠性；新数据安全关注的是管控数据处理过程中对外部可能造成的危害。表 3-10 为传统数据安全和新数据安全的比较。

表 3-10　　数据安全基本要求的两个层次比较

层次	保护目标	保护内容	对应数据类型
传统数据安全	保障数据运维资产的安全	保障数据的完整性、保密性和可靠性	适用任何数据
新数据安全	管控数据处理过程中对外部可能造成的危害	个人安全	个人信息
		组织安全	1. 企事业专有数据； 2. 政党社团专有数据
		公共安全、公共利益、公共秩序	重要数据
		公共安全、公共利益、公共秩序	国家秘密

《中华人民共和国网络安全法》中明确地提到，国家实行网络安全等级保护制度，信息安全的建设要遵照等级保护标准来进行(图 3-28)。等级保护分五个级别，从第一级到第五级依次是用户自主保护级、系统审计保护级、安全标记保护级、结构化保护级、访问验证保护级。落实个人及单位的网络安全保护义务，通过等级保护工作发现单位信息系统存在的安全隐患和不足，通过安全整改提高信息系统的信息安全防护能力，合理规避风险。

第二十一条　国家实行网络安全等保护制度。网络运营者应当按照网络安全等级保护制度的要求，履行下列安全保护义务，保障网络免受干扰、破坏或者未经授权的访问，防止网络数据泄露或者被窃取、篡改：

（一）制定内部安全管理制度和操作规程，确定网络安全负责人，落实网络安全保护责任；

（二）采取防范计算机病毒和网络攻击、网络侵入等危害网络安全行为的技术措施；

（三）采取监测、记录网络运行状态、网络安全事件的技术措施，并按照规定留存相关的网络日志不少于六个月；

（四）采取数据分类、重要数据备份和加密等措施；

（五）法律、行政法规规定的其他义务。

图 3-28　网络安全等级保护制度的内容

3.5.1　痛点解析

随着 AI、DT 时代的来临，传统企业越来越重视数据，并逐步开始对内部数据进行互联，其核心是通过数据的集成、同步，来连接各个业务系统的流程以及通过对数据的二次加工，创造更大的价值。本质上，数据作为一种生产资料，加入到企业的生产过程中，并成为企业的重要能源。但数据本身在生产过程中可能因人为管理不善、生产过程控制不善带来各类风险,还可能会随着产品和服务输出风险,如内部人员导致的大规模数据泄露、数据质量引起的业务系统故障风险、产品暴露个人隐私等。目前,构建数据安全体系,需要解决三个痛点:

(1) 数据访问风险,包括缺乏统一账号管理、缺失身份认证管理及数据授权能力弱三个问题。

(2) 数据流动风险,包括缺乏审计溯源能力和数据保护能力弱两个问题。

(3) 数据运维风险,包括数据管理成本大、运维行为缺乏监督、高危操作缺乏管控等问题。

针对以上痛点,基于 Radius、LDAP、OAUTH 等协议的交通大数据智能鉴权技术,根据数据敏感级别与用户信用级别确定开放共享与安全管理策略的数据敏感分级技术、交通敏感数据脱敏技术和算法等,确保数据安全和可追溯,做到:事前实施技术和管理措施,预防数据泄露;事中保障管理和技术措施持续有效,监控数据泄露;事后分析数据泄露原因,改进管控措施。针对性地在数据全生命周期每个阶段提供保护,通过从数据的产生、传输、存储、共享、使用等环节入手,建立一套全生命周期的防护措施。

3.5.2 安全体系架构设计

3.5.2.1 企业大数据应用和平台的安全问题分析

在长期的数据治理过程中,企业通过识别和整改数据安全风险及问题,逐步完善权限管理和数据安全评估等管控流程,严格执行数据日志内部审计和安全备份等制度,建立数据管理应急机制,通过提升安全团队专业化能力来逐步构建企业的数据安全文化,不断提升企业数据资产价值,系统化评估数据资产的机密性、完整性和可用性。

随着大数据应用的数量和成熟度的逐渐提高,大数据的安全问题也越发突出。例如数据汇聚的 ETL 工具在设计之初,并没有按照企业级的安全规范进行开发,Hadoop 和企业现有的认证和授权系统也并没有成熟可用的对接技术组件,此外还有数据的加密机也并不是 Hadoop 内置的功能。以上现状都对企业的大数据应用带来了一定的挑战。

3.5.2.2 大数据应用的安全架构设计

结合企业自身的信息安全和数据安全的需求,在设计大数据安全架构时需要考虑以下的设计目标:认证和授权,实现单点登录和角色授权的系统功能;大数据接入授权,实现对数据表格的接入授权,以及对大数据平台的资源的授权;数据脱敏和加密,实现对各类分级分类数据的特殊处理操作;大数据平台和应用的网络安全,实现按照信息的要求对数据访问和通信的隔离需求;大数据技术的基础架构安全,可以结合企业现有的运维和设备安全进行实施;审计日志安全,实现对各类大数据平台应用的审计事件的收集和监控。

首先,Kerberos 是 Hadoop 体系中常见的安全工具。Kerberos 提供安全的网络身份验证协议,可为客户端/服务器应用程序提供强身份验证,且无须通过网络传输密码。Kerberos 通过使用对称密钥加密进行认证,当前在数据接入的一些技术应用中,可以选择导入 Kerberos 认证文件进行安全的数据传输。其次，通过建立大数据应用管理平台，与企业现有的用户系统集成，以及建设基于应用管理平台的权限配置的功能，实现表操作、数据访问、任务提交、数据加密、数据分级分类等个性化的安全功能，这样的方案可以更加灵活地实现个性化的安全需求。最后通过对大数据全系统的日志和事件信息收集，实现审计的监控功能，审计和事件信息包含各类用户登录和授权信息、HDFS 文件操作日志、Hadoop 授权和认证异常日志、敏感数据各类操作日志、大数据所有用户任务提交和执行日志、大数据基础技术工具（例如 CDH、HUE、YARN WEB UI、HDFS UI、HBase UI 等等）的访问和操作日志。

3.5.3 数据存储安全

3.5.3.1 物理安全

数据通过底层数据库采取一主多备、物理备份、逻辑备份等多种方式进行底层存储。

1. 一主多备

平台底层的数据存储拥有两个功能，通过这两个功能实现数据的一主多备。一个功能是同步复制，同步复制是指每一个复制节点所包含的数据都应该是同步的，当复制环境中主表的数据发生改变时，其他每一个复制节点都会接收到主节点发出的以事务为单位同步传播，从而实现数据的一致性。另一个功能则是异步复制，异步复制指的是主节点的数据发生变化后，需要经过一定的时间才能传播到其他的复制节点。即使复制环境中主节点要被复制的数据发生了更新操作，那也不会受到影响，因为这种变化会形成不同的事务被传播和应用到其他所有的从节点。这些事务之间的时间间隔不是固定的，可能是几秒钟、几分钟或者几小时等。虽然这些节点之间的数据在一定时间内可能是不同步的，但是事务传播会保证最后所有的节点数据会达到一致的状态。数据复制功能包含了一到多、多到一、级联复制、多主多从复制、环形复制、对称复制以及大数据对象复制。

2. 物理备份

物理备份通过开启热文件拷贝方式进行热备，这些备份集均采用压缩方式以时间换取空间，备份内容有数据文件、归档日志文件。备份的策略为：每周一、二、三、四、五、六均为增量备份，每周日均为全量备份。备份时间定为凌晨 2 点，错开业务高峰期。

备份保存期限为 30 天。

3. 逻辑备份

逻辑备份和逻辑还原都是在联机方式下完成，联机方式是指数据库服务器正常运行过程中进行的备份和还原。逻辑导出和逻辑导入数据库对象分为四个级别：数据库级、用户级、模式级和表级。四个级别独立互斥，不能同时存在。

3.5.3.2 系统安全

1. 自主访问控制

提供了系统权限和对象权限管理功能，并支持基于角色的权限管理，方便数据库管理员对用户访问权限进行灵活配置。

在平台中，可以对用户直接授权，也可以通过角色来授权。

2. 所有主客体的强制访问控制

DM7 提供强制访问控制功能，强制访问控制的范围涉及数据库内所有的主客体，该功能达到了安全四级的要求。强制访问控制是一种通过策略和标记去实现数据库访问控制的机制。这项功能操作的对象基本上是数据库用户、所有数据库对象、表以及表内数据。控制粒度同时达到列级和记录级。当用户对数据库进行操作时，需要达到的条件有两个：第一个条件是用户的权限能够进行自主访问控制；第二个条件是用户与数据之间标记的支配关系也应该满足。这样就能避免出现数据库管理员一人承担所有的管理权限的问题，进一步避免敏感信息的外泄和修改，同时也能大幅度增强系统的安全性。

3. 存储加密

平台实现了对存储数据的透明存储加密、半透明存储加密和非透明存储加密。每种模式均可自由配置加密算法。用户可以根据需要自主选择采用何种加密模式。

4. 资源限制

平台实现了多种资源限制功能，包括并发会话总数、单用户会话数、用户会话 CPU 时间、用户请求 CPU 时间、会话读取页、请求读取页、会话私有内存等，这些资源限制项足够丰富满足资源限制的要求，达到防止用户恶意抢占资源的目的，尽可能减少人为的安全隐患，保障所有数据库用户均能正常访问和操作数据库。

系统管理员可借此功能对每个数据库用户单独配置最合适的管理策略，并能有效防止各种恶意抢占资源的攻击。

3.5.4 数据传输安全

3.5.4.1 网络安全

网络安全方面，平台从边界防御、防病毒等层面对整体网络环境进行了加固。

1. 边界防御层面

基于硬件防火墙的边界防御措施方面，平台在网络层面使用了硬件防火墙对边界进行隔离，并通过一系列检测机制对进出流量进行审计，对非法流量进行拦截。在防火墙的布设上，根据不同的网络环境，对互联网边界、DMZ 区域边界、平台互联边界、异地机房边界均进行了布设，从多区域方向完成边界防护工作，如图 3-29 所示。

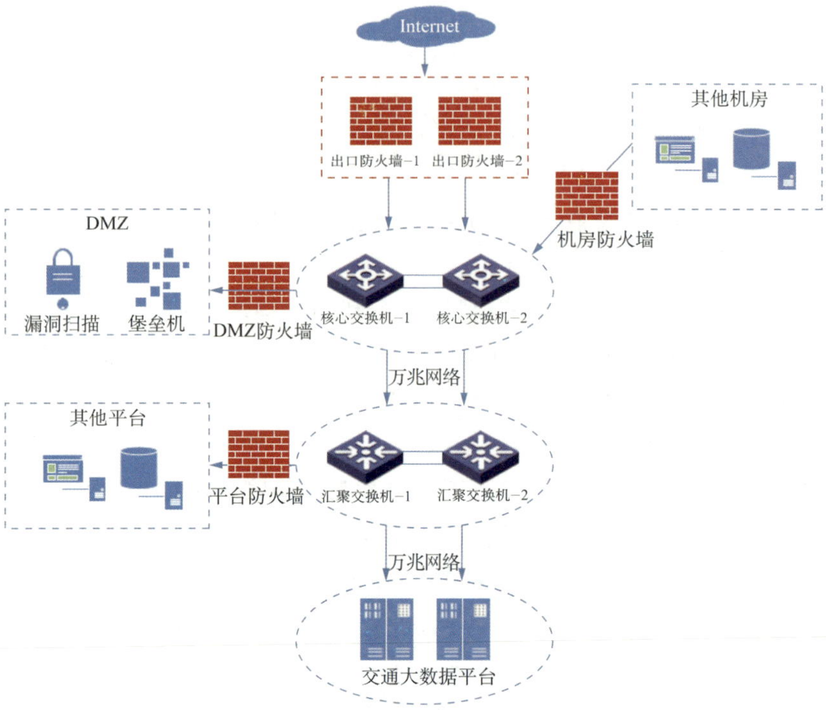

图 3-29　基于防病毒系统的防御措施

2. 防病毒层面

平台在网络层面使用了 DMZ 区域旁挂主干网络，使用旁通的方式对进出互联网边界的流量进行审计，并通过防病毒系统对流量进行特征检测。利用防病毒系统与云端实时更新的病毒特征数据库，对病毒软件传输的特征码进行检测并拦截恶意流量，如图 3-30 所示。

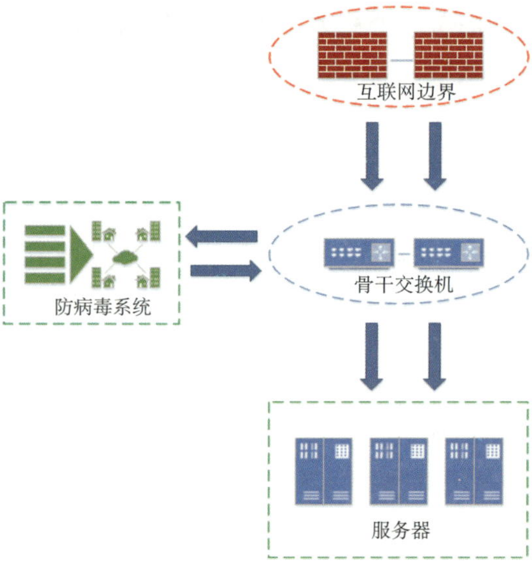

图 3-30　防病毒系统防御方法示意图

3.5.4.2 应用安全

平台内置完善的安全管理机制,保障系统的应用安全,支持密码多种加密方式,防止暴力破解。

1. 基于 SSL 协议的通讯加密

平台支持基于 SSL 协议的通讯加密,对传输在客户端和服务器端的数据进行非对称的安全加密,保证数据在传输过程中的保密性、完整性和抗抵赖性。

2. 有效防止 XSS 攻击(跨站脚本攻击)

平台限制上传文件的大小,禁止用户上传文件的大小超出该限制,检查上传文件的扩展名,验证特定的文件扩展名来降低用户上传的风险。过滤用户输入的数据内容中是否有非法内容。

3. 跨站请求伪造

平台使用不允许此弱点出现的经过审核的库或框架,或提供更容易避免此弱点的构造。识别危险的操作,在用户执行危险操作时,发送单独的确认请求以确保是用户自己希望执行该操作。检查 HTTP Referer 头以查看请求是否源自预期的页面。对触发状态更改的任何请求不使用 GET 方法。

4. SQL 注入支持等攻击手段

平台使用一种标准的输入验证机制来验证所有输入数据的长度、类型、语句、规则等检查用户输入的合法性,数据检查在客户端和服务器端都执行验证,确信输入的内容只包含合法的数据。避免出现一些详细的错误消息,利用这些消息获取系统详细情况。

3.5.5 数据使用安全

自动限制每级用户只能访问本级和下级数据,提供全方位的用户管理、认证管理和授权管理的审计信息,支持应用系统、用户登录、管理操作等审计管理。杜绝非法用户绕过安全认证直接调阅和下载数据,记录详细的操作日志以备审查。

其中具体的审计功能和内容主要包括以下部分:

(1) 对账号分配情况的审计。包括账号与自然人的对应关系,账号与角色的对应关系,账号的创建时间、创建人,角色的创建时间、创建人,将角色分配给某个账号的分配时间、分配者,账号的有限期、密码更改规则等。

(2) 对账号授权的审计。包括查询账号的访问权限,查询资源的授权访问者,权限的分配时间、分配者等。

(3) 对登录过程的审计。包括什么人用什么账号在什么时间登录了什么系统。

(4) 对身份认证的审计。包括成功的身份认证统计、失败的身份认证统计等。

(5) 对登录后用户行为的审计。如果集中授权模块能够达到实体内部资源级,或者应用经过改造后能够向集中审计模块提供日志记录,或者集中审计模块能够读取应用的日志记录,集中安全审计模块还可以对登录后的用户行为进行审计,包括用户访问了哪些资源、对资源进行了什么操作等，在此基础上可以实现对误操作过程的追溯。

3.5.6 用户智能鉴权

基于用户和角色的权限控制，设置和授权用户对集群数据的访问权限。

（1）多租户管理：通过设定租户实现对资源独立管理，实现多租户之间的资源彼此隔离；同时每个租户 Owner 可以为其成员用户进行资源授权，不同用户所拥有的资源权限不同，避免不同用户对未经授权资源的访问。不同租户间的资源底层技术组件（如 HIVE、HBase、Kafka 等）共同使用，业务资源组件（Oracle、MySQL 等）租户独享，根据业务需要自行配置。实现资源组件隔离、数据隔离。

（2）功能权限管理：功能的控制粒度细化到按钮级别，不同用户角色具有的功能权限不同，登录到系统后所展示的功能权限即为该用户所有的权限，当前用户不具备的功能权限会直接被屏蔽。

（3）数据权限管理：控制用户所能访问的数据内容。对于不同数据库数据内容细分的粒度不同：HIVE 数据库可精确到库、表、列；HDFS 数据控制可精确到文件；HBase 数据控制可精确到列；Storm 数据控制可精确到任务。

（4）资源权限管理：通过设定租户实现对资源独立管理，实现多租户之间的资源彼此隔离；同时每个租户 Owner 可以为其成员用户进行资源授权，不同用户所拥有的资源权限不同，避免不同用户对未经授权资源的访问。

（5）用户审计：包括底层数据操作的审计和用户操作平台的审计。

（6）身份鉴别：通过统一身份认证系统认证访问用户的身份信息。

3.5.7 数据敏感分级

根据不同数据，采用适当的脱敏算法进行规则配置，完成敏感信息匿名化处理，防止敏感数据被滥用、被泄露的风险，保护敏感数据免于未经授权的访问。

生产数据自动化脱敏，根据数据对象对敏感数据进行识别、定位、发现、脱敏保护。内置丰富脱敏算法，包括哈希脱敏、遮蔽脱敏、替换脱敏、变换脱敏、加密脱敏、随机脱敏，多种脱敏算法使敏感数据保护更全面、更安全。

敏感词管理：对敏感数据规则进行管理与配置，包含车辆信息、身份信息等。

敏感目录：将敏感词统一分类，归在不同的敏感类型分类下，对敏感词进行统一的编目化管理。

敏感数据识别：基于敏感数据识别规则，对使用治理平台中产生的数据进行分析，识别出其中的敏感数据并分析其对应的信息，包括敏感数据类型、分布、风险等级等。

数据脱敏：敏感数据从高安全级别区域/系统进入低安全级别区域/系统使用前，进行静态脱敏。

4 交通大数据中台：数据全生命周期管理技术

4.1 数据中台架构设计

4.1.1 功能需求分析

交通大数据计算平台功能不断增加，数据规模不断增长，需要建立支撑业务功能差异化、数据弹性生长的智能计算平台总体架构设计方案，包括数据汇集、数据仓库、数据治理平台、数据开放平台、数据服务中台和平台管理等内容。

（1）数据汇集：不同地区、不同部门、不同来源的数据往往格式各异，通过数据汇聚平台，将多源异构的数据进行清洗和标准化，存入平台。

（2）数据仓库：建立数据的层级组织体系，构建交通大数据平台的数据仓库，仓库中通过多集市管理不同主题的数据，数据仓库划分为原始层、标准层与指标层。

（3）数据治理平台：数据治理平台实现平台数据的标准化，通过元数据管理、主数据管理、数据模型管理、数据标准管理、数据源管理、数据质量管理保证平台数据的可用性，将数据转换为资产，提升数据价值。

（4）数据开发平台：将数据处理算法、交通算法与模型沉淀到算法中台，构成交通大脑中枢，提供离线开发、实时流开发，应对不同类型接入的数据，同时构建数据开发任务管理与调度模块。

（5）数据服务中台：面向城市交通治理应用，建立交通大数据的数据体系，建立多源交通大数据汇集、存储、管理、服务的标准规范，覆盖数据的全生命周期，实现多源数据的碰撞融合，提升数据价值；提供将数据资产封装为数据服务的能力，让数据快速地应用到业务场景中。

（6）平台管理：建立用户智能认证鉴权技术与数据敏感分级技术，打通不同部门、系统之间的账号体系，实现数据资源安全可控的开放共享。面向不同部门、不同需求的用户，通过划分数据域的方式，实现数据隔离。

4.1.2 数据架构设计

交通大数据计算平台作为数据底盘，通过数据服务中台为各产品应用提供通用数据服务，而产品应用的实时数据与业务数据存放在各自的业务库中，交通大数据平台也提供 DaaS (Data as a Service)中，统一由交通大数据计算平台进行数据库的运行、维护与监测。交通大数据计算平台通过数据服务中台连接标准库、指标库与业务库，统一对外提供数据服务。图 4-1 为交通大数据平台数据架构。

1. 原始库

原始库是交通大数据计算数据库架构的第一层。原则上储存未经过任何处理的原始数据，储存方式为 HDFS。

（1）凡是从数据源接入或拷贝的第一手数据，无论什么格式都存放在原始库。

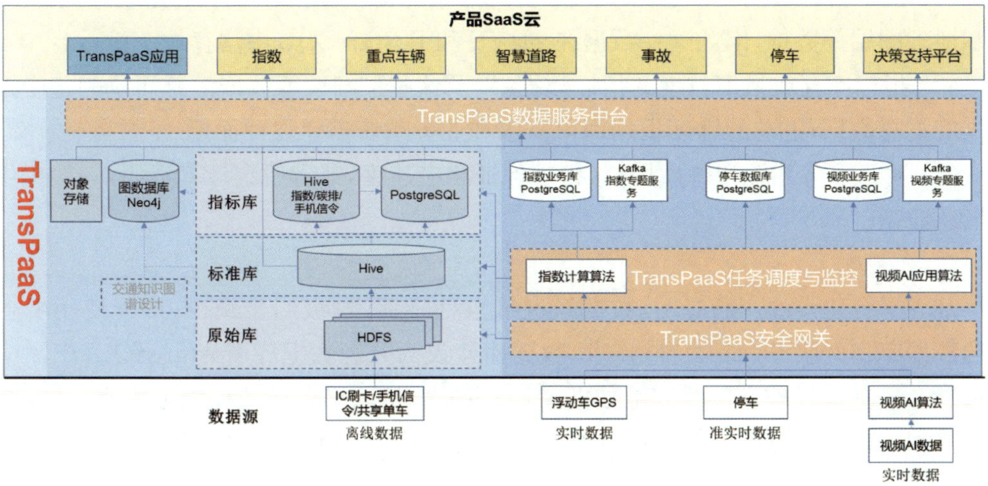

图 4-1　交通大数据计算平台数据架构

(2) 使用一台专门原始数据的服务器,制定存放规则,包括存放路径的设置、存放文件的格式和需要提供哪些帮助理解数据的文件等。

(3) 接入数据的人员可以使用 FTP 的方式将接入或拷贝的第一手数据存放到指定的服务器。

(4) 平台部署定时扫描任务,当发现服务器相应路径上有新增数据时,将在平台上发出提示,管理员看到提示后会使用 ETL 工具将服务器的数据抽到原始库(HDFS)。

(5) 实时或准实时数据经过平台网关统一接入平台后应存入原始库。

2. 标准库

标准库是平台数据库架构的第二层,储存从原始数据经过数据清洗、标准化后的格式化数据,还包括空间维度表、时间维度表、对照表、地理图层等,标准库的存储方式为 HIVE。

(1) 标准库主要存储历史数据,通过分布式算法生成各种交通指标,存入指标库中。

(2) 由于指标计算过程中涉及大量的表与表之间的关联操作,因此选择 HIVE 作为标准库的存储方式。

(3) 标准库还通过数据服务接口为平台提供数据服务,主要为各部门提供历史数据计算服务。

(4) 对于离线数据,通过手动任务或定时任务从原始库清洗和标准化进入标准库;对于实时数据,在统一的数据安全网关接入后即可进行清洗和标准化进入标准库。

3. 指标库

指标库是平台数据库架构的第三层,储存算法输出结果与其他系统的抽取指标数据,还包括空间维度表、时间维度表、对照表、地理图层等,标准库的存储方式为 HIVE 和 PostgreSQL。

（1）由于指标数据在汇总为不同维度的数据时需要空间维度表、时间维度表、对照表和地理图层等数据，因此这些数据在 HIVE 和 PostgreSQL 中均存放一份。

（2）指标库存放最细粒度的指标数据，以及这些最细粒度数据汇总而成的各个维度的维度汇总数据；汇总的维度根据用户需求和业务系统需要设计而定。

（3）对于业务系统和普通用户，为了保证相应速度，节省后台计算资源，一般提供维度汇总数据。

4. 业务库

基于平台建设的产品应用，数据经过抽象处理后，量级明显减少，推荐使用平台提供的数据库实例服务，如无特殊需求，数据库建议为开源数据库 PostgreSQL；产品应用也可以选择平台以外安装的其他数据库，但也需要接入平台的数据服务中台，通过统一的通道和接口对外提供数据服务。对于实时性需求高的数据，通过 Kafka 消费相关主题的数据。

关于数据存储，有两类特殊的方式：

（1）图数据库(Graph Database)，用图来存储和查询数据，它的数据模型主要是以节点和关系（边）来体现。在一个图中包含两种基本的数据类型：Nodes（节点）和 Relationships(关系)。Nodes 和 Relationships 包含 key/value 形式的属性。Nodes 通过 Relationships 所定义的关系相连起来，形成关系型网络结构。在平台中，图数据库是用来存储交通知识图谱的数据库，可采用开源的 Neo4j 图数据库。

（2）对象存储，也被称为基于对象的存储，数据被包含于对象之中，对象与文件的区别在于对象不具有嵌套的层级结构，即一个层结构中不会出现另一个层级结构。在一个被称为存储池的扁平空间中，所有的对象都被分配到该空间的同一层级中，不会出现一个对象不会作为另一个对象的下一级而出现的情况。文件和对象都会对元数据进行存储，这些元数据都与它们各自所包含的数据有关，但是对象是以扩展元数据为特征的。所有对象都有一个唯一的标识符与之绑定，该标识符的作用是方便服务器或者最终用户对对象进行检索，而不需要知道数据的物理地址。在云计算环境中采用这种方法可以有效的自动化和简化数据存储。对象存储的本地应用程序接口是一个 Restful API。

4.1.3 数据流向设计

4.1.3.1 总体设计方案

数据流向包括从外部数据源、数据接入工具、业务系统数据库、TransPaaS 平台数据到数据服务的全过程，总体数据流向设计方案如图 4-2 所示。

4.1.3.2 离线数据流

对于离线数据，在平台的数据流如下：

（1）将离线数据通过拷贝或 FTP 的方式传输到指定服务器的指定目录中；平台将自动扫描该目录中的文件，当发现新增数据项时，提醒管理员进行数据导入。

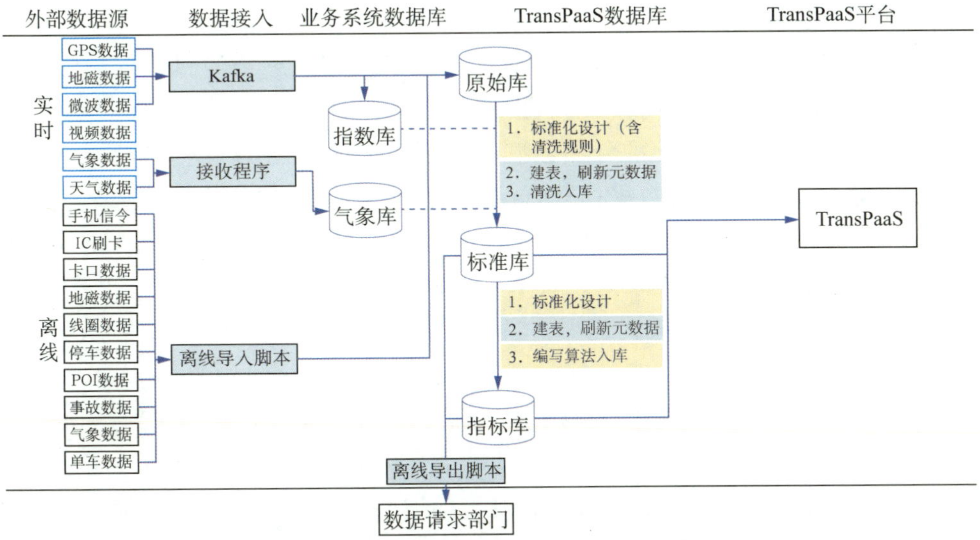

图 4-2　大数据计算平台数据流程总体设计

(2) 平台管理员以手动任务的形式，将新增数据导入原始库中，存储为 HDFS 格式。

(3) 平台依照一定的标准体系，如以《"深研"大数据标准手册》为例，对原始库中的数据进行清洗和标准化，以手动任务的形式导入标准库。

(4) 平台调用计算交通指标的算法，使用标准库中的数据进行计算交通指标，存入指标库对应的数据表中。

(5) 标准库和指标库的数据通过数据服务中台，以统一的通道和接口对外提供数据服务。

以上任务均运行在交通大数据计算平台中，受到平台的监控、调度和管理。

4.1.3.3　实时数据流

对于实时数据，在平台的数据流如下：

(1) 实时数据通过数据安全网关接入平台，安全网关将对数据进行安全分解校验、数据质量评估。

(2) 通过数据安全网关后，实时数据的流向包括：①直接存入原始库，作为原始数据留底存放；②经过清洗和标准化，存入标准库；③通过模型算法进行计算，得到实时交通指标或实时交通状态，存入业务应用数据库，通过数据服务中台对外提供数据服务，或传回 Kafka，供前端页面消费。

对于部分外部系统接入的数据，如气象数据、停车数据，不需要进行实时计算的，直接存入业务应用数据库，通过数据中台的数据服务接口对外提供数据服务。

4.2　业务驱动的数据标准体系

数据体系，标准先行。数据是企业的战略资产，利用业务驱动数据标准化，利用数据来赋能业务，是企业提升核心生产要素和核心竞争力的重要举措。

数据标准体系是一套数据规范，参照《交通运输政务信息资源目录编制方法及应用》与《交通运输政务信息资源目录编制指南》行业规范，结合数据库的面向主题、集成的、相对稳定的、反映历史变化的分层思想，形成面向业务驱动的原始库、标准库与指标库的层级架构，基于分布式大数据计算框架实现多源异构数据的标准化治理。统一原始库、标准库、百花齐放的指标库的数据分层架构模式，通过数据指标结构化规范化的方式实现指标口径统一。具体架构如图 4-1 所示。

(1) 原始库：数据库设计架构的第一层，原则上储存未经过任何处理的原始数据，储存方式为 HDFS。

(2) 标准库：数据库设计架构的第二层，储存从原始数据经过数据清洗、标准化后的格式化数据，包括时间维度与空间维度的基础信息表，储存方式为 HDFS，压缩格式为 Parquet，数据库统一采用 HIVE 方式。标准库数据原则上不提供外部查询接口。

(3) 指标库：数据库设计架构的第三层，储存算法输出结果与其他系统的抽取指标数据，包括时间维度与空间维度的基础信息表，是平台唯一对外的出口。

4.2.1 原始库

原始库存放从各单位机构采集的全量数据，该区域的数据表与数据源的库表结构及数据内容保持一致，仅对数据类型进行必要的转换。原始库存储按数据描述实体进行划分为手机信令、车辆、公共交通、单车、道路等多个数据主题(表 4-1)。

表 4-1　原始库的数据主题与对应内容

数据主题	数据内容
手机信令	人员活动、人口居住地、职住关联、出行分布等
车辆	公交车、出租车、两客一危等车辆 GPS 数据
公共交通	IC 刷卡、统计报表等
单车	共享单车开关锁、GPS 等数据
道路	地磁、卡口、微波、智慧灯杆等数据
停车	路内与路外停车场车位数据
天气	气象与监测站等数据
视频 AI	视频识别道路流量、行人车辆特征、突发事件等数据

4.2.2 标准库

标准库存放对原始库数据清洗治理后的数据，对数据取值等根据定义的数据标准进行清洗和治理处理。根据业务和数据本质可划分为业务实体表、业务明细表、维度及对照表。

(1) 业务实体表:描述业务实体的空间地理信息及属性数据,地理空间坐标系统一设置为 WGS 坐标系,如线路(不分方向)信息表、车辆信息表、小路段信息表、街道信息表。

(2) 业务明细表:记录业务发生的过程和结果明细信息,如刷卡记录、车辆轨迹表。

(3) 维度及对照表:描述业务主体间的空间关联关系、时间维度关联关系等。

① 空间维度表:存放了点与点、点与线、点与面、线与线、线与面、面与面共 6 种空间关联维度数据,描述点、线或面的空间关联属性,用于业务中的空间关联与聚合统计,如停车场维度表、小路段维度表、街道维度表。

② 时间维度表:存放了节假日信息、典型周信息、日期信息、时段信息等时间关联维度数据。

③ 对照表:存储了字段与字段的关联对照信息表。

标准库与原始库的主题划分类似,包括手机信令、车辆、公共交通、单车、道路、空气质量、通用等主题,内容与原始库类似,只是经过了标准化处理与清洗。标准化处理的常见操作包括坐标系标准化、通用属性标准化。

1. 坐标系标准化

地理坐标系是使用三维球面来定位地球表面位置,以实现通过经纬度对地球表面点位引用的坐标系。坐标系标准化通过对不同地理坐标系下的经纬度进行转换,输出统一地理坐标系下的经纬度结果。常见的地理坐标系包括 CGCS2000 坐标系、WGS84 坐标系、GCJ02 坐标系、西安 80 坐标系、北京 54 坐标系等(表 4-2)。另外,一些互联网地图商会采用自己的坐标系,如百度地图。

表 4-2　　常见地理坐标系与应用

坐标系	应用举例
CGCS2000 坐标系	国家地理坐标系
	天地图
WGS84 坐标系	ArcGIS
	必应地图
GCJ02 坐标系	—
GCJ09	高德地图
	谷歌地图
	GeoQ
BD09	百度地图

(1) CGCS2000 坐标系

国家地理坐标系基于时代背景,经历了一个发展演变过程:北京 54 坐标系→西安 80 坐标系→CGCS2000 坐标系。

北京 54 坐标系是采用苏联的克拉索夫斯基椭球参数,将苏联的普尔科沃定义为原点，与苏联 1942 年坐标系进行联测，通过计算建立的我国大地坐标系。自北京 54 坐标系统建立以来，在该坐标系内进行了许多地区的局部平差，其成果得到了广泛的应用。但是，随着测绘新理论、新技术的不断发展，人们发现该坐标系存在很多缺点，为此，我国在 1978 年在西安召开了“全国天文大地网整体平差会议”，提出了建立属于我国自己的大地坐标系，即后来的西安 80 坐标系。

西安 80 坐标系是采用 1975 年国际大地测量与地球物理联合会第十六届大会推荐的数据，即 IAG 75 地球椭球体为地球椭球基本参数，以我国中部的陕西省泾阳县永乐镇为原点，位于西安市西北方向约 60 km 建立的坐标系统。西安 80 坐标系，由于是平面二维坐标系，无法提供三维坐标，新的测量和地图发布不再采用。

CGCS2000 坐标系采用 CGCS2000 地球椭球参数，以包括海洋和大气的整个地球的质量中心为原点，是我国当前最新的国家大地坐标系。从 2018 年 7 月 1 日起，我国要求自然资源系统一律采用 CGCS2000 坐标系，同时也公布了其他坐标系与 CGCS2000 坐标系转换的标准。

全国及省级范围的坐标转换选择二维七参数转换模型；省级以下的坐标转换可选择三维四参数模型或平面四参数模型；平面坐标系统可采用平面四参数模型或多项式回归模型。

（2）WGS84 坐标系

WGS84 坐标系是由美国国防部制图局建立的，服务于 GPS 全球定位系统，可以与北京 54 坐标系或西安 80 坐标系等参心坐标系相互转换。

WGS84 坐标系采用 WGS84 地球椭球参数，以地球质心为坐标原点，其地心空间直角坐标系的 Z 轴指向 BIH（国际时间服务机构）1984. O 定义的协议地球极（CTP）方向，X 轴指向 BIH 1984.0 的零子午面和 CTP 赤道的交点，Y 轴与 Z 轴、X 轴垂直构成右手坐标系，俗称为 1984 年世界大地坐标系统。

（3）GCJ02 坐标系

GCJ02 坐标系，又称火星坐标系，是由中国国家测绘局制定的地理信息系统的坐标系统。它对真实坐标系统进行人为的加偏处理，按照特殊的算法，将真实的坐标加密成虚假的坐标，而这个加偏并不是线性的加偏，所以各地的偏移情况都会有所不同。该坐标系的坐标值为经纬度格式，单位为度。

这里的 GCJ02 经纬度投影，也就是在 WGS84 经、纬度的基础之上进行“GCJ02”加偏。

国内出版的各种地图系统（包括电子形式），必须至少采用“GCJ02”对地理位置进行首次加密。

2. 通用属性标准化

通用属性是指日常生活、业务场景的数据属性，如常见的年龄、性别，地理属性的城市名称、站点名称，交通衍生的速度、距离、时间，等等（表 4-3）。通过对这些数据属性进行统一配置并转换，实现对通用属性的标准化输出。

表 4-3　　通用属性标准化对应配置

序号	通用属性	标准化配置
1	日常属性	—
1.1	年龄	采用阿拉伯数字
1.2	性别	枚举类型,包括男、女、未知
1.3	时刻	采用 UTC/GMT(格林威治时间)+8.00(东八区)时区的中国标准时间,比格林威治时间早 8 小时
1.4	是否工作日	枚举类型,1 表示工作日,0 表示非工作日
2	地理属性	—
2.1	国家名称	采用《世界各国和地区名称代码》(GB/T 2659—2000)的中文简称或英文简称,如中国的中文简称为中国,英文简称为 China
2.2	省份名称	省级别行政区,包含 23 个省份、5 个自治区、4 个直辖市、2 个特别行政区,合计 34 个省级行政区,具体包括北京市、天津市、河北省、山西省、内蒙古自治区、辽宁省、吉林省、黑龙江省、上海市、江苏省、浙江省、安徽省、福建省、江西省、山东省、河南省、湖北省、湖南省、广东省、广西壮族自治区、海南省、重庆市、四川省、贵州省、云南省、西藏自治区、陕西省、甘肃省、青海省、宁夏回族自治区、新疆维吾尔自治区、台湾省、香港特别行政区、澳门特别行政区
2.3	城市名称/编码	城市名称和城市编码分别采用国家统计局引发的《统计用区划代码和城乡划分代码编制规则》的名称和统计用区划代码的前 6 位进行标识,如深圳市的城市名称为深圳市,城市编码为 440300
2.4	行政区名称/编码	行政区名称和行政区编码分别采用国家统计局引发的《统计用区划代码和城乡划分代码编制规则》的名称和统计用区划代码的前 6 位进行标识,如深圳市罗湖区的行政区名称为罗湖区,行政区编码为 440303
2.5	火车站名称/编码	采用《中华人民共和国铁路车站代码》(GB/T 10302—2010)的标准规范
2.6	轨道线路名称/编码	轨道线路名称采用地方标准命名,如深圳市的地铁 1 号线标准化命名为地铁 1 号线; 轨道线路编码通过对标准化的线路名称进行 md5 加密得到
2.7	轨道站点名称/编码	轨道站点名称采用地方标准命名,如深圳市的福田地铁站标准化命名为福田; 轨道站点编码通过对标准化的站点名称进行 md5 加密得到

（续表）

序号	通用属性	标准化配置
2.8	公交线路名称/编码	不区分方向的公交线路名称采用地方标准命名，如深圳市的1路公交标准化命名为1路； 区分方向的公交线路名称由标准化后不区分方向的线路名称、公交站点首末站组成，如1路（火车—布心总站）； 公交线路编码通过对标准化的线路名称进行 md5 加密得到
2.9	公交站点名称/编码	公交站点名称采用地方标准命名，如火车站、布心总站； 公交站点编码通过对标准化的站点名称、站点方向进行 md5 加密得到
3	交通场景	—
3.1	速度	单位 km/h，保留1位小数
3.2	时间	可选用秒、分、时为单位，如步行时间常使用秒为单位、候车时间常使用分为单位、总出行时间常使用时为单位
3.3	距离	可选用米、千米为单位，如步行距离常使用米为单位，行驶距离常使用千米为单位
3.4	特殊时段	统一采用字符串表示，如早高峰标记为 am、晚高峰标记为 pm、平峰标记为 md、全天标记为 day、高峰小时标记为 ph、夜间标记为 night

4.2.3 指标库

指标库存储面向应用的数据，根据业务需求从标准库抽取数据，并按维度建模进行统计、计算或汇总。指标库的指标表根据场景应用可划分为业务实体表、业务明细表、业务指标表、维度及对照表。

（1）业务实体表：描述业务实体的空间地理信息及属性数据，地理空间坐标系统一设置为 WGS 坐标系，如线路（不分方向）信息表、车辆信息表、小路段信息表、街道信息表。

（2）业务明细表：记录业务发生的过程和结果明细信息，如刷卡记录、车辆轨迹表。

（3）业务指标表：存储业务指标数据，进一步细分为业务统计表和业务报表。

（4）维度及对照表，具体阐述如下：

空间维度表：存放了点与点、点与线、点与面、线与线、线与面、面与面共6种空间关联维度数据，描述点、线或面的空间关联属性，用于业务中的空间关联与聚合统计，如停车场维度表、小路段维度表、街道维度表。

时间维度表：存放了节假日信息、典型周信息、日期信息、时段信息等时间关联维度数据。

对照表:存储了字段与字段的关联对照信息表。

常见的交通指标集包括人、车、路、公交、停车、慢行、安全、绿色八大类交通指标;针对这些数据资源,建立标准化指标数据库,如图 4-3 所示。

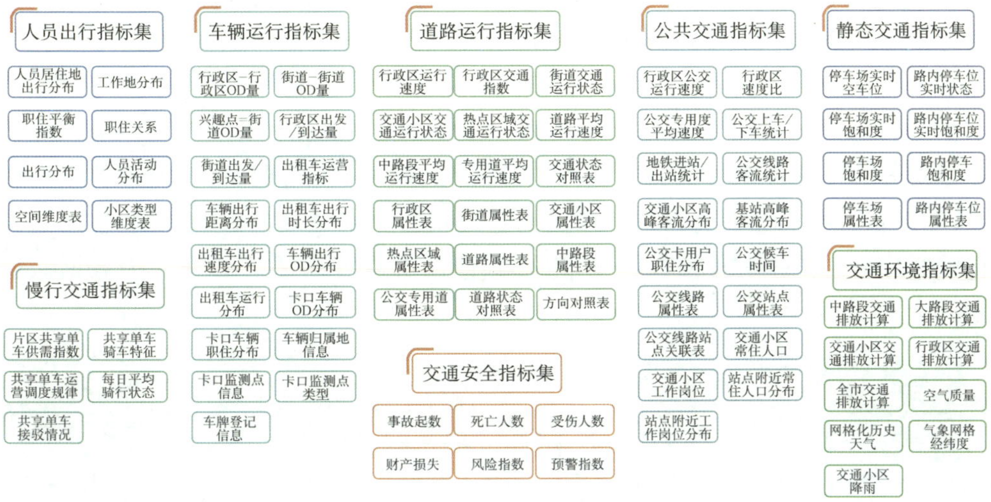

图 4-3 常见交通数据指标集

4.2.3.1 公共数据

公共数据主要存放基本的地理信息图层、时间维度与空间维度等公共数据,提供统一标准的维度对照表,确保所有指标都是在同一个维度底盘中,具体划分为地理信息表、空间维度表、时间维度表与对照表(表 4-4)。

表 4-4 公共数据内容

数据主题	数据内容
地理信息表	点(热点、点设备等)、线(路段、公交线网等)、面(交通小区、行政区等)等图层数据
空间维度表	点与线、线与面、点与面之间的空间关联数据
时间维度表	包括日期、时间片、节假日等时间维度数据
对照表	包括常用枚举值的对照数据

4.2.3.2 明细数据

明细数据记录业务实体发生的过程和结果明细信息,如刷卡记录、车辆轨迹表,主要包括车辆、手机信令、居调、道路、公交、环境、停车等主题数据。

4.2.3.3 特征指标池

特征指标池统计不同主题在不同维度的统计指标,面向交通业务驱动需求提供总体需求、出行需求、交通出行、交通分布、道路运行、公共交通、慢行特征、交通设施、交通环境、哀痛违章、静态交通等指标。

4.2.3.4 统计报表

统计报表提供交通各城市交通年报月报等指标，为交通规划提供详细的统计数据，包括总体指标、城市公共交通详细指标等。

4.2.4 血缘分析

血缘分析将分析元数据的产生、加工处理及流转流通链路，得出血缘关系与影响关系，辅助定位数据仓库建设过程中的问题及判断数据变动的影响范围，辅助其开展数据关联分析。整个过程使数据流可追溯，数据价值可评估。图 4-4 为数据血缘分析案例。

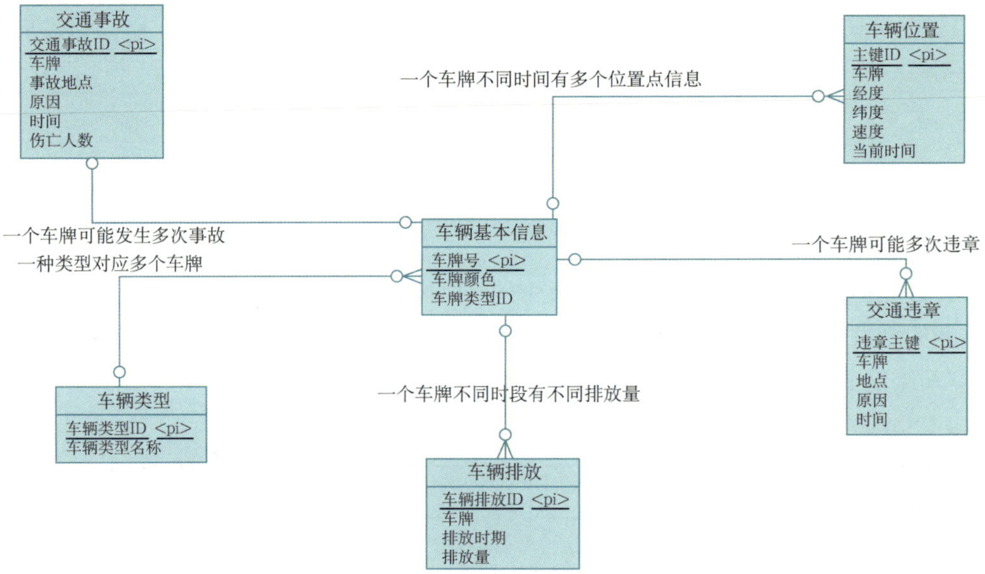

图 4-4 数据血缘分析案例

4.3 交通数据治理范式

数据是企业的资产，是最大的价值来源，同时也是最大的风险来源。数据治理是对数据资产管理行使权力和控制的活动集合，通过对接入平台的海量数据进行清洗和数据质量管控，基于质量标准对已接入数据进行清洗、转换和校核，剔除内容不真实的错误数据和格式不规范的脏数据。同时让用户对数据质量、数据资产状况进行及时、全面的掌控，加强对数据模型、元数据的统一管控，自动化的数据质量稽核，实现对数据治理的高效支撑。最终确保接入业务数据的权威性、一致性、准确性和完整性。

4.3.1 数据治理的目标

数据治理是将零散混乱的数据,变成统一规范的数据,解决数据不统一、不规范、不完整、不及时等问题,实现数据价值的过程。数据治理应该以业务为驱动,形成业务应用生产数据、数据治理提升数据、数据服务业务应用的闭环(图 4-5)。

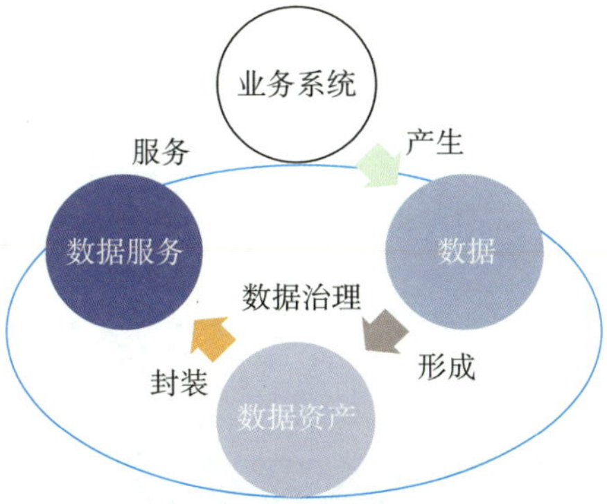

图 4-5 数据治理的基本范式

4.3.2 数据治理的基本架构

数据治理的基本架构包括数据治理组织、数据治理流程、数据治理制度、数据标准体系和数据治理平台五大方面,分别解决数据治理过程中有人负责、有章可循、有法可依、有准可守和有器可用等问题,基本架构如图 4-6 所示。

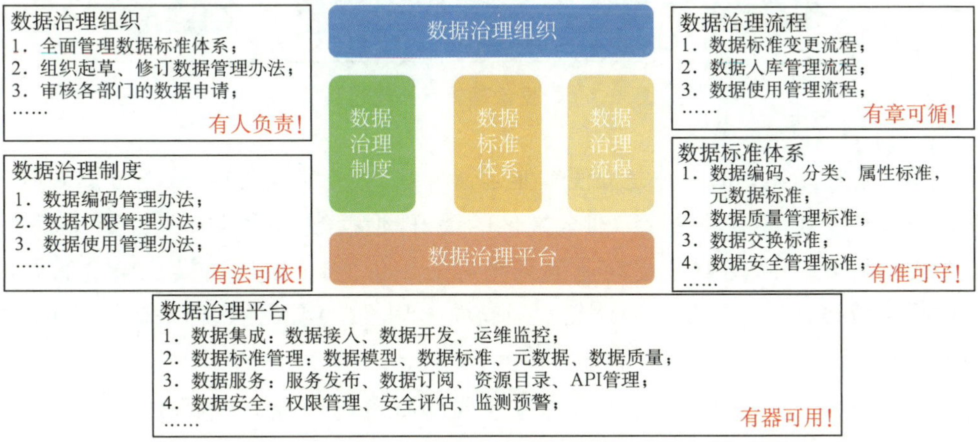

图 4-6 数据治理的基本架构

数据治理体系可分别从管理域、过程域、治理域、技术域、价值域搭建执行(图 4-7)。

(1) 管理域:需要确定战略、搭建组织、指定制度、明确规范。

(2) 过程域:需要在数据治理过程中,形成分析—设计—执行—评估四个步骤,以避免需求不明确、需求经常变动、数据清洗影响评估不清洗等风险。

(3) 治理域:划分为业务数据治理和分析数据治理。

(4) 技术域:需要对数据架构、管控平台、治理工具三方面进行技术研究和选型。

(5) 价值域:通过对数据治理在有效管控下的持续创造价值的有效整理,构建具体的数据产品。数据治理的价值体系包括:

① 数据服务,通过数据的采集、清洗、导入,提升数据质量,确保数据的一致性;

② 数据流通,通过实现信息整合和分发机制,支持跨业务、跨部门、跨系统的信息流转和协同;

③ 数据洞察,通过消除数据内在的质量缺陷,明确数据之间的关联关系,帮助数据分析人员更好地理解数据,实现数据洞察。

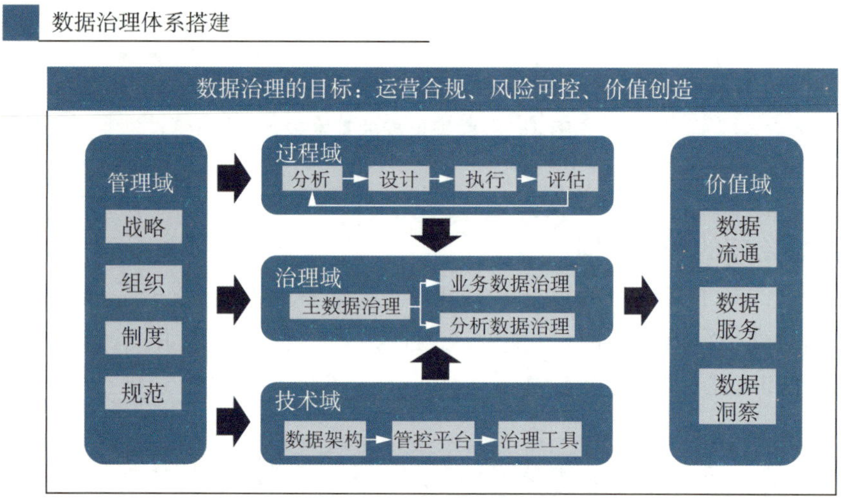

图 4-7　数据治理体系搭建过程

数据治理体系建设的目标是促使企业运营合规、业务风险可控、数据价值创造。数据治理可以使企业的数据质量得到全方位的提升,促使数据业务流程得到深度再造。数据治理的提升,可以更好地提高业务系统的应用价值,为决策提供高质量的数据支撑,同时,可以降低业务建设和运维成本。面向多场景应用的数据标准体系,数据治理通过有效的数据资源控制手段,进行数据的控制,实现源数据从原始库到标准库再到指标库的高效率、高质量的深度治理,以提升数据质量进而提升数据价值回馈业务的能力。

数据治理在数据标准体系的基础上,融合了数据模型、数据资产管理、数据质量管理和数据生命周期管理等环节,如图 4-8 所示。

图 4-8　数据治理整体框架

4.3.3　数据清洗规则

数据质量管理是保障数据正确性的重要工具，主要包括以下三部分：一是准确性校验规则，可以配置针对表的、字段的校验规则，比如表的数据量波动性配置、字段异常值配置、字段空值检测配置，通过对脏数据检查等操作，对数据进行清洗校核；二是双表校验，数据迁移、重要逻辑变更时需要保证数据的一致性，配置对海量数据的一致性校验；三是校验报告输出，支持字段级、表级校验报告，具备历史数据统计功能，辅助定位数据质量的问题根源会定期的自动执行校验规则，输出校验报告。

数据质量管理是交通数据治理的有机组成部分，为交通应用场景进行分析决策、管理规划提供核心基础。数据清洗是对数据质量进行重新审查和校验的过程，目的在于删除重复信息、纠正存在的错误，并提供数据一致性。通过数据质量管理工具从数据的完整性、一致性、唯一性等多个层面轻松实现对数据的全面稽核和预警，做到事前质量检查、事中运行监控、事后归纳总结，结合系统提供的全方位评估并提高数据质量，指导决策者的决定。

4.3.3.1　脏数据检查

以数据标准体系作为依据，校验字段的数据类型、数据格式、数据值域范围、数据维度值范围等是否符合制定的数据标准。

根据数据每个字段/变量的合理取值范围和相互关系，检查数据是否合乎要求，发现超出正常范围、逻辑上不合理、重复或者相互矛盾的数据，不符合要求的数据主要包括残缺数据、错误数据、重复数据和矛盾数据四种类型(表 4-5)。

1. 残缺数据

这一类数据主要是：

（1）关键字段缺失，一些应该有的信息缺失，如车牌号、站点名称、经纬度信息缺失，导致业务主题表与业务明细表不能匹配；

（2）非关键字段缺失，一些非关键字段的信息缺失，如 GPS 数据中的速度值缺失。

2. 错误数据

这一类数据体现在：

（1）关键字段不合理取值，字段信息的取值不在合理范围内，如经纬度不合理、日期越界，直接影响数据计算处理；

（2）非关键字段不合理取值，字段信息的取值不在合理范围内，如 GPS 数据速度值为负数，不影响部分指标计算（如 OD 量计算）；

（3）拼写错误，字段信息的拼写错误，如业务主体表与明细表的站名不匹配。

3. 重复数据

表中存在 2 条或以上完全一致的记录，视为重复数据，需要进行过滤处理。

4. 矛盾数据

这一类数据主要体现在：

（1）多记录矛盾数据，表中多条记录间的矛盾，如 GPS 数据中，存在同一辆车在同一时刻的经纬度不一致；

（2）多字段矛盾数据，一条记录中多个字段相关关系的矛盾，如 OD 数据中存在行驶距离不等于行驶平均速度与行驶时间的乘积。

表 4-5　数据清洗操作类型表

数据清洗类型		数据清洗操作
残缺数据	关键字段缺失	整行过滤
	非关键字段缺失	变量赋值
错误数据	关键字段不合理取值	整行过滤
	非关键字段不合理取值	变量赋值
	拼写错误	字典对照
重复数据	—	重复值删除
矛盾数据	多记录矛盾	非主记录过滤
	多字段矛盾	非主字段重新赋值

4.3.3.2　常见数据校核

数据校核规则提供对常用表及字段信息中存在残缺数据、错误数据、重复数据和矛盾数据的判定规则（表 4-6）。

表 4-6 常见的数据校核规则

校核数据类型	校核对象	校核规则
残缺数据	关键字段	是否为空值
	非关键字段	是否为空值
错误数据	经度	∈[73.33, 135.05]
	纬度	∈[3.51, 53.33]
	速度	∈(0, 150)
	日期	日期:不超过当前日期 年:不超过本年 月:1 到 12 日:1 到本月日期最大值
	时间	时∈[0, 23] 分∈[0, 60] 秒∈[0, 60]
	轨道站点名称	参照轨道站点名称字典表
	轨道线路名称	参照轨道线路名称字典表
	车牌号	不超过 8 位
	总停车位	大于 0
	实时停车位	∈[0,总车位]
重复数据	每日多条记录检查	不能完全相等
矛盾数据	距离、时间、速度	距离=时间×速度
	日期、年、月、日	日期(yyyyMMdd)=年 * 10 000+月 * 100+day

4.3.3.3 残缺数据清洗

针对关键字段缺失的残缺数据,采用整行记录过滤方式;针对非关键字段缺失的残缺数据,首选采用均值方式补全,次选采用−99 赋值。

4.3.3.4 错误数据清洗

采用整行过滤方式提出不合理取值的错误数据,采用字典对照表方式评估和纠正拼写错误的数据。

4.3.3.5 重复数据清洗

直接剔除多条重复数据,仅保留一条记录入库。

4.3.3.6 矛盾数据清洗

多记录矛盾数据中,按更新时间顺序,将第一条或最后一条的记录标记主记录,对其他非主记录的矛盾数据进行过滤剔除;多字段矛盾数据中,人工判断主字段,其他字段根据主字段进行重新赋值。

4.3.4 数据标准体系

遵循国家、行业系列标准，在此基础上制定适合业务需求的数据标准规范，包含命名标准、字段标准、数据元标准、编码标准；从数据类型、数据格式、数据值域等多维度构建数据标准体系；标准支持导入、导出等功能，实现数据领域的车同轨、书同文。

4.3.4.1 命名标准

包括表命名标准、脚本命名标准、工作流命名标准。支持命名标准的批量导出、批量导入或手工录入等多种标准制定方法。

4.3.4.2 字段标准

字段标准为平台建立统一的字段命名标准，定义规范的字段英文名、字段中文名以及数据类型，字段标准便于后期数据仓库的建设、数据挖掘和深度分析。

4.3.4.3 数据元标准

数据元标准从数据类型、数据格式、数据值域范围、数据维度值范围多方面制定规范。遵循国家或行业制定的数据元标准，超出标准范围，根据实际行业或业务自行制定。

数据元的格式类型支持数值型、字符型、日期符、日期时间型、时间型、时间戳型、布尔型、数组型、对象型、二进制类型。

数据元标准支持批量导出、批量导入或手工录入等多种标准制定方法。支持根据制定的数据元标准批量对标字段。

图 4-9 为国家标准数据元和标准数据代码示意图。

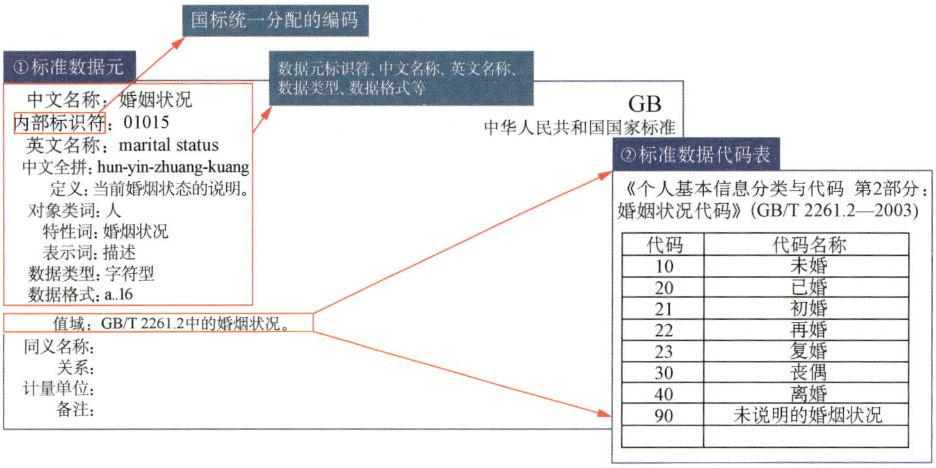

图 4-9 国家标准数据元和标准数据代码表示意图

4.3.4.4 编码标准

编码标准用于定义和规范字段数据属性值。通过统一的代码表，规范字段标准数据值。通过此模块管理国家或行业的编码标准,包含导入、导出、手工录入,代码表的导入、导出、新增、编辑等功能。

4.3.4.5 标准文档

提供标准文档的管理,支持文档上传、下载,文件清单查看。

4.3.5 数据模型定义

参照国家、行业等最新规范,从汇聚数据中梳理出逻辑模型规则、数据字典,依托政务云大数据平台建模组件丰富的标签体系,结合数据标准化体系和数据仓库内容,分层分级的理念创建数据模型,对多种储存环境下的数据集进行构建,同时及时更新、发布数据集结构,保障数据资源的正确性、有效性、相融性和完整性。

根据丰富行业经验、策划数据质量规则,配以全流程的数据质量管理,达成数据的权威性、一致性、准确性和完整性,与此同时通过全生命周期的元数据管理。

1. 模型分类和定义

(1) 逻辑模型:即数据的元数据信息,包括字段名称、字段类型、长度、描述、标准的设计,是构成物理模型的基本组成要素,逻辑模型的规范设计会让物理模型的构建更加简便快捷,让数据开发、部署和治理等各个阶段的工作更加标准化。

(2) 物理模型:承载数据的实体,是数据全生命周期管理承接的对象。

2. 模型功能

(1) 自带层级、主题域模板,实现数据仓库的多层级结构。

(2) 全链路数据仓库建设流程,精确表达业务逻辑的目标,遵循传统数据仓库建设流程,基于层级主题域的规范,从宏观到微观多视角抽象出贴合业务的逻辑模型,最后将其物理化,形成实体模型。

(3) 全可视化可拖拽模型设计,类似 Power Designer、ERwin 工具,支持数据流图、ER 图等功能。

(4) 对信息资源的分组以及代码、字段信息、存储策略等进行建模管理。

(5) 基于规则对数据预处理,多种存储类型的模型管理维护。

数据模型的版本与变更管理,及时更新数据集、血缘关系,提供模型溯源与影响分析。

4.3.5.1 模型管理

1. 目录管理

构建逻辑模型和物理模型分级分类目录,用于挂载模型。

2. 版本管理

对逻辑模型和物理模型的变更信息进行版本管理及版本号的规范设计,可查看任意两个版本对比信息,包括版本号、模型类型和名称、数据源类型、创建人、发布时间等,实现清晰的版本回溯。

4.3.5.2 逻辑模型

1. 规则管理

基于管理维度设置逻辑模型建模规则，对逻辑模型进行规范约束，规范内容如下：结构编码、结构名称、结构描述、结构属性、属性编码、属性名称。

2. 模型设计

通过可视化设计面板设计逻辑模型，基于管理维度设定的规则，按规范定义逻辑模型的基本信息和结构属性信息，为模型之间添加主外键的关系，奠定数据模型的血缘关系基础。

3. 模型引入

将已有的逻辑模型引入到当前的模型编辑面板中，用于直观展示和维护逻辑模型之间的主外键关系。

4. 模型反转

模型的反转(反向建模)，是指将一个物理模型反转建立逻辑模型。数据仓库初始化后，可将物理模型反转建立逻辑模型。

5. 逻辑模型管理

支持逻辑模型的管理功能，包括逻辑模型的分级分类、信息的查看、历史版本的查看与对比、目录定位。

4.3.5.3 物理模型

物理建模是指逻辑对象物化形成物理对象的过程(支持 Oracle、MySQL、HIVE、XCloud 和 GBase 数据库的物化操作)。

1. 模型物化

模型的物化提供多种方式：数据建模中的物化操作、模型设计器中的物化(对模型面板上的逻辑模型模型进行物化)，支持物化的数据库资源基础配置和物化到该资源下的 Schema 配置，以及逻辑模型对象物化后存放的目录配置。

2. 物理模型管理

对落地的物理模型进行查看、搜索、查看、物化、历史版本、导出逻辑模型等操作。

3. 资源管理视图

数据建模的资源管理视图，提供类似 PL/SQL 的数据库交互功能。主要用于用户访问数据库、对数据库进行操作，方便用户操作数据库，同时控制用户对数据库的操作记录操作过程，提高数据库访问的安全性，避免安全隐患。

4. 资源管理

资源管理提供添加资源、Schema、编辑资源等功能。

(1) 第一级显示资源，提供添加、编辑、删除等操作。

(2) 第二级显示 Schema，针对每个 Schema 可打开一个窗口。在窗口中可对这个 Schema 进行查询数据结构、执行 SQL 查询脚本、执行 SQL 创建数据结构等。

(3) 第三级显示元数据物理模型对象。

5. 模型查询

通过条件查询物理模型并可对单个模型的详细信息进行查看、落地、删除和数据查询,包括物化信息、该物理模型对应的逻辑模型信息及物化 SQL 脚本等。可对模型进行落地,并提供物理模型的数据查询。

(1) 脚本建模。提供脚本建模支撑,通过编写建模 SQL 脚本进行在线建模。

(2) 数据查询。通过 SQL 进行查询数据,并可查看执行结果、执行状态、耗时、数据条数、执行情况、执行日志等。

4.3.6 元数据管理

元数据管理为数据管理体系的建立提供可靠、便捷的工具支持。元数据是大数据中心的核心组成部分,贯穿于数据中心的创建、维护管理和使用的各个环节之中,元数据管理帮助数据中心统一数据口径、标明数据方位、分析数据关系、管理模型变更,是大数据中心数据建设和数据资产高效管理的有力保障。同时要以元数据为驱动,构建完整的数据管理和数据服务体系,一方面元数据实现数据生产、服务全链路信息的集中管理和展示;另一方面数据的作业管控、质量管理需要以元数据为标准,数据服务目录内容也取自元数据系统。元数据管理架构图如图 4-10 所示。

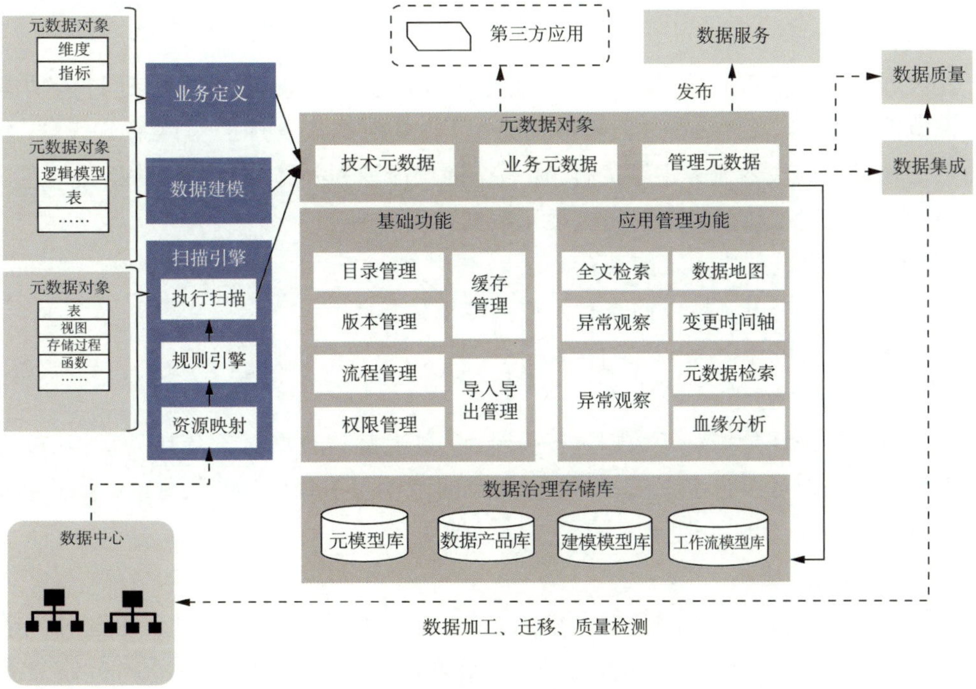

图 4-10 元数据管理技术框架图

4.3.6.1 元数据管理范畴

元数据可以划分为三类元数据：技术元数据、业务元数据和管理元数据。这三类元数据分别说明如下。

1. 技术元数据

技术元数据是对数据仓库中的技术支撑以及内部逻辑实现方面的内容进行记录，建立相应的数据字典，以便于数据仓库的开发和维护人员进行知识共享和沟通交流。这些信息包含了仓库中的数据对象定义、技术规则说明、仓库运行流程（ETL），以及数据质量管控的稽核规则等信息。技术元数据建设工作内容如下：数据字典构建；数据对象定义；稽核规则定义；计算资源汇总。

2. 业务元数据

业务元数据是描述系统中业务领域相关概念、关系和规则的数据，主要包括业务术语、指标定义和业务规则等信息，建设内容如下：数据仓库分级目录；清洗规则和标准化规则；模型名称；存储路径；数据容量；数据描述；指标定义；处理流程；数据来源及时间；更新频率；责任人。

3. 管理元数据

管理元数据建设工作内容如下：元数据存储管理信息；元数据管理流程信息；元数据安全管理信息；管理角色人员信息。

4.3.6.2 元数据分析应用

1. 元数据查询

元数据查询是指对元数据库中的元数据基本信息进行查询的功能，通过该功能可以查询数据库表、维表、指标、过程实体信息，以及其他纳入管理的实体基本信息，查询的信息按处理的层次及业务主题进行组织，查询功能返回实体及其所属的相关信息。

（1）能够通过元数据名称快速检索元数据；

（2）检索结果以列表形式展现；

（3）检索结果提供链接以便查看元数据详细信息；

（4）检索结果可导出 xls 格式保存。

2. 元数据分类统计

元数据分类统计是指对元数据进行分维度、多视角的数据对象及其关系、分布的统计查询功能。用户可以自定义统计维度、元数据范围及其属性，并且发布查询模板，与其他用户进行共享，快速便捷地了解元数据的情况。

3. 元数据质量检测

平台具备对元数据质量的自检功能，保证元数据自身的数据质量。通过对异常规则的配置，系统自动监测出异常的信息分类；展现出异常信息的分布情况和异常分类情况以及异常明细情况。

通常的元数据异常稽查规则包括注释不符合规范、注释错误、孤立对象、命名不规范、对象被异常修改、分区缺失、异常分区等,并且支持用户自定义添加异常规则,满足用户个性化需求。

4.3.6.3 元数据服务封装

元数据管理模块需要采用数据封装的机制对外提供一系列查询和操作的服务接口,将元数据信息和操作封装为标准化元数据服务,供本模块内部和外部系统或模块调用。

元数据管理平台以多种协议提供对数据对象的基本操作接口和检索接口,用以提供外部系统接口的服务,比如数据服务目录对元数据的查询需求支撑。

元数据管理平台对于服务的调用提供权限认证能力。

4.3.6.4 数据资产管理

构建元数据中心,通过资产分析、应用、优化、运营四方面对看清数据资产、降低数据管理成本、追踪数据价值。对系统全局数据资产情况进行可视化展现,提供一站式总览界面,通过查看 TOP 项目、表新增趋势图、数据存储量趋势图、脚本执行情况、数据血缘等信息,直观地把握数据资产状况。

(1) 数据目录。提供数据按主题、业务、来源等多维度划分的目录架构。

(2) 数据开放目录。提供数据目录授权方式,为不同角色、不同场景应用配置定制化的数据开放目录。

(3) 数据体检。对数据质量进行全程监控、全程可追溯,直接定位到问题数据所在的数据库、数据表、数据字段、数据值。

通过邮件或短信将数据质量检查结果,特别是异常数据情况第一时间推送给业务人员,做到第一时间告警并通知到人,有助于及时纠正问题数据。做到数据质量可追溯,责任到人并提供详细的数据校验日志,使相关人员可清楚看到校验过程信息。

4.3.6.5 血缘关系

血缘分析(又叫血统分析)是指从某一实体作为起点,往回追溯其数据处理过程。血缘分析调用大数据平台数据治理系统的元数据管理功能进行可视化展示。为实现血缘分析功能,对于任何指定的实体,首先获得该实体的所有前驱实体,然后对这些前驱实体递归地获得各自的前驱实体,结束条件是所有实体到达数据源接口或者是实体没有相应的前驱实体。建立实体与实体、实体与接口、实体与任务之间始端依赖关系,实现清晰的元数据血缘关系追溯。

(1) 实体与实体之间的关系。通过存储过程注释的方式、ETL 流程自动生成的方式、配置表的方式对所有汇聚的数据进行血缘关系的构建,明确数据的来源和流向,数据变动的影响。记录数据从原始库经过清洗转换和标准化到标准库,再经过数据计算、加工、融合处理到专题库明细层,经明细数据汇总到指标层的全过程与之相关的数据表和字段血缘关系,通过元数据的影响分析功能,评估元数据的变更对整个数据链路过程的参与实体的影响程度。

（2）实体与接口的关系。通过接口开发过程对输入数据的注释的方式或对接口脚本的解析，实现实体与接口的关系，通过元数据影响分析评估实体元数据的变更对接口的影响程度。

（3）实体与任务的关系。通过存储过程注释的方式、ETL 流程自动生成的方式、配置表的方式，在创建数据开发任务过程中，识别任务与实体之间的联系，通过元数据影响分析评估实体元数据的变更对任务的影响程度。

4.3.7 数据质量稽核

通过数据质量管理工具从数据的完整性、一致性、唯一性等多个层面轻松实现对数据的全面稽核和预警。做到事前质量检查、事中运行监控、事后归纳总结，结合系统提供的全方位评估提高数据质量，指导决策者的决定。

4.3.7.1 数据标准校验

验证数据标准的落地和执行效果。以数据标准体系作为依据，校验字段的数据类型、数据格式、数据值域范围、数据维度值范围等是否符合制定的数据标准。

4.3.7.2 丰富的数据质量规则

系统内置丰富的稽核规则，包括记录数、空值、唯一性、准确性、波动性、一致性、逻辑性及自定义八大类稽核规则。

（1）记录数规则。记录数规则是对表中的总记录数是否在设置的数值或范围内进行校验。

（2）空值规则。空值规则是对表中指定字段是否含有空值进行校验。

（3）唯一性规则。唯一性规则是校验表中指定字段是否唯一，比如身份证字段不能有两条相同的记录。

（4）准确性规则。准确性规则是对表中指定字段是否在一定范围内进行校验，比如字段内容是否在维度表指定范围内；值是否等于特定值或值是否在指定数值范围内。

（5）波动性规则。波动性规则是对表的记录数或字段数据值对比之前的某个周期数据值的浮动趋势是否在一定范围内进行校验。

（6）一致性规则。一致性规则是对表间的数据量是否一致进行校验。

（7）逻辑性规则。逻辑规则对两张表间的字段逻辑是否相等或满足一定的关系运算进行校验，检查数据逻辑是否正确。

（8）自定义规则。自定义规则是根据业务需求，自定义配置规则内容。

4.3.7.3 数据质量稽核任务配置

稽核规则是对数据的约定，通过稽核规则验证数据的正确性和有效性，并提高数据整体质量，对不满足要求的数据，可快速分析出数据的问题并做闭环处理。稽核规则覆盖完整性、一致性、唯一性和准确性等。

稽核粒度包括表级别规则和字段级别规则。

以表为维度批量配置稽核规则,既可以将该表配置的所有稽核规则作为一个任务进行初验证,也可以按周期进行调度验证。

支持稽核任务的定时调度,调度类型包括分钟、小时、日、周、月、年。

4.3.7.4　质量监控

对数据质量进行全程监控,数据质量全程可追溯,渐近式地定位到问题数据所在的数据库>数据表>数据字段>数据值。

通过邮件或短信将数据质量检查结果特别是异常数据情况第一时间推送给业务人员,做到第一时间告警并通知到人,及时纠正问题数据。做到数据质量可追溯,责任到人,并提供详细的数据校验日志,使相关人员可清楚看到校验过程信息。

4.3.7.5　质量报告

提供质量报告,查看数据质量及规范落地执行情况,及时发现数据质量和业务异常。以领导视角关注全局数据质量及规范执行情况、各业务系统数据质量情况、问题数据集中区、问题数据的规则类型、各业务系统数据质量的趋势等;以业务人员视角定位到具体问题数据;从多维度出发,层层下钻,描绘数据质量结果。

通过表格、趋势图等展现方式,分项目、按时间范围展示数据质量。下钻展示出所有有问题的数据,包括字段、具体数据。

4.3.8　数据治理的案例

数据治理需要严格遵循数据标准、主数据规范、元数据规范、数据安全规范等守则,保证数据质量与数据安全,实现数据的全生命周期管理,提升数据价值。

以深圳市公共交通刷卡数据为例,数据将会经历统一归集、标准化、明细计算、应用计算、应用开发和服务调用等过程,为业务应用提供服务。案例示意图见图 4-11。

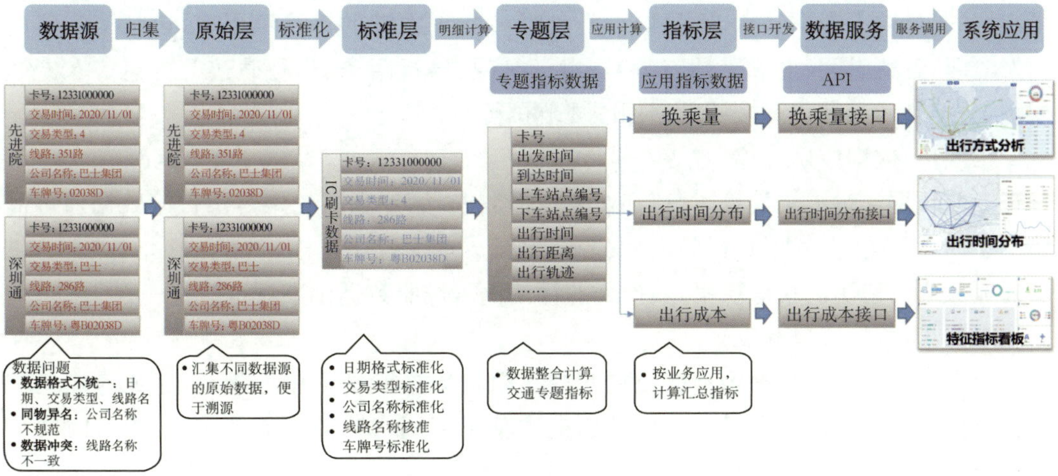

图 4-11　数据治理案例示意图

第一步：数据统一归集

同一类数据会存在多个数据来源，如深圳市公共交通刷卡数据的来源有先进院、深圳通等不同单位。数据治理首先需要将不同来源的数据汇集到平台数据库的原始层，原始层的数据保存原有的存储方式和格式，以便于数据溯源。

第二步：数据清洗与标准化

数据清洗与标准化需要将原始文件按数据标准、元数据规范、主数据规范等守则，形成格式统一、信息齐全符合规范的数据表，并存放在数据库标准层。标准层的数据表应整合表结构、字段约束、负责人等元数据。

数据标准化需要进行数据核查、数据格式标准化、数据类型标准化等工作。然而，数据源不同的数据在标准化时会出现各种数据质量问题，关于刷卡数据存在的数据质量问题及对应的标准化方法，具体如下：

(1) 数据格式不统一：如日期数据、交易类型、线路名称的格式不统一；原始数据的日期字段有“YYYY/MM/DD”格式（如 2020/11/1）和“YYYY-MM-DD”格式（如 2020-11-1）两种格式，应该按数据标准，应将日期统一为同一种格式（2020/11/01）。

(2) 同物异名：如公交公司的名称有不同的表达，深圳巴士集团股份有限公司可能会被记作“巴士集团”或“深圳巴士集团”，需要根据数据标准统一成“巴士集团”。

(3) 信息冲突：某辆公交车可能会更换线路，这样的变更没有同步更新到所有系统时，会出现的线路信息不一致的情况，需要根据数据来源的权威性统一公交线路信息；如先进院的数据显示线路为“351 路”，而深圳通数据显示线路为“286”时，深圳市深圳通的信息最准确，故线路名称统一为“286 路”。

第三步：数据明细计算

交通标准数据通过数据融合计算，可得到业务专题数据，这些数据通常为粒度较小的明细数据。如根据公交业务需求，IC 刷卡数据可算出乘客出行链记录等专题指标数据，构成出行专题，并存放在数据库的专题层中。乘客出行链数据表的数据结构不再是标准层的 IC 刷卡数据结构，而是以卡号为唯一标识主键的计算结果表，包括了乘客的出发时间、到达时间、上下车站点编号、出行时间、出行距离、出行轨迹等信息。在专题层里，数据表的存储仍需按照数据标准规范执行。

第四步：数据应用计算

专题数据通过汇总计算，可得到业务指标数据，如专题层的乘客出行链数据通过简单汇总计算可得到换乘量、出行时间分布、出行成本等应用指标，并存放在指标层中，供交通业务应用使用。指标层里，数据表的存储仍需按照数据标准规范执行。

第五步：数据接口开发

数据接口开发是数据服务的重要步骤。根据数据治理的服务规范，完成应用指标数据接口的开发、授权，即可为上层应用提供基于应用指标数据的换乘量、出行时间分布、出行成本等应用指标数据接口。

第六步:系统应用

应用系统遵循接口使用规范,可使用数据接口实现出行方式分析、出行时间分布分析和特征指标看板等数据业务功能,从而实现数据价值。

除公共交通刷卡数据外,交通大数据分析还会用到GPS、手机信令等多种数据量庞大、信息冗余繁杂的数据,不同种类的数据需要定制与数据特征相符的数据规范。交通数据经过数据治理,挖掘出有效信息,即可为交通规划决策赋能。

4.4 场景驱动的数据服务

大数据计算平台汇集了实时、离线的数据,面向城市交通治理的不同参与角色,为交通规划人员、数据分析人员、数据管理人员、系统开发人员等不同类型的用户提供多种场景的数据服务。考虑到不同角色的专业不同,面向城市交通治理的职责不同,有必要建立面向不同用户、不同需求的分层服务体系,为不同的用户、不同的使用目的提供不同层次的数据内容和不同形式的服务方式。如图 4-12 所示为面向数据治理体系的场景维度。

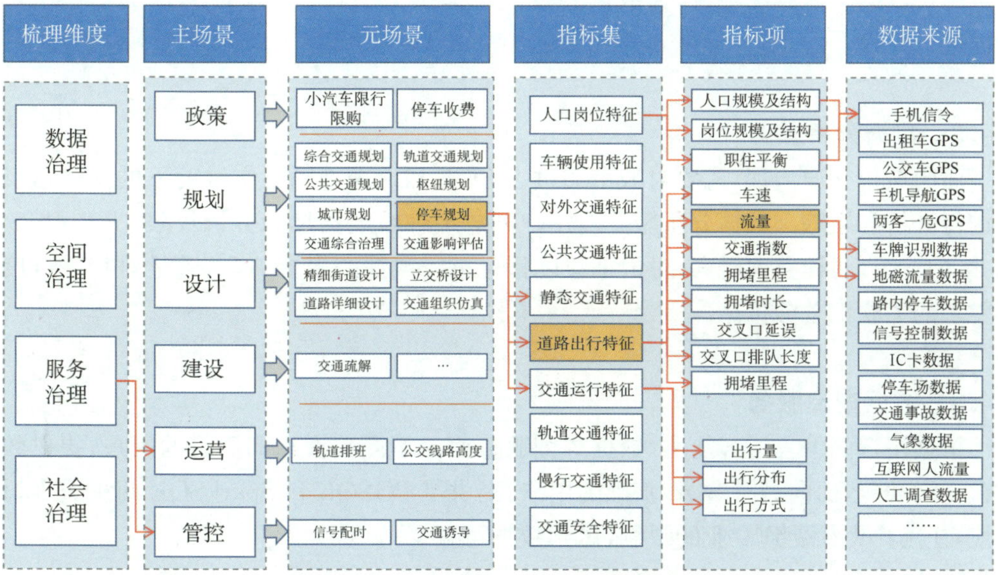

图 4-12 面向场景维度的数据治理体系

面向交通规划师,提供数据可查服务。对于交通规划师,主要为他们提供规划常用的人口、社会、经济、交通等交通指标,他们可以在平台上查看指标等数据值,能够看到数据的时间、空间分布情况,能够导出这些数据与图表,直接应用到规划报告中。

面向数据分析师,提供数据可算服务。如果固定、标准化的指标数据不能满足用户的需求时,如实际需要个性化的时间、空间划分方式,用户应该访问最小空间单元与最小时间粒度的明细的指标数据,如小路段 5 min 的平均速度,可以使用 SQL 对这些数据进行统计计算,并将计算结果保存到个人文件夹,在平台上进行可视化,或导出到平台外进行分析与可视化。

面向数据开发人员,提供数据开发服务。随着新的数据源的接入,以及新的需求的不断产生,需要不断增加新的交通数据指标,平台提供数据开发功能。数据开发人员可以基于原始数据或标准化的数据,在平台编写或部署计算程序、脚本,设置手动或定时任务,不断更新和研发指标数据。

面向业务系统,提供接口服务。大数据计算平台承担了业务系统"重后台"的职能,为业务提供标准化统一口径的指标数据出口,使用 API 服务的方式为业务系统提供实时数据和指标数据的调用。

4.4.1 数据开发服务

数据开发是基于数据赋能城市交通治理的基石,需要对无规律性、无特征性的原始数据进行开发和挖掘,对多源数据进行融合。数据开发服务面向数据开发人员提供了算法研发、数据指标计算、数据挖掘等功能,数据开发用户具有娴熟的编程能力,基于弹性资源调度的交通算法中台,为数据开发人员提供 Python 开发环境,借助算法组件对数据进行开发。

4.4.2 数据分析服务

面向城市交通治理,需要对城市的过去、现在和未来不同时空维度下的交通运行特征进行分析和跟踪。数据分析服务对用户开放最细粒度指标的分析权限,支持 PGSQL 和 SparkSQL 两种查询语言,对最细粒度指标进行数据的聚合关联,满足对特殊维度指标要求的关联汇总分析。

4.4.3 数据查询服务

根据用户的编程语言能力,数据查询服务面向不懂数据查询语言的用户,提供数据组合查询功能,面向具有 SQL 基础的用户,提供了 PGSQL 和 SparkSQL 两种查询语言环境,让用户无须受到专业的限制,做到数据可查。

1. 组合查询

通过下拉选择的组件,支持用户在单表上选择多条件的在线组合查询,查询结果秒级呈现。

2. 脚本查询

提供在线 SQL 脚本编辑框,根据数据表的存储路径,提供可视化的数据库类型提示,根据数据存储方式,使用相应的数据库查询语言,能够对异常的查询脚本进行问题类型的提示,让用户能够在线调试、即时运行。

4.4.4 数据接口服务

交通大数据平台数据服务是提供各类数据访问和分析计算的服务能力中心,包括明细数据、分析数据、共享数据和标签服务。通过数据服务平台的建设,可以为数据访问实现更加标准化、松散化的接入能力,同时基于业务服务能力,大大简化应用开发工作量,进一步发挥交通大数据的价值。

通过对调用数据库中各类信息的服务化封装,现成可供用户基于标准化 API 接口直接访问的基础数据服务,为各类应用系统提供基础数据访问支撑。如行政区划数据,通过采用 REST 服务方式,调取行政区划数据,通过发布与订阅机制,实现应用调用的权限管理和信息流管理。服务开发包括数据 API 访问层、请求响应模块和数据服务模块:请求响应模块用于接收用户在用户操作界面的操作请求,并将操作请求传给数据服务模块;数据服务模块根据用户操作请求调用数据 API 访问层;数据 API 访问层从统一数据管理平台中的基础数据单元中获得与用户操作请求对应的数据,并将数据以规定的格式返回给数据服务模块,数据服务模块将数据返回到接口调用方。数据接口服务支持以下功能。

1. 数据接口开发

目前,数据服务支持将平台提供的数据表通过向导模式快速生成数据 API,您无需具备编码能力,即可在几分钟之内配置好一个数据 API。

为了满足高阶用户的个性化查询需求,数据服务提供自定义 SQL 的脚本模式,允许自行编写 API 的查询 SQL,并支持多表关联、复杂查询条件以及聚合函数等功能。

2. 数据接口的注册

为统一管理所有产品线的 API,将以前不在交通大数据平台(Transport Platform as a Service, TransPaaS)上生成的 API 统一汇聚到大数据计算平台上,共享企业产生的 API 资产,避免同一接口重复开发浪费资源成本的问题,数据接口服务提供注册 API 的功能,只需将已发布的 API 后端服务配置注册到平台上,便可与平台上生成的 API 使用同一网关发布。

3. 数据接口集市

只有上架到 API 集市中的 API,用户才能订购使用,通过 API 开发者授权后,订购者会接收到 API 权限信息,具有 API 权限的用户才能调用 API。API 集市交易管理中也会记录用户的生产值和消费值,评估各产品线对数据接口服务的贡献度和消费情况。

4. 数据接口的申请与授权

通过数据接口集市的接口共享窗口,用户可以看到所有已发布的接口,可根据标签快速查找符合自己需求的接口,并通过申请的方式,获得使用权限,管理员审核通过后,密钥会通过邮箱发送到申请用户的邮箱,在用户的个人接口管理页面也可查看到自己已发布和已申请的接口使用权限。

5. 数据接口的管理

发布后的接口在接口管理中可见，开发者可对自己发布的接口进行编辑、测试和保存，可对接口进行版本管理。作为接口使用者也可在接口管理的所有接口看到平台上所有已经发布的接口，并通过申请上架，接口开发者和平台管理员审核后在 API 集市中可订购使用。

6. 数据接口的运行监控

平台支持自动巡检和用户使用监控两种方式的 API 监控，自动巡检方式为每小时自主对平台上所有发布的 API 进行调用，检查是否存在异常 API，并对异常情况进行分析，评估异常 API 的错误类型，通过邮件预警的方式通知 API 开发者和平台管理员 API 的异常情况，对异常 API 进行实时的修复；用户使用监控方式是实际应用过程中，监控用户调用 API 的耗时、调用是否存在异常情况，对存在异常的 API 通过邮件方式告知接口开发者和管理员进行修复。

5 交通算法中台:复杂交通系统推演及弹性计算技术

5.1 算法中台架构设计

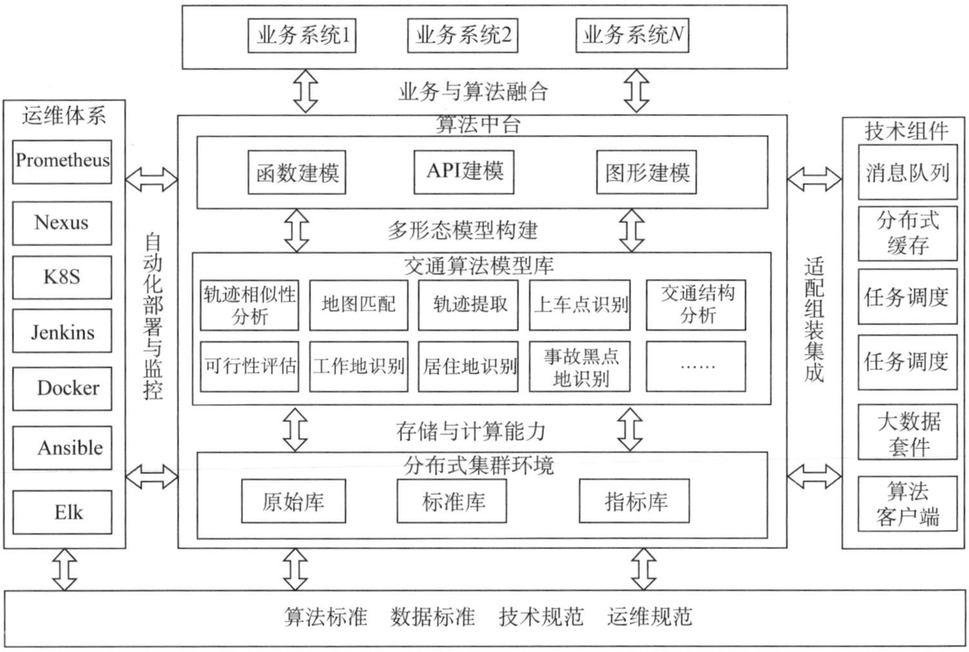

图 5-1 交通算法的中台架构框架

基于数据与算法统一标准规范，利用分布式集群强大的存储与计算能力，根据交通行业的特点分析，形成人、车、路、安全、绿色等多维度特征模型，将交通算法与模型沉淀到算法中台，构成交通大脑中枢，通过容器化及大数据等技术，实现弹性资源及任务调度，根据统一的输入输出配置管理规则，保障算法中台内部高可靠、高性能、高稳定，跨平台服务，外部与运维体系及技术组件之间低耦合，适配组装集成，自动化部署与监控，即插即用，多形态模型构建，为众多业务系统提供一致而又相互隔离的算法服务，快速为业务系统赋能。交通算法的中台架构框架如图 5-1 所示。

5.2 标准化算法模型

在智能交通领域要实现一个交通场景的业务需求，一般需要经过需求提出、需求分析、问题定义、问题分析到解决方案的过程。在这个过程中，交通算法工程师根据业务指标进行算法方案定义、模型设计、模型训练和测试，最后进行算法模型的部署，从而实现原始数据到业务指标数据的过程。对整个过程进行概括，可以分析出以下两个关键任务：业务场景归纳和算法能力开发。随着企业发展和项目积累，交通业务对算法策略的需求越来越多、变化越来越快，各种算法服务设计、模型开发、调度和部署等一系列问题相继出现，传统的算法开发模式常遇到部署环境配置、计算资源协调、算法代码维护困难等一系列问题，这些问题需要花费大量的人力和时间来协调解决。传统长周期、高耗时的开发模式和部署手段已经无法满足企业业务的快速试错和优化改进等诉求，也不利于企业部门对算法资源应用的集中管理维护，提供更高效的能为业务快速赋能的算法服务方式势在必行。

对于企业而言，其更希望通过业务场景归纳和算法能力标准化，让业务经验和算法能力进行复用，并能高效地应用到其他项目中，产出更大的价值。长远来看，随着业务逐步成熟，算法组件式封装开发、快速组合设计、算法服务在线调用和服务响应性能成为衡量算法服务的重要评价标准，强调核心算法组件开发和自由组合设计、快速部署运行的算法平台将会变成企业发展的重要工作，算法标准化平台建设是满足业务从初期到成熟期迭代的重要过程。

为了满足企业业务对算法快速开发、应用与部署的需求，交通算法模型开发应该遵循算法平台统一的算法开发标准和规范，保证算法模型开发的一致性，能够快速实现算法标准化封装与应用部署。在算法中台中，算法标准规范主要包括算法模型封装开发标准、算法项目开发标准、算法模型部署规范三部分内容。

1. 算法模型封装

算法模型封装是指在算法应用开发过程中将通用的算法工具或核心算法功能进行设计，以方便进行算法模块封装开发，形成平台工具库或组件。算法模块封装有利于算法开发的迭代升级和维护，同时也方便将算法模型进行共享发布，让所有算法工程师或开发人员进行调用。如果把所有功能性的基础算法都封装成库，并在算法标准化平台进行注册共享，将大大减少算法开发的时间成本，提高算法复用，让算法开放更集中在算法应用层面。

如图 5-2 所示，以 TransPaaS 平台为例，整合了多个开发团队的算法资源，步骤如下：

(1) 各开发团队使用各自熟悉的语言与类库编写算法核心功能；

(2) 通过 Restful 形式提供 HTTP 协议的算法调用接口；

(3) 将算法接口运行的环境封装到 Docker 镜像；

(4) 将 Docker 镜像部署 TransPaaS 平台，输入数据后成功调用算法接口并返回输出结果。

算法工具模块的开发和封装，需按照标准化的代码组织结构进行统一，如图 5-3 所示。每个算法的模块开发应包括算法说明文件、算法代码文件、测试代码文件、模块说明以及必要的安装文件，核心算法包括多个算法模型工具模块，算法模块命名参考行业标准化命名规范。

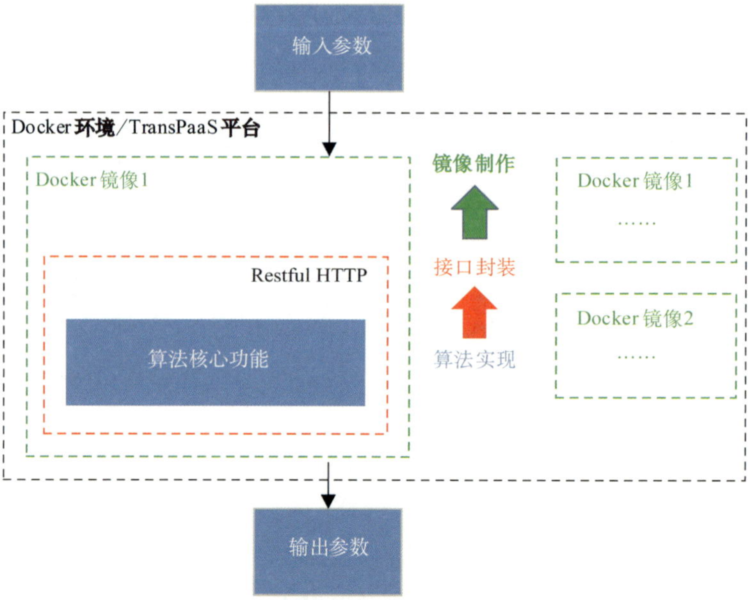

图 5-2　算法封装的基本技术原理

```
package/                                //文件夹名称
|-- doc                                 //算法使用说明目录
|-- sutpc_algorithm_topic/              //算法包名称
|   |-- src/                            //算法代码目录
|       |-- algorithm1/                 //算法 1 名称
|           |-- module1
|           |-- module2
|       |-- algorithm2/                 //算法 2 名称
|           |-- module1
|           |-- module2
|   |-- tests/                          //算法测试用例目录
|       |-- algorithm1/                 //算法 1 测试用例
|           |-- test_module1
|           |-- test_module2
|       |-- algorithm2/                 //算法 2 测试用例
|           |-- test_module1
|           |-- test_module2
|-- README
|-- setup                               //算法安装文件
```

图 5-3　算法模块的标准化代码组织结构

算法模型代码开发应按照不同开发语言的行业通用代码编写规范进行开发，目的是让算法代码编写更易懂，提高代码的可读性，让代码更容易被其他人阅读和继承。常见的行业代码开发标准参考包括有 Google 开源项目风格指南和一些企业推出的代码开发指南。

算法模块原则上应具备独立的算法测试单元，通过编写算法的测试用例对一个模块、一个函数或者一个类来进行正确性检验的测试工作。如果单元测试通过，说明测试的函数能够正常工作。如果单元测试不通过，则说明函数有漏洞，或测试条件输入不正确，需要修复算法模块使单元测试能够通过。当对算法模块进行修改时，只需运行测试单元即可判断代码修改是否对算法模块行为造成影响。以测试为驱动的开发模式最大的好处就是确保一个程序模块的行为符合设计的测试用例。将来修改的时候，可以极大程度地保证该模块行为仍然是正确的。

2. 算法项目开发

算法应用项目标准化开发是为了规范算法应用项目的开发标准，让程序具有更高的可读性，达到以下目的。

(1) 可读性高：不熟悉项目代码的人能看懂目录结构，明确程序启动脚本，测试目录和配置文件等，从而快速了解项目。

(2) 可维护性高：定义好组织规则后，维护者就能很明确地知道，文件和代码应该放在什么目录下。随着时间的推移，代码/配置规模增加，项目结构不会发生混乱，仍然能够组织良好。

项目工程的代码布局参考图 5-4 的标准形式，项目应至少包括项目依赖、文件目录、数据目录、项目日志、项目配置、项目说明和项目执行文件。

```
<工程目录结构>
    <项目依赖>
    <文件目录>
    <数据目录>
    <项目日志>
    <项目配置>
    <项目执行>
    <项目说明>
```

图 5-4　项目工程的代码布局参考

(1) 项目依赖，算法项目的各种外部依赖文件说明，目的是为了方便算法开发者维护算法的依赖项目。将开发过程中新增的依赖文件添加进这个列表中，避免算法应用在安装依赖和环境配置时漏掉依赖包，同时让继承者明确算法应用使用了什么依赖文件。

(2) 文件目录，存放算法项目的文档文件(doc、txt 等)，一般包括项目设计说明文档。

(3) 数据目录，存放项目必要的数据文件(csv、txt 等)，一般包括项目所需的小批量离线静态数据文件，或测试项目时需要用到的测试数据。

(4) 项目日志，存放项目的执行日志文件，日志是一种可以追踪某些项目或算法运行时所发生事件的方法。算法开发人员通过记录和分析日志可以了解一个系统或软件程序运行情况是否正常，也可以在应用程序出现故障时快速定位问题。

(5) 项目配置，存放项目启动的配置项，一般通过项目配置文件中的参数配置项将开发环境、测试环境和生产环境进行区分。在项目部署运行时通过修改配置文件的参数项达到算法项目快速移植到生产环境的要求。

(6) 项目执行，存放项目的可执行文件，完成配置文件的参数配置后，通过启动项目执行文件即可启动项目，完成项目部署运行。

(7) 项目说明，存放项目说明文件，简要描述该项目的信息，让读者快速了解项目。项目说明一般需要说明以下几个事项：①软件定位，软件的基本功能；②运行代码的方法、安装环境、启动命令等；③简要的使用说明；④代码目录结构说明，更详细点可以说明软件的基本原理；⑤常见问题说明。

3. 算法服务部署

算法服务封装是指借助镜像技术，将成熟的算法应用项目或服务部署到镜像中，通过运行镜像和启动容器内的算法接口以达到算法服务快速部署的目标。

在传统的开发流程中要保证本地开发环境，测试环境和生产环境的条件一致性是异常艰难的，往往需要多次搭建环境进行开发测试或生产部署。在算法开发过程中，大部分时间其实都浪费在环境配置上，在企业层面会造成人力和时间的极大消耗。在应用部署方面，传统的部署手段是在物理服务器上运行应用程序。这种方式无法为物理服务器中的应用程序定义资源边界，这会导致资源分配问题。如果在物理服务器上直接运行多个应用程序，可能会出现一个应用程序占用大部分资源的情况，结果可能导致其他应用程序的性能下降。一种解决方案是在不同的物理服务器上运行每个应用程序，但是由于资源利用不足而无法扩展，并且组织维护许多物理服务器的成本很高。这种方式进行部署的应用，在运行、配置、管理、所有生存周期将与当前操作系统绑定，这样做并不利于应用的升级更新与回滚等操作。

在虚拟化时代，允许用户在单个物理服务器的 CPU 上运行多个虚拟机(VM)。虚拟化功能允许应用程序在 VM 之间隔离，并提供安全级别，因为一个应用程序的信息不能被另一应用程序自由地访问。但是虚拟机非常重，并不利于可移植性。

在容器部署时代,容器类似于 VM,但是它们具有轻量级的隔离属性,可以在应用程序之间共享操作系统(OS)。因此,容器被认为是轻量级的。容器与 VM 类似,具有自己的文件系统、CPU、内存、进程空间等。由于它们与基础架构分离,因此可以跨云和 OS 分发进行移植。通过容器技术可以消除线上线下开发的环境差异,保证应用生命周期的环境一致性和标准化。通过搭建标准化的算法开发、测试和生产环境,在算法开发完成和测试结束后只需要将算法项目迁移到搭建了完整生产环境的镜像内即可快速进行算法部署和发布,极大地减少了算法部署和维护的成本。

一般看来,需要设计成 API 接口类型的算法服务是非常适合部署到镜像的系统环境中,一个镜像开启的容器可发布多个算法服务接口,消除接口的环境差异,还有利于算法服务接口的集中管理。另外,企业项目交付中的算法应用项目通过镜像技术,从本地测试环境到项目生产环境的部署,只需要将算法应用项目复制到标准化的算法环境镜像中,并把镜像移植到项目生产系统即可进行算法项目的部署。

1) Docker 镜像封装

镜像技术中较成熟的技术为开源的应用容器引擎 Docker, Docker 可以打包算法应用以及依赖包到一个轻量级、可移植的容器中,然后发布到任何机器上,也可以实现虚拟化。Docker 使算法与基础架构分开,借助 Docker 的方法可以实现快速交付,测试和部署代码,大大减少编写代码和在生产环境中运行代码之间的延迟。借助 Docker 技术进行算法项目开发遵循以下原则:

(1) 开发人员使用算法平台规定的标准化环境容器进行算法开发工作,有必要进行协同开发时,使用 Docker 容器共享开发内容;

(2) 通过 Docker 将算法镜像推送到测试环境中,并执行自动或手动测试;

(3) 算法在测试环境运行出错时,应在开发环境中进行修复并自测,然后将其重新部署到测试环境中,以进行测试和验证;

(4) 项目测试通过后,将修复好的算法镜像推送给生产环境进行部署和运行。

基于基础的系统镜像,企业可搭建私有的业务后台系统镜像或算法部署镜像,通过算法部署环境的标准化设计和规范化,将算法通用的环境和依赖项完整地复制到基础系统镜像中打包成私有的算法镜像,即可完成标准化算法容器的搭建。标准化算法容器将能为各种项目交付或算法服务部署提供基础环境支撑,算法开发人员不再为环境配置而烦恼,专注于算法模型的设计和实现[32]。

2) 镜像名称命名

在镜像标准化设计中,镜像名称的命名规范也是重要的内容。通常镜像名称是指镜像全名在冒号(:)之前的部分,冒号(:)之后的部分是镜像的标签(tag),用来区分镜像的版本。例如,被命名为 sample:v1.0.0 的镜像,sample 是镜像的名称部分,而 v1.0.0 为镜像的版本标识。

镜像名称原则上用正斜杠(/)分隔开,“/”之前的部分是可选的 DNS 格式的主机名。主机名必须符合 DNS 规则，但不得包含下划线“_”字符，主机名也可以带有端口号，镜像名称命名不允许以分隔符开头或结尾；

镜像名称的一般命名规范如，“主机名/镜像仓库名称/主题内容/算法名称”，算法名称采用“主谓”的结构，单词全为小写字母，用符号“－”分隔，以简洁明快为原则。例如在车辆 GPS 相关主题内容下的地图匹配算法应用镜像名称可设计为“http://Nexus. apartment. cc：8080/algorithm/vehicle/map-match：v1. 0. 0”，其中 http://Nexus. apartment. cc：8080 指主机地址名称，algorithm/指镜像仓库名称，vehicle 为主题内同名称，map-match 为镜像的算法应用名称，v1. 0. 0 指镜像版本标识。

5.3 交通关键算法

交通关键算法的技术核心是从刻画人、车、空间特性和活动链条的全息数据，按照时间、空间关联关系抽取，建立相互之间的直接因果以及多阶因果关系。

5.3.1 交通算法模型概览

交通模型以经济学、社会学、行为学、交通工程学等多种学科理论为基础，运用数学统计和计算机技术，反映在一定时期、范围内交通供给、需求以及服务状态，主要为政府进行交通规划、建设、运行等决策和管理提供定量分析技术支撑。从应用层次上划分，交通模型可以分为宏观、中观和微观模型三个层次（图 5-5）。

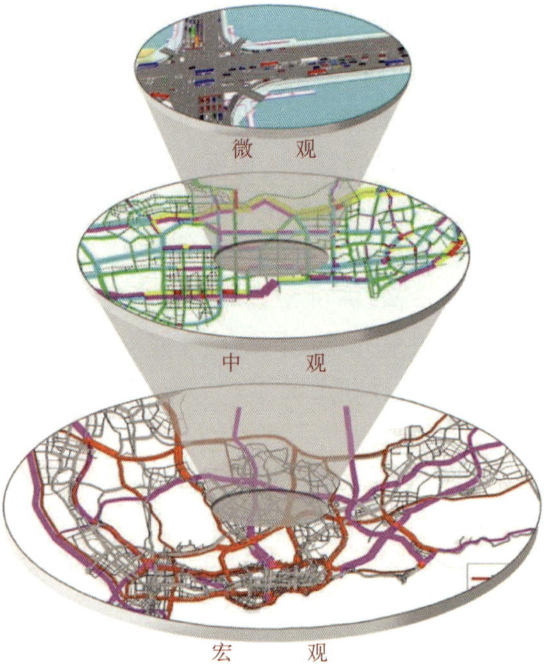

图 5-5 应用层面上交通模型的三个层次

交通模型构建与使用一直以来被认为是门槛较高的专业技术工作,只被较少的专业技术人员所掌握,因此制约了交通模型成为广泛使用的数学分析工具,无法支持科学有效的城市交通建设和规划设计方案的实施。目前国内一线和部分二线城市本地的交通研究机构,有一定的能力构建和运用交通模型以支持城市交通的科学决策。然而,在广大的三线及以下城市,并没有专业机构和高素质工程师,同时,一线、二线城市的模型工程师培养成本高、周期长,一定程度上抑制了当地交通的科学规划、建设与管理的发展。交通模型是交通行业最重要的支撑理论依据,各地交通模型建模平台差异(TransCAD、Cube、EMME、VISUM)与模型校核参数差异也导致模型通用性差,模型建模过程难以公开透明,阻碍了模型支撑公信力,不利于交通行业成长。

依托交通大数据计算平台,把模型工具变成准通用的 SaaS 服务平台,通过中台的"模型组件+算法组件+协同设计",让规划设计业务基于开放的云服务,同时开放这种服务为更多政府、交通设计院赋能,让即使交通模型领域专业程度不是非常高的工程师,也能快速学习和完成高质量的交通规划设计。所以依托平台的云上超级模型,定位就是"让交通模型构建与规划设计更简单"。

通过面向应用服务和面向平台服务的运行模型 SaaS 服务,提供二次开发接口和 SaaS 服务,改变传统的仅提供给客户的一个单机版程序。通过云服务模式,把工具接口化,进而变成一个规划师的平台工具,支持更多的交通模型师二次开发,集众智力量,创建更多工具和系统,为城市交通建设赋能。

5.3.1.1 宏观模型算法

宏观交通模型主要是面向城市区域层面的交通模型,以交通小区为最小统计出行相关要素分析出行需求,将道路网络、公共网络以及交通设施量化表达分析交通供给,构建宏观模型用于分析城市内部各区域之间交通需求与供给情况。对规划年不同人口、就业分布方案进行的测试,体现交通与用地的相互作用过程。

目前宏观交通模型构建的方法有多种,包括"四阶段模型"[33]"基于出行链模型"[34]"基于活动模型"等。四阶段模型即按"出行生成""出行分布""方式划分""交通分配"四个步骤建立交通模型,是目前理论最成熟的、国际上应用最广泛的交通需求预测模型。基于个人行为活动链模型以计量经济学为基础,相比于四阶段模型,活动链模型覆盖了全人口样本,能实现基于个人的非集计的出行生成—分布—方式选择—分配建模,还原个人完整活动链。现阶段活动链模型处于研发阶段,对活动链模型的研发有两方面意义:一方面能提高整体宏观模型的精度和可靠性;另一方面,活动链模型能很好地描述出行时间、出行者行为、非机动出行、特定时间的交通流特征等。因此,基于活动链的宏观模型能更好地兼容中观模型、微观交通模型的输入输出。

常用的模型算法包括出行产生模型、出行吸引模型、重力模型、Logit 模型、路段流量延误模型、交通分配模型等。

1. 出行产生模型

出行产生模型采用产生率法，将出行群体按照家庭类型、拥车情况以及出行目的等进行交叉分类后，分别确定各分类群体的出行率(次数/人日)，具体公式如下：

$$P_{ij}=\sum T_{ik}R_{ijk} \tag{5-1}$$

式中，P_{ij} 为交通小区 i 的 j 类出行产生量；T_{ik} 为交通小区 i 的 k 类出行群体的总量；R_{ijk} 为交通小区 i 的 k 类出行群体的 j 类出行率。

2. 出行吸引模型

出行吸引模型常用多元回归分析法，即根据各交通分区的人口数、岗位数、学位数及各类用地建筑量，预测各交通分区对于各出行目的的出行吸引率，进而求出各交通分区对不同出行目的的出行吸引量。出行吸引模型的表达式为

$$A_{ij}=\sum (E_{ijk}W_{ijk}) \tag{5-2}$$

式中，A_{ij} 为 i 区的 j 类出行吸引量；E_{ijk} 为 i 区 j 类吸引的第 k 个影响因素；W_{ijk} 为 i 区 j 类吸引的第 k 个影响因素的系数。

3. 重力模型

重力模型算法通常应用于出行分布选择模型，其综合考虑了影响小区间出行分布的区域社会经济增长因素和出行空间、时间阻抗因素，原理明确，而且具有通用性，是国内外交通规划中使用最广泛的方法。重力模型根据交通分布内在规律的分析，认为出行分布与小区的产生量、吸引量和小区之间的交通方便程度等因素相关，它的基本形式为

$$T_{ij}=P_i\frac{A_j\cdot f(d_{ij})}{\sum\limits_{\text{所有区域}z}[A_z\cdot f(d_z)]}K_{ij} \tag{5-3}$$

式中，T_{ij} 为小区 i、小区 j 之间的出行量(小区 i 为产生区、小区 j 为吸引区)预测值，下同；d_{ij} 为小区 i、小区 j 之间的交通阻抗，本次模型为综合成本，下同；$f(d_{ij})$ 为阻抗函数，或称为摩阻系数；P_i、A_j 分别为小区 i 的出行产生量、小区 j 的吸引量，下同；K_{ij} 为小区 i 到小区 j 出行量的修正系数，也称为 K 系数。

4. Logit 模型

Logit 模型是基于最大效用原则的离散选择模型。由于其不需要很大的调查样本却同样能提供较准确的分类信息，因此在交通方式划分研究上有着广泛的应用，其公式如下：

$$P_{ij}^k=\frac{\exp(V_{ij}^k)}{\sum\limits_k \exp(V_{ij}^k)} \tag{5-4}$$

式中，P_{ij}^k 为小区 i、小区 j 之间第 k 种出行方式的分担率；V_{ij}^k 为小区 i、小区 j 之间第 k 种出行方式的效用值。

以上模型即为多项 Logit 模型，模型的核心变量为效用值 V_{ij}^k。在效用值中，可以反映影响出行者方式选择的各种因素。通常设它们之间呈线性关系为

$$V_{in} = \sum_{k=1}^{K} \theta_k X_{ink} \tag{5-5}$$

式中，V_{in} 为第 n 个受访者选择第 i 种出行方式的效用值；K 为变量的个数；θ_k 为第 k 个变量所对应的参数；X_{ink} 为第 n 个受访者选择第 i 种出行方式的第 k 个影响变量（如出行费用、出行时间等广义费用）。

方式划分模型的关键变量是基于各出行方式之间的综合成本的效用函数值，它们决定了各出行方式的比例。

5. 交通分配模型

典型的交通分配模型包括全有全无模型（All-Or-Nothing）模型、Wardrop 平衡（Wardrop Equilibrium）模型、随机用户均衡（Stochastic User Equilibrium）模型。本节仅介绍 Wardrop 平衡模型。

1952 年著名学者 Wardrop 提出了交通网络平衡定义的第一原理和第二原理[35]，Wardrop 提出的第一原理定义是：在道路的利用者都确切知道网络的交通状态并试图选择最短径路时，网络将会达到平衡状态。在考虑拥挤对行驶时间影响的网络中，当网络达到平衡状态时，每个 OD 对的各条被使用的径路行驶时间相等而且是最小的行驶时间；没有被使用的径路的行驶时间大于或等于最小行驶时间。

这条定义通常简称为 Wardrop 平衡，在实际交通流分配中也称为用户均衡（User Equilibrium，UE）或用户最优。容易看出，没有达到平衡状态时，至少会有一些道路利用者将通过变换线路来缩短行驶时间直至平衡。所以说，网络拥挤的存在，是平衡形成的条件。

Wardrop 提出的第二原理是：系统平衡条件下，拥挤的路网上交通流应该按照平均或总的出行成本最小为依据来分配。Wardrop 第二原理在实际交通流分配中也称为系统最优原理。

针对 Wardrop 第一原理（即用户均衡），Beckmann 等学者提出了等价的数学规划表达式，用户均衡模型（UE 模型）表达式如下：

$$\min Z(x) = \sum_a \int_0^{x_a} t_a(\omega)\mathrm{d}\omega \tag{5-6}$$

$$\text{s.t.} \quad \sum_k f_k^{rs} = q_{rs}, \quad \forall r \in R, s \in S \tag{5-7}$$

$$x_a = \sum_r \sum_s \sum_k f_k^{rs} \delta_{a,k}^{rs}, \quad \forall a \in A \tag{5-8}$$

$$f_k^{rs} \geqslant 0,\ \forall r \in R,\ s \in S,\ k \in K^{rs} \tag{5-9}$$

式中，x_a 为路段 a 上的流量；t_a 为路段 a 的阻抗；$t_a(\omega)$ 为路段 a 的阻抗函数，它是路段流量 ω 的函数；f_k^{rs} 为 OD 对(r, s)间第 k 条路径的流量；$\delta_{a,k}^{rs}$ 为路段—路径关联变量，如果路段 a 在 OD 对(r, s)间第 k 条路径上，则 $\delta_{a,k}^{rs}=1$，否则 $\delta_{a,k}^{rs}=0$；A，R，S 分别为网络中路段、起点和终点的集合。

上述模型中，式(5-7)的含义是 OD 间各条路径上的流量之和等于 OD 出行量，式(5-8)表示任意路段的流量等于途经它的全部路径流量之和，式(5-9)表示路径流量的非负约束。可以证明，上述数学规划模型的解满足所有使用路径的阻抗相等且最小，未被使用路径的阻抗都不小于使用路径的阻抗。

依托平台将宏观模型算法工具变成准通用的 SaaS 服务平台，通过构建一套标准化输入体系，在此基础上开发宏观模型相关算法。交通规划师通过平台自定义控制参数和应用场景，平台能快速反馈输出相关统计指标和运算结果，实现宏观模型量化支撑各类规划方案(图 5-6)。

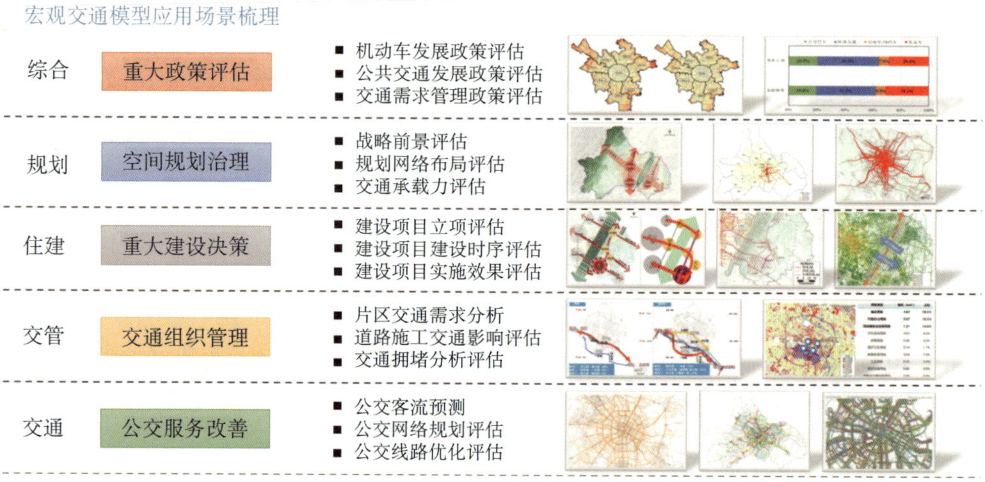

图 5-6 宏观交通模型应用场景

5.3.1.2 微观模型算法

微观交通模型主要是面向路段、节点层面的交通模型，微观仿真模型以车辆、行人为研究对象，集成信号配时、检测等交通管理与控制信息，用于交通组织分析、ITS 应用效果评价、信号配时优化、交通设施改造方案评价、交通安全分析等。不同于中观模型更多研究的是车队之间的交通流特性，微观模型更加关注单个车辆之间的交通流特性，常用的模型包括跟驰模型和换道模型[36]。不同于中观模型采用连续速度和确定的跟驰模型算法，微观模型采用的跟驰模型是 Wiedemann 于 1974 年建立的心理—生理类驾驶行为模型。通过标定车速和空间阈值的随机分布参数更加精细化刻画驾驶员的个体驾驶行为特性。

1. 跟驰模型

车辆跟驰(Car Following, CF)行为是最基本的微观驾驶行为,描述了在限制超车的单行道上行驶车队中相邻两车之间的相互作用。跟驰模型是运用动力学的方法来研究前导车(Leading Vehicle, LV)运动状态变化所引起跟驰车(Following Vehicle, FV)的相应行为,通过分析各车辆逐一跟驰的方式来理解单车道交通流特性,从而在驾驶人微观行为与交通宏观现象之间架起一座桥梁。跟驰行为模型依据建模思想不同可以分为交通工程角度和统计物理角度。交通工程角度的跟驰模型包括刺激—反应类、安全距离类、心理—生理类及人工智能类模型;统计物理角度的跟驰模型包括优化速度、智能驾驶和元胞自动机模型。目前仿真常用的跟驰模型有"Wiedemann"模型,具体可分为"Wiedemann 74"模型和"Wiedemann 99"模型。

1) "Wiedemann 74"模型

该模型主要适用于市区内一般道路的驾驶行为,模型的形式为

$$d = ax + bx$$

$$bx = (bx\_add + bx\_mult \times z)\sqrt{v} \tag{5-10}$$

式中,d 为停车时的平均车辆间距;bx_add 为安全距离附加部分;bx_mult 为安全距离倍数部分;z 为随机因子[0, 1],服从平均值 0.5、标准差 0.15 的正态分布;v 为车速(单位:m/s)。

2) "Wiedemann 99"模型

该模型适用于郊区或者高速公路的驾驶行为,模型的形式为:

$$dx\_safe = CC_0 + CC_1 \cdot v \tag{5-11}$$

式中,dx_safe 为平均安全距离;CC_0 为两停止车辆之间的平均期望间隔距离;CC_1 为后车驾驶员对于某一确定的速度而期望保持的车头时距(单位:s);v 为车速(单位:m/s)。

2. 换道模型

换道行为包括信息判断和操作执行,是驾驶员根据自身驾驶特征,针对周围车辆车速、间隙等周边环境信息刺激,调整并完成自身驾驶目标策略的综合过程。

目前最常用的是 Gipps(1986)年提出的换道模型。该计算主要以换道概率、换道加速度、可接受间隙等指标反映。换道根据需求和类型可分为强制换道与自由换道。

自由换道是指在遇到前方同一车道内速度较慢车辆时,换道车辆为了追求更快的车速、更自由的驾驶空间而发生的变换车道行为。常用的是 CORSIM 模型。CORSIM 模型综合了用于高速公路的 FRESIM 和用于城市道路的 NETSIM 两大模型。

1) FRESIM 换道模型

FRESIM 换道模型由动机、利益和紧急三个因素组成。紧急因素则指换道愿望的强

烈程度，驾驶员可接受的减速度与换道的紧急因素有关。可接受的减速度由下式得出：

$$d=\begin{cases}d_{\min}, \text{当} U<(1-0.05\times c) \\ d_{\min}+(d_{\max}-d_{\min})\dfrac{U+0.05\times c-1}{0.05\times c}, \text{当} U\geqslant(1-0.05\times c)\end{cases} \tag{5-12}$$

式中，$d_{\min}$ 为可接受的最小减速度；$d_{\max}$ 为可接受的最大减速度；c 为换道的反应延迟时间；U 为紧急因素。

紧急因素由以下公式决定：

$$U=DAF\times NLC\times(v_{\mathrm{F}}^{\mathrm{des}})^2\div[20(x-x_0)] \tag{5-13}$$

式中，$DAF=[1.0+DT-5.5)]/F_{\mathrm{DA}}$，$DT$ 为驾驶员的类型编号，$DT=1\sim10$；F_{DA} 为司机驾驶倾向性指标；NLC 为换道所需的次数；$v_{\mathrm{F}}^{\mathrm{des}}$ 为有换道意图车辆的期望速度；x 为车辆的当前位置；x_0 为换道的目标位置。

2）NETSIM 换道模型

NETSIM 换道模型包括强制性判断性换道模型和换道模型。判断性换道模型主要由换道动机和间隙检测两部分组成。

车辆在尝试换道时，不同驾驶员的不可忍受的车头间距值是不同的，具体值由下式决定：

$$DT>9\times\frac{\dfrac{s-2\times(v_{\mathrm{F}}-v_{\mathrm{L}})}{v_{\mathrm{F}}^{\mathrm{des}}}-h_{\min}}{h_{\max}-h_{\min}} \tag{5-14}$$

式中，DT 为驾驶员的类型编号，$DT=1\sim10$；s 为主车与当前车道前车的间距；v_{F} 为主车的实际速度；v_{L} 为目标车道前车的实际速度；$v_{\mathrm{F}}^{\mathrm{des}}$ 为有换道意图车的期望速度；$h_{\min}$ 为所有车都试图换道的最小车头时距；$h_{\max}$ 为没有一辆车试图换道的最大车头时距。

强制性换道模型是指车辆由于当前车道发生交通事故（图 5-7），或者遇到车道使用的限制，或者即将驶入驶出交织区段（匝道）而必须换道。常用的强制性换道模型为 Gipps 模型。

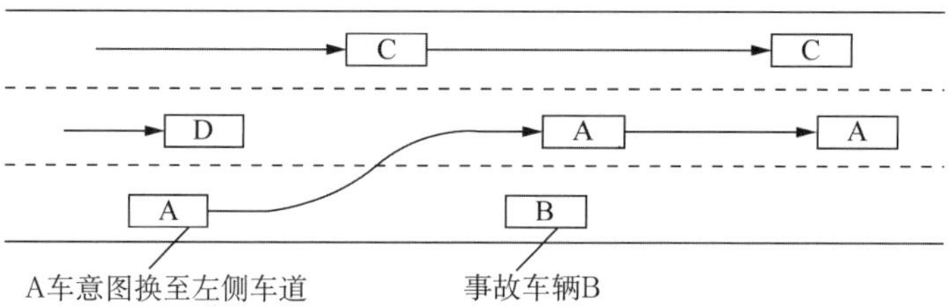

图 5-7　常见的强制换道情况

Gipps 模型认为车辆是否换道主要取决于以下 6 个因素：①换道是否安全；②障碍物的位置；③专用车道的出现；④驾驶员预定的转向运动；⑤重型车的出现；⑥当前车道和目标车道的相对速度优势。

换道是否安全可行由换道所需的减速度 $[v_n(t+T)-v_n(t)]/T$ 是否大于可接受的减速度（一般假定为 $-4\ \mathrm{m/s^2}$）。

$v_n(t)$ 为车辆 n 在 t 时刻的速度，而 $v_n(t+T)$ 由下式决定：

$$v_n(t+T)=b_nT+\{b_n^2T^2-b_n[2x_{n-1}(t)-2x_n(t)-2s_{n-1}-v_n(t)T-v_{N-1}^2/\lambda b]\}^{1/2} \tag{5-15}$$

式中，$v_n(t+T)$ 为车辆 n 在 $t+T$ 时刻的速度；b_n 为车辆 n 能接受的减速度；T 为速度和位移的计算步长；$x_n(t)$ 为车辆 n 在 t 时刻的位置；s_{n-1} 为车辆 $n-1$ 的有效长度；λb 为 b_{n-1} 的一个估计值。

依托平台的准通用 SaaS 服务平台，规划师选中需要分析的重点路段或者节点，并自定义选择需要输出的评价指标，平台能快速反馈输出运算结果，支持路段、节点层面的交通方案分析评估。

中观交通模型、微观交通模型技术与云计算技术结合的典型为实时在线仿真技术（图 5-8）。实时在线仿真技术按照基于物联网和云计算平台的架构，以动态交通估计与预测为核心技术，实现面向交通运行状态预测与评价、道路交通改造影响评估、信号控

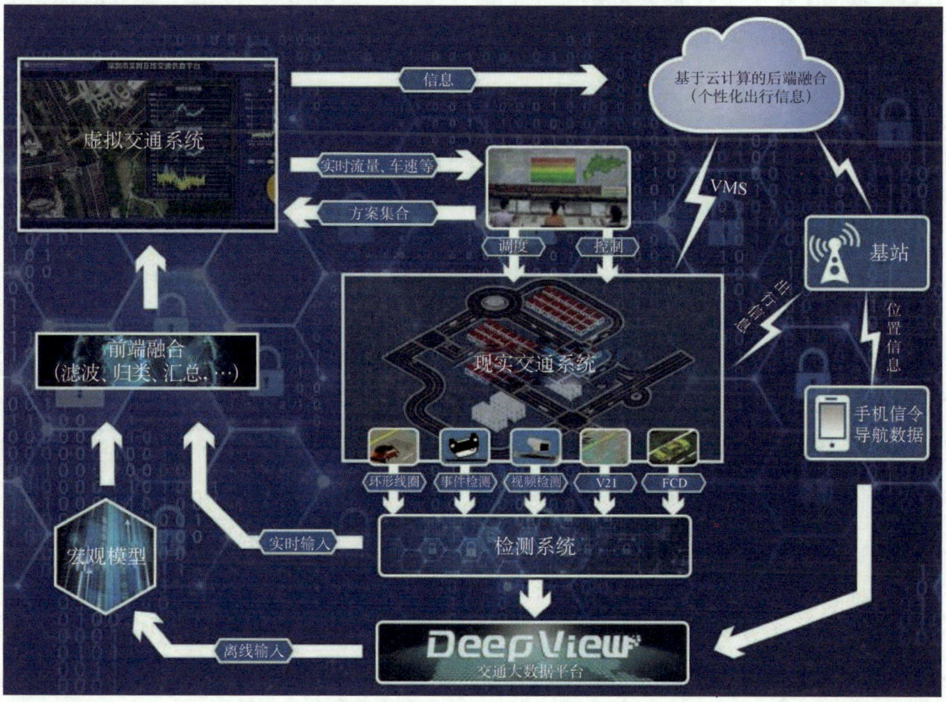

图 5-8　实时在线仿真算法平台

制方案评估、突发事件应急管理以及公交运行在线仿真的功能需求。实时在线仿真平台建立动态车辆 OD 估计、动态路径决策、动态流量加载到短时交通流预测的标准化模块，实时在线交通仿真技术通过标准化模块组合实现了从“源”到“流”的交通状态的再现和推演，使得在线仿真系统成为可试验的“交通实验室”，以实验的方式为实际交通系统运行的可能情况提供“借鉴”、“预估”和“引导”，从而为实际复杂交通系统管理运作提供高效、可靠、适用的科学决策和指导。实时在线仿真技术平台具体包括以下主要关键内容：

（1）标准化输入单元：构建面向动态交通仿真的仿真基础动态数据的标准化输入单元。

（2）精细化路网模型：构建车道级路网模型，支持精细化交通仿真。

（3）标准化模块：动态 OD 估计模型，动态路径决策模型，短时交通预测模型和中微观交通流仿真模型。

5.3.1.3 大数据处理算法

大数据算法与传统算法一样，指在给定的资源约束下，以数据为输入在给定时间约束内可以计算出给定问题结果的算法。与传统算法相同，大数据算法也是一个函数算法，既有输入也有输出。不同的是，大数据算法是有资源约束的，在进行大数据算法设计时需要考虑资源的约束问题，并且大数据算法的输入对象为大数据，不是传统小规模的数据。因此，大数据算法的其中一个特点就是数据量大，也就是大数据算法必须处理足够大的数据量。另一个特点是速度，一方面是指大数据的更新速度很快，相应的大数据算法也必须考虑更新算法的速度；另一方面是要求算法具有实时性，因此大数据算法要考虑到运算时间。在目前计算机领域里，大数据处理技术大部分基于 Hadoop 框架，因此大数据算法也一般指大数据框架下的算法。

随着交通行业发展，在各城市建设智慧交通的过程中，越来越多的视频监控、卡口电警、路况信息、管控信息、营运信息、GPS 定位信息等数据产生，每天产生的数据量可以达到 PB 级别，并且呈指数级增长。传统的存储方式和处理方式无法满足大量交通数据的空间和速度需求，传统的交通模型算法已经难以支撑大规模数据的计算处理，交通行业的大数据处理算法需求应运而生。提到大数据算法，人们往往想到的是在 Hadoop 生态下的 MapReduce 算法。实际上，MapReduce 仅仅是大数据算法的其中一种计算模式，除了 MapReduce，现在也有很多人喜欢用 Spark 进行大数据计算。大数据算法范围覆盖了数据全生命周期，除了分析与挖掘算法，还有数据获取、数据清洗、查询处理、指标计算、可视化分析等方面。此外，数据库中的算法也是大数据算法的重要组成部分，大多数进行的大数据算法研究都是在数据库和数据管理下进行的算法设计和开发，如使用 Spark 读取 HIVE 数据能大大提高数据读写和数据处理的性能。

对交通行业而言，大数据的技术能力和特点首先可以解决交通行业大规模数据存储的问题，通过分布式存储技术实现交通大数据的实时接入和存储。高效的大数据计算为交通大数据分析应用提供了快速的保障。基于大数据技术开发的智能分析算法，为交通管理、决策、规划和服务提供有效的支撑。大数据技术能够对各种类型的交通数

据进行有效的整合,挖掘数据关联关系,大数据技术为交通行业带来以下新变化:

(1) 帮助交通大数据体系建设:大数据具有信息集成优势和组合效率。大数据有助于建立综合性立体的交通信息体系,通过将不同范围、不同区域、不同领域的"数据仓库"加以综合,构建公共交通信息集成利用模式,发挥整体交通功能,发现数据新价值。

(2) 扩大交通监测预警的广度和深度:基于各种各样的交通基础设施和互联网感知,对交通实现实时监测,通过大数据技术对复杂天气、事故、各种突发事件等数据的实时分析,使得交通管理部门掌握更真实的交通状况,及时做出反应。

(3) 提高交通预测的准确性:大数据的快速性和可预测性能够提升交通预测的水平。在对各个部门的数据进行准确提炼和构建合适的交通预测模型后,可以有效模拟交通未来运行状态,为用户提供更精准的实时交通服务。

交通行业中常见的交通大数据类型包括手机信令数据、车辆 GPS 数据、公共交通数据、视频车辆数据和共享单车数据,各类型数据特点和常用的大数据处理算法模型如下。

1. 手机信令数据

手机信令数据是由手机运营商基站产生的用户定位数据,记录了用户在城市内或多个城市之间的运动轨迹,通过大数据处理算法可用于识别用户的出行链和职住特征,主要包括以下五方面的标准化大数据算法模型技术:

(1) 人口类型识别模型:城市人口类型一般划分为常住人口和流动人口,人口类型识别模型根据在一个月或两周内,在城市中用户被识别到的天数和每天被识别到的时间,满足一定的标准则划分为常住人口和流动人口。人口类型划分标准根据研究城市有不同的准则,深圳市目前使用较多的常住人口标准是:用户被识别的累计时长超过 10 小时且居住天数超过 23 天的人口。

(2) 居住地识别模型:居住地识别模型包括常住人口居住地识别和流动人口居住地识别。居住地识别模型先进行人口类型的识别,然后再判断用户的居住地,主要是根据长期监测晚上作息时间段内用户的停留点来判别用户的居住地分布。

(3) 岗位识别模型:岗位识别模型是识别城市常住人口的工作地分布,主要是根据长期监测白天工作时间段内用户的停留点来判别城市的岗位分布。

(4) 出行识别模型:出行识别模型通过识别用户停留点来切分用户的出行 OD 轨迹。普遍认为用户如果在某基站覆盖的区域内停留时间大于 30 分钟则判定为用户产生停留点,并根据用户出行时间和 OD 点与居住地、工作地的距离进一步判断通勤出行和非通勤出行[37-38]。

(5) 职住关联识别模型;职住关联是指用户的居住地与工作地之间的空间关联关系,职住关联识别模型基于出行识别模型的通勤出行结果来识别区域与区域之间常住人口工作联系强度,获得城市职住分布情况[39]。

手机信令数据处理算法是识别城市通勤特征和居民活动特征的重要手段之一,弥补了传统交通调查范围小、采样不均匀的缺点。但是由于手机用户分布在多个运营商之间，手机信令数据也难以覆盖全市域、全人口的信令数据，因此手机信令数据的使用需要进一步对识别数据结果进行扩样和调整，才能达到使用的标准。

2. 车辆 GPS 数据

车辆 GPS 数据是指重点监管车辆产生的定位数据，一般重点监管车辆包括出租车、两客一危、泥头车和货车等受城市交通运输管理部门监管的车辆，通过分布式大数据处理算法可识别车辆的运动轨迹[40]，基于标准化车辆 GPS 数据设计，主要包括以下四方面的标准化大数据算法模型技术：

(1) 车辆停留点识别模型：停留点通常是车辆在较小空间区域内停留了较长时间的轨迹点集合。车辆停留点识别模型通过车辆运行状态和停留时长特征来识别车辆的停留轨迹点集合，并将多个轨迹点聚合成停留点。

(2) 车辆 OD 识别模型：车辆 OD 识别模型基于车辆停留点的识别结果，识别两个停留点间 OD 点(起讫点)及 OD 之间的轨迹点集合，获得车辆的 OD 分布。

(3) 车辆轨迹识别模型：车辆轨迹识别模型基于车辆 OD 识别结果，结合分布式地图匹配技术框架，识别出车辆 OD 轨迹点对应的城市道路行驶轨迹。

(4) 重点车辆预警模型：重点车辆预警模型通过分布式技术框架实现车辆的实时动态预警和综合事件预警，包括不按线路行驶、超速、疲劳驾驶、车辆聚集等异常驾驶行为识别。

车辆 GPS 数据处理算法通过分布式地图匹配技术和出行识别模型获得不同类型车辆在城市的运行特征和分布特征，是获取城市路网运行速度和实时拥堵状态的重要数据支撑源。重点车辆预警模型通过大数据技术框架实现对大规模实时 GPS 数据的处理和计算，弥补了传统技术框架实时计算能力不足的缺点，为重点车辆实时监管提供保障。

3. 公共交通数据

公共交通数据是指公交车 GPS 数据以及乘客乘坐使用公共交通(常规公交车、地铁、有轨电车等)时产生的上车刷卡数据、地铁上下车数据等。公共交通数据处理基于标准化公共交通数据设计，主要包括以下三方面的标准化大数据算法模型技术：

(1) 公交车辆到站匹配模型：结合公交线路轨迹、线路站点等基本信息，根据公交车 GPS 数据进行车辆行驶位置定位，匹配车辆对应线路中各站点的车辆到站时间，用于公交站间运行时间和公交线路运行速度分析。

(2) 乘客上车站点匹配模型：上车站点匹配模型结合车辆到站匹配结果，匹配离刷卡记录的交易时间最近的车辆进站记录，从而匹配刷卡记录对应的乘客上车站点，获取城市公共交通出行特征。

(3) 乘客出行链识别模型：出行链识别算法根据刷卡数据的上车站点匹配结果，推断乘客下车点，结合乘客上下车站点记录，提取乘客 OD 出行链及子出行链，获取城市公共交通乘客出行分布和换乘特征。

公共交通数据处理算法通过分布式到站匹配模型和出行链识别模型有效获取城市公共交通的线路运行状态和乘客出行特征数据，是分析城市公共交通出行最可靠的数据。由于需要对公交GPS数据和刷卡数据进行逐一匹配，传统的单机计算框架需要较大的计算时长，大数据计算框架可以有效提高匹配速度。

4. 视频车辆数据

电警卡口车辆数据是指由电子警察或卡口等高清视频设备拍摄的图片并通过人工智能技术识别的车辆个体数据，通过匹配视频设备位置与道路即可获取车辆的位置信息。由于视频设备分布在城市路网的关键出入口和主要干道，通常是车流量聚集的位置，电警卡口的日数据量庞大，因此需要大数据框架下的算法进行处理。电警卡口个体数据处理需要标准化的出行链识别模型，基于标准化个体车辆数据，通过识别个体车辆的起讫点和途径卡口位置，获取车辆的路网行驶轨迹。电警卡口车辆数据为交通规划分析提供充足的小汽车出行数据，获取小汽车出行分布，从而进行交叉口流量分析和溯源分析。

5. 共享单车数据

共享单车数据是指使用共享单车前和后产生单车开关锁数据，基于标准化共享单车出行链识别模型，利用共享单车的开关锁数据获取共享单车的OD分布情况，但是无法获取精确的个体出行轨迹数据。目前较多的做法是根据个体起讫点位置，匹配到行人路网并通过分布式的最短路算法获取个体出行轨迹数据。

5.3.1.4 人工智能算法

人工智能(Artificial Intelligence, AI)的定义是根据对环境的感知做出合理的行为并获得最大收益的程序，从而实现原本只能人类智能才能完成的复杂任务，包括创造、感知和认知。人工智能的主要关键技术包括机器学习、推荐引擎、自然语言处理、机器视觉等。

人工智能算法与传统算法的区别在于：传统的算法输入数据与规则，产生结果；人工智能的算法输入数据与结果，产生规则。传统算法需要算法设计者的专业知识与经验；而人工智能需要大量的数据和计算机，在算法工程师的帮助下输入规则。人工智能并不能完全取代传统算法，但是已经逐渐成为了传统算法的有利补充。由于交通环境日益复杂，即使是经验丰富的交通规划技术人员也不能保证设计的传统算法可以综合全面地考虑所有因素。

未来智慧交通伴随着交通状态越来越复杂、可采集要素越来越多源、涉及的理论愈加抽象而发展。人工智能的技术将成为解决这些难题的有力工具。随着硬件算力的不断提升、人工智能不同类型的算法不断出现，靠算力、大量数据可以找寻智慧交通发展中主要矛盾、各种复杂因素中的主因。

伴随着交通行业的发展，在建设智慧城市的过程中，AI技术将扮演越来越重要的角色。AI算法具体可分为很多方向，在智能交通领域与交通模型算法有较大影响的技术有以下几类。

1. 机器学习

机器学习在业界内被认为是最可以体现智能化的一个部分。机器学习算法通过构建样本数据的数学模型，在没有明确的编程任务的情况下进行预测或者决策。根据样本数据(训练数据)是否拥有标记信息,机器学习任务大致可分为有监督学习、无监督学习、半监督学习和强化学习四大类别。机器学习算法主要包括分类算法、回归算法、聚类算法等,这些算法的应用十分广泛,不仅仅在计算机科学中的诸多领域中占有独特的地位,如图像处理、数据挖掘、自然语言处理等,还为智能交通的发展提供了强大的支持。

短时交通流量预测一直是智能交通研究领域的热点内容,目前已经取得了丰富的研究成果。其预测方法可分为数学统计方法、机器学习方法、组合预测方法三大类。基于数学统计的模型包括时间序列模型、卡尔曼滤波模型、参数回归模型和指数平滑模型等,在理论及实践上已颇为成熟。机器学习方法对数据特征的关联特性进行学习,通过模型参数的不断调优,来对交通状态的变化趋势进行预测。基于组合模型的预测方法则融合了两种或两种以上不同类型的预测模型的优点,通过加权来淡化原模型自身的不足,最终实现提高预测精度的目的。

在机器学习的范围内,有着更为细致且重要的一部分——深度学习。深度学习相对机器学习来说,它除了可以学习特征和任务之间的关联以外,还能自动从简单的特征中提取更加复杂的特征。深度学习可以更有效地进行特征提取进而处理一些更为复杂的问题,在网络加深的过程中,通过对底层提取的浅特征重新提取整合,从而自动生成复杂的深层特征,并利用这些组合特征解决问题。

深度学习是一种以人工神经网络为架构、对数据进行表征学习的算法。通过具有海量节点和层次的神经网络使用大规模未标记数据进行大量计算,每个节点在该过程中不断更新参数,直至满足学习要求。随着深度学习和人工智能技术的蓬勃发展,许多深度学习框架得以引入。深度学习框架的创建目标是在 GPU 上高效运行深度学习系统。主流的深度学习框架有 Caffe 和 TensorFlow。

Caffe 是一个被广泛使用的开源深度学习框架,由伯克利视觉学中心研发,其程序运行稳定,代码质量高,可在各种硬件环境下编译并具有良好的移植性,使用模块化组件,可以方便应用在不同的模型训练和学习任务中,因而被称为第一个主流的工业级深度学习框架。在计算机视觉领域,Caffe 在人脸识别、图片分类、位置检测、目标追踪等计算机任务上有广泛应用。

TensorFlow 最初是由 Google 研究人员和工程师开发,由较低级别的符号计算库与较高级别的网络规范库组合而成,可用于高性能数值计算。对基于图形的计算处理速度较快,支持分布式计算,易用,移植性好;借助其灵活的架构,用户可以通过其 GPU 支持的架构轻松地将计算工作部署到多种平台和设备。但是由于计算图基于 Python,因此速度较慢。总体而言,TensorFlow 使用前景广阔。

机器学习及深度学习方法在智能交通领域的研究中占有重要地位,其在交通流量预测的应用上表现出良好的适应性和性能预期,正逐步成为该方向研究方法的主流。

2. 人工神经网络

神经网络(Neural Network, NN),是一种模仿生物神经网络的结构和功能的数学模型或计算模型。神经网络由大量的人工神经元联结进行计算。大多数情况下人工神经网络能在外界信息的基础上改变内部结构,是一种自适应系统。现代神经网络是一种非线性统计性数据建模工具,常用来对输入和输出间复杂的关系进行建模,或用来探索数据的模式。

城市交通规划的核心问题是流量预测,而流量预测的基础则是出行预测。出行预测是指在一定条件下,对各交通小区可能产生的总出行需求进行预测。它是城市交通规划中的重要环节,可靠的出行预测不仅能为相关部门构建有效的调度系统提供参考,同时也能为城市居民提供有效的出行路径选择信息。针对居民出行预测任务,可以使用长短时记忆循环神经网络(Long Short-Term Memory Neural Network,LSTM)出行行为预测方法。

长短时记忆循环神经网络是循环神经网络中模型效果最好、应用最为广泛的一种循环神经网络。由于其特殊的内部构造使得其能有效避免普通循环神经网络中所出现的"梯度消失"问题,进而解决长时间间隔序列处理问题。如图 5-9 所示为普通循环神经网络的神经单元构造。可以看到,其内部只有一个较为简单的数据处理单元,各神经元的隐藏变量同时也是该神经单元的输出结果。图 5-10 则表示长短时记忆神经网络中的神经单元构造,直观上可以看到其内部构造结构就相对复杂很多。具体来说,其内部结构包含有三个"门结构"(Gate),用来决定从上一个神经元传递过来的信息中哪些信息可以保留,哪些信息可以删除,之后再将经过处理的信息传递至下一个神经单元。可以说,正是这样精心设计的"门结构"使得长短时记忆神经网络能够在长时间间隔序列数据处理方面克服"梯度消失"问题,从而取得相对普通的循环神经网络更加优良的效果。

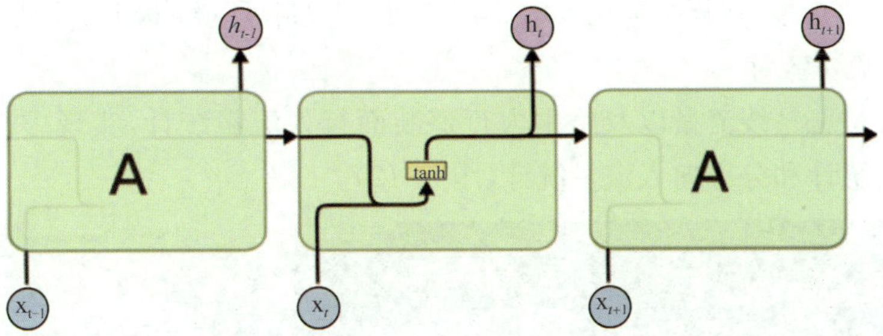

图 5-9　普通循环神经网络神经单元结构

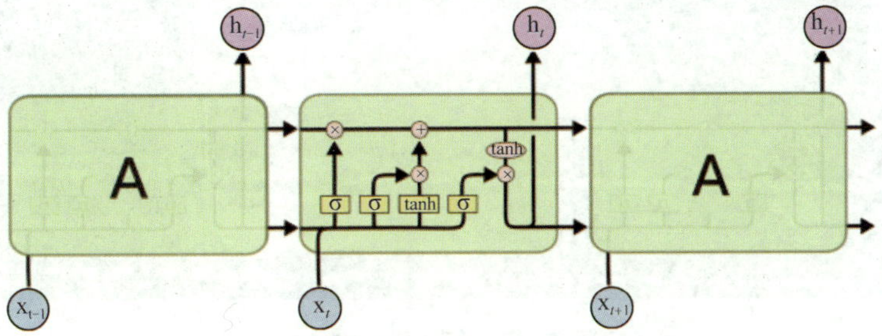

图 5-10　长短时记忆神经网络神经单元结构

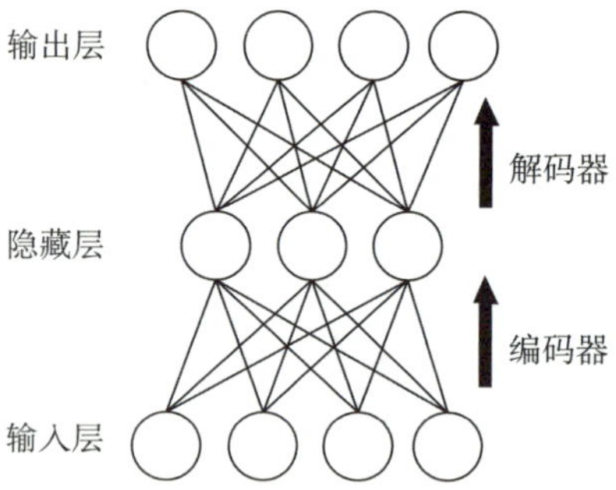

图 5-11　自编码神经网络模型结构

自解码神经网络模型是神经网络模型中用于无监督学习的一类模型。在自编码神经网络模型的训练过程中,使用的训练数据只包含有样本特征数据,而没有对应的样本标签数据,即使用无标签数据的样本进行训练。另外,在自解码神经网络中,其输入层的神经元数目和输出层的神经元数目相等,隐藏层的神经元数目小于输入输出层的数目。模型的学习目的就是把样本的特征同样看作是其标签,进而不断地学习使得模型的输入数据和输出数据不断接近,而此时隐藏层的输出结果就可以视作相对原始样本特征数据的更加有紧凑的样本特征。由于隐藏层神经元数目较少,此时隐藏层神经元的输出有可以看作是原始特征的"压缩"表示。如图 5-11 所示为一个三层的自编码神网络,其输入层和输出层神经元数目相等,而隐藏层数目较少。

3. 计算机视觉

计算机视觉是指用计算机来模拟人的视觉机理获取和处理信息的能力。用摄影机和电脑代替人眼对目标进行识别、跟踪和测量等机器视觉,并进一步做图形处理,用电脑处理成为更适合人眼观察或传送给仪器检测的图像。计算机视觉在交通领域主要有如下几个方面的应用:第一,感知,即车辆、行人、道路等物体的检测;第二,车辆、人及其他交通要素的身份识别与比对;第三,交通要素行为的分析。

在智慧交通建设中,以城市智慧灯杆、智慧站台全覆盖高清摄像头为核心,叠加视频 AI 功能,实现"跨视域"视频结构化技术,实现对人、车、路、环境、事件等全要素的识别。

(1) 行人流量统计

检测交叉口斑马线流量以及路中人行道断面行人流量统计,实现虚拟检测区域实时行人数量的统计和分方向人流量统计(图 5-12)。

图 5-12　行人流量统计

(2) 车流量统计

针对多车道进行分车道断面汽车流量统计，对区域汽车流量统计，支撑公交运营、关键断面及区域的分车型、分方向等流量分析(图 5-13)。

图 5-13 车流量统计

(3) 骑行者和行人分类识别

对骑行者和行人进行分类识别，对行人、骑行者、摩托车、电动自行车等模块的分类识别(图 5-14)。

图 5-14 骑行者和行人分类识别

① 行人结构化属性识别

行人属性识别模型。统计年龄、是否骑行、打伞等特征，支撑过街设施建设、信号配时、自行车道设置、交通环境品质提升等功能。同时，通过年龄、衣着等特征进行时空搜索，实现交通监测、安防功能(图 5-15)。

图 5-15　行人结构化属性识别

② 行人重识别

行人重识别(Person Re-identification，ReID)是利用计算机视觉技术判断图像或者视频序列中是否存在特定行人的技术。广泛被认为是一个图像检索的子问题。给定一个监控行人图像，检索跨设备下的该行人图像。

ReID 对行人的整体特征结构化，通过对比识别不同摄像头下的同一个行人，并构建其轨迹。在监控视频中，由于相机分辨率和拍摄角度的缘故，通常无法得到质量非常高的人脸图片。当人脸识别失效的情况下，ReID 就成为了一个非常重要的替代品技术(图 5-16)。

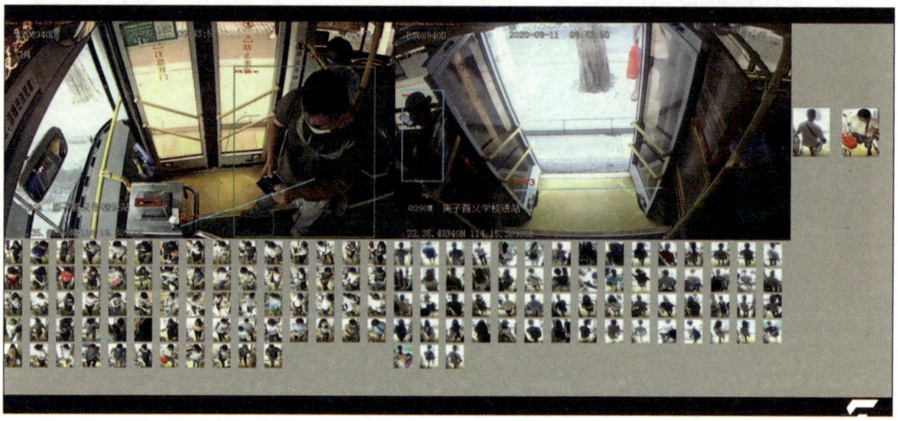

图 5-16　行人属性识别

③ 交通事件识别

通过对重点区域进行实时监测,识别交通拥堵、交通事故、可识别行人、非机动车非法进入机动车道等交通事件;同时判断车辆是否发生异常停车,检测是否发生交通事故,非公交车辆占用公交专用道行驶,车辆异常聚集等道路异常事件,如图 5-17—图 5-19 所示。

图 5-17　交通拥堵事件

图 5-18　行人违法进入机动车道

5.3.2　复杂出行联合建模领域

城市交通发展迈入复杂巨系统阶段,综合交通管理决策面临重大挑战,迫切需要建立宏、中、微观多层次、一体化的建模体系,从传统的四阶段、离线仿真迈向出行/活动

图 5-19 道路破损检测

链、超大规模精细化仿真、自动驾驶/车联网仿真，构建融合人、车、路、环境于一体的超级模型体系。

5.3.2.1 精细分类的亿级个体实体出行建模技术

基于活动链的模型以个体全天的出行计划为基础输入，能更加密切地描述个体的活动及出行链，预测居民出行的时间规律和中途驻停等情况，在一定程度上能够克服四阶段法所存在的问题。出行链描述了一个人一天的所有出行在时间上和空间上的发生顺序，其目的地、交通方式选择有相互关联性，相比传统基于小区的集体模型，出行链模型把个人孤立的出行联系起来，更为精确地描述实际情况。

如图 5-20 所示，典型的基于活动的模型由三个部分组成，第一部分是模拟人的日常出行的基于活动的出行仿真(Activity-Based Micro-simulation)，它是需求模型的一部分，但是这部分需求模型只计算城市居民的交通需求，其他的交通需求(货运、过境交通等)不包括在内；第二部分是基于传统建模方法的非基于活动的模型(Non Activity-Based Model)，它也是需求模型，与第一部分合并得到城市的总体交通需求；第三部分是供给模型(交通分配)，将第一部分和第二部分的总体交通需求分配到路网上。

基于活动的模型与四阶段模型最根本的区别在于，计算居民的交通需求时，基于活动的出行仿真代替了四阶段法中的交通生成—交通分布—方式划分三个阶段，直接生成出行链(从家或某固定起点出发，经历多个活动点后，回到家或起点的整个出行)、各次出行(两个活动地点间的一次出行)以及相应的时间、方式等信息。

基于活动的模型创新点在于，使用基于活动的出行仿真模拟居民一天的出行行为，生成非集计的居民出行的出行链结果文件，然后对出行链结果进行集计计算，生成居民出行的 OD 表，代替传统的集计方法直接生成居民出行 OD 表，提高了模型各方面的精度和准确性，使基于活动的模型能够实现更多功能。

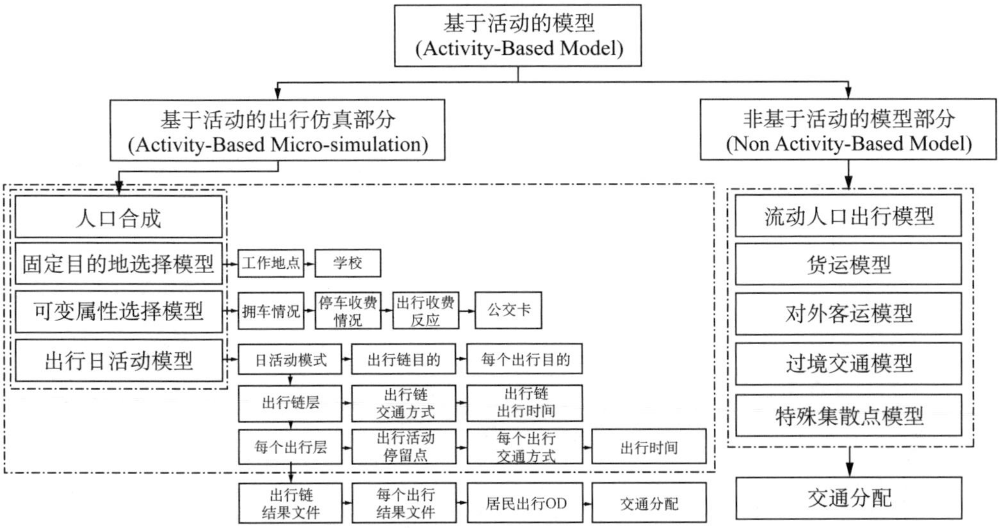

图 5-20　基于活动的模型框架结构

基于活动的出行仿真主要包括固定地点选择模型(Long-term Choice Model)、可变属性选择模型(Mobility Choice Model)和出行日活动模型(Travel Day Model)等不同于传统四阶段模型的部分,最后生成出行链结果文件和每个出行结果文件,如图 5-21 所示。

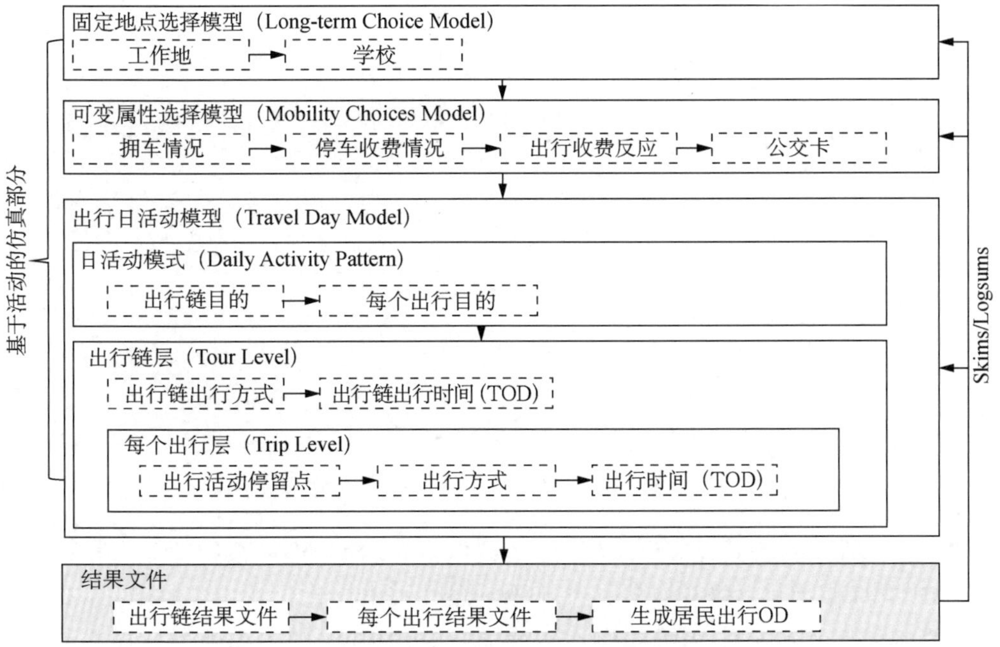

图 5-21　基于活动的出行仿真框架

5.3.2.2 大规模、动态化在线的中观仿真技术

在多层次、一体化交通模型体系中，中观交通模型是在宏观模型的基础上，对重点研究的片区或道路进行精细化建模，为规划设计单位提供更加精细和多样的交通分析，综合评估不同规划设计方案孰优孰劣，提高规划建设管理水平。

以宏观交通模型为上层基础，提出基于融合静态规划分析和动态车流仿真于一体的中观模型架构，建立模型的技术标准体系，指导后期模型建设。如图 5-22 所示，片区中观交通模型的技术体系由五部分组成：

(1) 数据采集方法：包括采集中观模型所需数据及确定格式要求。

(2) 模型分区方法：不同分区的中观模型交通小区划分。

(3) 路网模拟系统：包括路段、交叉口、公交、控制、组织等。

(4) 需求预测系统：包括分时段、车型的对内和对外的车流 OD，规划年小区用地及出行需求 OD 等。

(5) 车流模拟系统：包括动态、静态交通分配，动态车流仿真以及相应的参数标定。

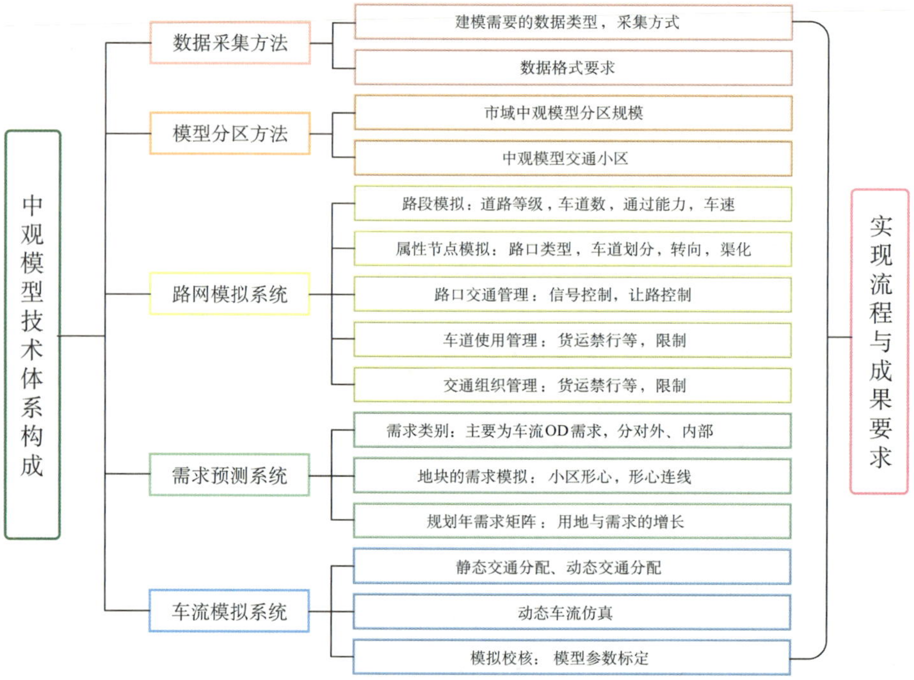

图 5-22 中观交通模型建设技术标准体系

中观模型建模流程共计五个步骤，包括数据准备、初步模型系统建立、模型校核与反馈、中观交通模型建立以及模型应用，具体如图 5-23 所示。

在中观模型的基础上，根据实时在线推演计算的需求，研发实时在线仿真平台，包含八个关键技术模块：第一模块主要研究基于多源数据的初始 OD 分析；第二模块主要

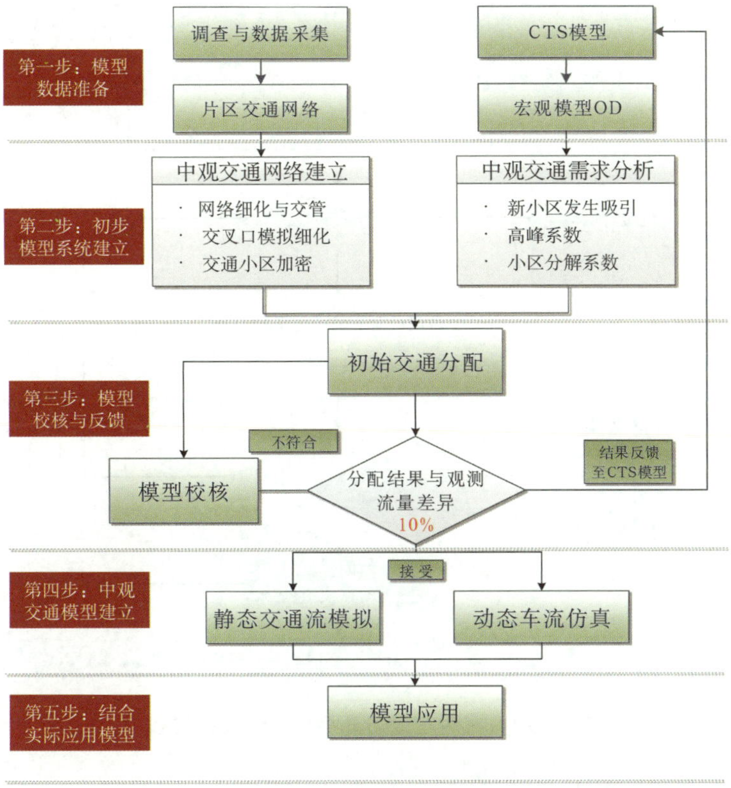

图 5-23　中观模型流程图

研究交通流密速关系标定及检测点布设方法;第三模块主要研究动态 OD 估计方法;第四模块主要研究动态路径决策;第五模块研究中微观交通流仿真模型;第六模块主要研究信号控制方案;第七模块主要研究公交模型及对路网的影响;第八模块主要研究实时在线仿真及短时预测方法。具体技术路线图如图 5-24 所示。

超大规模路网下的实时在线仿真需要重点考虑仿真的高效性与精确性,一方面,运用分布式存储和并行计算的策略,采用分布式协作化的云计算技术进行中观仿真(图 5-25、图 5-26);另一方面通过“整体中观、局部微观”的思路实现对重要路段/节点的精细化评估分析,保证中观仿真模型的高效和精度。

1. 并行分布式计算框架

在超大规模仿真并行计算层面,动态读取中观仿真所需的基础数据和交通需求数据,根据交通仿真区域划分,分配给不同的仿真智能体/节点,建立基于路段—节点能力转移的中观仿真模型。在中观模型中,遵循路段车队加载、车队在路段仿真、路段—节点的车队能力转移、路段车队加载的循环迭代过程。不同的仿真智能体/节点只仿真本区域的车队/车辆,不同区域之间的数据交换则通过路段的车队加载及路段—节点的能力转移进行。

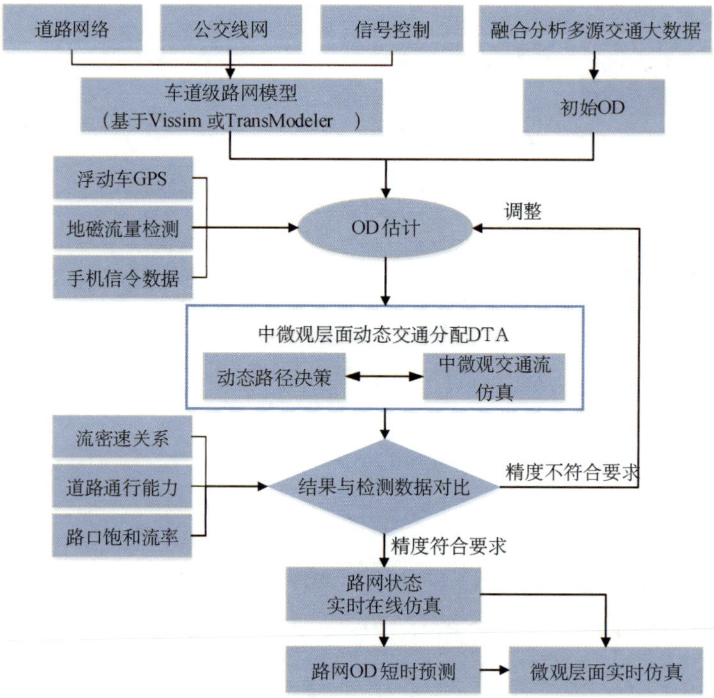

图 5-24 实时在线仿真平台总体技术路线

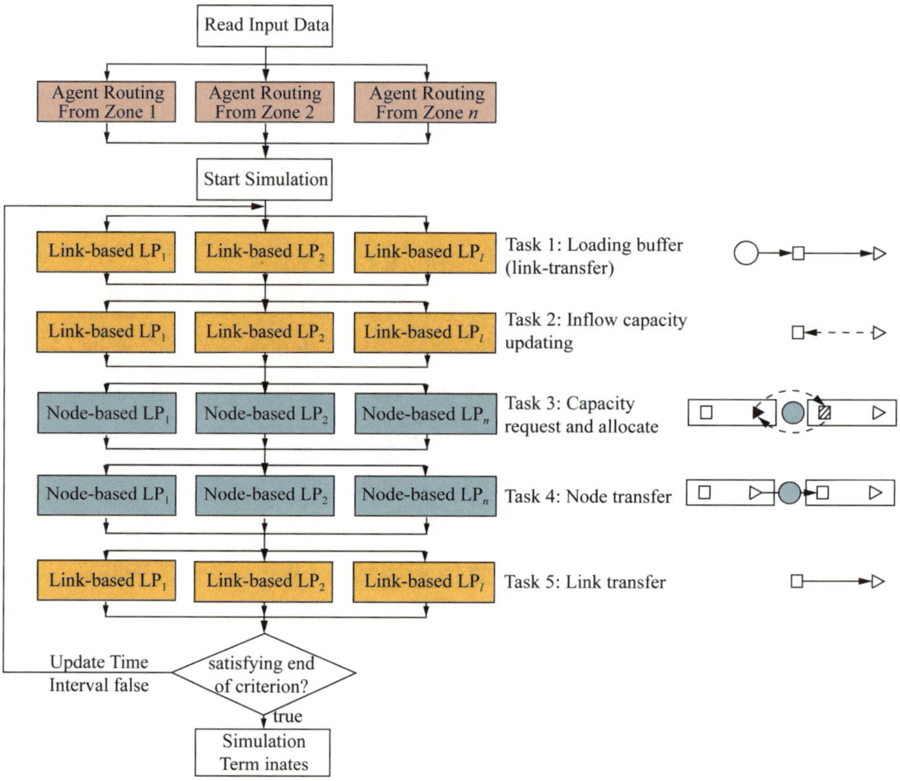

图 5-25 大规模中观仿真并行计算框架

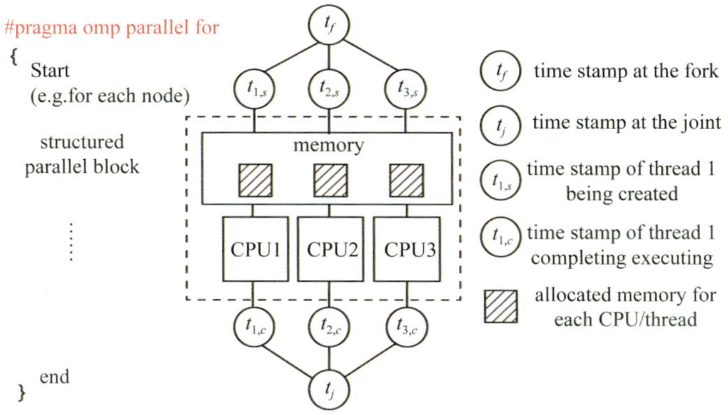

图 5-26　多线程的并行计算机制

除采用并行计算的框架外，研发更为高效的动态分配迭代计算方法，根据时变路网交通状况为遵循不同动态路径选择准则的出行者分配出行路径。与传统宏观四阶段模型中的路径选择相比，动态路径选择算法的区别在于出行成本具有时变性，并且出行成本中的行程时间对于遵循不同动态路径选择准则的出行者具有差异(图 5-27)。

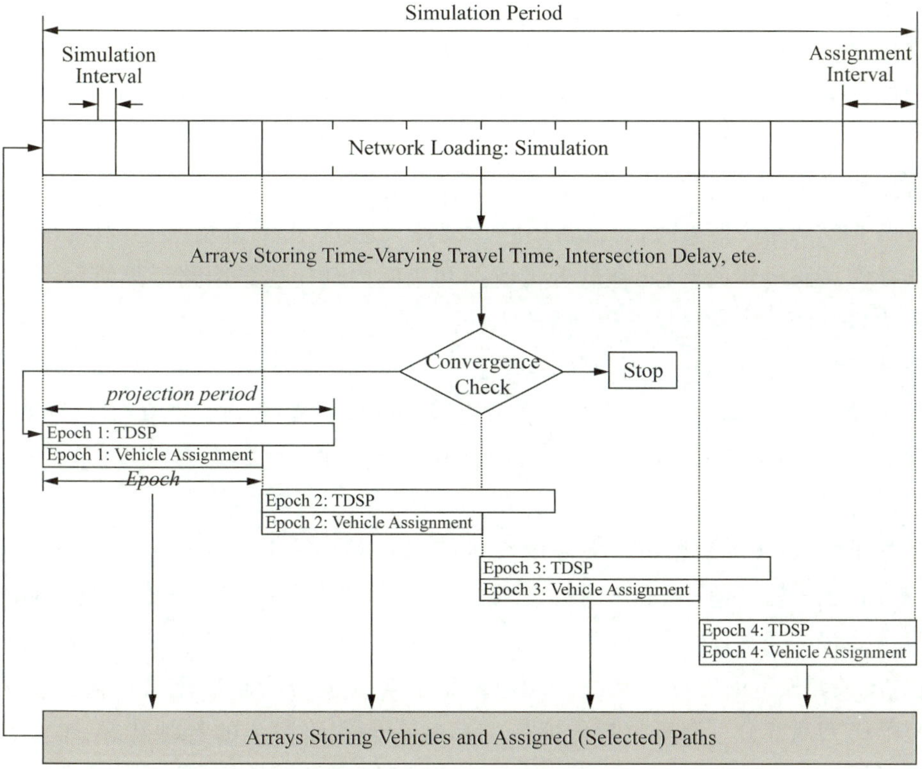

图 5-27　优化 DTA 计算框架

如图 5-28 所示，构建基于驾驶员自学习动态多路径决策模型算法，有别于传统最短路径搜索或者动态路径搜索，根据现实中驾驶员路径选择的自学习特征，提出基于真实路径集的动态更新，进行路径集的合理延展和分配，从而有效地提升路径选择的准确性。

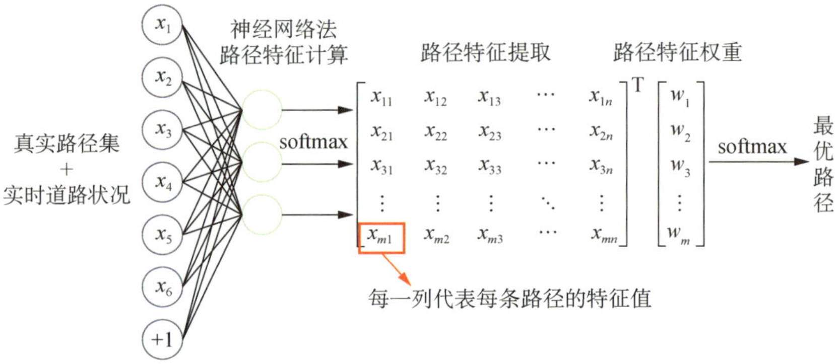

图 5-28　动态多路径决策模型算法

真实路径集，是指客观存在的驾驶员路径选择集合，包括常用路径集和备用路径集。

常用路径集：利用三个月的出租车 GPS 数据抽取出每个 OD 对的路径集，途径交通小区同样作为有效数据，出租车在小区内部的起点到小区形心的路径通过最短路径搜索得到。

备用路径集：根据用户均衡模型搜索出每个 OD 对中前 20 条最短路径集。

在做 OD 对路径搜索时，降低常用路径集在大通道（次干道及以上）阻抗，引导在大通道选择常用路径集的路径，在低等级道路和小区内部使用备用路径集路径；基于神经网络算法，融合实时路况，最终得到最优路径。

2. 基于 Link 和 Lane 的中观仿真技术

为兼顾超大规模的中观仿真模型的精度和效率，研究基于车队单元的中观交通仿真技术，并细分为基于 Link 和基于 Lane 的中观交通仿真，实现“整体中观、局部微观”的动态耦合。

在基于 Link 中观交通仿真中采用点排队与空间排队交通流模型来进行动态网络加载，利用“流—密—速”关系来刻画车辆的状态，不考虑车辆变道行为。动态网络加载模型根据动态路径选择结果，将动态 OD 不断加载到路网中，并模拟车辆在路网中的行驶过程，反映路段的时变交通状况。动态网络加载模型分为路段流量传播模型与节点流量分配模型两部分。路段流量传播模型反映车辆在路段上的行驶状况；节点流量分配模型根据节点上游路段的交通需求与下游路段的交通供给，计算上游路段的可驶出流量以及在下游路段的分配结果。

为了捕捉拥堵流条件下的排队形成、回溢和消散，计划采用简化交通流模型（排队模型,如点排队模型、空间排队模型,如图 5-29—图 5-31 所示)追踪排队的前向/后向传播。排队模型的驶入通行能力受路段存放通行能力约束,驶出通行能力受下一路段的存放能力、饱和流率、绿信比约束。

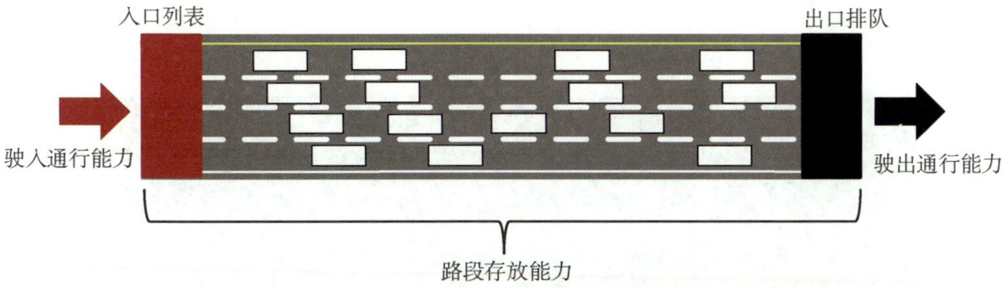

图 5-29 排队模型

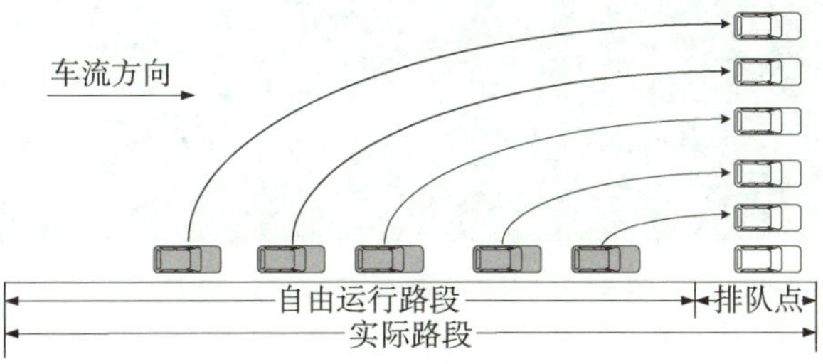

图 5-30 点排队模型

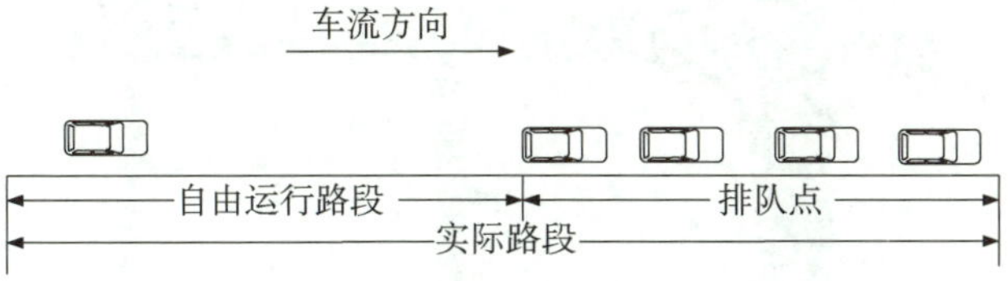

图 5-31 空间排队模型

基于 Lane 的中观仿真模型仿真以车道作为仿真单元,车辆驾驶行为精细到车道级别的变道和跟驰行为,并考虑交通(信号)控制方案的精确影响,体现流量—密度—速度的函数关系特征,提升仿真结果的准确性和仿真过程的稳定性。

跟驰模型:基于 Link 中观交通仿真利用“流—密—速”关系来刻画车辆的状态,根据前方视线范围内该车道交通状态,决定每辆车的仿真速度,同时模拟车辆的排队行为、信号控制和启停加减速行为。

换道模型:限定在信号交叉口和展宽段变换车道,此处仅展示信号相位状态不展示车辆仿真。根据车辆 Link 的路径集 Path,识别接下来车辆要进入的 Link 对应车道,提前进入转向车道。

3. 整体中观、局部微观的混合仿真

在超大规模的中观仿真环境下(图 5-32),结合大片区不同区域、路段及节点的精细化评估分析要求,建立"整体中观、局部微观"的混合仿真机制(图 5-33)。对重要的片区、路段及节点采用微观仿真的粒度,其余片区采用中观仿真的粒度,通过中观与微观交通仿真的叠加,兼顾超大规模仿真的精度和效率。

图 5-32 车道级中观仿真示意图

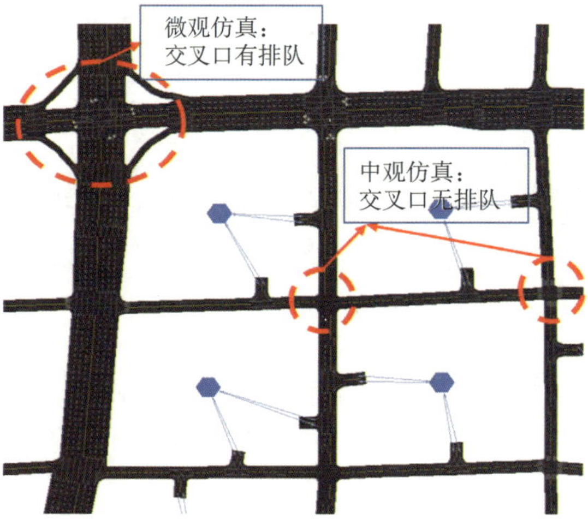

图 5-33 中、微观结合混合交通仿真

通过采用差异化的仿真粒度设置,针对重要片区采用微观精细化仿真,其他区域采用中宏观仿真,可以有效减少模型运算需求和硬件压力,提升仿真的流畅度;在中观层面,以若干辆车构成的队列为单元对交通流进行描述,描述队列在节点的流入流出行为,以简单近似的方式描述车辆的变道行为;在微观层面,以单个车路为基本单元对交通流进行描述,车辆的跟车、超车及换道等微观行为均能反映。

5.3.2.3　精细化微观仿真,实现逼真三维仿真模拟技术

微观交通仿真模型的准确性、可靠性及仿真软件使用的规范化对仿真结果的准确性至关重要,构建高可信度的微观交通仿真模型主要包含以下三个流程(图 5-34):

(1) 基础资料收集。首先明确研究范围和研究目的,根据建模需要进行基础资料的收集和处理。

(2) 构建基础模型。

① 基础路网构建。根据设计方案以及相关规范标准构建基础路网模型。

② 模型参数标定。通过现状路网交通运行特征分析、驾驶行为特征分析等技术手段,为微观仿真模型提供详实准确的数据参数输入。

③ 动态交通分配。通过多次迭代评估更新仿真模型的路径文件、费用文件,直到达到收敛条件,车辆运行路径最优。

(3) 模型校核。这是确保仿真有效性、可靠性的关键。根据实测数据,校验微观仿真模型的初步运行结果,根据实测数据,对仿真模型参数进行调整,使模型尽可能精确反映仿真对象的交通运行特征,保证最后构建的微观仿真模型是合理可信的。

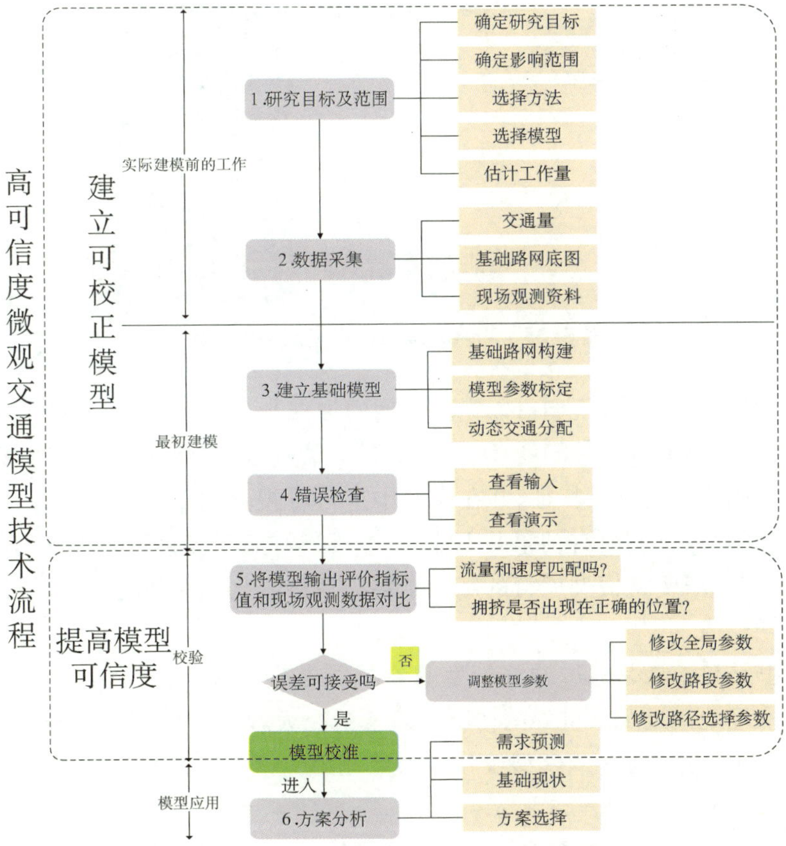

图 5-34　高可信度微观仿真模型技术流程

仿真模型参数对仿真模型的运行结果误差有较大的影响，通过全面精细的本地化参数标定能够显著降低仿真模型评估结果误差，最大程度还原实际的交通运行状况。而现阶段交通流数据的分析主要面向道路断面流量、路段运行速度检测等目的开展，虽然能满足大部分智能交通系统应用的需要，但流量、速度等指标的应用大部分支撑宏观层面的交通流分析，缺乏对交通流细节的分析，不足以支撑仿真模型精细化标定需求。随着大数据在交通领域的不断发展，交通数据的种类越来越多，数据量也越来越大，如何充分挖掘数据的价值、深度分析交通流特征对切实支撑后续仿真模型的构建与评估工作具有重要意义。

按照模型参数标定的内容及影响类型不同，可以将微观仿真模型的参数分为道路属性参数、车辆特征参数、驾驶行为参数及交通需求参数四大类（图 5-35）。

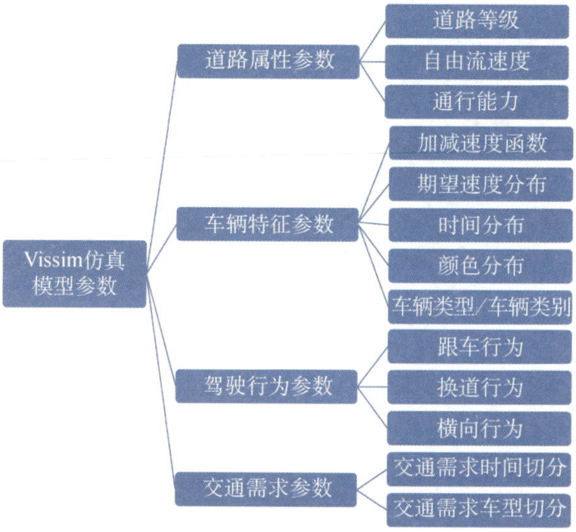

图 5-35　Vissim 微观仿真模型参数标定

在仿真参数设置完毕，模型可以完成车辆的加载与运行，但并不意味着仿真模型的建立已经结束，还剩下一个关键的环节，即仿真结果校核。微观仿真模型是以车辆为个体单元计算编码路网的运行特征，并在模型中进行可视化的 2D/3D 展示。由于计算过程极其复杂，实际运行的所有结果并不能在仿真参数标定的时候作出准确预估，具有一定的随机性，因此需要将模型运行的定量结果与目标数据结果进行对比验证，使其可信度达到一个期望值。

仿真模型结果校核是通过调整模型的参数以提高仿真模型可信度的过程，使模型的输出更加准确地接近现实世界的情况。通常情况大规模的仿真模型的结果校核工作并不能做到一步到位，是一个模型校核—参数调整—模型校核的循环迭代过程。仿真模型校核的基本流程如图 5-36 所示。

在仿真模型构建完后，需要融合车流仿真与三维交通场景构建三维可视化展示平

图 5-36　仿真模型校核基本流程

台。基于既有的高清影像、地形图、道路网、交通设施分布等资料数据，通过数据采集、模型制作、灯光效果渲染、数据合成、集成发布等操作，构建道路周边及道路的三维建筑信息(图 5-37)。

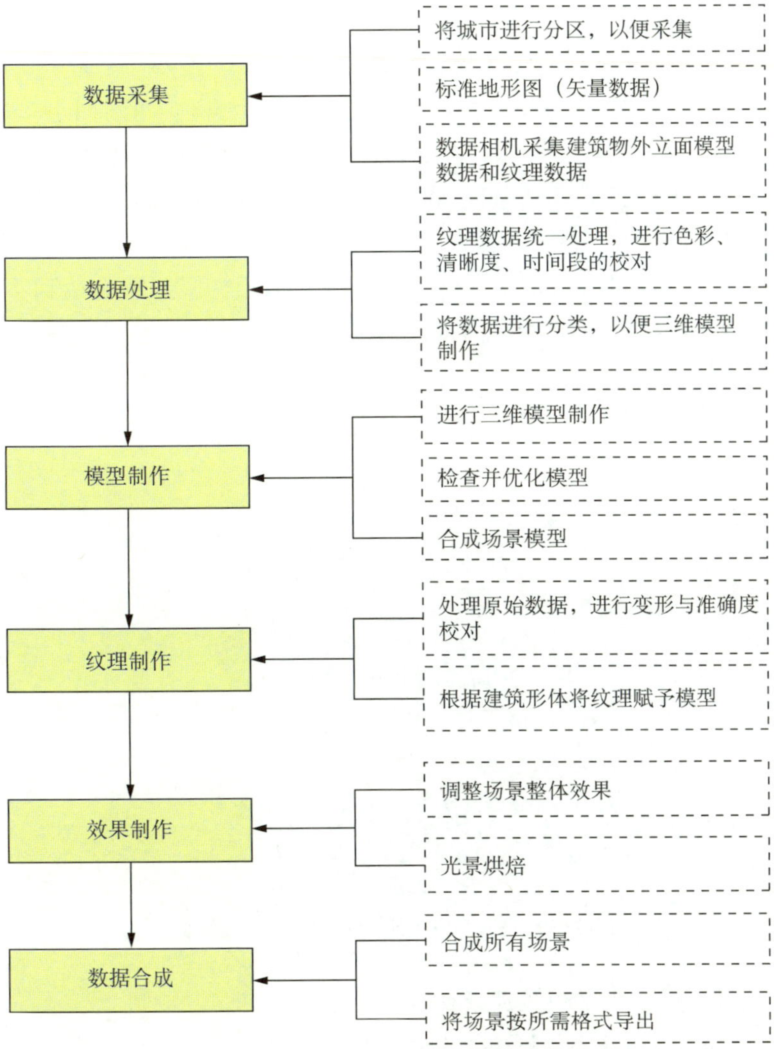

图 5-37　交通三维场景构建流程

在网页端通过三维应用服务，加载三维建筑信息及车辆运行轨迹，设置不同设施/

车辆对应的三维模型,应用三维场景的耦合发布三维可视化展示界面(图 5-38)。

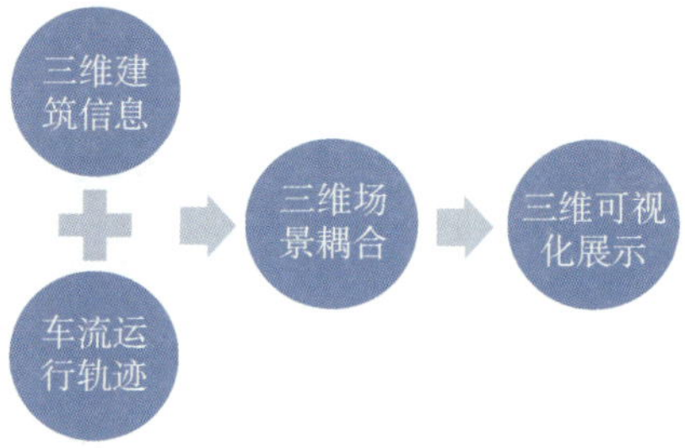

图 5-38　三维可视化的耦合过程

5.3.2.4　宏观—中观—微观一体化拉通技术

宏观、中观、微观模型是相互联系、互为依托的一个整体。按照同一平台、统一数据、上下衔接、互为反馈的总体要求,建立多层次一体化集成模型体系(图 5-39)。上层次模型是下层次模型的背景交通基础,是下层次模型进行细化的基本框架;同时下一层次模型的开发结果的优化,需要反馈给上一层次模型进行更新。在遵循预定交换标准、接口、技术的情况下,通过网络切割或融合、矩阵切割或合并等技术,达到不同层次模型间的输入输出数据的顺畅交换,实现不同层次交通模型的一体化。

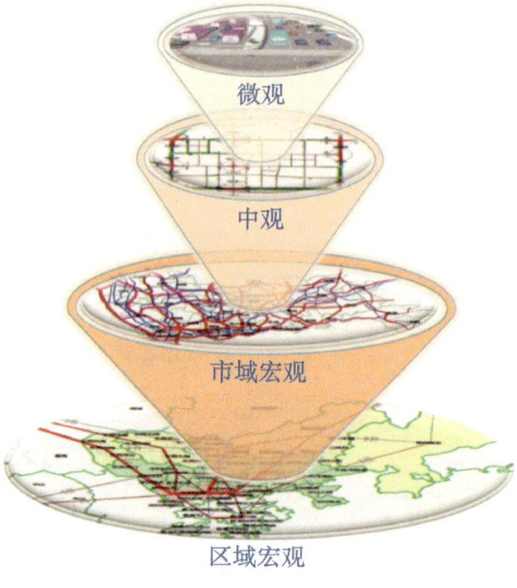

图 5-39　宏、中、微观一体化模型集成框架

1. 宏、中、微观一体化模型集成开发

基于宏、中、微观交通模型提供的二次开发语言,定义各层次交通模型是数据输入输出交换接口,将各层次交通模型应用功能进行一体化集成。一体化模型集成开发分为功能需求分析、模型集成界面设计、编码开发测试等步骤。

1）功能需求分析

功能需求分析主要梳理宏、中、微观一体化模型集成中各方使用需求、功能需求、运行环境限定等因素，明确一体化模型集成的应用场景与边界(图 5-40)。在详细调研各方需求基础上，汇集整理完整的功能需求列表，并开展技术可行性评估后，讨论形成最终的一体化模型集成应用功能需求以及详细用例描述，是后续集成界面设计与编码开发的核心基础。

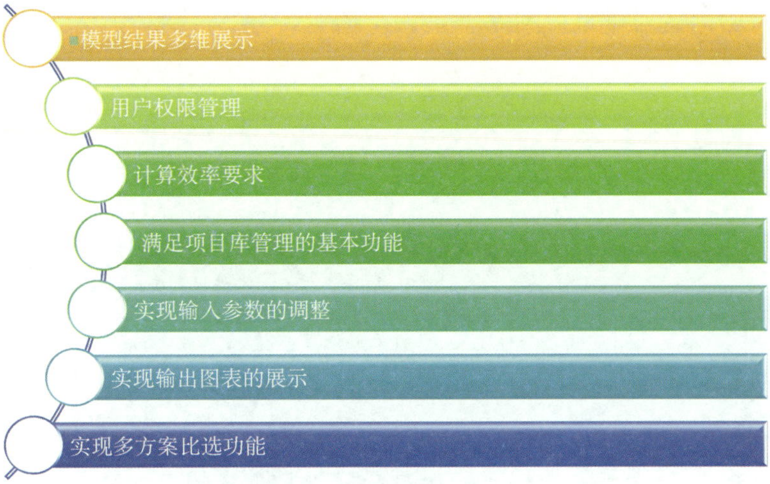

图 5-40　功能需求分析

2）模型集成界面交互设计

根据功能需求分析，考虑用户操作的便利性设计模型一体化集成图形化界面，并考虑模型集成与沙盘推演平台界面整合设计，开发设计界面原型，并配合统一的界面管理风格，完成界面交付设计。

3）编码开发与测试

利用交通模型二次开发语言与 Java 等高级编程语言进行一体化模型集成编码开发，其中交通模型二次开发语言侧重交通模型功能计算功能整理与模型输出数据整合，高级编程语言主要侧重整个仿真平台的后台应用封装与对外数据接口的开发，保证仿真平台开发的高效稳定，如图 5-41 所示。

2. 云平台接入应用

一体化交通模型应用与沙盘方案推演需要消耗大量的计算资源，采用传统交通模型单台电脑运行将无法满足模型运行时效性，降低用户操作体验感受。将接入云平台以提高计算效率，研究基于云平台的交通模型平台与沙盘推演平台，其中重点研究模型节点部署、数据交换与集中管理，满足面向政府部门重大项目决策技术审查过程中远程推演调用和及时响应性能需求，提升面向公众用户交互的体验效果(图 5-42)。

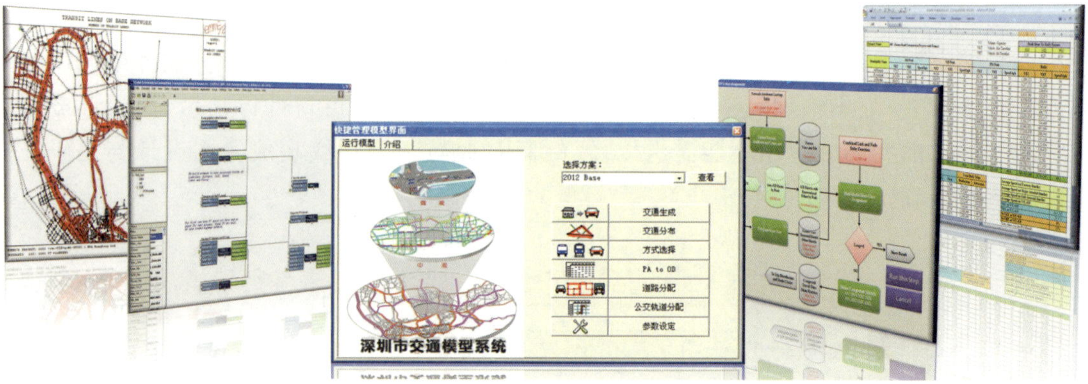

图 5-41　宏、中、微观一体化集成开发测试

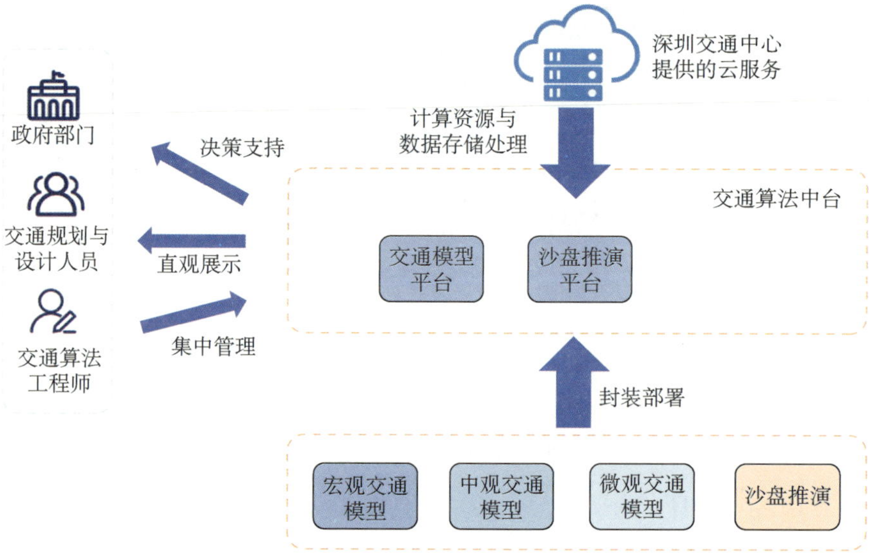

图 5-42　一体化模型云平台

3. 模型评估应用管理

一体化仿真集成平台将根据应用场景需求，实施多方案评估分析，实现多方案存储、分析和管理。多方案应用管理包含一体化交通模型需求管理、模型路网管理、评估项目方案年限管理、模型输出结果管理，涵盖模型评估应用全流程数据与应用功能（图 5-43）。

4. 模型数据接口开发

开发宏观、中观、微观交通模型对外开放的数据接口，支撑其他城市仿真模型进行对接和融合分析。其中，宏观交通模型对外数据接口主要包含各交通小区人口、岗位，出行 OD，交通分配路段流量等；中观交通模型对外开放数据主要包含路段运行速度、流

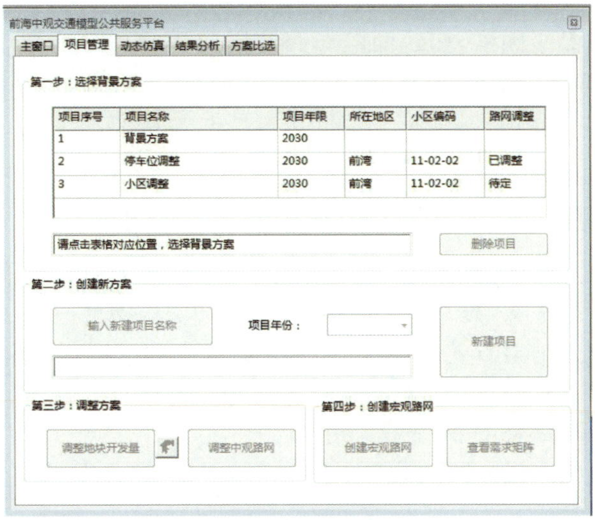

图 5-43　方案管理

量，交叉口流量、服务水平等；微观交通模型对外开放的数据主要包含路段运行速度、流量，车辆运行轨迹、交叉口流量服务水平等(图 5-44)。

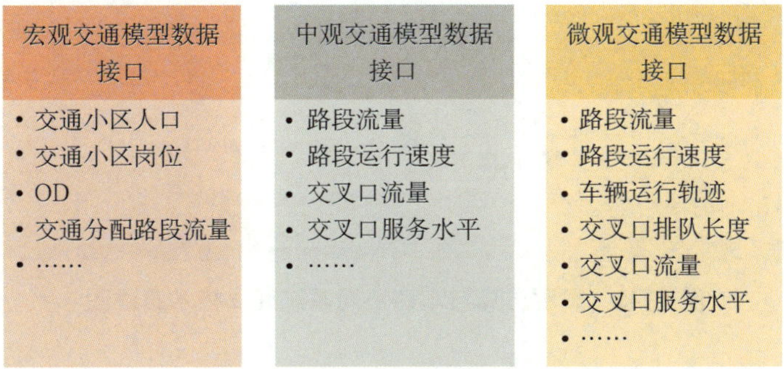

图 5-44　模型数据接口开发

5.3.2.5　自动驾驶(车联网)混合仿真技术

目前国内还处于自动驾驶(车联网)系统研发及应用的初级阶段，缺乏整体的框架和体系，无法进行规模化、场景化的大规模测试评估分析。交通仿真运用现代计算机技术模拟道路网络中个体车辆和驾驶员的行为，再现交通流在道路上的实际运行状态，提供可试验、可重复、可加速的仿真环境。基于探索微观交通仿真模拟与自动驾驶应用相结合的方式，构建面向自动驾驶应用的高精度微观仿真系统，以模拟实验的方法在交通仿真系统中对自动驾驶应用场景进行评估分析测试，为车联网系统的设计提供借鉴、预估和引导。

1. 面向车路协同应用测试评估分析的微观交通仿真

通过交通大数据分析、微观交通仿真和车路协同应用相结合的方式，着力于交通运行效率分析、微观仿真模型构建和车路协同应用测试评估。基于交通大数据分析影响交通运行效率的 TOP 级因素，构建面向车路协同应用的高精度微观交通模型，量化评估各个车路协同应用在不同场景下的交通运行效率，以指导车路协同应用的设计与开发。

1）车路协同应用场景梳理

整理完成车路协同中最常见的 100 个应用场景，应用场景包含安全类、效率类、能源环保类、服务类四大类，涵盖道路路段、道路交叉口、高速公路主线、高速公路匝道和城市路网等，从场景重要度（对 MV 和不同等级的 AV）、场地测试风险、场景测试时空维度局限性、仿真测试结果有效性、测试场景建模难度和落地迫切度等层面筛选仿真应用场景。

2）车路协同应用算法设计

结合车路协同的控制策略，面向 V2V、V2I 设计车路协同的控制算法，包含车队自动跟驰、车队信号优先、车速引导、交叉路口协商通行、拥堵预警及诱导、险情预警 6 种应用场景（图 5-45）。

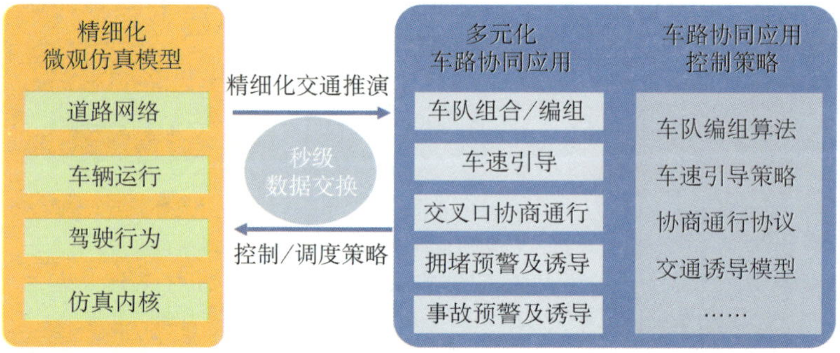

图 5-45　微观仿真与车路协同系统开发技术路线图

以车速引导为例，应用场景设计及算法设计的过程如图 5-46—图 5-49 所示。

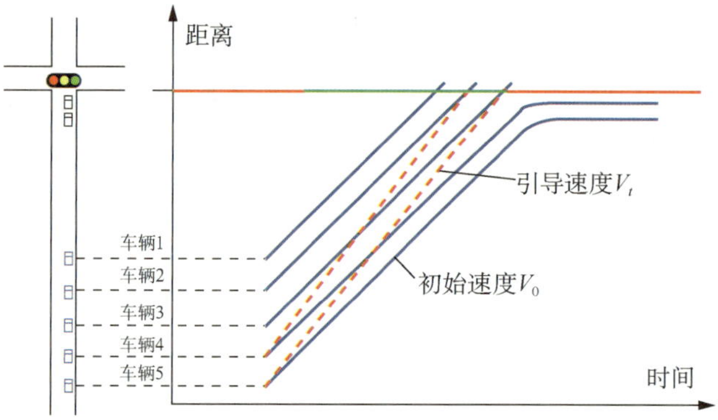

图 5-46　多车绿灯车速引导、红灯车速引导场景设计

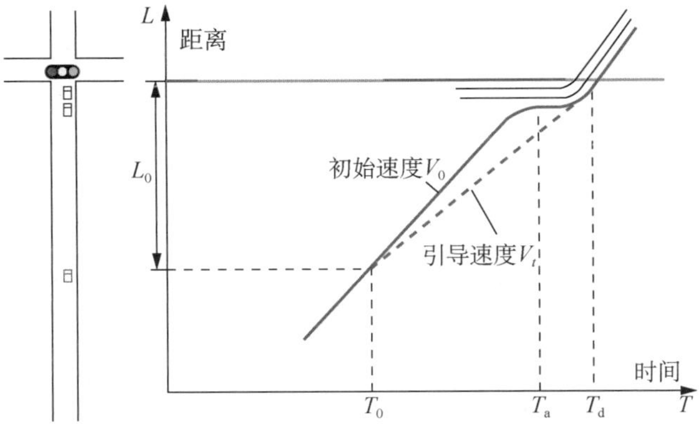

图 5-47　单车绿灯车速引导、红灯车速引导场景设计

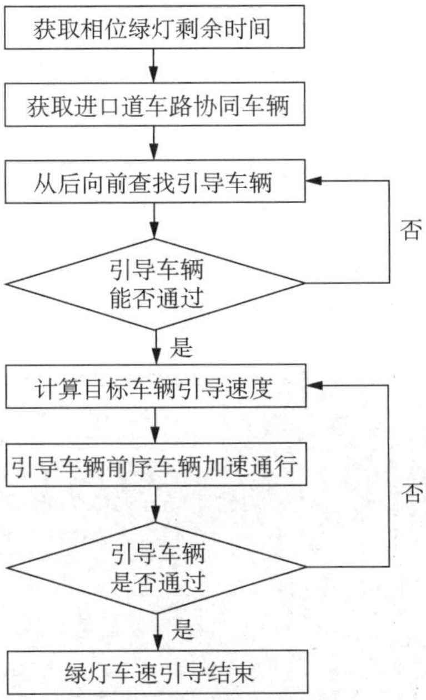

图 5-48　从后向前查找引导车辆方式绿灯车速引导、红灯车速引导算法设计

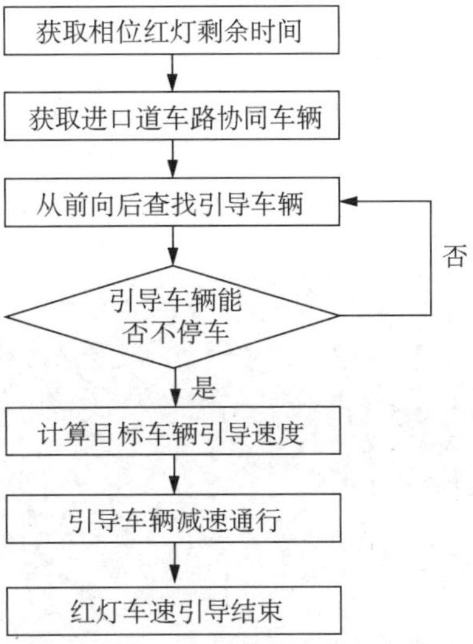

图 5-49　从前向后查找引导车辆方式绿灯车速引导、红灯车速引导算法设计

3）车路协同应用系统开发

结合微观仿真模型系统的构建及车路协同模块的数据流/控制策略设计，通过车路协同微观仿真模拟，得到交通流状态变量随时间与空间的变化、分布规律及其与交通控制变量间的关系，通过算法实现车路协同应用的控制策略，包括车速引导、车辆跟驰及编组、拥堵及事故诱导、交叉口协商通行等(图 5-50)。

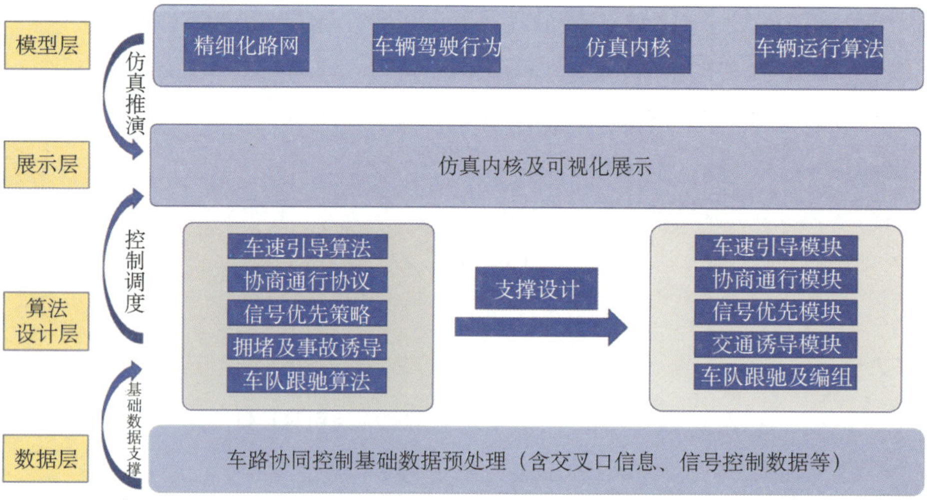

图 5-50　车路协同仿真系统开发框架

4）车路协同应用场景量化评估分析

基于构建的面向车路协同应用的微观仿真系统，测试评估分析单一场景（车队跟驰、车队信号优先、车速引导、协商通行、拥堵预警和险情预警）、耦合场景（耦合场景一：基于 V2V 和 V2I 的自动跟驰、交叉口协商通行、拥堵预警；耦合场景二：基于 V2V 和 V2I 的车队自动跟驰、车队信号优先、拥堵预警）对路网运行效率的影响（图 5-51）。

图 5-51　车路协同应用测试评估过程

2. *面向自动驾驶应用场景研发的一体化仿真*

现有智能汽车仿真测试平台的测试场景，均是对冲突相关的个别车辆进行场景的离线回放，缺少对交通流环境以及车辆间动态交互的模拟，因此往往侧重于测试智能汽车的环境感知功能。在智能网联车辆大规模上路之前必须开展混合交通流下的交通安全及运行效率仿真评估分析。

1）自动驾驶一体化仿真测试平台建立

基于现有的各类智能汽车仿真软件进行二次开发,实现交通仿真软件中背景交通流的同步仿真与实时映射,为智能汽车“环境感知—规划决策—控制执行”的完整模块提供更加真实的测试环境。根据“典型场景设计—仿真测试平台构建—应用场景测试验证”的思路构建自动驾驶一体化仿真测试平台(图 5-52)。深度融合虚拟场地、驾驶员、车辆、道路交通、天气等信息,进行多元化交通场景下混合驾驶、无人驾驶的车流仿真。

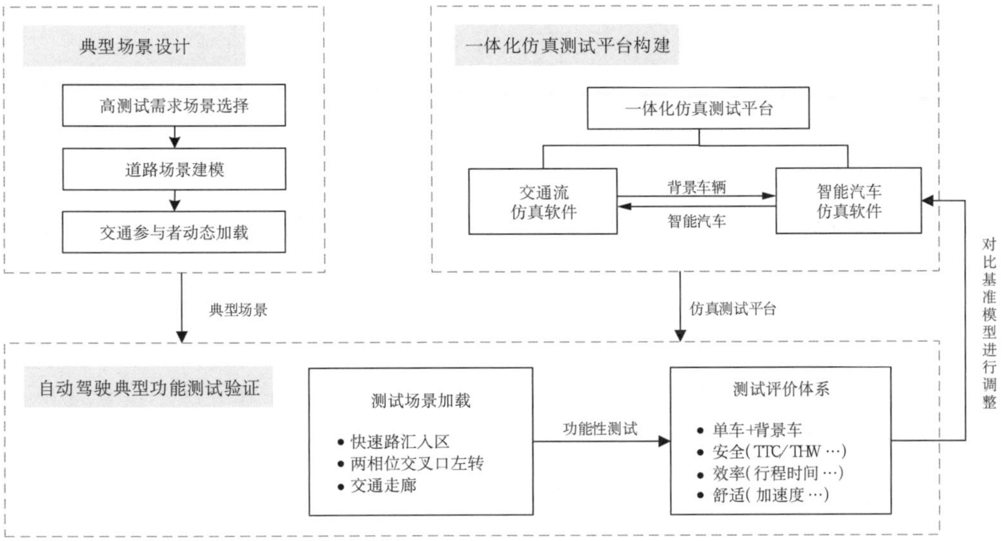

图 5-52 自动驾驶仿真平台构建技术路线

2）自动驾驶典型场景设计

不同的道路条件,对智能汽车的驾驶能力的要求也是不同的,重点测试智能汽车在高密度复杂交通流环境下的驾驶水平,主要包括以下场景:

快速路汇入区场景。高快速路被认为最早可能实现高度自动驾驶的道路设施,汇入区则是高快速路的瓶颈点,不好的汇入行为往往会导致道路拥堵。

交叉口左转场景。交叉口作为交通流集散点,具有交通特性复杂且事故发生率高的特点。而交叉口的左转车流完成左转,与交叉口内部的多股交通流均存在潜在冲突,是最具挑战性的交叉口穿越行为。

交通走廊场景。交通走廊包含城市道路多个基本路段与交叉口,是对城市典型地面道路交通环境的浓缩。验证智能汽车在交通走廊与道路设施和其他车辆的交互,使得通过测试的智能汽车可适应于绝大部分城市地面道路的驾驶任务。

3）自动驾驶典型功能测试与评价

为进一步测试验证智能汽车在面对复杂多变交通环境时的决策能力,在构筑一体化仿真测试平台的基础上，结合测试研究需求，基于上述典型场景对不同自动化等级的智能汽车进行功能性测试，主要包括：

（1）测试功能定义。在快速路汇入区高密度车流中测试主线智能汽车的 3 类决策策略（紧密跟驰、协作跟驰、协作换道）对瓶颈区的影响，在两相位交叉口测试左转车对 3 股异质流（对向直行机动车、直行非机动车、行人）的穿越，在交通走廊测试车辆对前车突发故障下的紧急避让以及其他各种类型的风险预警（如盲点预警、变道预警、跟驰过近预警等）。

（2）测试结果分析。在外部智能汽车解决方案接入仿真平台进行测试后，不止要评估智能汽车自身的性能，还要综合评价智能汽车对交通流环境的影响，具体测评内容包括安全性指标（如碰撞避免时间 TTC 等）、舒适性指标（如剧烈加减速次数）、效率指标（如通行时间等）。

（3）基本模型参照。基于团队对交通流模型的长期研究，将为智能汽车各类场景的功能测试提供基本规划决策模型，作为测试模型的横向参照，以分析验证评价模型的改进方向。

5.3.3 基于大数据特征快速提取领域

基于知识图谱的城市交通运行智能体系构建，全时空、超高维度的个体特征挖掘与融合，支撑城市交通的快速、精准、精细预测。

5.3.3.1 从信息系统孤岛到具有普适性的大规模城市交通数据标准体系构建

以交通大数据日志的方式实时跟踪数据采集过程，构建多源大数据标准体系，建立高效、稳定的交通大数据存储方式，如图 5-53 所示。

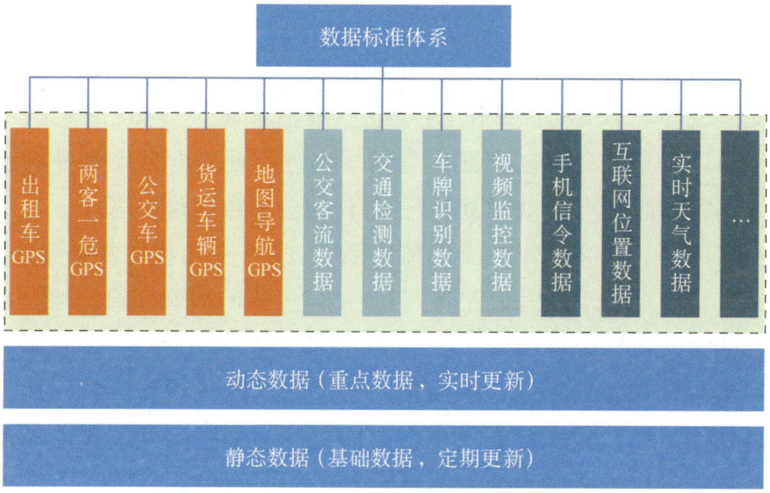

图 5-53 综合交通大数据标准体系

面向城市交通规划、设计、建设和管理的决策需求,对城市交通大数据进行存储、融合与分析,建立一个基于数据仓库的应用系统。系统的数据架构从总体上可以分为原始数据库、基础数据库和多维数据库 3 层,如图 5-54 所示。

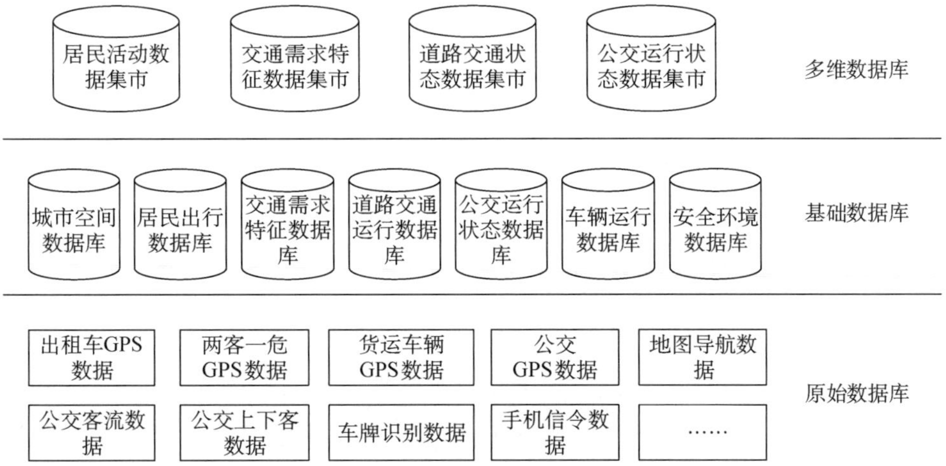

图 5-54　城市交通大数据总体架构

1. 原始数据库

原始数据库保存采集、接入、抓取的多源交通大数据。由于系统的应用需求是不断变化的,需要长期保留,作为支持新的应用需求的基础。考虑到原始数据规模较大,在基础数据提取之后,基于综合交通大数据中心基础软硬件环境进行存储和备份。

综合交通大数据中心接入的原始数据主要包括出租车 GPS 数据、两客一危 GPS 数据、公交车 GPS 数据、货运车辆 GPS 数据、地图导航 GPS 数据、公交客流数据、交通检测数据、车牌识别数据、手机信令数据、互联网位置数据及实时天气数据等。

2. 基础数据库

基础数据库是在原始数据库基础上,进行整理、加工,通过一系列的交通特征提取算法,将原始数据提炼为交通特征信息。

根据数据内容,综合交通大数据中心的基础数据库可以分为城市空间数据库、居民出行数据库、交通需求特征数据库、道路交通运行数据库、公交运行状态数据库等多个基础数据库。

3. 多维数据库

多维数据库服务于综合交通决策支持,采用多维数据集(数据立方体)进行数据分析。根据业务应用的不同,将多维数据库划分为多个数据集市,每个数据集市包括若干分析主题。

根据业务应用的不同,综合交通大数据中心的多维数据库分为居民活动集市、交通需求特征集市、道路交通状态集市和公交运行状态集市等多维数据集市。

5.3.3.2 面向个体的多维特征提取，在全时空、全路网下实现对全个体的模糊匹配、动态匹配

针对定点检测与移动检测数据、结构与非结构化数据的特征分类，建立数据级、特征级与决策级的耦合融合模型，以数据质量、时空覆盖范围等多因素为依据，构建时空差异的多数据源动态自适应加权模型，实现可靠数据为主、其余数据为辅的融合框架。

1. 浮动车动态数据分析

根据深圳路网条件与浮动车数据特点，优化基于浮动车 GPS 数据的最短路径搜索与路段行程车速算法。建立双层道路网络，地面道路（间断流）网络、高架道路（连续流）网络，获得中频 GPS 数据，以每 20 s 一次的频率获得出租车 GPS 数据。表 5-1 为最短路径探索与路段行程车速算法优劣对比。

表 5-1　最短路径搜索与路段行程车速算法优劣对比

优化技术		传统技术问题	技术优势
最短路径搜索技术	虚节点投影法	易出现节点匹配错误、路径搜索偏差	通过“先虚节点、再最短路”，克服传统方法“先最短路、再投影”可能产生误差
	向前追溯法	难以处理多种投影的情况	通过 GPS 序列向前追溯，识别当前 GPS 点最合理投影路段
	多路径优选法	不区分高架、地面双层路网	在双层道路网络中设定差别阻抗，优先选择高架道路路径
浮动车车速	节点速度切分	不考虑不同道路类型切换对车速的影响	适应中频 GPS 数据特点 以路段自由流为权重，区分地面交叉口、高架分流点前后的车速状况

最短路径搜索中采用虚节点法、向前追溯法（图 5-55）和多路径优选法（图 5-56）求得最短路径。通过路段投影获得虚节点后采用 Dijkstra 算法计算最短路径；在投影虚节点有多种可能的情形下，基于虚节点最短路算法，选择的虚节点不同，匹配路径将不同，最终导致行程车速、各路段车速计算结果也不同，采用向前追溯优化起点最短路算法，向前追溯 GPS 点，直至追溯点有唯一虚节点，然后明确其最短路径，并沿此路径确定待匹配 GPS 的虚节点，最终获得准确的最短路径；若投影虚节点可能在高架道路或地面道路，分别计算最短路径，优先选择阻抗最短的路径。

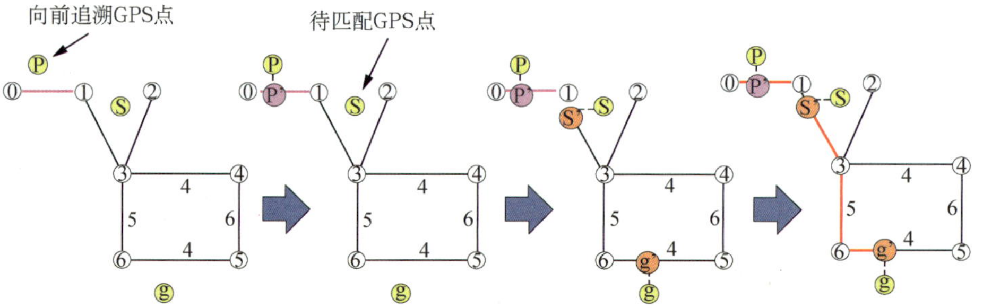

图 5-55　向前追溯优化起点最短路算法

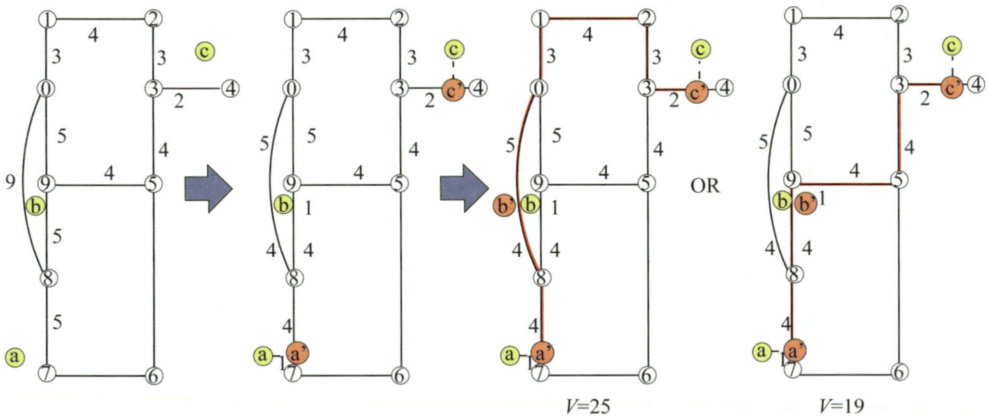

图 5-56 多路径优选

采用基于路径搜索计算路段行程车速。由于中频 GPS 数据难以详细描述交叉口、分流点前后的间断特征（如减速、停车），近似以路段期望车速为权重切分车速，如图 5-57、图 5-58 所示。

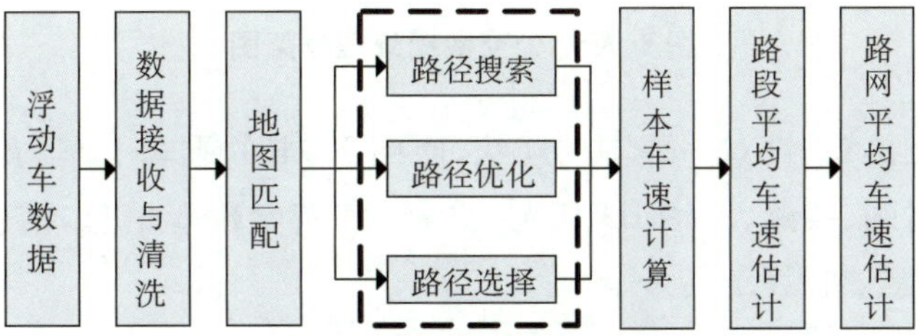

图 5-57 车速计算流程图

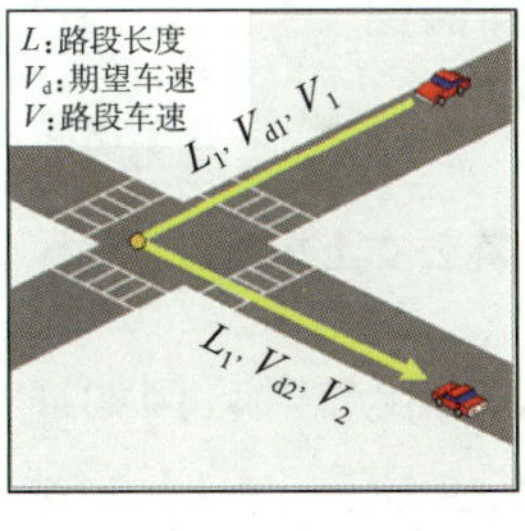

一般做法：不考虑相接路段差异

$$V_1=V_2=\frac{L}{T}=\frac{L_1+L_2}{T_1+T_2}$$

优化方法：基于路段期望车速加权平均

$$V_1=\frac{L_1V_{d2}+L_2V_{d1}}{T\cdot V_{d1}}$$

$$V_2=\frac{L_1V_{d2}+L_2V_{d1}}{T\cdot V_{d2}}$$

图 5-58 车速计算原理图

2. IC 卡数据分析

以深圳市为例，深圳公交线路 993 条，公交站点 9 336 个，日均刷卡量约为 350 万[39]。根据公交轨迹数据、公交线路站点信息、公交刷卡数据识别挖掘分析公交刷卡下车站点信息、动态乘客数据统计、各线路及站点客流统计（图 5-59）。

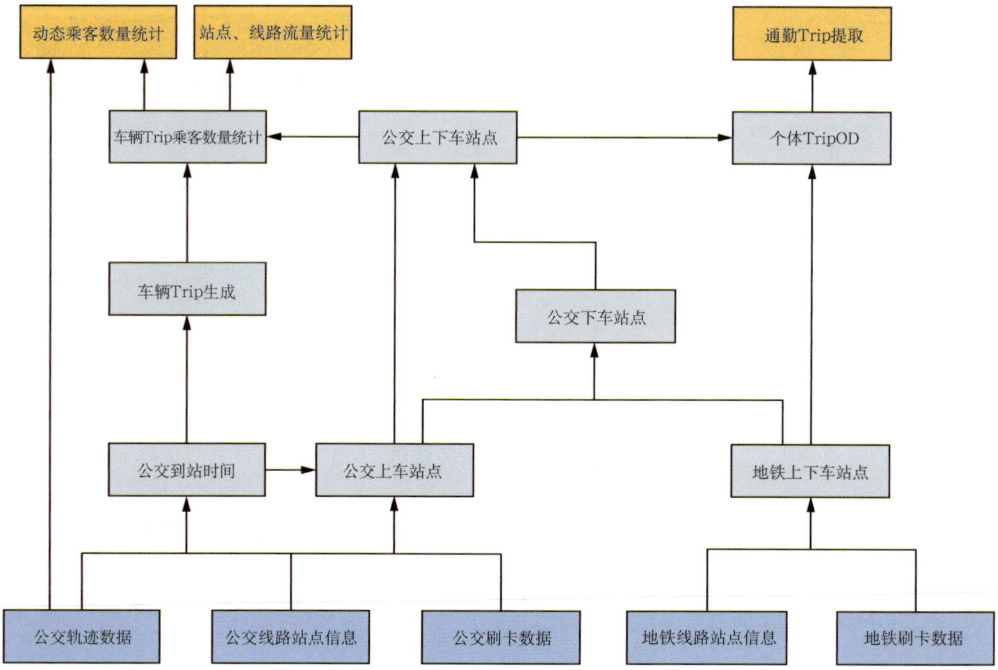

图 5-59　公交数据处理框架图

公交下车站点推算：针对一票制的现状，使用 IC 卡的乘客上车均需刷卡，刷卡信息会记录乘客刷卡时间、线路、车辆 ID、卡号、余额、消费金额等信息，结合公交报站信息，可以判断乘客的上车站点(图 5-60)。

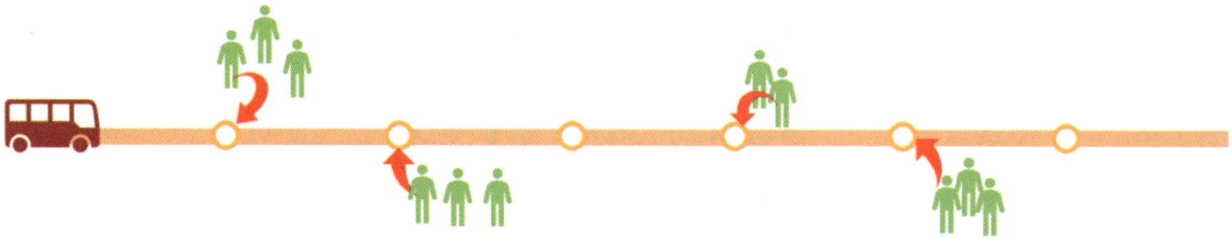

图 5-60　根据到站时间范围推算公交上车站点

大多数公交出行者的上车站点与下车站点总能相互转换，例如通勤时早上的上车站点就是下午回程的下车站点，而下午的上车站点也是早上的下车站点。一次出行一般被定义为出行者实现一次出行目的，而一次出行的出行起点即为第一次刷卡上车的站点，换乘站点即为中间的刷卡站点，最后一次下车站点就是本次出行的终点。

乘客的出行数据可以从公交 IC 卡数据中获取，一般情况下出行者的日常出行路线是固定的，乘客的出行终点可以使用最近几日叠加的历史 IC 卡数据来预测和判断。因此，对同一张 IC 卡号而言，在连续的两次刷卡记录中，后一次刷卡记录中的上车地点是上一次出行的下车地点。结合公交 GPS 报站信息，通过以下步骤获得下车站点和下车时间:①从IC卡数据库中找出目标卡号在下一次出现时的汽车编号和刷卡时间,通过上车站点的推算方法可以获得此时刷卡的站点。②根据汽车编号、上一步所求的站点及上一次刷卡时间,可以得到在该次车辆运行班次行程内车辆到达站点的时间,此时间即为该乘客上一次出行的下车时间。③根据个体出行链(图5-61)进行下车站点推算,将同一刷卡标签在相邻出行链起始点进行匹配识别公交刷卡下车站点数据。

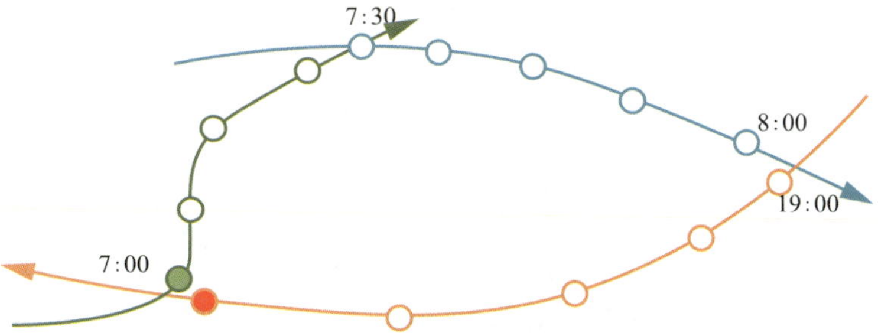

图 5-61　个体出行链示意图

3. 手机信令数据分析

利用手机信令数据对人员出行特征的监测分析,包括人口岗位分析、出行特征分析、人员活动强度分析和专题应用分析。

1) 人口岗位分析

人口岗位分析分为个体类型识别、个体居住地识别、个体工作地识别等。

个体类型识别。如图5-62所示,根据个体停留天数,将其分为常住人口和非常住人员。对于常住人口,根据位置信息是否变更,进一步分为常住人员、固定设备;对于非常住人口,根据位置停留时间,进一步分为流动人口、过境人员。

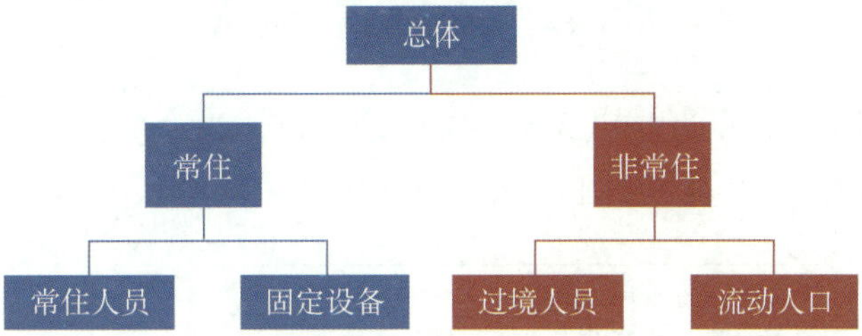

图 5-62　个体类型分类

个体居住地识别。根据个体停留时间特征识别居住地,具体识别流程如图5-63所示。

个体工作地识别。根据个体停留时间特征识别工作地,具体识别流程如图5-64所示。

2) 出行特征分析

用户轨迹点分别进行时间聚合、空间聚合,得到用户活动点;两个相邻活动点为一

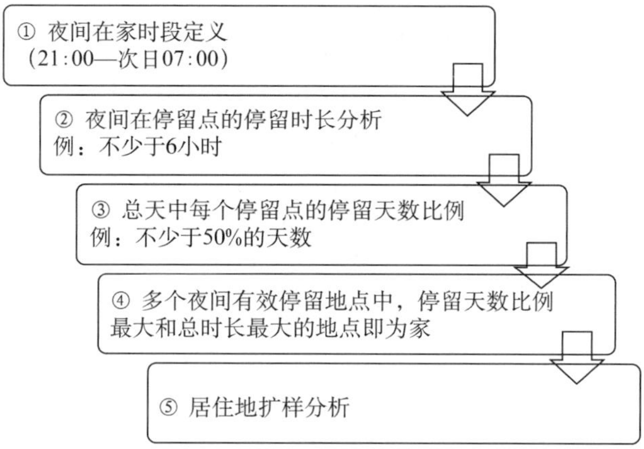

图 5-63　个体居住地识别流程

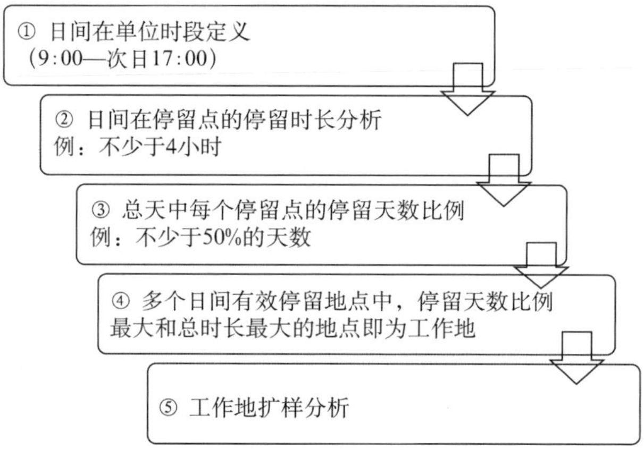

图 5-64　个体工作地识别流程

次出行，一天中的第一个活动点和最后一个活动点也作为一次出行；得到用户一天的出行链轨迹、出行次数和出行时间(图 5-65)。

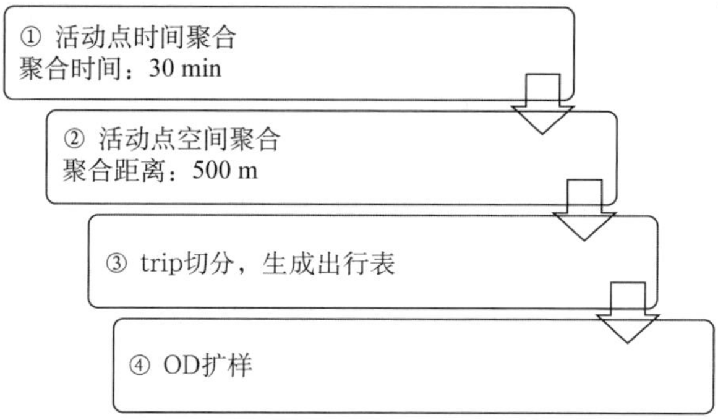

图 5-65　出行识别流程

3）车牌识别分析

车牌识别数据是由固定在路段或交叉口上的单个检测器提供的，24 小时不间断连续记录数据，包括通过时间、车辆牌照、通过速度等信息（表 5-2）。基于车牌识别数据分析居民活动空间、交通需求等，可以为交通需求管理决策提供依据。

表 5-2　车牌识别系统数据格式

字段名称	数据格式	数据说明	样本示例
VehicleID	Char(7)	完整的车牌号码，由数据提供方对车牌号码进行单向加密	
PointID	Char(8)	检测点 ID，与城市组团区域相关联	10300201
Lane	INT	车道编码	2
Timestamp	yyyy-MM-dd HH:mm:ss	通过检测点的时间戳	2009-04-13 00:00:00
Class	int	三类车牌类型，记为 0,1,2	0

4）车辆使用行为分析

根据车牌识别数据的身份识别功能以及特定车辆的出行行为信息，将车辆分为不同类型来进行车辆使用行为的分析。

Step1：根据出租车的特殊命名规则，从车牌数据库中提取出租车检测数据（类 4）。

Step2：根据一定时间内（一个月以上）的车牌识别数据，统计车辆的第一次出行和最后一次出行的时间分布，确定早晚高峰时间阈。

Step3：计算每一辆车，工作日第一次出行时间在早高峰且晚高峰也有出行的频度，早晚时间阈内的多次出行按一次计算（I1）。

Step4：根据一定时间内的车牌识别数据，计算每一辆车的平峰时段出行频度，平峰时间阈内的多次出行按一次计算（I2）。

Step5：根据一定时间内的车牌照识别数据，计算每一辆车工作日第一次出行断面的稳定度；第一次检测断面稳定度＝max（工作日第一次检测断面的频度/车辆的工作日频度）（I3）。

Step6：根据一定时间内的车牌照识别数据，统计得到每一辆车的工作日出行频度，每天多次出行按一次计算（I4）。

Step7：根据一定时间内的车牌照识别数据，统计得到每一辆车的非工作日出行频度，每天多次出行按一次计算（I5）。

Step8：提取指标 I1＞1 的车辆数据，以 I1，I2，I3 作为分类指标，采用 k-means 算法对车辆进行聚类分析，聚类数分别取 2～7 类，分别计算 CH 指标（计算公式如下）。根据聚类中心的分布，结合最高 CH 指标提取工作日早晚高峰出行频率较高，平峰出行频度较小，第一次出现断面较为稳定的车辆为通勤特征车辆。

Step9：剩余的所有车辆，以 I4，I5 作为分类指标，采用 k-means 算法对车辆进行二次聚类分析，聚类选择 4 类。根据聚类中心的分布，提取出行频度较高的车辆为常用车辆（类 2），出行频度较低的车辆为非常用车辆（类 3）。

5）车辆构成分析

根据车牌照识别数据，计算特定路段或断面的车辆构成及其变化趋势。

6）车辆出行 OD 矩阵

基于车牌识别数据的身份识别功能及连续出行的时空信息，推算各交通小区之间的车流量，从而得到全市的车辆出行 OD 矩阵。

根据检测断面单点数据，计算路段行程时间：

Step1：异常数据筛选，删除每天只有 1 条检测记录的车辆数据。

Step2：将所有数据按检测日期、车牌、检测时间进行排序，构成车辆的日出行信息数据库。

Step3：读取 $Link_i$ 第一条数据，记录该条数据车牌信息 V_1 和检测时间信息 T_1。

Step4：读取下一条数据，若该条数据的日期、车牌和上一条一致，则计算两条数据的检测时刻的差值 ΔT_1，并将其作为对应路段 $Link_1$（上游测点 L_1，下游测点 L_2）在时刻 T_1 的行程时间属性 TT_1 写入数据库；否则，进行下一步。

Step5：判断是否已经读到最后一条数据，若是则结束运算；否则，则重复 step3。

判断车辆出行 OD 点（非一次连续出行的行程时间样本）：

Step1：提取车辆通过路段 $Link_i$（上游测点 L_i^1，下游测点 L_i^2）的行程时间序列样本 $L(TT_1, TT_2, \cdots, TT_t, \cdots, TT_n)$，及对应的检测车辆样本 $L(V_1, V_2, \cdots, V_t, \cdots, V_n)$。

Step2：计算时间序列的差值，$\Delta TT = TT_t - TT_{t+1}$，得到新的时间序列样本 $L(\Delta TT_1, \Delta TT_2, \cdots, \Delta TT_t, \cdots, \Delta TT_n)$。

Step3：当 $t=1$ 的时候，如果 $\Delta TT_1 - \mu > 3\alpha$，$\mu=0$，$\alpha=1$，说明 TT_1 和 TT_2 相隔较远，即车辆 V_1 在测点 L_1、L_2 之间的出行属于非连续出行。将测点 L_1 为该次出行终点，T_1 为该次出行结束时间；测点 L_2 为下次出行的起点，T_2 为下次出行开始时间；否则，删除 TT_1 数据，进行下一步。

Step4：当 $t \geqslant 1$ 的时候，如果 $\Delta TT_t - \mu > 3\alpha$ 或 $\Delta TT_{t-1} - \mu < -3\alpha$，$\mu=0$，$\alpha=1$，说明 TT_t 的值前一个值 TT_{t-1} 或后一个值 TT_{t+1} 相隔较远，即车辆 V_t 在测点 L_i^1、L_i^2 之间的出行属于非连续出行。将测点 L_i^1 为该次出行终点，T_t 为该次出行结束时间；测点 L_i^2 为下次出行的起点，T_{t+1} 为下次出行开始时间；否则，删除 TT_t 数据，进行下一步。

Step5：舍弃原样本样本 $L(TT_1, TT_2, \cdots, TT_t, \cdots, TT_n)$ 中的最后 1 个数据。

Step6：提取下一组行程时间序列样本，重复循环 Step1～Step5，直至处理完所有样本数量，获取所有样本的非连续出行数据。

Step7：提取检测车辆的第一条和最后一条检测信息，分别作为第一次出行起点及最后一次出行终点。

Step8:对 Step1~Step7 获得的数据按照日期、车牌、检测时间进行排序,删除重复记录,得到车辆每次出行的起终点信息。

Step9:对一个时段车辆出行起终点信息进行处理。根据出行的起点和终点的坐标,进行与交通小区图层空间运算,得到起点和终点所在的交通小区。

5.3.3.3 城市交通超大规模智能体、细颗粒度特征融合体系构建

数据融合是将从同一目标获得的多组传感器数据进行多级别、多方面、多层次的处理和组合,产生新的有意义的信息。数据融合可分为检测级融合、属性级融合及决策级融合等几种融合级别(表 5-3)。

表 5-3　　不同的信息层次上的数据融合分类

类型	检测级融合	属性级融合	决策级融合
所属层次	最低层次	中间层次	高层次
主要优点	原始信息丰富,并能提供另外 2 个融合层次所不能提供详细信息,精度最高	实现了对原始数据的压缩,减少了大量干扰数据,易实现实时处理,并具有较高的精确度	所需要的通信量小,传输带宽低,容错能力比较强,可以应用于异质传感器
主要缺点	所要处理的传感器数据量巨大,处理代价高,耗时长,实时性差。原始数据易受噪声污染,需融合系统具有较好的容错能力	在融合前必须先对特征进行相关处理,把特征向量分类成有意义的组合	判决精度低,误判决率升高,同时数据处理的代价比较高
主要方法	HIS 变换、PCA 变换、小波变换及加权平均等	聚类分析法、贝叶斯估计法、信息熵法、加权平均法、D-S 证据推理法、表决法及神经网络法等	贝叶斯估计法、专家系统、神经网络法、模糊集理论、可靠性理论以及逻辑模板法等
主要应用	多源图像复合、图像分析和理解	多传感器目标跟踪领域,融合系统主要实现参数相关和状态向量估计	其结果可为指挥控制与决策提供依据

(1) 检测级融合:在采集到的原始信息层次上的融合,即在多传感器的信息未进行预处理之前进行分析和综合,先确定信号的有效性,再进行数据联合。其优点是保持了尽可能多的环境信息,缺点是信息处理量大、处理时间长、实时性差。

(2) 属性级融合:也称为目标识别级的融合。它是指对来自多个传感器的目标识别数据进行组合,以得到对目标身份的联合估计。属性层融合利用多个传感器采集观测目标的数据,再进行特征提取和数据联合。将同一目标进行分组,再利用融合算法将同一目标的分组数据进行合成,最后得到目标的联合属性判决即得到目标的类型和类别。

属性级融合的优点是实现了信息的压缩利于实时处理并且融合结果直接与决策分析相关。

(3) 决策级融合：指在融合之前，各传感器数据源都经过变换并获得独立的身份估计。信息根据一定准则和决策的可信度对各自传感器的属性决策结果进行融合，最终得到整体一致的决策。

以道路交通运行路况数据融合为例，如图 5-66 所示，通过多源数据融合后覆盖率显著提升，解决了原出租车数据的空间分布不均性问题，集中表现在对原特区外的优化。在全市层面，白天时段(7:00—22:00)每 5 min 对次干道及次干道级别以上道路的平均覆盖率由原先的 32%提升至 77%(图 5-67)；在中心城区(罗湖、福田、南山)，融合后平均覆盖率由原先的 65%提升至 88%。

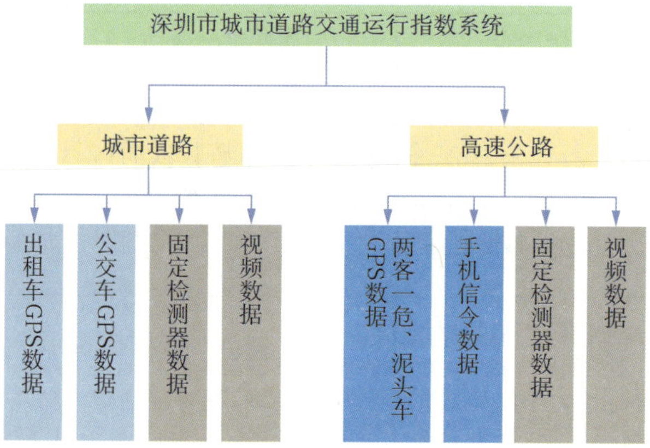

图 5-66　道路指数系统区域划分

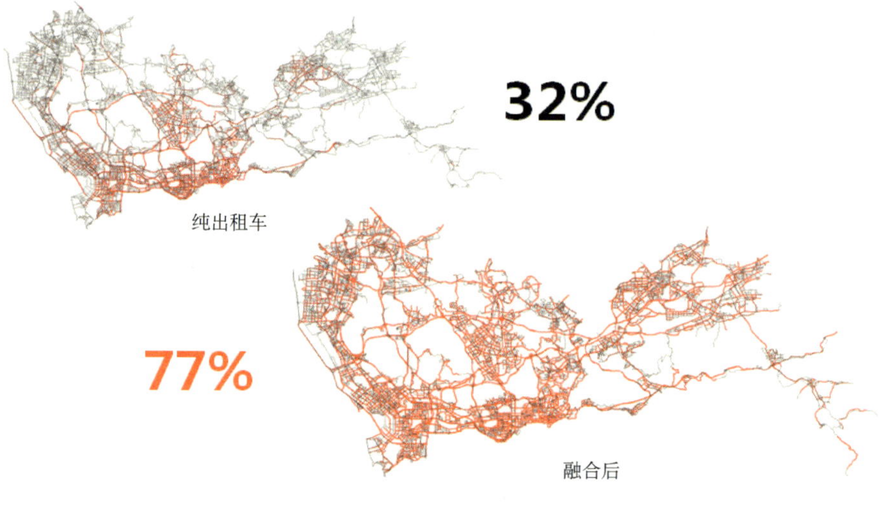

图 5-67　道路交通运行数据融合对比

5.3.4 交通态势短时预测领域

城市交通治理将重点关注对未来发展态势进行分析研判,需要建立复杂环境下交通情景再现与预判的短、中、长期的预测推演系统。基于大数据挖掘、人工智能和机器学习等,在城市交通大脑中还原现实中的交通运行情况,实时推演和预测交通运行状态,实现“感知—推演—管控—服务—感知”的自学习闭环,重塑交通“战略制定—战术演练—精准调控”的管控模式,这既是实现精细化交通管理与控制的技术要求,也是建设高效、安全、协同的智慧城市交通环境的必备条件。

5.3.4.1 在线仿真模型实时推演道路交通运行状况

在线仿真模型,运用数字孪生的思路,建立现实交通流与计算机软件交通流系统的平行映射。建立实时在线交通推演系统,大到城市级维度,小到交叉口节点维度,实现对宏观区域整体运行态势、中观走廊通道流量及微观节点交通流状况的整体掌控。技术实现路径是依托实时断面流量数据、浮动车 GPS 数据和互联网个体出行等大数据资源,动态模拟道路交通流运行状况,同时预测短时(未来 5 min 至 24 h)交通流和路况变化趋势,动态分析交通拥堵成因和流量溯源。实时在线仿真系统是城市管控领域的创新,既可实现区域级的交通联控和交通流均衡管控,又可在单点的交通预警与诱导、信号配时优化、预案评估与比选、微创新交通改善方案评估等方面提供精准的数字化量化分析评估,建立“数据采集—监测评估—拥堵分析—方案优化—反馈更新”的闭环管理新模式,将全面提升交通管控和决策水平,实现道路高效有序运行。

基于交通事故实时推演模拟,全面降低各种突发交通事件(事故)的负面影响。例如,通过实时在线仿真系统,当道路发生交通事故时,即在对应的事故影响范围区域,生成交通应急方案,联动智能化的警力部署和交通管控调整,最大限度降低事故造成的负面影响。以深圳南坪快速路牛咀大桥交通事故为例,基于在线仿真系统推演并通过针对性的警力部署与诱导分流方案制定,高效引导车辆避开事故点,实现 15 min 完成有效疏解,交通事故处理效率提升了一倍(图 5-68)。在过去没有该系统的情况下,拥堵可能持续 30 min 以上。

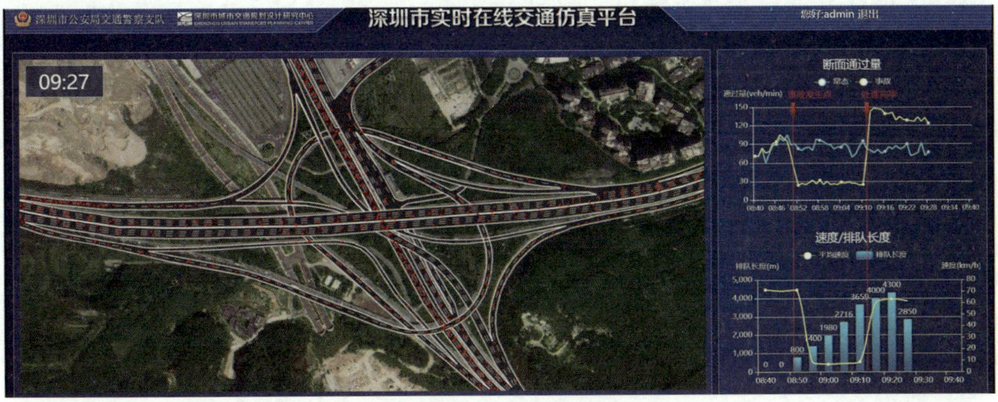

图 5-68 南坪牛咀大桥仿真效果图

5.3.4.2 CNN/LightGBT 等人工智能算法

1. Conv-LSTM 算法

卷积神经网络 CNN(Convolutional Neural Networks)在计算机视觉领域应用广泛,其主要由卷积层、池化层和全连接层构成。CNN 有着局部连接和权值共享的特点,其通过加强神经网络中相邻层之间节点的局部连接模式来挖掘自然图像的空间局部关联信息,获得了很好的预期效果。

在 CNN 中,卷积 Conv 层的每个神经元与输入信号局部连接,并且通过加权对应的权值求和再加上偏置项,得到该神经元输出值。卷积过程公式如下:

$$s(i,\ j)=(X*W)(i,\ j)=\sum_{m}\sum_{n}x(i+m,\ j+n)w(m,\ n) \tag{5-16}$$

长短期记忆网络(Long Short-Term Memory, LSTM)是基于循环神经网络 RNN 的改进模型,在处理和预测时间序列数据时比传统 RNN 有更为优异的表现。LSTM 单元结构中的输入门、输出门、遗忘门分别实现信息的流入、流出以及状态的更新。门控制机制使得 LSTM 可以维持一个时间段的信息,并在训练时阻隔不利变化对内部梯度的影响,这种特殊的结构使得 LSTM 能够解决 RNN 存在的梯度爆炸或梯度消失问题。

路网的交通流量与其历史交通流量数据有关,还受到其相邻位置交通流量的影响。路网的空间特征对于交通流量的影响是显而易见的,而卷积神经网络非常适合这种空间特征的提取。基于此使用 CNN 中的 Conv 卷积层来处理空间路网,以捕获交通流的空间特征。

外部特征对于交通状态的影响是不可忽视的,例如,交通流量具有显著时间周期特性,其分布特征以固定周期循环往复,工作日与非工作日的交通流量也有显著差异。此外,天气因素对于交通流也有较大的影响,恶劣天气状况可以显著改变交通流的实时分布。范围内重大事件也是重要的外部影响因素,例如交通管制或交通事故。

综合以上考虑,用于预测的数据必须兼具路网时空特征与外部状态特征。基于此,将经过卷积层细化后的路网流量特征与外部的日期、天气、事件特征相结合,综合得出的特征数据将作为输入数据进入到 LSTM 模型的训练中。

Conv-LSTM 模型实验流程如下:

步骤 1:路网流量数据预处理。

步骤 2:预处理后的数据经卷积运算提取流量特征。

步骤 3:流量特征与外部的日期、天气、事件特征相结合,得到 LSTM 的输入数据。

步骤 4:将步骤 3 得到的数据输入到 LSTM 进行训练。

步骤 5:反归一化,获得最终预测结果。

整个流程中,Conv 层输入数据是经过处理后的时空特征矩阵,卷积运算时使用若干个滤波器对特征矩阵中的空间信息进行卷积,得到的数据特征与外部特征相结合并进入到 LSTM 层,最终输出下一个时刻的交通流量预测结果。模型整体运作流程如图 5-69 所示。

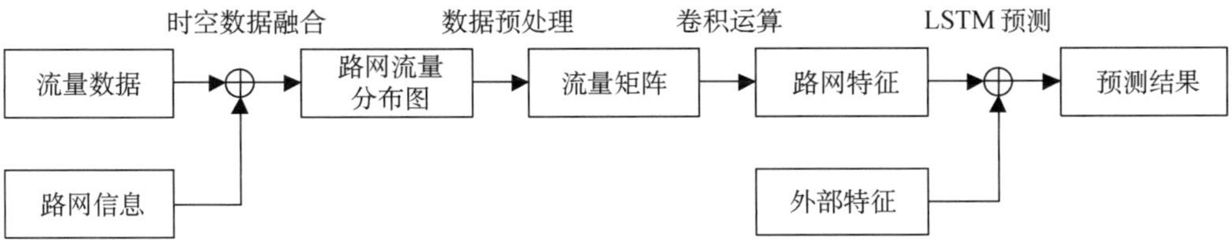

图 5-69　Conv-LSTM 模型整体流程

通过卷积运算提取交通流量特征分布的空间信息，结合外部特征后，经 LSTM 提取时序信息，从而对交通流量进行短时预测。结合了时空特征和外部特征的 Conv-LSTM 模型拥有较好的性能表现，具备更准的短时交通流的预测能力。

2. LightGBM 算法

交通状态预测是在带有随机性和不确定性的交通变化中，根据多源异构的交通流数据，结合相关影响因素，通过历史数据的系统分析，找出其中的规律并建立相应的预测方法和模型，以预测未来的交通状态。准确的城市道路短期交通预测，不仅可以引导出行者选择最佳的出行时间，提高出行效率，而且有助于道路管理者及时预警道路拥堵，快速做出响应，有效引导交通有效高效运行，保证道路交通运行。

LightGBM 算法是一种基于 GBDT(Gradient Boosting Decision Tree)框架的组合决策树算法，主要通过直方图方法离散化特征，并采用子叶分割策略保证高效率的同时引入最大树深度防止过拟合，支持并行训练来提高模型的训练速度与预测精度。在国内外各类大数据的比赛与应用中，以高效率与高精度的优势获得了广泛研究与使用。该算法在交通领域中的路段速度预测有较好的应用前景。

3. 设计流程

基于 LightGBM 模型的路段速度预测算法的主要流程设计如下：

第一步：构建预测模型的特征工程；

第二步：根据特征工程中的指标做对应的数据预处理工作；

第三步：进行 LightGBM 模型的训练，并根据特征灵敏度分析结果调整模型超参数，得到训练后的模型；

第四步：将训练好的模型输入到实时预测框架中，实现实时短间隔的路段速度预测。

4. 构建特征工程

除了常用的路段速度特征之外，根据实际情况可以考虑天气、路段关系、时间等其他可能潜在影响因素，构建的特征工程实例如图 5-70 所示。速度特征，包括均值、标准差、最大值、最小值、中位数、峰度、偏度与车流量，全面地考虑速度的变化趋势；天气特征，考虑温度、风力与降雨量，考虑天气情况可能造成道路交通运行影响；时间特征，划分当前小时、是否高峰时段、是否工作日，考虑不同时间段内的路段速度的运行特性与变化情况;路段关系,考虑当前路段的上下游路段运行的交通影响;路段特征,属于静态特征,确定路段所在的区域、所属的大路段、划分子路段的数量、路段长度等静态属性,考虑路段的地理特征对于路段运行速度的影响。

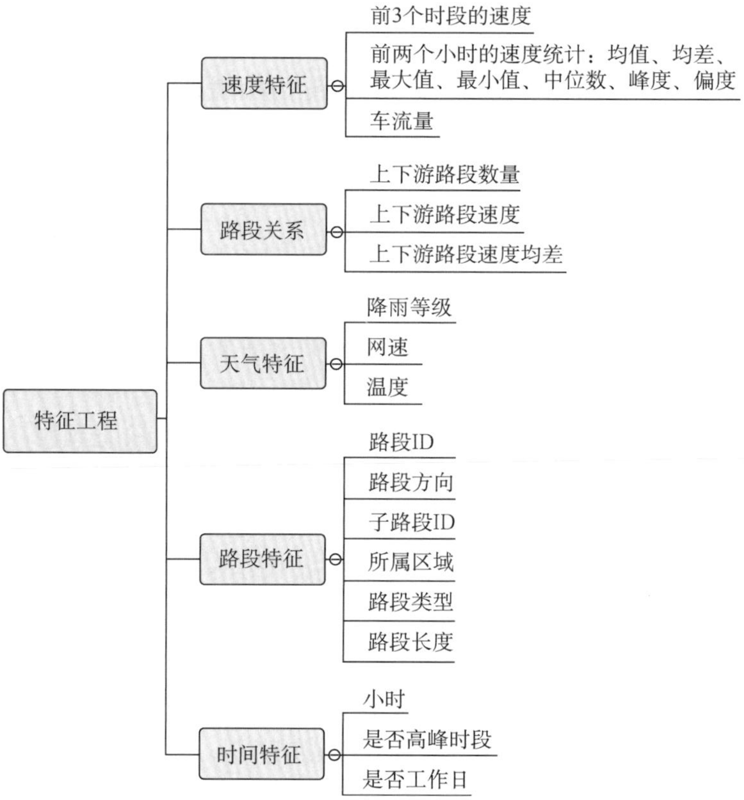

图 5-70 特征工程示意图

5. 数据预处理

模型的预测精确度很大程度上由训练特征的数据集的质量决定,因此一个数据充沛、完善、采样率合适的历史数据集是模型准确预测的前提条件。上述特征工程的特征变量可细分为连续变量和离散变量,针对不同的数据类型进行连续变量和离散变量两种不同的数据预处理方式:

连续变量是指在一定区间内可以任意取值,其数值是连续不断的。由于数据源中的导航数据、GPS 数据等在不同路段的数据质量存在差异,因此需要对连续的速度数据进行严格的筛选处理,主要流程包括:数据记录去重,删除在同一时段内重复的数据记录;异常值剔除,将不合常理的速度值剔除;数据过滤与补全,数据进行异常值的再剔除与缺失值的补全速度特征、样本量特征、路段关系等特征。

离散变量指变量值可以按一定顺序一一列举,表示对应的物理意义。常见离散变量包括天气特征、路段特征、路段位置特征。

6. 模型灵敏度分析

训练后得到模型影响程度的特征排名,如图 5-71 所示,分析不同类型特征影响权重。

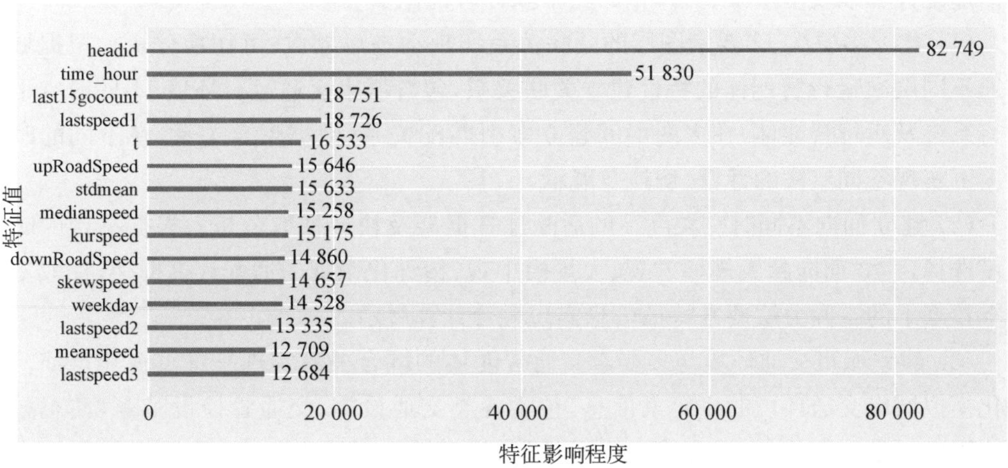

图 5-71　训练后模型不同特征影响程度排名示例

7. 实时预测框架

基于 LightGBM 模型和预测的实时要求,搭建在线预测框架(图 5-72)。首先是读取实时的速度数据、天气数据、静态路段信息等数据,进行相应的聚合、过滤、补全处理,按照离散变量和连续变量的处理方式构建特征工程;接着读取训练好的 LightGBM 模型的树结构文件;然后将特征变量输入至 LightGBM 模型中,并行地进行逐步滚动预测,直到完成短时预测;最后将预测的结果写入数据库,并将时间窗向前滚动一步,直到完成所有时段的预测。

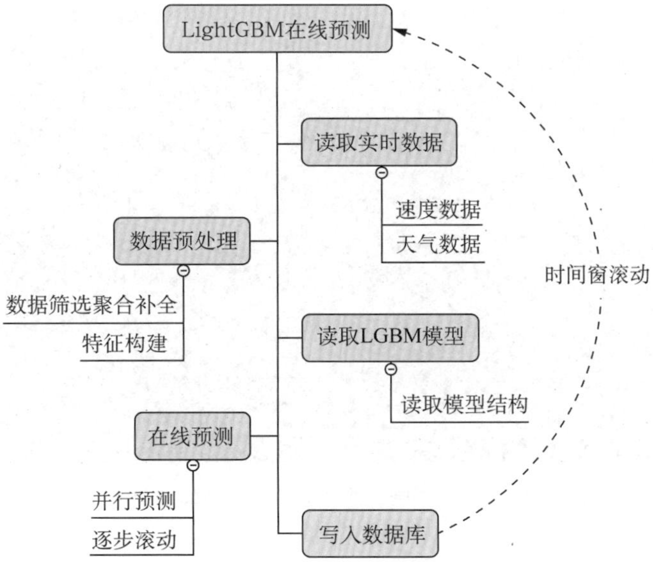

图 5-72　LightGBM 在线预测框架示意图

5.3.5 适配计算与成果表达方面

在超大规模的城市交通大数据计算及可视化表达层面，需要重点考虑多层次、多要素的适配计算以及多层次、一体化的三维耦合可视化。

(1) 建立多层次、多要素图层的关联关系实现动态可缩放、可切换分析。根据城市交通不同层次运行智能体的特性建立关联关系，包含城市交通运行环境、不同时空下的运行系统及运行智能体，在多图层间建立索引匹配关系、数据聚合关系，在不同的时空粒度下实现不同层次的计算、切换及展示。

(2) 建立面向不同时空粒度下的适配计算框架及快速抽取分析。根据平台的时空粒度选择，建立面向超大规模宏观、大规模中观、精细化微观的适配计算框架，抽取不同时空粒度下的空间分层要素特征信息实现融合计算展示。

(3) 建立城市交通环境与多要素交通智能体的耦合关系实现三维可视化推演。精细化模拟城市交通环境的多要素信息，包含各类交通设施、交通管控设施等，动态融合道路周边三维建筑信息，结合城市交通规划、设计及运营需要，实现不同场景下超大范围三维可视化推演，为城市交通精明规划、精细设计、品质建设、智慧运营等提供可视化动态推演平台。

5.3.5.1 基于多层次、多要素的关联关系实现动态可缩放、可切换技术

在超大规模的可视化展示环境下，为加快三维可视化场景的加载效率，在不同的粒度下对道路周边建筑物采用不同的建模及渲染方法，大大地节省计算机的计算资源和存储资源。

在大片区级别的可视化展示下，采用体块素模或低精度建模的方法，仅根据平面图的建筑轮廓形状以白色体块几何体的形式来处理，主要用于项目非表现区域陪衬性背景建筑。图 5-73 为超大范围三维动态交通仿真。

图 5-73 超大范围三维动态交通仿真(整个区域)

在小片区可视化展示级别，采用中精度模型，对周边建筑物的屋顶及底部的细节刻画可较少一些，要求具有清晰的建筑主体结构，主要细节通过纹理贴图体现。同时，采用局部渲染与并行计算的框架，由近及远进行分层次、分区域渲染，避免三维可视化的卡顿。图 5-74 为片区范围三维交通仿真。

图 5-74　片区范围三维交通仿真

在路段及节点层面的可视化展示，加载高精度的三维模型，对道路周边建筑物进行详细的刻画及描述，同时加载道路信号控制、道路控制信息等。图 5-75 为局部三维立体展示。

图 5-75　局部三维立体展示

结合仿真模型的指标输出，建立从点（交叉口）—线（路段）—面（片区）的多层次指标体系，结合 3D 可视化展示，利用丰富多彩的图表动态展示不同层次下的交通运行特征，直观明了。图 5-76 为多样化的评估分析指标示意。

图 5-76 多样化的评估分析指标示意图

5.3.5.2 交通量和网络环境变化下的高效高可靠“云-边”协同计算技术

针对纯依赖云端存在的超高带宽瓶颈以及高处理延时问题，攻克“云-边”协同自适应调度技术，根据交通量和网络环境变化动态调度“云-边”计算资源，提高计算效率和可靠性。

1. “云-边”协同计算的内容

边缘计算与云计算都有各自的优势，如果需要进行的数据处理是全局性、非实时、长周期的，那么可以选择采用云计算，它在长周期维护、业务决策支撑方面可以发挥较好的作用；反之，当处理的数据需要的实时性较高，而且是一种局部性、短周期的数据，那便可以选择边缘计算，它对本地业务的实时智能化决策与执行有着较为优秀的支持作用。综上所述，同时使用云计算和边缘计算可以起到互补协同的作用。为了满足各种各样的需求场景，边缘计算与云计算应该紧密协同，才能更好地发挥边缘计算和云计算的应用价值。由于在云端进行高价值数据的采集时，边缘计算作为采集和初步处理单元，同时也靠近执行单元，因此可以更好地支撑云端应用；与之相反，云计算则是注重于利用大数据分析来优化输出的业务规则或者模型，进而下发到各个边缘侧，最后边缘计算基于新的业务规则或者模型运行。

“云-边”协同计算的主要内容包括以下几点（图 5-77）：

(1) 资源协同：边缘节点提供计算、存储、网络、虚拟化等基础设施资源，具有本地资源调度管理能力，同时可与云端协同，接受并执行云端资源调度管理策略，包括边缘节点的设备管理、资源管理以及网络联结管理。

(2) 数据协同：边缘节点主要负责现场/终端数据的采集，按照规则或数据模型对数据进行初步处理与分析，并将处理结果以及相关数据上传给云端；云端提供海量数据的存储、分析与价值挖掘。边缘与云的数据协同，支持数据在边缘与云之间可控有序流动，形成完整的数据流转路径，高效低成本对数据进行生命周期管理与价值挖掘。

(3) 智能协同：边缘节点按照 AI 模型执行推理，实现分布式智能；云端开展 AI 的集中式模型训练,并将模型下发边缘节点。

(4) 应用管理协同:边缘节点提供应用部署与运行环境,并对本节点多个应用的生命周期进行管理调度;云端主要提供应用开发、测试环境,以及应用的生命周期管理能力。

(5) 业务管理协同:边缘节点提供模块化、微服务化的应用实例;云端主要提供按照客户需求实现智慧道路业务编排能力。

(6) 服务协同:边缘节点按照云端策略实现部分 EC-SaaS 服务,通过 EC-SaaS 与云端 SaaS 的协同实现面向客户的按需 SaaS 服务;云端主要提供 SaaS 服务在云端和边缘节点的服务分布策略,以及云端承担的 SaaS 服务能力。

并非所有的场景下都涉及上述"云-边"协同能力。结合具体的使用场景,"云-边"协同的能力与内涵会有所不同,同时即使是同一种协同能力,在与不同场景结合时其能力与内涵也会不尽相同。

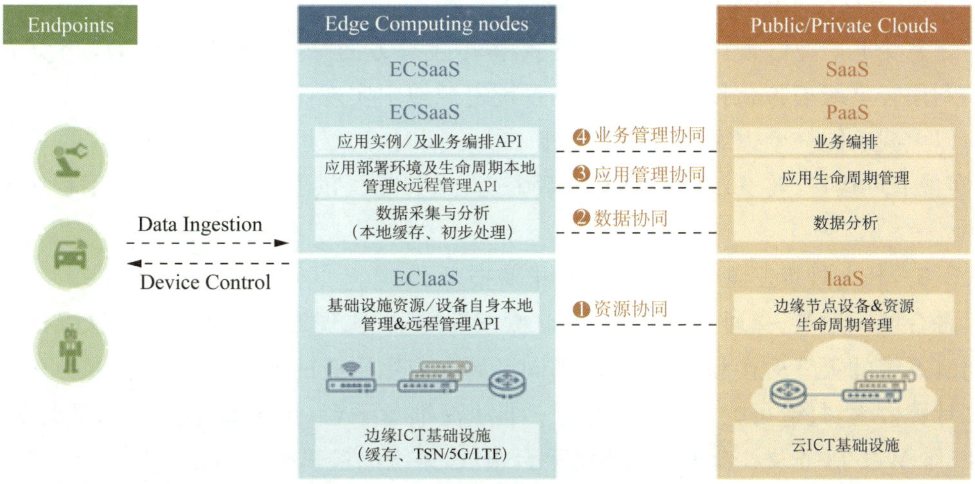

图 5-77 "云-边"协同的内容示意图

2. 云边协同的关键技术

1) 网络切片

网络切片是从运营商网络中划分出的一部分基础设施资源以及网络/业务功能实体形成的虚拟网络及资源池,满足用户在连接、带宽、时延、安全、管理、可靠性等多样化需求。在传统网络"尽力而为"的传输方式下,多种业务流数据在网络中混合传输,相互干扰,无法确保某种业务流的传输需求。网络切片可以将大网络资源进行细粒度划分和专用,为不同业务提供定制化的保证能力,如同不同业务都在各自的"专网"上传输,互不干扰,具有专用性、异构性和灵活性等特点:专用性,网络切片实现网络资源的高隔离性来保证业务间的专用性,并可以提供带宽时延等指标的保证;异构性,网络切片可以兼容承载网络各管理域,形成全网络资源视图,实现端到端编排;灵活性,网络切片具备随业务需求变化而灵活调整的能力,提供可定制的业务要求和体验。

2）网络切片的智能化配置

网络切片实施的关键步骤是将用户的实际需求映射为网络质量需求，例如将流畅清晰地播放视频和语音，实现网络设备的即插即用以及保障 7 天 24 小时随时在线等需求，映射为网络的平均峰值带宽、时延、抖动以及故障保护等指标，从而使网络切片提供商提供相应专用、隔离、服务可保证的网络切片。同时，可以引入 AI 技术实现参数映射和迭代优化，更好地满足用户需求。

3）计算资源与连接资源统筹调度和编排

网络切片可以实现计算资源与连接资源统筹调度和编排，满足垂直行业需求的网络与计算资源一站式服务。传统模式下，用户需要分别向云服务提供者和互联网服务提供者请求 IaaS、PaaS、SaaS 服务以及 VPN、CDN 等网络服务。网络切片可以通过服务商提供给用户集成式一体化的端到端服务。

4）虚拟化技术的编排和多生态承载

智慧交通产业链较长，市场主体较多，整个生态方面“碎片化”现象较为严重。边缘网关利用轻量级虚拟化技术，在有限的系统资源池中实现业务的隔离，使不同的生态系统可以承载于同一个边缘节点且不互相干扰。同时，边缘网关通过统一开放的 API 接口，实现节点接口、转发、地址、管理等系统能力的开放，供上层各生态的应用程序灵活调用。

5.3.5.3 超大规模三维仿真及可视化推演技术

融合城市建筑、交通、景观环境等虚拟三维场景，实现宏、中、微观多层次交通模型与仿真系统的无缝对接和切换，实现不同区域和应用层级的推演交互功能，接入云平台提高计算效率，打造可交互、可视化的三维沙盘推盘平台，由模型基础支撑平台、中间件、三维 Web 服务及沙盘可视化推演平台组成，系统的逻辑架构图如图 5-78 所示。

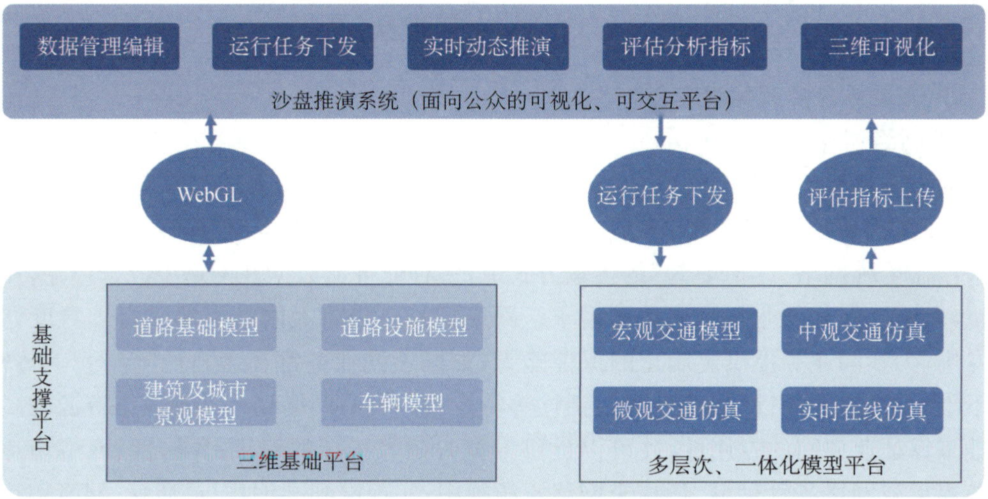

图 5-78　沙盘推演系统逻辑架构图

1. 交通模型支撑平台

结合多层次、一体化交通模型体系建设,准备基础模型、仿真数据,同时对模型/仿真运算核心算法进行封装,标准化输出评估分析指标到推演系统。图 5-79 为模型支撑平台框架。

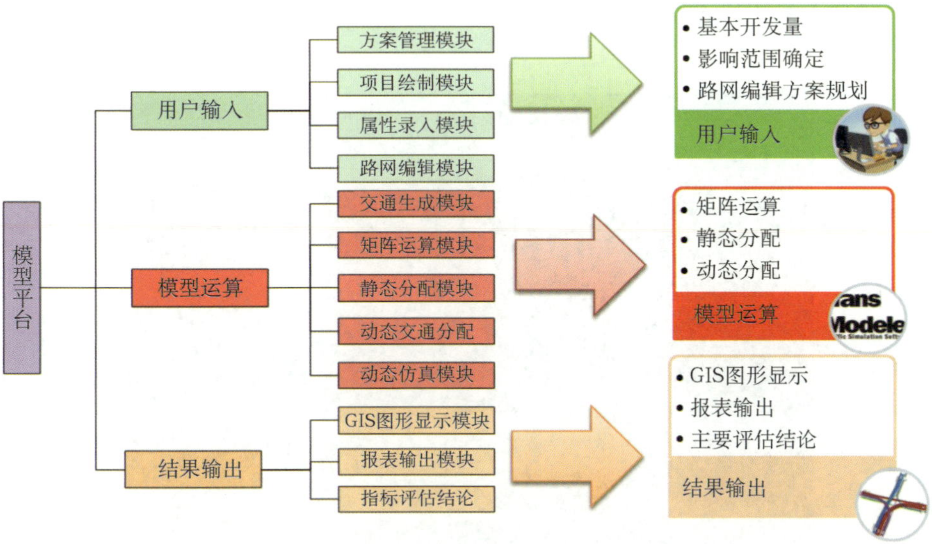

图 5-79　模型支撑平台框架结构

2. 三维基础建模平台

为实现沙盘推演和中观动态仿真系统建模的需要,构建城市三维场景,完成建筑及城市景观模型、道路基础模型、道路设施模型、车辆模型的制作,为三维信息发布提供基础素材支撑(图 5-80)。

图 5-80　多层次三维模型定义

3. 数据交互中间件

从沙盘推演系统到模型基础支撑平台的数据交互过程分为两个步骤：

（1）定义任务下发的标准格式，模型平台实时接收公众通过沙盘推演系统下发的运行任务（图 5-81）；

（2）模型平台根据下发任务运行运算后，按照约定的标准化格式，将评估分析输出至推演系统。

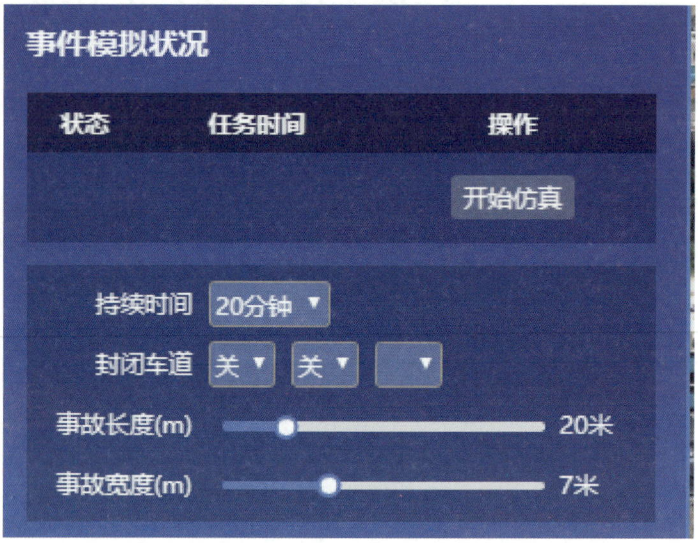

图 5-81　沙盘任务下发示例(以交通事故推演为例)

4. 三维模型发布服务

基于 WebGL 来在网页上绘制和渲染复杂三维图形（3D 图形），并允许用户与之进行交互。WebGL 技术结合了 HTML5 和 JavaScript，允许开发者在 Web 页面上创建和渲染三维图形。WebGL 内嵌在打开沙盘的浏览器中，不必安装任何插件和库就可以直接使用它。WebGL 页面的软件结构及运行流程如图 5-82、图 5-83 所示。

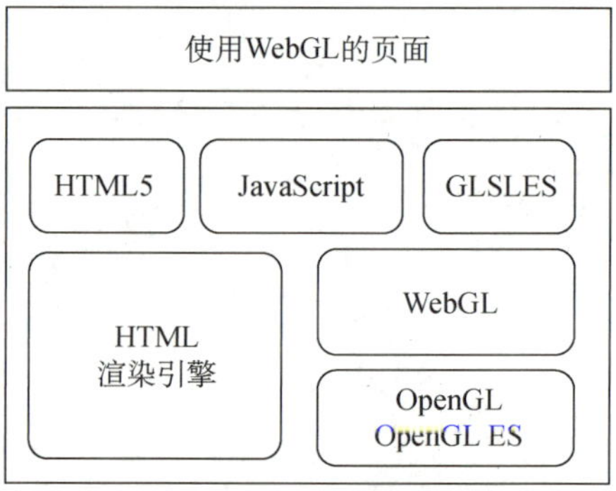

图 5-82　WebGL 页面的软件结构

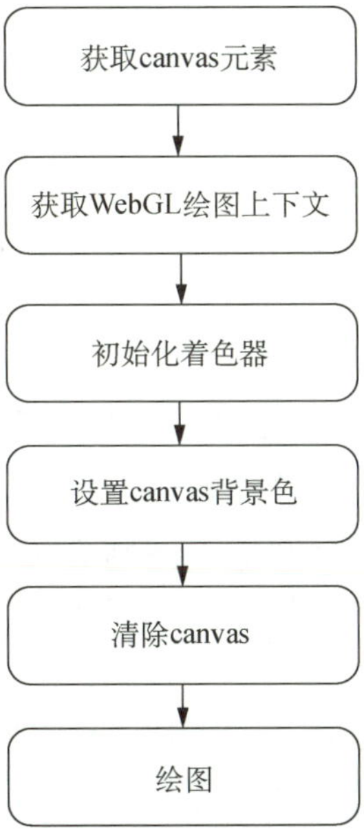

图 5-83　WebGL 页面的运行流程

5. 沙盘推演系统

沙盘推演系统是面向用户的可视化交互界面,用户可在交互界面上进行规划数据编辑、下发推演任务,沙盘推演系统调用基础支撑平台进行动态推演、评估分析统计及三维可视化展示(图 5-84)。沙盘推演系统的设计开发采用成熟的 BS 架构及 J2EE 开发技术架构。

图 5-84　沙盘推演系统设计开发示意(以交通事故推演为例)

5.4 算法资源管理

5.4.1 算法上架与更新

存放在算法库中的算法资源可以在平台申请上架，将算法资源以算法接口、函数构件和图形化构件的形式为用户提供服务。

5.4.1.1 算法上架

交通大数据平台的算法超市功能提供算法上架服务。算法库中的算法通过算法上架，登记算法的仓库路径、使用说明、算法详情等信息，并选择可以提供的服务，提交到平台进行审核，若通过审核即可将该算法上架到算法超市。算法提供的服务构件在审核通过后由平台系统自动生成，算法接口链接需要提前生成，直接登记在接口信息中。算法上架必须遵循以下平台规则：

(1) 算法上架填写信息分为基本信息和服务信息两部分。算法基本信息中，算法名称和算法描述为必填项，服务种类可以选填。

(2) 用户填写完毕后，可以保存记录，在需要上架时提出申请。

(3) 上架审批需要对算法内容、使用方法、上架期限进行审查和设定。

上架后所有用户能看到算法的基本信息和使用说明，算法接口服务需要另外申请使用，接口授权流程与数据接口一致，其他构件服务由平台系统管理控制使用权限。

在上架算法可提供的服务中，算法接口服务可以为用户提供数据的实时响应，上架算法时接口信息需要提供调用说明和调用示例；函数构件提供了算法服务架构中的算法模型调用功能，图形化构件则提供了算法服务架构中的应用调用功能，上架算法时构件信息需要提供算法构件所在的仓库路径、使用语法、输入输出说明和使用示例。

5.4.1.2 算法编辑

某版本的算法处于非上架状态时，用户可以对该算法进行当前版本的信息编辑。能编辑的内容范围仅包括算法的使用说明、示例说明、类别、标签等文字描述性信息，不能更改提供服务的算法内核信息，且仅有创建该算法上架申请的用户能够编辑信息，编辑完成后需要重新提交上架申请。

5.4.1.3 算法更新

用户可以对已存在的算法进行版本更新，版本控制按照算法版本管理实施，版本更新可以对算法的所有内容进行更新，仅有创建该算法上架申请的用户能够更新算法版本，更新完成后需要提交至平台进行上架审核，审核通过后可上架至算法超市，超市可以展示该算法的所有上架版本的信息。

5.4.1.4 算法资源管理

在算法中台里，普通用户拥有自己的个人算法空间，存储用户自己编写和提交的各版本算法资源和算法信息，用户可以对非上架状态的算法资源实现删改，但不能删改正在提交审批或上架中的算法资源。管理员拥有平台算法的管理空间，可以审批用户递交的算法上架申请，也可以控制算法超市内的上下架状态和展示状态，对于非上架状态的算法，管理员删除该记录不影响用户个人空间对应的算法记录。

5.4.2 算法版本管理

5.4.2.1 版本号管理

算法版本管理的主要原因是避免算法版本管理混乱，通过算法版本管理和日志信息，能详细记录每个版本算法提交和改动的内容，并且能够比较查看不同版本之间的异同，更重要的是可以恢复任一版本的算法代码，避免算法丢失。同时标准化算法管理流程能提高多人协同开发的效率，让算法开发成员了解到代码的最新情况，避免重复劳动。常用的算法版本管理工具有 SVN、GitLab 等。

算法版本的更新迭代应需要通过对应的算法模块仓库和代码仓库来实现管理，才能更好地追溯历史版本。算法名称采用“主谓”结构，并添加算法版本号。版本号的格式：v〈主版本号〉.〈副版本号〉.〈发布号〉，版本号的初始值为 v1.0.0，如地图匹配算法的初始版本命名为 map_match：v1.0.0。主版本号和副版本号的变更标志着重要的功能或结构变动。发布号的变更用于体现小的算法功能优化，版本号的更新管理规则如下。

1. 主版本号

(1) 算法核心内容进行重大修改(更换新的算法技术)，主版本号加 1；

(2) 算法开发框架进行重大修改(更换新的开发框架)，主版本号加 1。

2. 副版本号

(1) 主版本号变更时，副版本号置 0；

(2) 算法输入或输出的数据结构发生变更，副版本号加 1；

(3) 算法核心内容进行优化变更(如某个功能的优化)，副版本号加 1；

(4) 若副版本号累加至超过 10 时，采用主版本号进位制，主版本号加 1，副版本号重新置 0。

3. 发布号

(1) 主版本号或副版本号变更时，发布号置 0；

(2) 算法非核心内容进行优化变更(如数据读取和输出代码等)，则发布号加 1；

(3) 若发布号累加至超过 10 时，采用副版本号进位制，副版本号加 1，发布号重新置 0。

5.4.2.2 算法库管理

随着项目规模的变大，代码复用成为重要问题。很多代码在多个库当中被使用，应该被抽取出来成为单独的算法模块。当抽离的算法模型工具数量较多时，需要统一的管理工具对算法模型库包进行集中维护和管理，同时便于算法模型工具的版本更新和工具下载使用。常用的管理方法为搭建私有库对库包进行管理。

例如，PyPI(Python Package Index，https://pypi.org/)是 Python 官方的第三方库的仓库，所有人都可以下载第三方库或上传自己开发的库到 PyPI。企业或组织内部应该搭建私有库，可以用来上传和维护私有的 Python 算法包以及常用的官方依赖包，管理企业内部项目的算法模型工具，减少库包下载的时间消耗。Python 私有源实现推荐工具为 pypi server 或 Nexus。

在 Java 算法开放中，不可避免地需要 Java 的框架和 API，通常它们都是以 JAR 包的形式提供。当项目越来越庞大的时候，对于项目依赖的管理将越来越复杂。企业或组织内部应该搭建私有的 JavaJar 包管理工具，用于自动化管理企业内部私有的 JAR 包或常用的官方依赖 JAR 包。Java 私有包管理推荐工具为 maven，通过 maven 进行依赖管理，需要做的就是在项目 pom 文件里指定依赖 JAR 包的名称和版本号，就能实现依赖的自动下载，并递归地去下载其他内部依赖，快速解决项目环境和依赖问题。

5.4.2.3 算法代码管理

当大型项目涉及多版本管理和协同开发的时候，必须使用项目管理工具进行项目控制。Git 是一个开源的分布式版本控制系统，可以有效、高速地处理从很小到非常大的项目版本管理。而 GitLab 是一个用于仓库管理系统的开源项目，使用 Git 作为代码管理工具，并在此基础上搭建起来的 Web 服务。GitLab 能够浏览代码，管理缺陷和注释。可以管理团队对仓库的访问，它非常易于浏览提交过的版本并提供一个文件历史库，使用 GitLab 进行项目代码管理遵循以下一般规范。

(1) 主分支：代码库应该有一个且仅有一个主分支，所有提供给用户使用的正式版本，都在这个主分支上发布。

(2) 开发分支：主分支只用来分布重大版本，日常开发应该在另一条分支上完成，称为 Develop。

(3) 功能分支：功能分支属于临时性分支，一般合并完就会删除。它是为了开发某种特定功能，从 Develop 分支上面分出来的。开发完成后，要再并入 Develop。

分支管理遵循以下规范：

(1) 将本地的任务 feature 分支 push 到线上对应的任务 feature 分支；

(2) 本地切换到 develop 分支，并 pull develop 分支，确保本地 develop 分支是当前服务器上 develop 分支的最新版本；

(3) 将自己的 develop 分支合并到 develop，这时可能会有冲突，这里的冲突手动处理，处理完后再进行下一步；

(4) 将合并后的 develop 分支 push 到服务器上；

(5) 禁止将任务 feature 分支 push 到 master 分支上。

5.4.2.4 算法镜像管理

Docker 镜像管理使用 Docker 仓库(repository)技术,仓库是集中存放镜像的地方,可以进行镜像上传和下载等操作。仓库分为公开仓库(Public)和私有仓库(Private)两种形式。最大的公开仓库是 Docker Hub,存放了数量庞大的镜像供用户下载,但是公开仓库的下载速度较慢。一般情况下需要搭建企业或组织的私有镜像仓库。私有仓库就是在本地(局域网)搭建的一个公共镜像仓库,搭建好后可以将镜像提交到私有仓库中。当另一台机器需要使用镜像的时候,只需要从私有仓库上进行下载即可。一般基于官方提供的 registry 镜像搭建私有仓库,但它不包含界面、用户管理、权限控制等功能,进阶可使用 Docker Trusted Registry。

5.4.2.5 算法部署管理

算法中台可以作为独立的中台服务进行部署。算法中台可以将功能应用拆分为算法超市、算法管理、算法模型、可视化建模、任务调度这几个微服务应用,进行按需部署。

面向多个业务中台的内部需求,算法中台应保持稳定服务,应用要持续更新且全面更新。算法仓库或平台算法环境部署前,需要核对算法仓库和平台算法环境对应的算法版本;算法应用部署前,需要进行开发自测和功能测试,再根据 CICD 流程进行应用部署,部署后,要再次进行并发测试和压力测试,保证算法服务稳定运行。

面向外部项目交付时,算法中台在部署前需要先打通该项目的算法仓库到算法环境的链路,确保在线服务构件的正常运作,还需要事先部署好任务调度的相关组件如 Azkaban 等,调试算法任务的运行调度,再按项目需求部署相应版本的算法中台服务。若项目交付有算法需求,则需要将算法进行镜像封装,确保代码隐私性,通过算法仓库部署到对方的服务集群,对方运维仅需要进行算法管理;若无算法交付,则不仅需要给对方运维进行算法服务构件的生成和管理进行培训,还需要给对方算法开发人员进行算法封装标准培训。在项目需要功能版本更新时,必须遵守 CICD 规范,进行部署和测试。

5.4.3 自动化封装部署

5.4.3.1 自动化部署流程

在应用构建过程中,由于需要持续的进行更新迭代工作,因此应用的生命周期维护较为复杂,为此在整个发布流程中引入了自动化的镜像封装及部署方案。

在全流程运转过程中,自动化构建部署主要依赖 GitLab 进行代码版本的控制、依赖 Docker 进行运行环境的封装、依赖 Jenkins 进行代码的拉取、构建、部署工作。

5.4.3.2 Git 代码发布流程

在代码的管理方面,使用了私有 GitLab 仓库进行代码版本管理,代码在开发人员提交后将进过一系列审查发布动作,依次由开发环境向测试环境发布,测试环境测试完成后将向生产环境迭代(图 5-85)。

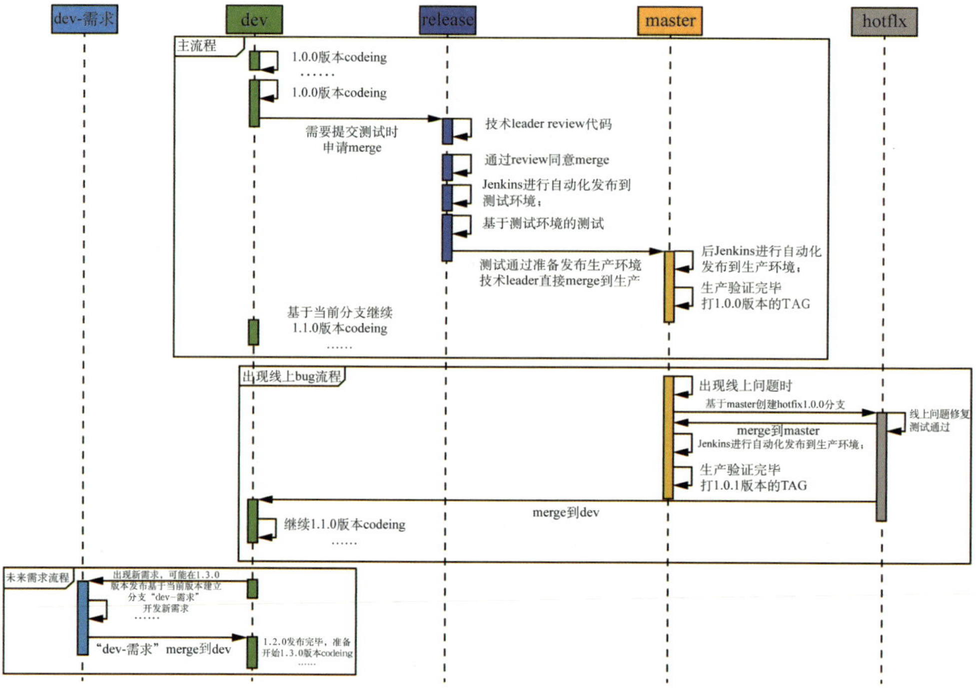

图 5-85　Git 代码发布流程示意图

5.4.3.3　Jenkins 发布流程

Jenkins 作为优秀的持续集成工具，在自动化部署工程中起到了关键作用。Jenkins 发布过程中，当接收到用户请求后，Jenkins 会从 GitLab 中拉取最新的软件代码，将代码缓存到 Jenkins 服务器中，并通过一系列过程对镜像进行构建封装；当封装流程完成后，Jenkins 将会自动将最新镜像部署至远端服务器(图 5-86)。

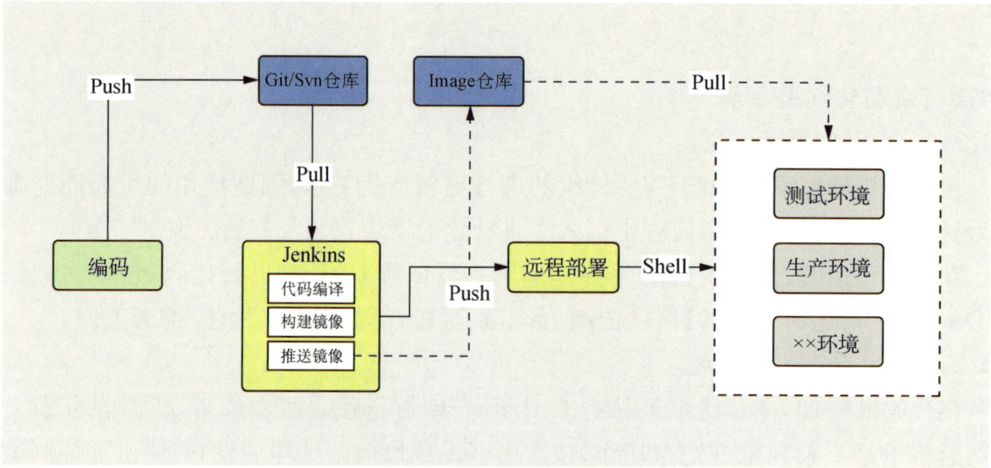

图 5-86　Jenkins 发布流程

5.4.3.4 镜像版本管理

在 Docker 镜像管理中,启用了 Nexus 私有仓库对镜像进行存储,既保障了代码的安全性和保密性,也提高了网络联通性能。图 5-87 为 Docker 镜像管理界面截图。

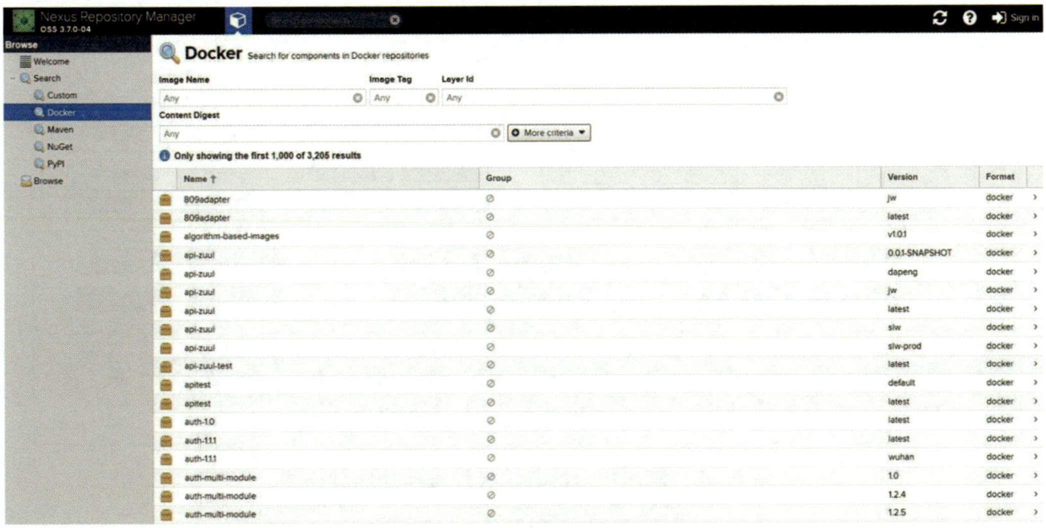

图 5-87 Docker 镜像管理界面

5.5 算法模型服务

5.5.1 算法模型功能架构

算法中台的算法模型服务功能架构如图 5-88 所示,中台具备基础工具管理功能、大数据计算能力、算法模型开发能力、模型部署能力和模型调用能力。

1. 基础工具仓库管理

建立算法中台的基础工具仓库,维护算法模型中最简单的基础工具,为上层算法模型开发提供封装好的关键算法工具组件。

2. 计算框架

提供平台运行算法模型的基础计算框架,如机器学习框架、深度学习框架和大数据计算框架。算法中台兼容主流机器学习与深度学习框架,满足多维计算场景,同时基于成熟的机器学习框架和深度学习框架封装多类算法组件,为用户快速搭建算法场景,提供算法建模能力。

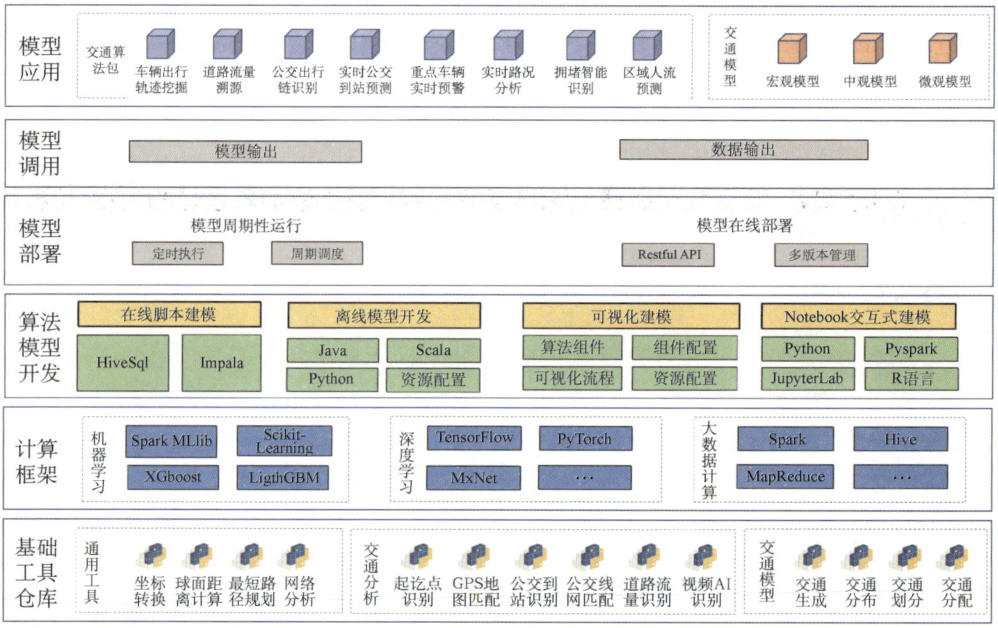

图 5-88 算法中台的算法模型服务功能架构图

3. 算法模型开发

算法中台的算法模型开发提供四种服务方式，具体阐述如下：

(1) 在线脚本建模功能：支持开发人员通过线上 SQL 脚本编程的模式进行数据挖掘和分析，通过执行 SQL 脚本立即返回计算结果，快速完成数据统计和分析工作。

(2) 离线模型开发功能：支持用户将线下开发完成的算法模型进行上传，包括 Python 脚本、Java 工具包、Scala 工具包等，通过配置启动命令执行算法模型工具包。

(3) 可视化建模功能：通过封装的算法模型组件，包含数据预处理、统计分析、特征工程、机器学习、模型预测、模型评估等工具，实现从数据接入到模型评估的全链路可视化开发。开发人员可通过平台拖拉组件进行快捷的流程化开发，并配置组件参数和模型运行资源，将大大降低算法建模难度。

(4) Notebook 交互式建模功能：集成 JupyterLab 等平台的开发功能，可进行 Python、Pyspark、R 语言等多种语言的交互式算法开发。交互式建模能提供用户个性化模型开发和数据分析的需求。开发人员执行代码语句查看相应结果与运行日志，提供便利的开发环境。

4. 模型部署和调用

模型部署支持开发人员在运行算法模型时设置模型运行参数，例如执行时间、运行周期等属性，并输出数据。也支持开发人员将模型按 restful API 接口的形式进行部署发布，通过接口地址进行调用，从而实现算法模型对企业业务的应用服务。

5.5.2 算法服务的弹性资源响应

1. 负载均衡的实现

利用 Kubernetes 的系统特性,在发布应用时使用 Deployment 用于规定 Pod 的副本数,并通过 ReplicationController 对 Pod 副本数进行维护。结合 Kubernetes 中的 LoadBalancer 功能,对 Pod 副本实行负载均衡。图 5-89 为负载均衡的实现流程。

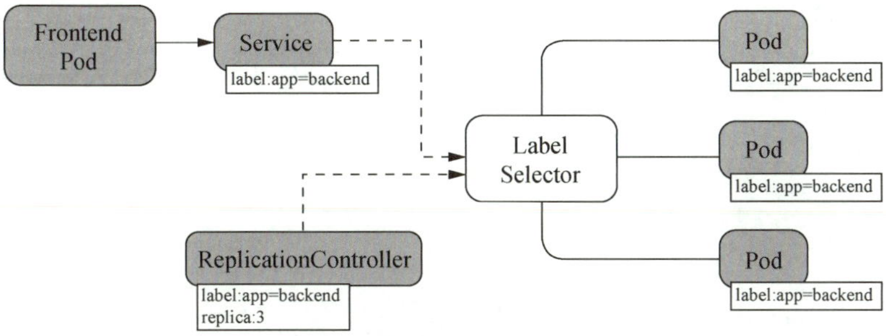

图 5-89 负载均衡的实现流程

2. 动态伸缩的实现

动态伸缩的功能主要通过增加、缩减一个 Service 中的 Pod 数来达到扩展性能、缩减性能的作用。通过结合 HPA(Horizontal Pod Autoscaler)的资源监控功能,对当前 Service 的整体性能进行近似实时监控。一旦 Service 资源负载偏离预先设置的容忍值时,HPA 将向发送 ReplicationController 增加/缩减 Pod 数量的请求,并由 ReplicationController 完成 Service 中 Pod 的数量变更。图 5-90 为动态伸缩功能实现示意图。

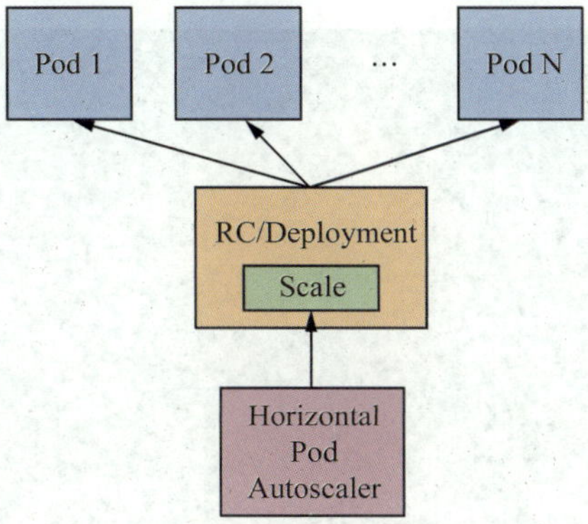

图 5-90 动态伸缩功能实现示意图

5.5.3 算法服务的监控预警

在服务的监控预警措施中,使用 Prometheus 结合 Kubernetes 的方式,对整个算法服务的运行资源情况、服务健康状态、接口健康状态进行监控及预警。

Prometheus 在记录纯数字时间序列方面表现非常好。它既适用于面向服务器等硬件指标的监控，也适用于高动态的面向服务架构的监控。对于现在流行的微服务，Prometheus 的多维度数据收集和数据筛选查询语言也是非常得强大。图 5-91 为 Prometheus 工具服务框架。

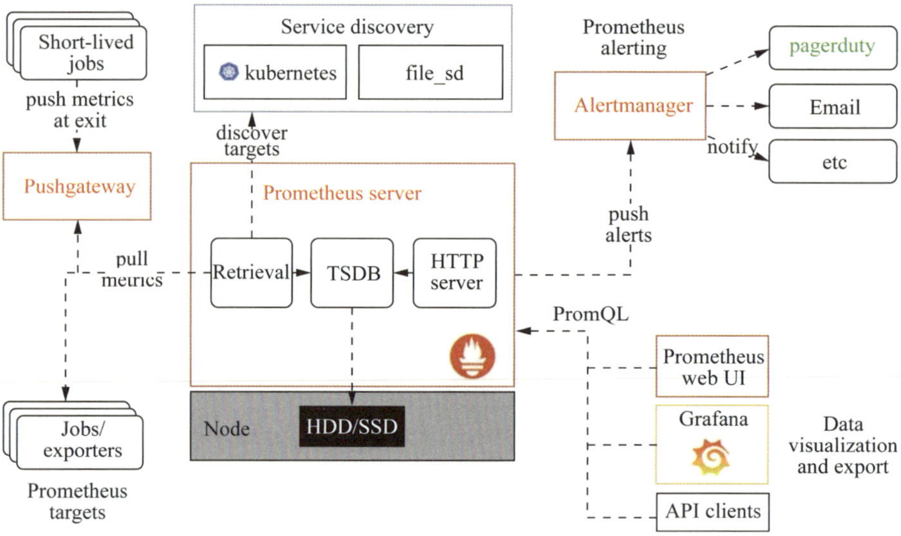

图 5-91　Prometheus 工具服务框架

在前端展示方面，启动了强大的 Grafana 数据展示组件，通过获取 Prometheus 数据并进行绘图的方式，将数据进行图形化展示输出，以提高数据可读性(图 5-92)。

图 5-92　Grafana 数据展示组件截图

5.5.4 调用统计

由于平台在总量和实例层使用度量方面不同,平台算法收费和计量是根据实际使用确定的。实际使用收费根据使用监视的粒度在同组硬件上的多租户中运行程序代码。例如,每个事务或每个应用程序的使用数据情况、CPU 利用率和磁盘利用率资源使用情况等来确定。

算法的计量和计费主要包括数据存储、算法服务、资源使用情况等。由于无法精确计量每个事务用户在每个请求中使用了多少 CPU 资源,所以很难在用户层上分配资源。因此,一个简单而有效的计费和计量方法是确定用户使用的存储数据量。这么做可以帮助对服务进行容量规划、计费和计量,例如存储即服务,大量数据存储在基础架构中的服务器上。在这种情况下,使用基于千兆字节的收费模式来确定每个月服务的成本是多少。

在计费和计量方面,算法服务一般根据用户调用算法类型、运行时长、数据量大小、结果大小等对用户进行统计、监控。

平台通常包含对长期运行的算法代码、耗费 CPU 的事务,以及其他内置的服务来计算资源使用率。根据资源使用率及容器编排个数来进行收费。

6 交通大数据前台：TransPaaS平台功能设计与建设

目前已经面世的大数据平台中，产品大部分聚焦于通用平台的建设，它们主要提供通用的大数据服务如云服务器服务、云数据库服务，以及通用的数据治理和数据应用服务，并利用这些通用服务堆砌拼凑成不同行业的解决方案[41]。这些大数据平台注重通用性，很难满足行业特性需求。另外，目前市面上的交通大数据平台缺少数据和算法的一体标准化整合，不能很好地为复杂的交通场景进行数据分析和决策赋能[42]。

交通大数据平台（TransPaaS）提供了符合交通业务特征的数据标准和算法标准，并基于领域特性设计了满足交通数据计算和场景分析的数据架构和系统架构，提供了交通数据分析研判和决策的全方位云服务。

TransPaaS 中，PaaS 意为平台即服务，是云计算三个层次服务（基础设施即服务，IaaS；平台即服务，PaaS；软件即服务，SaaS）的一种[43-44]。在 PaaS 层中，硬件和操作系统的细节被抽象掉，将应用研发的平台作为一种服务，用户只需要关注自己的业务逻辑[45]。TransPaaS 平台是指交通领域的 PaaS 平台，不仅具有通用云计算平台的大规模、无缝扩展、弹性调度、即时服务等特点，还在基础 PaaS 平台的基础上，将交通领域的数据、算法、模型、通用业务组件封装成服务，支撑交通业务应用的快速开发与部署。

在 TransPaaS 平台中，数据经过统一汇集与标准化治理以后，形成数据资产，并封装为数据服务，构成数据中台；算法与模型封装为标准化且相互独立的容器，实现统一的编排与调度，构成算法中台；常用的业务组件被封装为微服务，可以快速地拼装成业务系统，构成业务中台。交通领域的用户可以利用已有的数据、算法、业务组件服务，也可以使用平台的能力，将自己的数据、算法与业务组件封装成平台的服务，快速地开发与部署相关的业务应用。

TransPaaS 平台融合深圳交通中心多年在交通领域的积累，集成了涵盖人、车、路、环境等交通全要素的城市交通大数据标准体系，宏、中、微观一体化的交通算法模型体系，以及交通规划、管控、治理等业务体系，从而支撑交通领域的开放生态建设，形成面向全国推广与应用的城市交通大数据计算平台。

TransPaaS 平台功能设计主要分为中台功能和平台服务功能。一方面，TransPaaS 以大数据处理技术为基础，根据交通业务的需求汇入数据，并以数据标准手册为标准对数据进行治理，统一为各类交通分析决策业务提供数据支持，形成响应业务的数据中台；同时，平台整合了符合交通领域标准业务规范的人、车、路算法和通用数据处理算法，为数据库中的业务数据提供使用场景和封装的标准算法工具，形成算法中台，给予交通业务系统有力的数据分析和决策支持；另一方面，平台还直接为用户提供直观的数据处理服务和算法服务，并引导用户使用数据快速出图，支撑交通规划分析和智能规划。此外，TransPaaS 具备全方位系统监控和管理组件，通过项目、应用、服务、日志、资源、用户、角色等管理功能，能有效地维护数据和算法的生命周期，保证平台安全稳定运行。目前，TransPaaS 平台已完成了云平台的数据和算法中台集成与部署，实现日均 TB 级数据接入、万亿级标准数据治理，和 3 大类 50 多种交通算法的部署，同时集成了数据应用的智能图表模块和智能规划模块，为平台用户和第三方业务系统提供灵活便捷的数据和算法服务。

本章将介绍 TransPaaS 大数据计算平台数据治理、数据服务、算法服务、数据应用以及平台管理的关键功能设计。

6.1 数据治理功能

TransPaaS 平台汇集了各方多源交通数据，在平台上开展了数据全生命周期的治理，其中包括数据汇聚、质量与版本管理、数据模型设计、元数据管理与资产管理等工作[46]。下文将对平台数据治理的几个重点功能展开介绍。

6.1.1 数据模型与平台收录

1. 平台数据

目前收录的数据集按数据中台的数据架构分为三层，分别为原始层、标准层和指标层，平台根据三层数据设计 5 类数据业务，分别为特征指标池、明细数据、原始数据、公共数据、文件资料，原始层数据不在平台上对外开放。

1）特征指标池

特征指标池存放交通常用指标，包括总体指标、出行需求、交通分布、交通出行、道路运行、对外交通、公共交通、慢行特征、交通环境、停车交通、交通安全、交通违章、交通设施、交通经济指标、统计年报月报等，存放在 PostgreSQL，属于指标层内容。

2）明细数据

明细数据存放原始数据计算而来的细粒度业务数据，包括车辆、公交、道路、手机信令、单车明细、停车明细、气象明细、环境明细数据、腾讯人流监测数据、视频识别明细数据、事故明细数据、居调明细数据和互联网数据，部分存放在 PostgreSQL，数据量较大的存放在 HIVE，属于指标层内容。

3）原始数据

原始数据存放经过标准化与清洗后的原始数据，包括车辆数据、刷卡数据、单车数据和公交数据，数据存放在 HIVE 数据库中，属于标准库内容，由于数据量较大，不建议用户直接使用该类数据计算。

4）公共数据

公共数据存放用于数据分析的各种地理信息表、空间维度表、时间维度表和对照表，存放在 PostgreSQL，属于指标库内容。

5）文件资料

文件资料模块有地理文件页面和知识产权页面，地理文件可查询或下载深圳市分区、线网和点位的矢量地理数据；知识产权可查询或下载技术部统计的中心所有论文、科研成果登记证书、软件著作权、专利证书等材料。

2. 我的数据

在“我的数据”中，用户可以直接创建个人文件夹，存放查询的数据结果和计算算法模型的数据结果，目前每个用户个人数据空间大小为5G。

6.1.2 数据接入

数据接入根据数据源进行状态管理监控，该功能主要对目前使用 Kafka 队列接入平台的数据进行实时监控和预警，管理员可以监测实时数据的接入状态和数据量。

功能首页对接入的实时数据源进行了状态和运行量统计，用户可以从操作列进入每个接入任务的详情(图 6-1)。

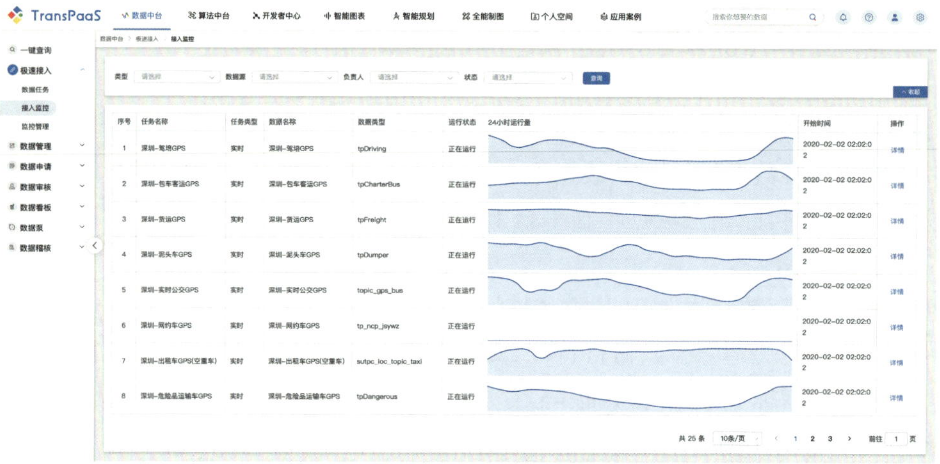

图 6-1　接入首页的数据列表

以“深圳—百度导航 GPS”数据接入为例，详情里面显示了该接入任务的创建时间、开始时间、最新接收时间、责任人、任务类型和任务状态等信息。任务日志里记录了该数据接收监控的曲线，曲线统计了每个小时平台接入的数据条数。

配置信息里记录了该数据使用的工具、使用的接入语言、接入程序工程的位置、运行程序的参数配置以及配置文件。平台对每个数据源都进行接入监控，若遇到数据接入异常，会给责任人发送警告信息(图 6-2)。

6.1.3 数据资产

数据总览提供了平台接入 PostgreSQL 的数据统计情况和数据分布占比，用户可以在首页看到平台资源的使用占比、接入数据大小和数量、数据地域分布和地域占比，还可以按时间段筛选观察数据增长情况(图 6-3)。平台数据的统计周期为一天一次。

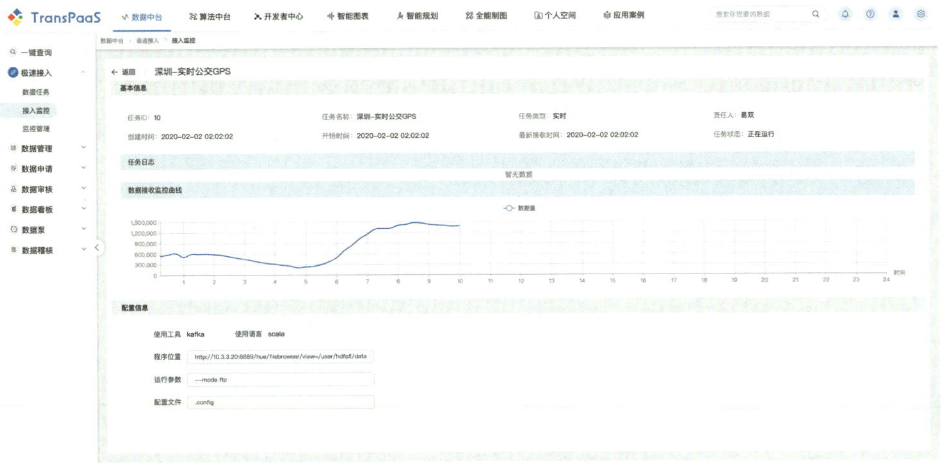

图 6-2　接入首页的数据详情

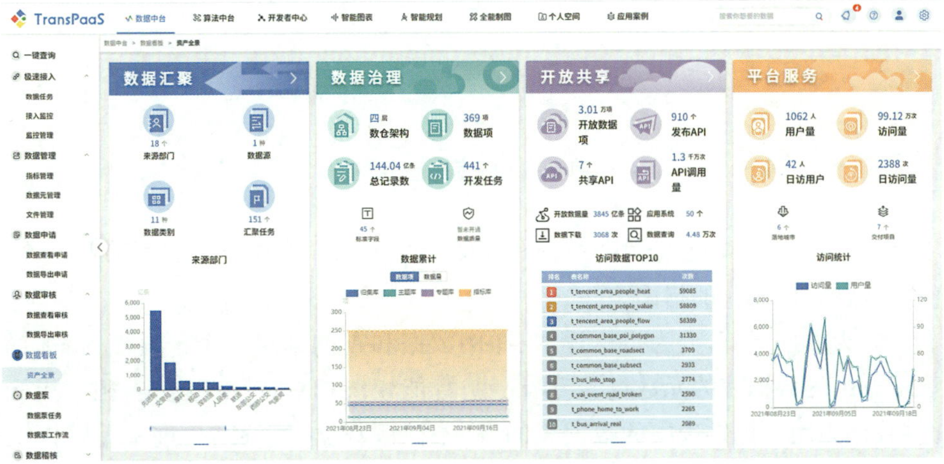

图 6-3　数据总览首页

6.2　数据服务功能

TransPaaS 平台为用户提供多样化数据服务，下文将按模块对平台的重点功能进行介绍，其中包括数据查看功能、数据申请和审批功能、数据接口功能。

6.2.1　数据查看

数据查看为用户提供了数据开发的基本功能，其中包括数据查询、数据导出、数据保存和数据上传。

如图 6-4 所示，查询页面分为数据目录树、查询编辑框和数据详情三个部分。左边为数据目录树，分别存放平台已经收录的数据以及用户个人查询与计算保存的数据。其中，平台数据的目录树中，每个数据表前的图标表示该数据所属的数据库类型。右键目录树的数据表，可以快捷查询 100 条该数据表的数据。用户可以通过在目录树上方的搜索框输入数据表关键字搜索相关数据表。

图 6-4　数据查看首页

右上方为查询编辑框，分为普通查询（SQL 语句查询）和组合查询两种查询方式，下文将给出两种查询操作的指南。

右下方为数据详情，分为指标详情、样例数据和查询结果三个子页面：指标详情向用户展示选中的数据表的元数据、字段说明、智能模块相关应用超链接、相关指标超链接；样例数据为用户提供选中的数据表的 50 条样例数据；查询结果展示编辑框内运行 SQL 语句后的查询结果。

平台还提供记录查询历史（图 6-5）、保存查询语句的功能，用户可以按日期筛选查看以前执行过的 SQL 语句、计算耗时和查询结果，可以重新运行该语句，也可以将编辑框内的查询语句保存在“常用语句”中，“常用语句”中可以按日期筛选、加载和删除保存起来的查询语句。

1. 普通查询

普通查询指通过 SQL 语句编写和运行的查询计算，平台为用户提供 SQL 编辑区域，用户可以根据角色权限，编写 SQL 语句查询平台目录树中展示的数据。

对于存放在 PostgreSQL 数据库的数据，数据量较小，计算运行速度比较快，属于小任务查询。如图 6-6 所示，以交通小区出行分布表为例，在 SQL 编辑框中编写查询语句，直接运行，平台立即执行查询语句并返回结果。用户可以切换表格字段中英文，可

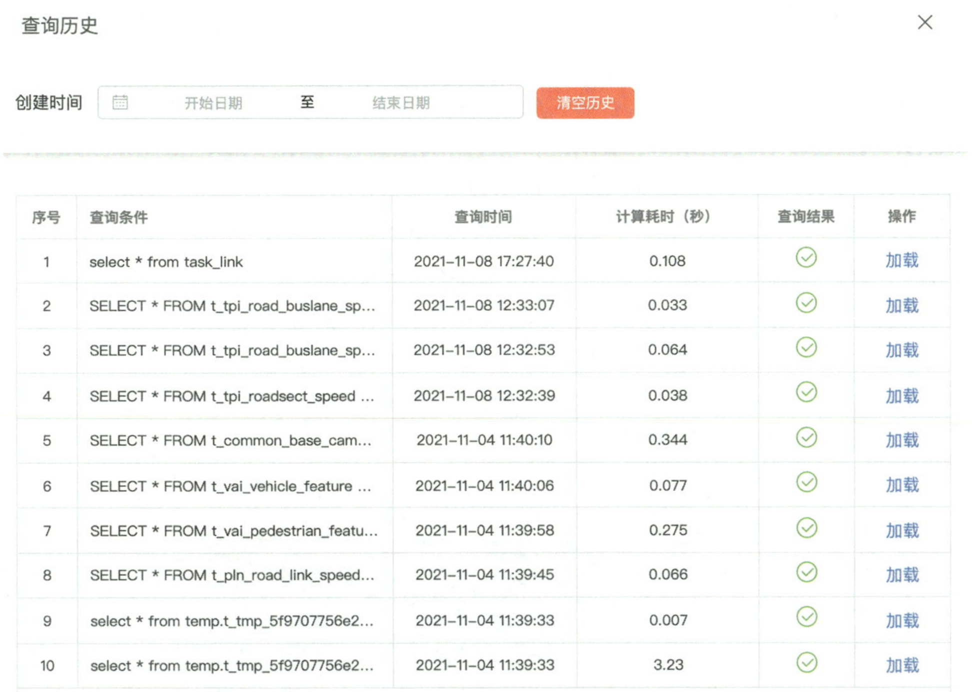
查询历史

创建时间　开始日期　至　结束日期　清空历史

序号	查询条件	查询时间	计算耗时（秒）	查询结果	操作
1	select * from task_link	2021-11-08 17:27:40	0.108	✓	加载
2	SELECT * FROM t_tpi_road_buslane_sp…	2021-11-08 12:33:07	0.033	✓	加载
3	SELECT * FROM t_tpi_road_buslane_sp…	2021-11-08 12:32:53	0.064	✓	加载
4	SELECT * FROM t_tpi_roadsect_speed …	2021-11-08 12:32:39	0.038	✓	加载
5	SELECT * FROM t_common_base_cam…	2021-11-04 11:40:10	0.344	✓	加载
6	SELECT * FROM t_vai_vehicle_feature …	2021-11-04 11:40:06	0.077	✓	加载
7	SELECT * FROM t_vai_pedestrian_featu…	2021-11-04 11:39:58	0.275	✓	加载
8	SELECT * FROM t_pln_road_link_speed…	2021-11-04 11:39:45	0.066	✓	加载
9	select * from temp.t_tmp_5f9707756e2…	2021-11-04 11:39:33	0.007	✓	加载
10	select * from temp.t_tmp_5f9707756e2…	2021-11-04 11:39:33	3.23	✓	加载

图 6-5　页面右侧弹窗——查询历史

以点击下方保存数据，将查询结果保存到“我的数据”中，也可以选择导出数据，平台设置普通用户每次限制 1 000 条下载，单日默认能下载 10 000 条数据，如需要更多数据需要联系平台管理员。

图 6-6　小任务查询结果

对于存放在 HIVE 数据库的数据，数据量较大，查询运行的时间较长，属于大任务查询。用户编写查询语句后，平台会在执行查询任务时提示该任务要进入任务中心进行后台执行，运行结束后会通过信息中心和页面弹窗提醒成功或失败的信息。每个人后台执行和在队列中的任务数量上限一共为 5 个，用户提交的超出 5 个以后的查询作业将被设在队列外，需要等待前列任务作业少于 5 个才能进入队列。“任务队列”设置成查询页面弹窗，用户可以在任务队列弹窗里查看任务执行的状态、耗时，点击任务列表的“查看结果”能快速加载该任务的计算结果(图 6-7)。

当前版本不支持 HIVE 和 PostgreSQL 两种数据库跨库关联查询。

序号	工作流名称	实例名称	开始运行时间	计算耗时(s)	结果	操作
1	20211104113921-97	20211104113921-97	2021-11-04 11:39:21	2	运行成功	查看结果
2	20210902160328-96	20210902160328-...	2021-09-02 16:03:28	1	运行成功	查看结果
3	20210901152129-95	20210901152129-95	2021-09-01 15:21:29	1	运行成功	查看结果
4	20210901151843-94	20210901151843-94	2021-09-01 15:18:43	1	运行成功	查看结果
5	20210901151831-93	20210901151831-93	2021-09-01 15:18:31	1	运行成功	查看结果
6	20210901151806-92	20210901151806-92	2021-09-01 15:18:06	1	运行成功	查看结果
7	20210901151702-91	20210901151702-91	2021-09-01 15:17:02	1	运行成功	查看结果
8	20210901151616-90	20210901151616-90	2021-09-01 15:16:16	1	运行成功	查看结果
9	20210901151536-89	20210901151536-89	2021-09-01 15:15:36	1	运行成功	查看结果
10	20210901151502-88	20210901151502-88	2021-09-01 15:15:02	1	运行成功	查看结果

图 6-7　大任务查询结果

2. 组合查询

组合查询是平台为用户提供的可视化查询功能，用户可以根据数据表字段进行下拉操作添加筛选条件，平台根据用户选项转化 SQL 语句进行查询。如图 6-8 所示，以查询大路段信息表数据为例，在目录树中选中该表，可以在组合查询功能里叠加不同的查询条件，组合查询相应的数据。区别于 SQL 语句，组合查询添加字符串筛选条件的时候不需要加引号；组合查询每条筛选语句支持一条筛选信息，每条筛选语句之间使用 and 或 or 进行连接。组合查询与普通查询运行配置一样，运行小任务时直接返回结果，运行大任务时进入任务列表等候计算完成。

图 6-8　组合查询大路段信息表

3. 保存数据

用户可以将 SQL 查询结果或组合查询结果通过“保存数据”功能，将结果保存到“我的数据”的文件夹中（图 6-9）。用户可以使用保存的数据进行作图和二次查询或计算。

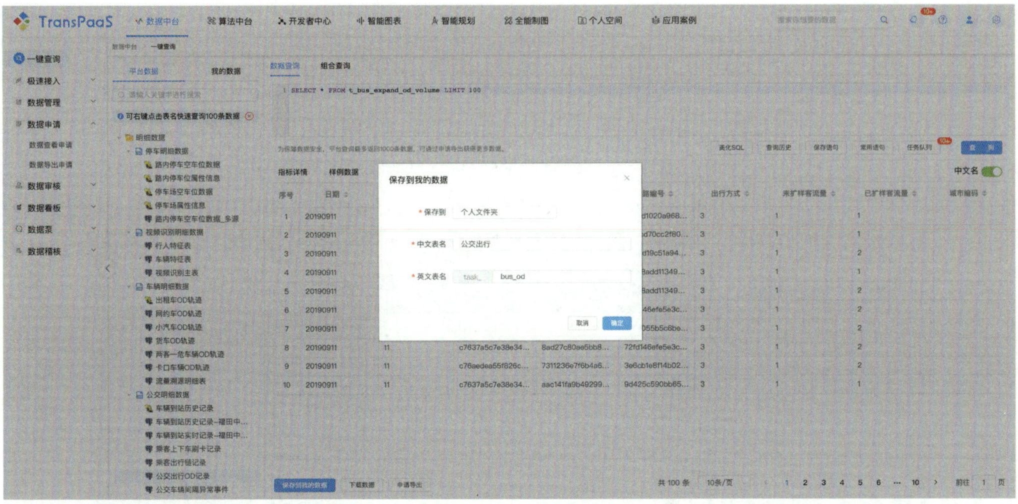

图 6-9 保存数据

4. 导出数据

用户可以导出或下载的数据有两种，第一种是导出查询结果，第二种是导出地理文件。导出查询结果为导出用户查询结果，或导出用户已经保存的数据。导出地理文件为下载存放在“地理文件”数据表中的地理数据（图 6-10）。

图 6-10 下载地理数据

对于查询结果，目前普通用户默认支持单次导出 1 000 条、单日导出 10 000 条查询结果，用户可以选择 xls 或 csv 格式进行数据导出，地理文件则不受限制。

对于地理文件下载，用户可以在数据查看的数据目录树中找到“文件资料—地理文件”，平台提供了近年深圳市与广东省的区、线网、点位地理图层的下载。

5. 上传数据

管理员可以在数据指标中选中需要更新的数据指标，实现上传更新数据(图 6-11)。目前平台支持上传 csv 格式的数据文件，且支持数据表的追加写入。用户提供的 csv 文件需要与数据指标字段数目相同，系统将会读取第一行作为字段名称，并与数据指标进行字段名称匹配，用户也可以自由调整字段的对应关系。

图 6-11　上传更新

6.2.2 数据接口

数据接口是本平台为数据开发用户提供的重要功能。用户可以通过在数据指标模块中查询数据，将查询结果编写成接口语句，提交申请，待平台管理员通过后即可查看邮箱返回数据接口及其密钥，并在使用期内使用数据接口。目前提供生成 PostgreSQL 数据的数据接口，不能使用 HIVE 数据生成接口。

1. 接口开发

在接口开发的功能设计中，页面右侧为个人接口的文件夹空间，存放用户自己开发的各类数据接口，可以对接口进行增删改查和发布到 API 集市中(图 6-12)。与数据查看操作相似，用户选定数据接口，页面上则会显示接口的配置、参数显示和在线测试配置功能。

数据接口开发方法主要分两种：脚本模式和向导模式。

向导模式支持生成单数据表的快速查询接口。在向导模式中，用户首先需要填写

图 6-12　接口开发

接口基本信息，包括接口名称、接口路径、接口版本和接口作用，并选择接口后端路由、接口分组、请求方式和返回类型；在参数填写中，选择数据接口使用的数据表、勾选请求参数字段和返回参数字段，并填写请求参数的约束条件，即可生成数据接口（图 6-13）。

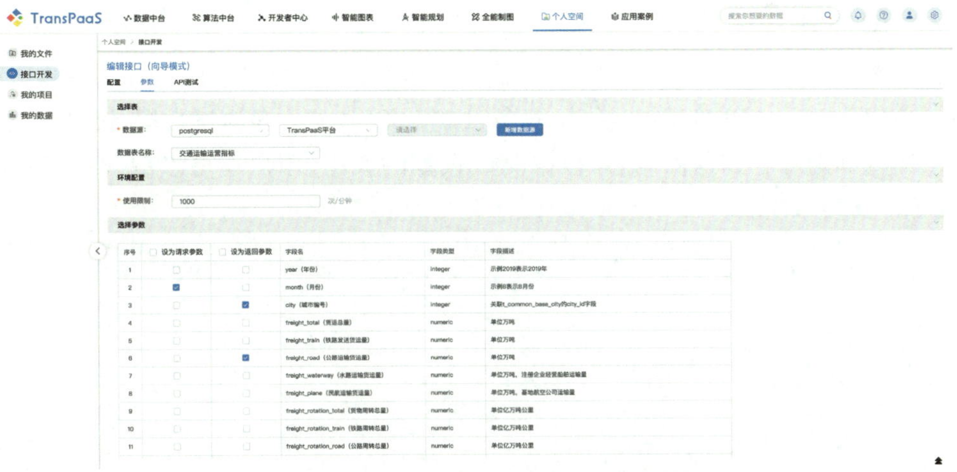

图 6-13　向导模式接口开发参数填写

以生成“行政区监管车辆出行量数据接口”为例，在填写完接口的基本信息并选择网关后，只需要按页面提示选择数据表、设置使用次数、选择请求参数并填写参数约束条件，即可提交生成接口。进一步地，用户还可以设置 API 测试的默认值。

脚本模式跟向导模式的区别在于脚本模式对数据查询的定义和处理更加灵活多样化，支持简单的数据处理以及多表关联。同样地，在填写完接口信息基本配置后，在填写参数时，用户需要在编辑框内填写 SQL 语句，以“行政区出行分布”指标数据表为例，在编辑框内编写调用接口后执行的 SQL 语句,如“select * from t_vpm_district_od where vehicle_type= ${vt} and hh= ${hh} limit ${limit_num};”,其中,${vt}、${hh}、${limit_num}调用接口时需要传递的参数,分别对应数据表的 vehicle_type、hh、limit 三个字段(图 6-14)。

图 6-14 脚本模式接口开发参数填写

2. 测试接口

接口开发还提供测试接口功能,对于自己开发好的数据接口,用户可以在接口详情里进行 API 测试。API 测试提供了 100 条、1 000 条、10 000 条测试数据,接口开发用户只需一键查询则可看到返回内容,根据测试数据的大小,用户还可以看到接口耗时变化,便于评估接口性能。

图 6-15 脚本模式接口开发参数填写

3. 接口发布

接口开发者可以在接口开发功能的接口目录树中发布接口，发布后的接口不能进行修改或删除，但可以供平台其他用户申请使用。

4. 接口授权成功

需要使用接口的用户在接口管理中选择使用的接口，并提交使用申请，管理员审批通过后，接口调用地址、授权时间、到期时间、密钥、参数说明等信息会发送邮件到用户在平台内登记的电子邮箱中。图 6-16 为接口授权成功的通知。

亲爱的用户：您好！

您已获得TransPaaS平台1个接口的使用权限，以下是接口的具体信息：

★ 序号：1
★ 接口名称：GetDistrictOD
★ 接口调用地址
http://[redacted]/transpaas/openapi/GetDistrictOD
★ 授权时间:2020-03-24 00:00:00
★ 到期时间:2020-04-30 23:59:59
★ 接口类型:
POST
★ 接口作用:
测试使用
★ 请求头[Headers]中必须添加[X-API-KEY]密钥参数:f[redacted]
★ 传入参数:
{ "vt":#{vt}, "hh":#{hh}, "limit_num":#{limit_num} } 参数说明： 参数：vt，类型：INTEGER，备注： 参数：hh，类型：INTEGER，备注： 参数：limit_num，类型：INTEGER，备注：
★ 返回内容:
output
★ 返回内容描述:
outputDesc
★ data包含字段说明
★ 使用限制
1分钟内每个key最多只能成功调用100次，多次超频调用会被系统锁定，需联系管理员进行解锁。

图 6-16　接口授权成功通知

6.2.3 数据申请与审核

1. 数据申请

数据申请功能专门提供限期式的数据权限。如果用户需要浏览或使用角色权限以外的数据，可以通过“数据申请”功能申请使用数据，管理员通过申请后，用户可在一定期限内“数据指标”里浏览并使用申请的数据（图 6-17）。

图 6-17　数据申请页面

数据申请功能首页提供了用户以往提交的申请信息，页面可以快捷查询“通过”“驳回”“未审核”三种状态的数据申请，也可以通过关键字搜索查找条件符合的数据申请记录。数据申请页面展示该用户的数据申请记录信息，包括申请人、申请数据项、申请时间、审核状态和审核日期，点击表格的“详细”一列中的“查看”按钮，可以看到该条记录的申请期限、申请说明、审核意见和审核说明，未审核的数据申请不显示审核意见和审核说明，通过页面的“申请数据权限”，可以进入发起数据申请页面，进行申请的详情填写(图 6-18)。

图 6-18　发起数据申请

在申请详情页面中，用户可以看到平台所有数据，平台对用户的数据权限进行了标识处理设计，打勾且不可选的为已对用户开放的数据权限，可以打勾的为未对用户开放，但用户可以申请权限的数据。勾选需要申请的数据，可以在右侧看到数据的详情与数据字段信息；用户需要填写申请的使用期限和申请说明，填写完毕后，提交数据申请至管理员处进行审核。

管理员审核完毕后会通过消息中心返回消息，用户可以重新进入“数据申请”页面查看记录的审批结果。

2. 数据审核

用户提交的申请会由消息中心通知管理员，平台设计的“数据审核”登记了平台所有用户管理员可以进入“数据审核”审批用户的数据申请(图 6-19)。

图 6-19　数据审核页面

数据审核页面中，管理员可以快捷查询“通过”“驳回”“未审核”三种状态的数据申请，也可以通过关键字搜索查找条件符合的数据申请记录。数据审核页面展示平台所有用户的数据申请记录信息，包括申请人、申请数据项、申请时间、审核状态、审核日期。在表格的“操作”一列中，未被审核的申请记录显示“审核”，点击“审核”，可对该条申请记录申请的数据项进行审批操作。如图 6-20 所示，管理员可根据实际情况选择通过用户申请的部分数据并填写审核意见和审核说明，只要有通过审核的数据项，该条记录审核意见属于“通过”。

图 6-20　数据审核操作

审核完成后，申请记录的审核状态变更为“已处理”，“操作”一列显示“查看”，点击“查看”，可浏览该数据申请审核详情（图 6-21）。

管理员完成审核后，消息中心会通知用户数据申请审核已完成。

图 6-21　数据审核查看

6.3 算法服务功能

为更好地激发用户对平台数据分析与挖掘的能力，TransPaaS 为用户提供了面向交通业务应用的算法工具。下文将对平台算法的使用和管理功能进行介绍。

6.3.1 算法超市

算法超市登记了所有在平台上的算法，展示在首页的为“上架状态”的算法，用户可以在超市首页查找自己想要的算法，申请或了解算法的使用方法。在算法超市中，平台上架的算法类型包括道路运行、交通安全、交通环境、常规公交、手机信令、轨道地铁、车辆出行、车辆预警、在线仿真、视频 AI、信号管控 11 类交通常用算法，以及适用于平台算法的数据保存、数据读取等常用工具算法(图 6-22)。算法服务包括算法接口服务和函数构件服务，其中算法接口需要用户提供接口使用申请，经管理员同意后在一定的期限内使用算法接口服务，函数构件则在算法上架后自动生成，算法如果选择了构件的目录树位置，可以在算法模型功能相应的目录树位置中使用该构件。

图 6-22 算法超市首页

算法管理员可以从算法超市首页右上角进入算法上架页面，填写算法的基本信息和使用信息，提交上架算法的申请，经管理员同意后在一定的期限内上架该算法，为其他用户提供算法服务(图 6-23)。

6.3.1.1 上架算法

算法管理员可以在算法超市首页进入算法上架页面。算法上架主要分三步填写：第一步需要填写算法的基本信息，其中包括算法名称、算法简介、算法图标、开发者、算法标签、类别等(图 6-24)；第二步和第三步分别需要填写接口服务信息和构件服务信息，如果不提供该服务可以选择跳过(图 6-25)。

图 6-23　算法详情页

图 6-24　算法上架页面

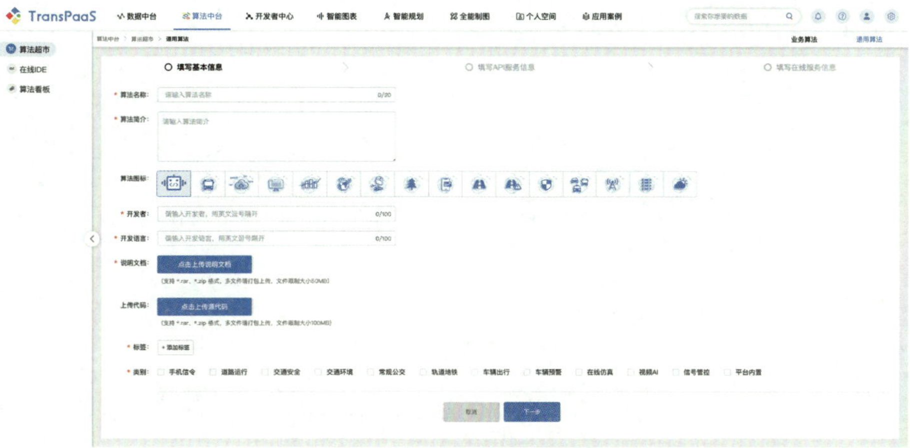

图 6-25　填写算法接口信息页面

填写完毕后，提交上架，管理员审核通过后即可上架该算法。

除此以外，管理员还可以在算法超市管理页面中调整已上架算法的状态，手动下架算法或删除已下架的算法记录。

6.3.1.2 更新算法

算法管理员可以更新自己上架的算法，即增加算法版本。平台在个人算法管理页面和算法详情页中设置算法更新入口。填写步骤和填写方法与上架新算法一致，填写完毕后点击提交，等待管理员审核通过后即可上架更新算法的版本。

6.3.1.3 编辑算法当前版本

在某个版本的算法处于非上架状态时，算法管理员可以编辑该版本算法的描述性信息，但不能变更算法内核相关信息，如算法接口名、服务链接、算法构建仓库路径等。平台在个人算法管理页面设置编辑入口，填写步骤和填写方法和上架算法一致，填写完毕后点击提交，等待管理员审核通过后即可重新上架该版本算法。

6.3.2 算法模型

TransPaaS 将算法仓库中的交通算法和数据处理运算封装成函数构件，并为用户提供能使用平台数据进行计算的简易 Python 在线代码开发平台，用户可以在该平台上以函数调用的形式使用这些算法函数构件进行简单的交通数据模型分析。平台针对不同的用户角色，设计开放不同的算法使用权限，用户仅能使用权限内的数据进行建模计算。另外，平台对用户保存的个人算法模型设置权限管理，实现防止创建者以外的用户修改算法模型。

功能页面设计如图 6-26 所示，“1”所框选的部分为算法列表，收录了在算法超市中包含了函数构件的上架函数，并将这些函数分为平台内置函数、通用工具函数以及交通

图 6-26 算法模型模块设计示意图

分析函数。平台内置函数主要包含基于平台数据的数据加载和数据保存函数构件；通用工具函数主要包含基于 Python 开源算法包的空间统计、计算、分析函数构件；交通分析函数主要包含 TransPaaS 开发组研发的常规公交、轨道地铁、手机信令、道路运行和车辆运行函数构件。用户单击函数名可以在“4”的下面板中加载函数的详情、语法和示例。

以 TransPaaS 平台标准数据读取工具算法为例，该算法详情以算法超市登记的信息为准，如下所示：

算法名称：TransPaaS 平台标准数据读取工具
版本号：1.0.0
算法简介：利用 SQL 脚本语句读取 TransPaaS 平台指标数据。
所属算法 pack：sutpc_algorithm_tp
封装类型：Python
语法：data=load_SQL(SQL)
输入：
SQL：string，SQL 脚本语句字符串
输出：
data：pandas. dataframe，根据 SQL 脚本从指标数据库查询计算后的结果
示例：

```
from sutpc_algorithm_tp import load_SQL
SQL = 'select * from t_common_base_city limit 10'
data = load_SQL(SQL)
print(data)
```

用户可双击算法列表里的算法名，在编辑脚本窗口加载算法，填写参数进行计算。

“2”所框选部分为用户自己保存的函数模型，用户可以保存自己编写的脚本，并对脚本分类，单击可以加载模型。用户也可以编辑或删除自己保存的模型。

“3”所框选部分为装载了 Python 环境的脚本编辑器，单击右上角图标显示环境里已安装的算法包，用户双击算法包名字可以加载这些算法包。

“4”所框选部分有三个切换页面分别为“输出结果”“算法详情”和“数据详情”。切换“输出结果”可以加在任务实例的运行日志，“算法详情”显示平台算法的详情与使用说明，“数据详情”显示平台数据的样例数据或“我的数据”里的所有数据。

“5”所框选部分为平台数据与用户数据的目录树，用户点击平台目录树的数据表名，“4”会自动切换到“数据详情”，并加载数据表的样例数据，点击数据表名后面的“…”符号，则能跳转到“数据指标”的数据表相应的数据详情页面。用户点击“我的数据”里面的数据，“数据详情”则会加载用户保存的数据表的所有数据。

平台基于在平台内封装好的交通算法和平台数据设计了能提供多样的数据计算服务。

用户可以加载平台数据和算法，为了方便用户快速熟悉算法的使用方法，算法菜单可展开算法的使用方法和示例说明等算法基本信息，供给用户进行算法用例测试，而数据目录树则提供了用户使用权限内的数据列表和样例数据展示（图 6-27）。

图 6-27　加载数据

用户只需按算法输入、输出和语法说明所示，补充参数和数据，即可运行算法实例（图 6-28）。

图 6-28　算法任务队列

算法任务实例被放进后台运行，并被记录在任务队列中。通过页面弹窗，用户可以看到实例的运行状态、运行耗时、起始和终止时间以及运行日志。计算完成后平台将通过消息中心返回计算任务的结束提示。用户可点击“查看日志”，“输出结果”分项卡打印该任务实例的运行日志(图6-29)。

图6-29　打印运行日志

同时，平台提供了标准数据保存方法。平台在通用函数中提供了封装保存函数save_data，使用save_data函数可以将结果保存至“我的数据”中，方便用户后续的导出或数据应用。

此外，平台提供保存个人算法模型功能。用户可以新建分类文件夹，保存新建脚本中的算法模型，并对新模型进行分类。另外，用户还可以点击“任务队列”中的任务实例名，加载该任务实例的运行代码，用户可以保存任务实例的运行代码到“我的模型”中。

6.3.3　图形化建模

为了降低算法的使用门槛，提升用户的使用体验，平台设计了图形化建模工具，使用Azkaban任务调度引擎，形成有向无环图的算法调度规范。上架的算法中提供了图形化构件的算法可以在图形化建模功能中使用，用户仅需指定数据、为算法构件选参、连接构件，即可形成一个算法模型。图形化建模使用任务队列进行运行实例的排序和调度，运算结果可以通过保存数据的算法构件存在“我的数据”文件夹中(图6-30)。

6.4　决策支持功能

TransPaaS目前提供的数据应用主要有面向交通规划分析的数据作图以及支撑交通决策的智能规划[47-48]。前者提供数据可视化组件，供用户自由操作，后者则梳理常用

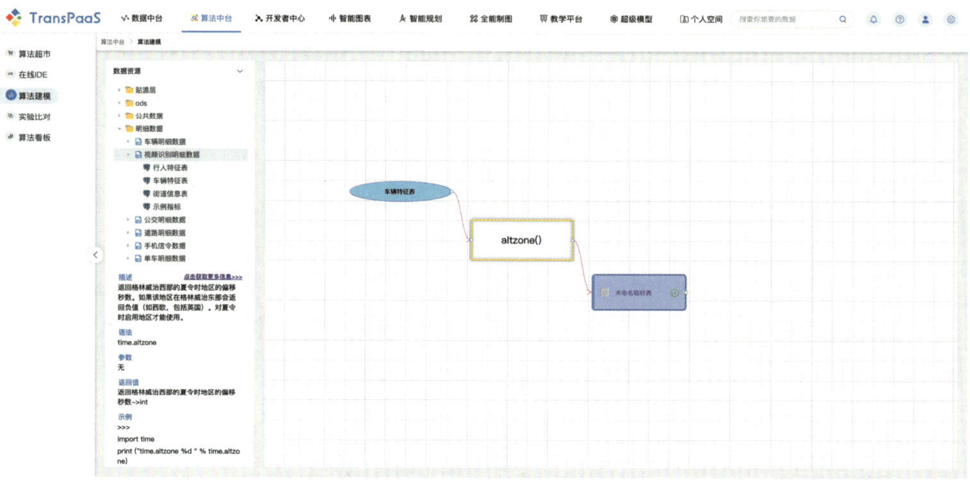

图 6-30　图形化建模

交通业务场景，提供直观的可视化数据操作与展示。

6.4.1　智能图表

智能图表为用户提供丰富的作图工具，能对平台数据进行切合交通规划需求的可视化操作。目前平台提供的作图种类有：统计图，包括折线图、柱状图、饼图、树图；点位图，包括热力图、3D 热力图；交通专题图，包括区块颜色图、蛛网图、期望线图、2D 多层图。

如图 6-31 所示，用户需要选择绘图类型，拖拽绘图插件至绘图区，再将已保存的数据拖拽到预览图区域中，编辑图表的横纵坐标、图例范围等图标参数即可绘制图表。平台还提供保存图表和导出图表功能。

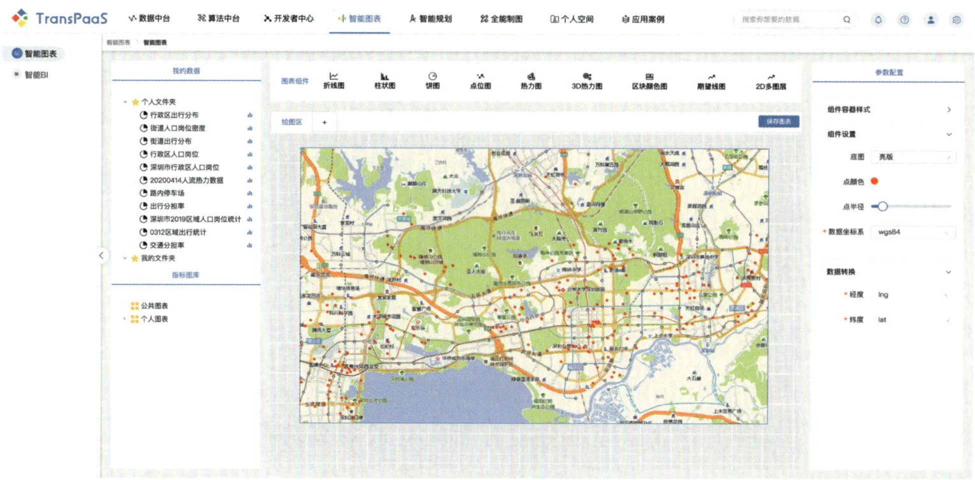

图 6-31　绘图步骤

6.4.2 智能规划

智能规划目前上线功能分别为我的项目、出行特征、交通需求、道路交通、常规公交和轨道交通，下文将按模块对每个功能进行介绍。

6.4.2.1 我的项目

在“我的项目”中，用户可以通过选择其中的任意图层，在图层上自定义编辑研究区域并保存，可以将编辑并保存的自定义研究区域加载到任意规划场景中研究，也可以查看已经创建的研究区域或自定义编辑新增研究区域(图 6-32)。

图 6-32 我的项目页面

6.4.2.2 出行特征

出行特征模块按照年份提供人口岗位、出行率、全方式分担率、出行距离，以及常规公交、轨道和出租车的客运量、换乘系数等指标，目的是向用户展示深圳城市交通的总体出行特征(图 6-33)。

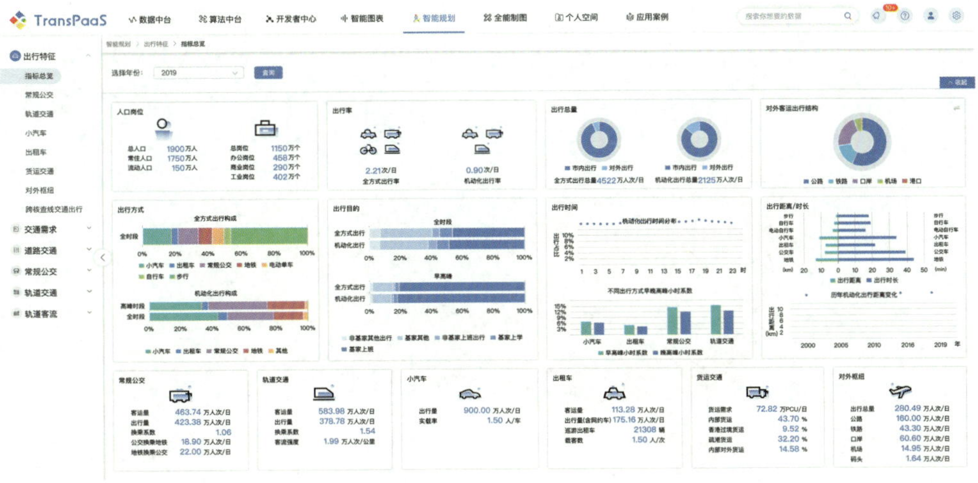

图 6-33 出行特征页面

6.4.2.3 交通需求

交通需求模块从人口、岗位、出行分布到出行蛛网图分析城市居民的出行需求，从宏观到微观呈现城市交通需求分布特征，支持用户自定义编辑任意形状的区域，查询城市各空间尺度的人口岗位、出行分布特征。

1. 人口岗位——栅格人口岗位

栅格人口岗位为 2019 年上半年的 500 m×500 m 格网的人口、岗位数据，通过“指标”选项切换查看人口密度或岗位密度。用户可以通过点选查看某个格网中的人口岗位数(图 6-34)，也支持自定义编辑任意区域查看区域中的人口岗位数(图 6-35)。

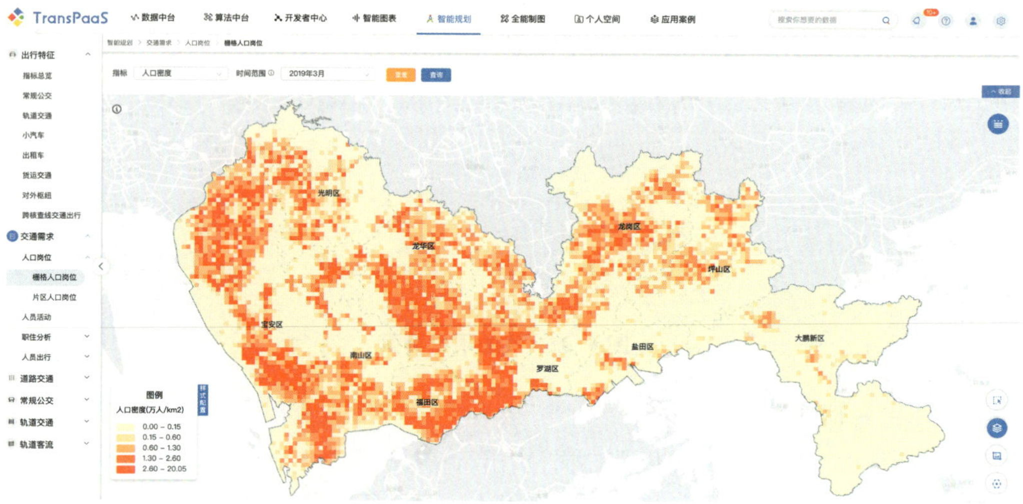

图 6-34　栅格人口岗位

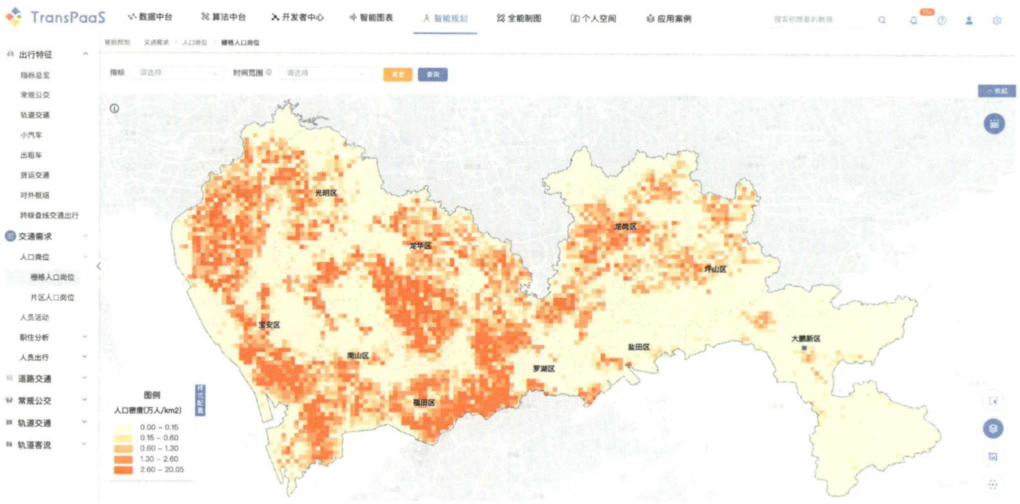

图 6-35　栅格人口岗位—自定义编辑

2. 人口岗位——片区人口岗位

片区人口岗位为 2019 年上半年的行政区、街道办、小区的人口、岗位数据，通过“指标”选项切换查看人口密度或岗位密度。用户可以通过点选查看某个行政区/街道办/小区的人口岗位数，也支持自定义编辑任意区域查看区域中的人口岗位数。

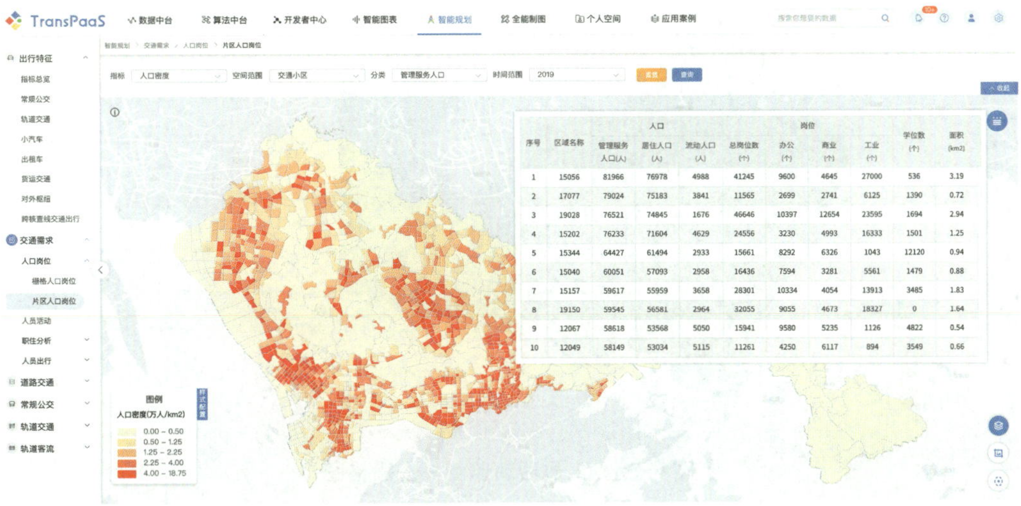

图 6-36　片区人口岗位——小区人口

图 6-37　片区人口岗位——自定义区域岗位

3. 人员活动

人员活动检测为 2019 年上半年的多个 500 m×500 m 格网组成的行政区、街道办的 24 小时活动人数。用户可以通过点选查看某个空间维度中的人员变化情况，也支持自定义编辑任意区域查看区域中的人员变化情况(图 6-38、图 6-39)。

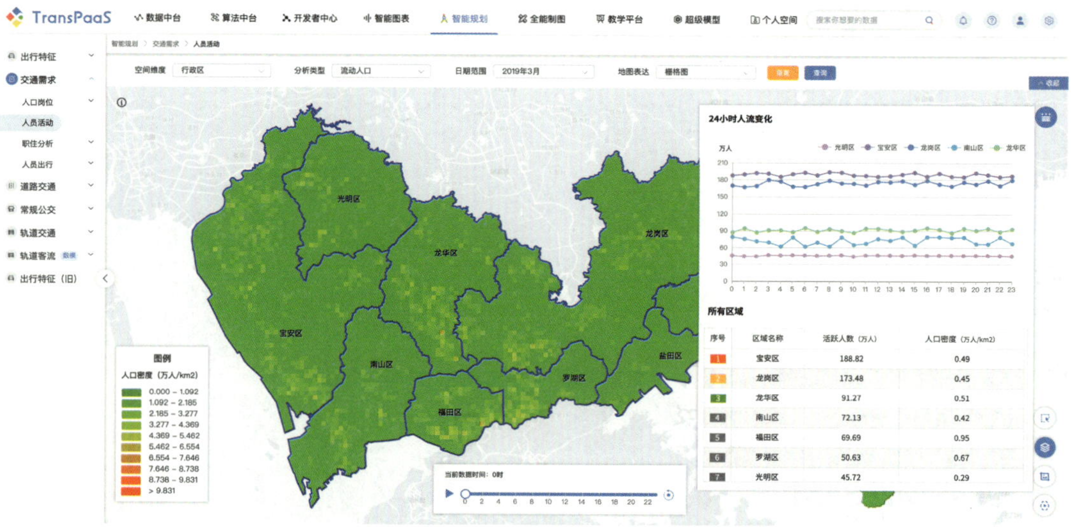

图 6-38　人员活动监测——栅格图

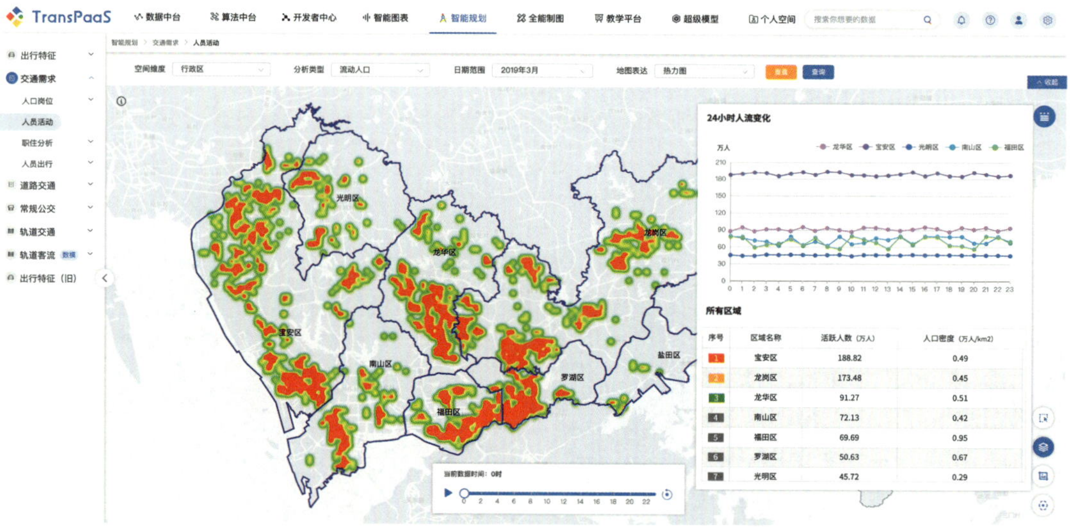

图 6-39　人员活动监测——热力图

4. 职住分析——职住关联

职住关联基于手机信令数据，分析选取了 2019 年上半年统计不同出行方向全市行政区、街道办、栅格层级的职住关联分布。用户可以在行政区、街道层级下点击选择某一片区，页面显示所选片区的职住关联强度、就业来源、就业去向流量数据（图 6-40、图 6-41）。

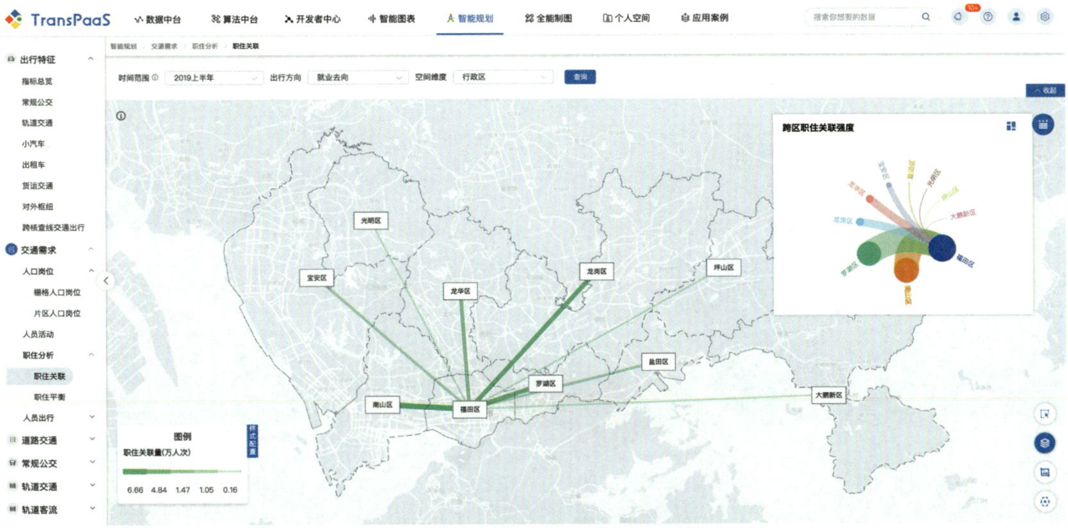

图 6-40　职住关联——行政区维度

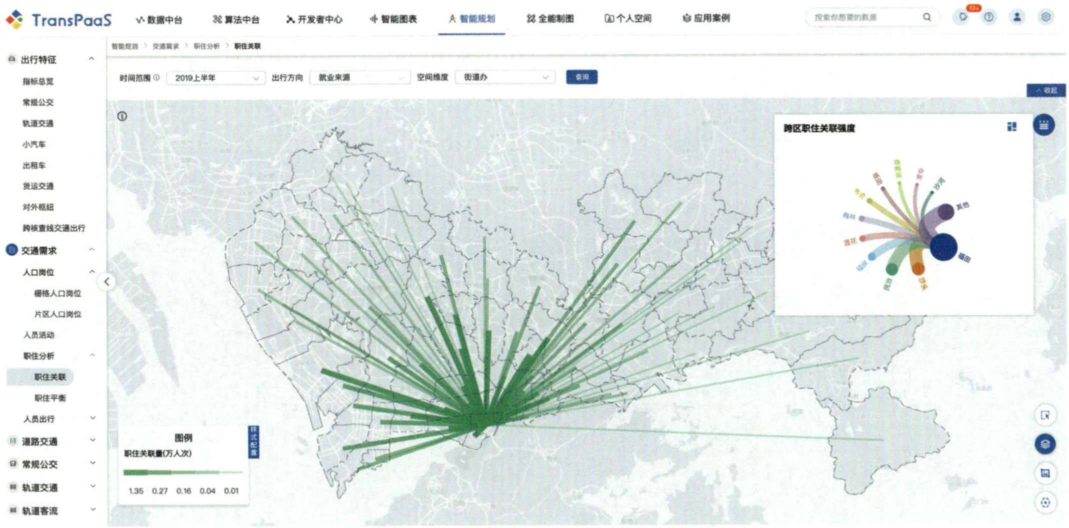

图 6-41　职住关联——街道办维度

5. 职住分析——职住平衡

职住平衡基于手机信令数据，分析选取了 2019 年上半年统计不同出行方向全市行政区、街道办、栅格层级的职住平衡率分布。用户可以在行政区、街道层级下点击选择某一片区，页面显示所选片区的职住平衡率、区内职住人口、外出就业人口、外来就业人口数据（图 6-42、图 6-43）。

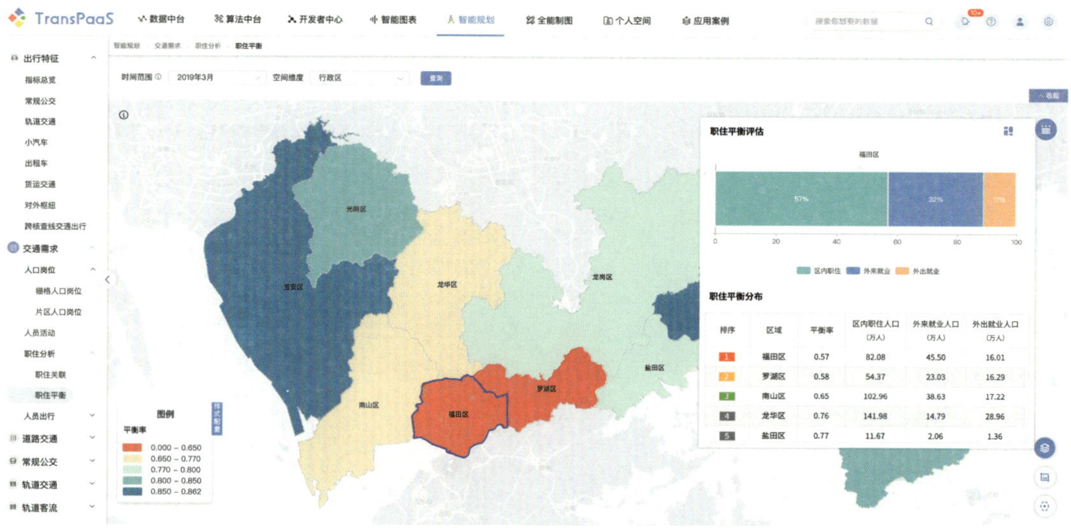

图 6-42　职住平衡——行政区维度

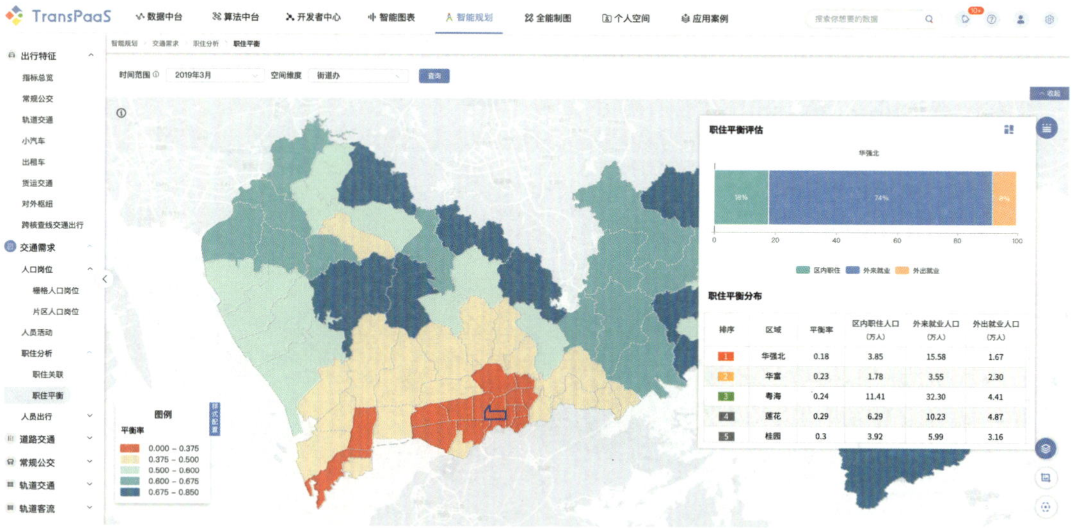

图 6-43　职住平衡——街道办维度

6. 人员出行——出行蛛网图

出行蛛网图选取了 2019 年上半年工作日的出行 OD 数据，基于街道办层面输出城市居民的出行交通走廊分布（图 6-44）。

7. 人员出行——出行分布

出行分布选取了 2019 年 3 月份的工作日和节假日出行 OD 数据，分别计算了行政区和街道办两个维度的出行 OD 分布特征，支持用户点选和自定义编辑任意形状的区域，查询研究区域到各街道办或行政区的出行量。“出行范围”选项为“所有片区”时，用

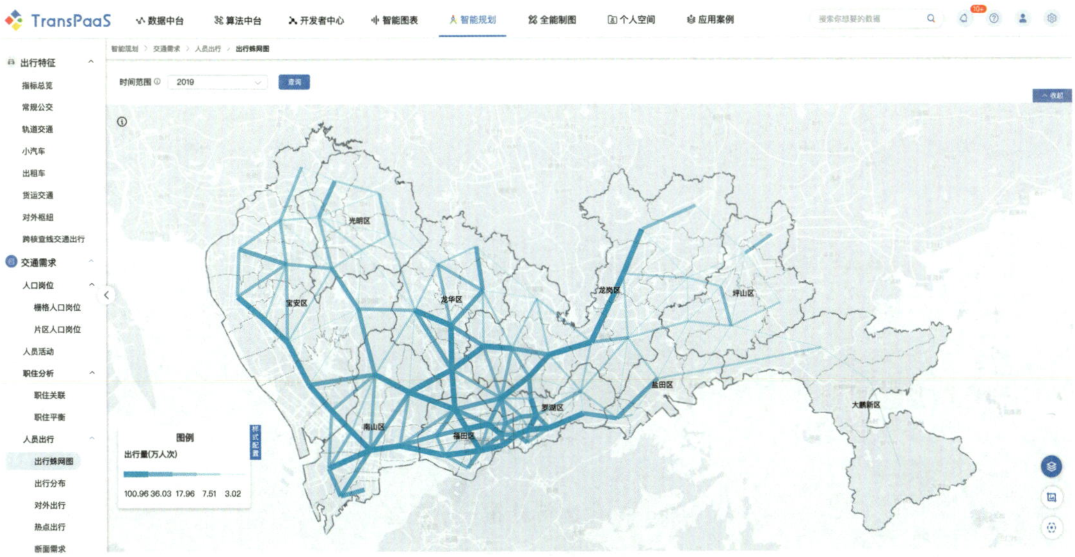

图 6-44　出行蛛网图

期望线形式表达各区之间的出行分布特征，选择“单个片区”时，可以点击地图上的区域内，显示单个区域与各行政区或街道办之间的出行量，点击编辑按钮，可以自定义编辑区域，显示绘制区域与各行政区或街道办的出行量(图 6-45、图 6-46)。

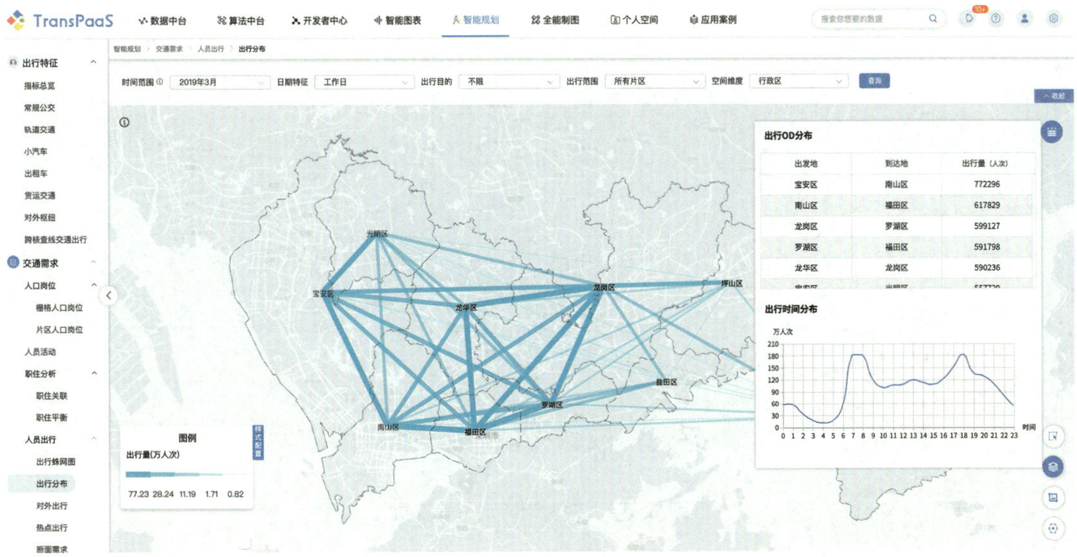

图 6-45　出行分布——首页

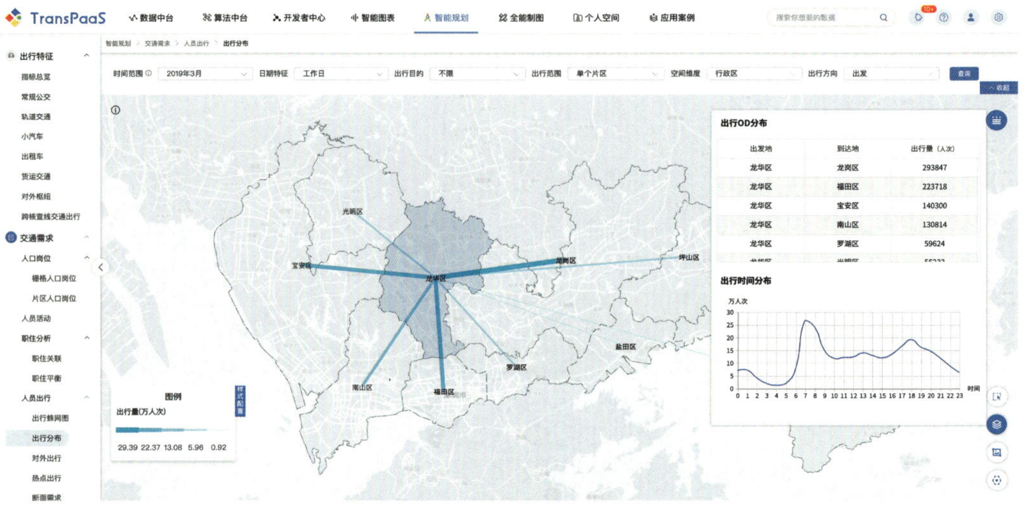

图 6-46　出行分布——点选

8. 人员出行——对外出行

对外出行分布选取了 2019 年上半年对外出行 OD 数据，计算了深圳市内居民跨市就业的来源、去向。页面显示全深圳市到达广东省其他行政区的出行分布，右边静态板块显示对外出行量排行数据表（图 6-47）。

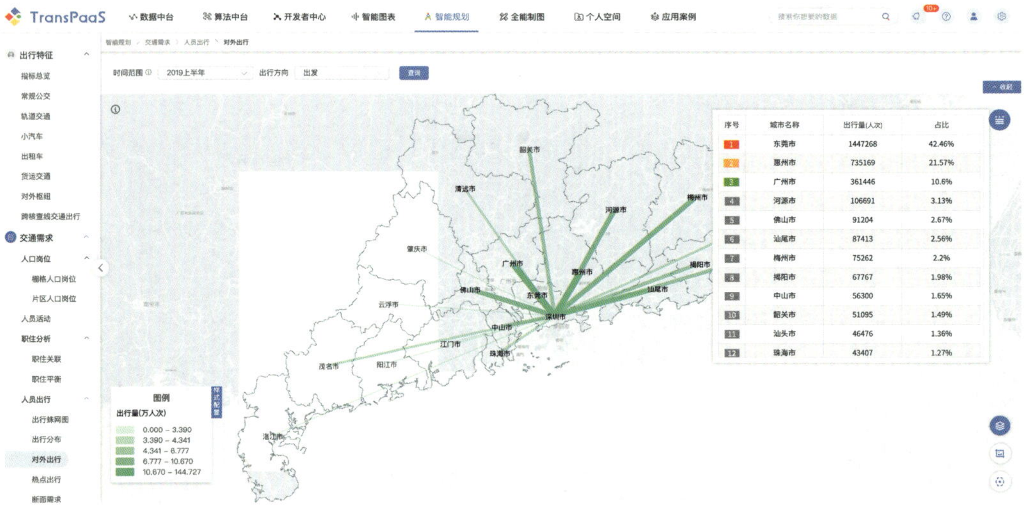

图 6-47　对外出行——首页

9. 人员出行——热点出行

热点出行分布选取了 2019 年上半年出行 OD 数据，以 500 m×500 m 栅格为分析颗粒，分析了行政区、街道办和栅格下，重点区域，如医院、枢纽、景点等区域客流的来源和去向分布。图表显示出行量排名和热点片区到各行政区/街道的出行量。支持下拉选择和模糊搜索，支持自定义编辑区域，表现热点片区去到/来自自定义编辑区的客流量（图 6-48、图 6-49）。

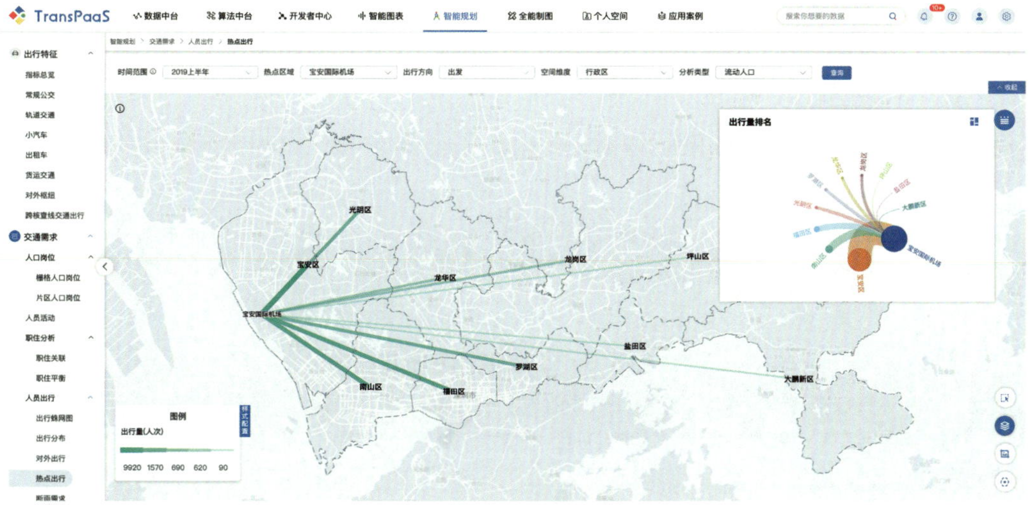

图 6-48　热点出行——首页

图 6-49　热点出行——自定义框选

10. 人员出行——断面需求

断面需求基于深圳宏观模型全方式出行 OD，选取了穿越核查线的街道办全方式全天出行量。查询面板提供主要区域的核查线选项，可下拉选择（图 6-50）。支持自定义编辑，用户通过绘制核查线，右侧表格显示核查线穿越量数据（图 6-51）。

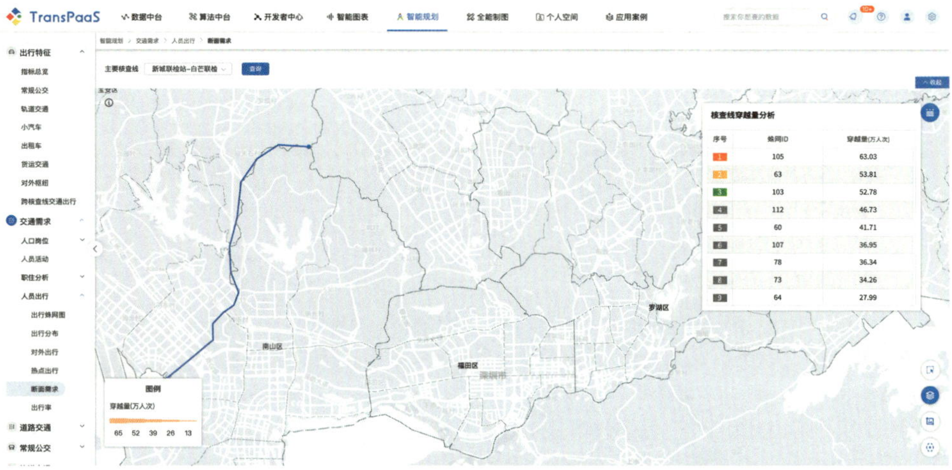

图 6-50　断面需求—首页

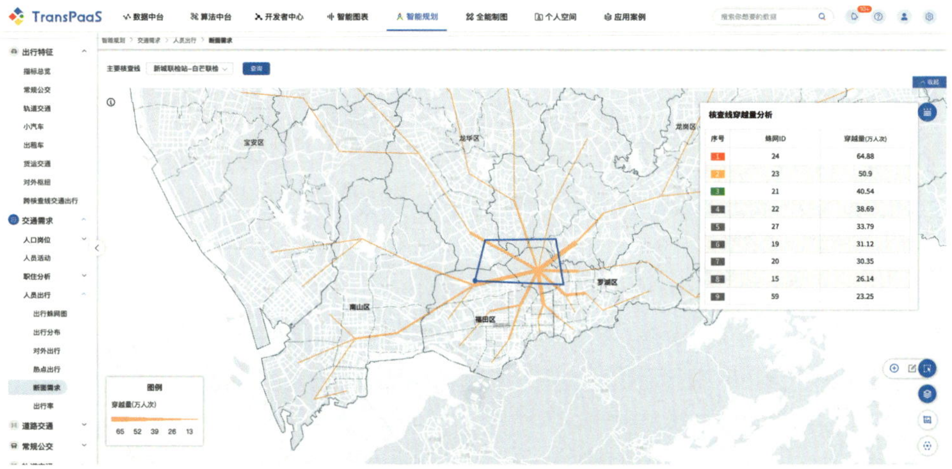

图 6-51　断面需求—自定义框选

6.4.2.4　道路交通

道路交通模块分别从路网和片区两个空间维度统计城市道路的运行状况，支持用户自定义编辑任意形状的区域，查询区域内各个等级的道路在不同时段特征（全天、早晚高峰、平峰）的运行速度。

1. 路网运行速度

路网运行速度选取了 2019 年上半年、下半年和节假日的 7 个典型时间周统计非工作日和工作日的全天、早晚高峰、平峰等时间特征下全市主要道路的运行速度分布（图 6-52）。用户可通过空间范围选择展示指定行政区、街道办的路网运行速度，点选路段或自定义编辑区域查询道路运行速度（图 6-53）。

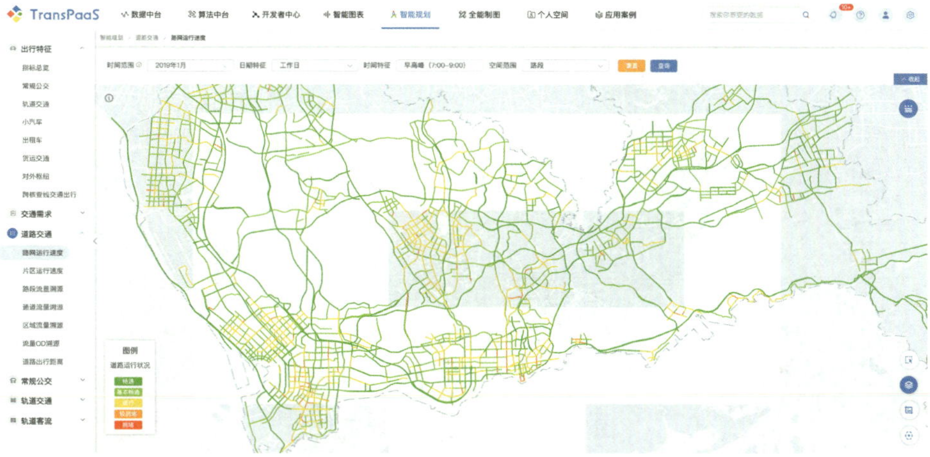

图 6-52 路网运行速度—首页

图 6-53 路网运行速度—自定义编辑

2. 片区运行速度

片区运行速度选取了 2019 年上半年、下半年和节假日的 7 个典型时间周统计非工作日和工作日的全天、早晚高峰、平峰等时间特征下各个行政区、街道和交通小区的平均运行速度(图 6-54)。单选查看指定区域的道路运行速度明细。

3. 路段路径溯源

路段路径溯源基于车辆 GPS 数据，分析选取了 2019 年下半年统计非工作日和工作日的全天、早晚高峰、平峰等时间特征下各种车辆类型的交通来源比例溯源(图 6-55)。用户可单击选择一条路段或自定义圈选多条路段，查询途经目标路段车辆在全天、早晚高峰和平峰的溯源路径流量分布(图 6-56)。

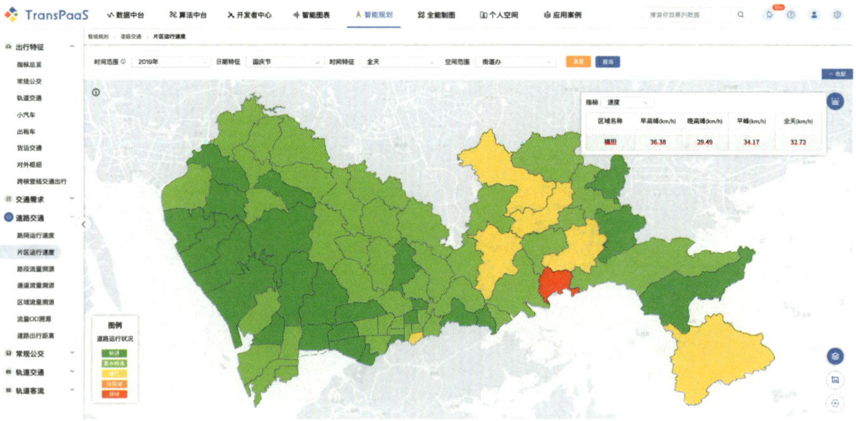

图 6-54　片区运行速度页面

图 6-55　路段路径溯源—首页

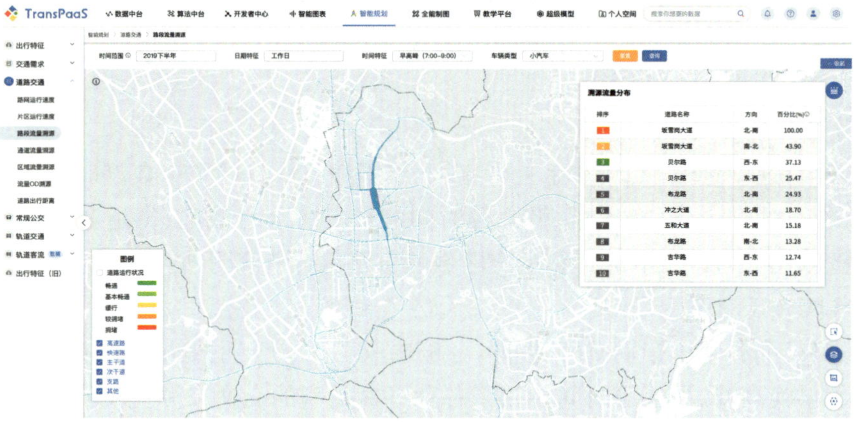

图 6-56　路段路径溯源—查询结果

4. 通道路径溯源

通道路径溯源基于车辆 GPS 数据，分析选取了 2019 年下半年统计非工作日和工作日的全天、早晚高峰、平峰等时间特征下各种车辆类型，依次经过任意两个自定义圈选区域的车辆在全天、早晚高峰和平峰的溯源路径流量分布。分别统计从区域 A 到区域 B、从区域 B 到区域 A 或所有经过区域 A 和 B(不分方向)车辆的溯源路径流量分布，即各通道的溯源流量及占比，按照各通道溯源流量由大到小的顺序进行排序(图 6-57、图 6-58)。支持自定义框选。

图 6-57 通道路径溯源—首页

图 6-58 通道路径溯源—查询结果

5. 区域路径溯源

区域路径溯源基于车辆 GPS 数据，分析选取了 2019 年下半年统计非工作日和工作日的全天、早晚高峰、平峰等时间特征下各种车辆类型，一条路段或自定义圈选多条路段，在行政区、街道办、交通小区或自定义区域等层级查询途经目标路段车辆在任意两个区域之间的溯源流量分布及占比(图 6-59)。单击选择或自定义框选路段，地图显示所选路段车辆溯源的路网流量分配，右侧图表显示所选区域与其他区域之间的溯源流量及占比(图 6-60)。支持自定义圈选。

图 6-59　区域路径溯源—首页

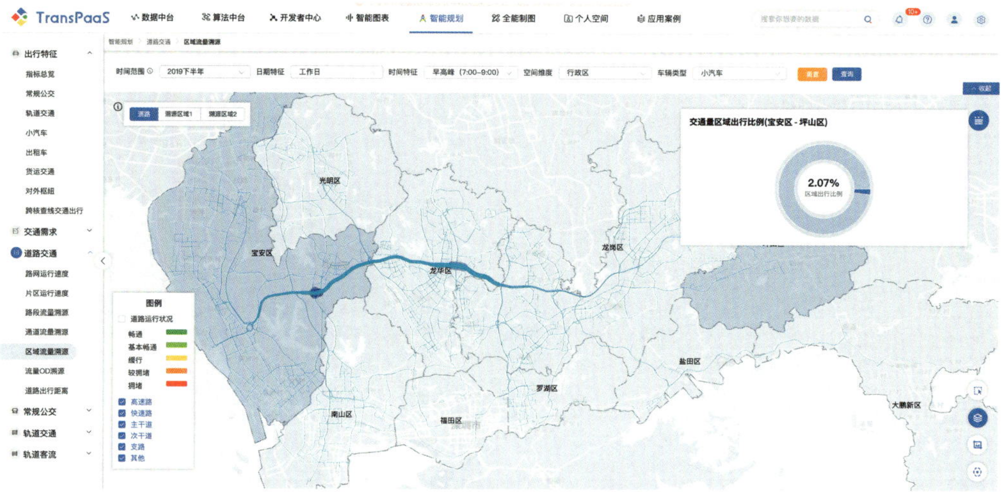

图 6-60　区域路径溯源—查询结果

6. 路径 OD 溯源

路径 OD 溯源基于车辆 GPS 数据，分析选取了 2019 年下半年统计非工作日和工作日的全天、早晚高峰、平峰等时间特征下各种车辆类型，一条路段或自定义圈选多条路段，根据途经目标路段车辆的起讫点所在区域（行政区、街道办或交通小区），分析路段流量的 OD 溯源分布（图 6-61）。采用列表展示选中路段或区域与其他区域的溯源流量分布，按照流量大小排名（图 6-62）。支持自定义框选。

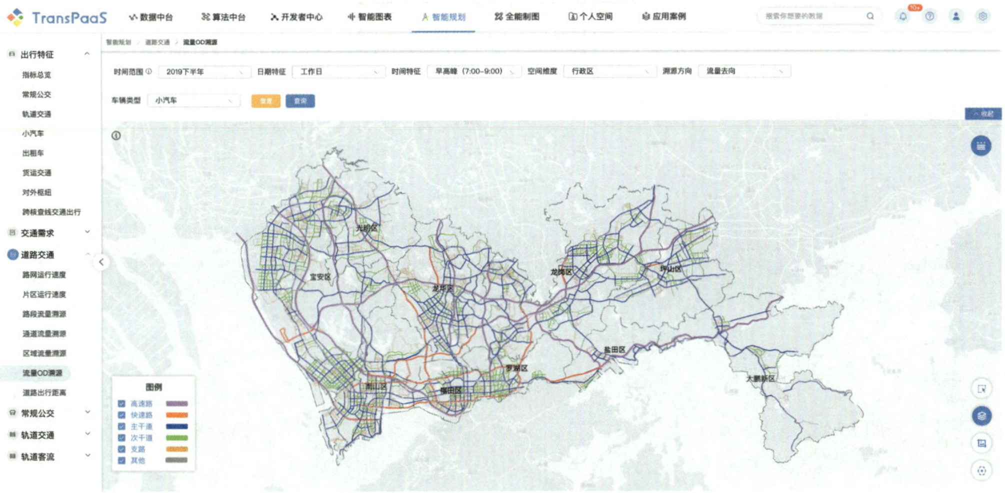

图 6-61　路段 OD 溯源—首页

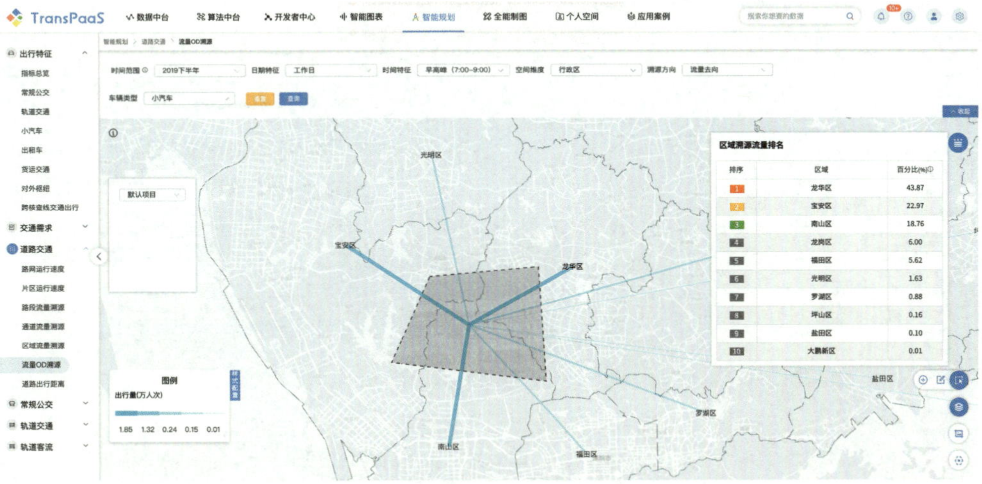

排序	区域	百分比(%)
1	龙华区	43.87
2	宝安区	22.97
3	南山区	18.76
4	龙岗区	6.00
5	福田区	5.62
6	光明区	1.63
7	罗湖区	0.88
8	坪山区	0.16
9	盐田区	0.10
10	大鹏新区	0.01

图 6-62　路段 OD 溯源—查询结果

7. 道路出行距离

道路出行距离基于车辆 GPS 数据，分析选取了 2019 年下半年统计非工作日和工作日的全天、早晚高峰、平峰等时间特征下各种车辆类型，途经车辆在目标道路上的平均行驶距离，以及整个行程中分等级道路出行距离分布(图 6-63)。用户可选择某条大路段，地图放大展示该路段上每个 Link 的交通流量大小，右侧图表计算车辆在选中道路上的平均行驶距离；根据途经选中路段各个 link 的车辆行驶轨迹，按照 Link 的 ID 统计对应途经车辆在整个行程中经过各等级道路的平均出行距离；采用堆积柱状图的形式展示途经目标路段车辆在整个行程中分等级道路的平均出行距离分布(图 6-64)。

图 6-63　道路出行距离—首页

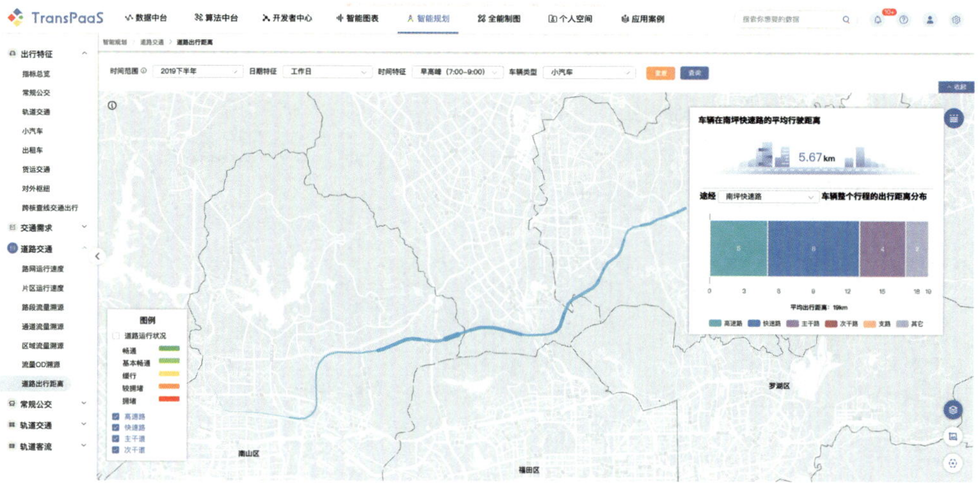

图 6-64　道路出行距离—查询结果

6.4.2.5　常规公交

常规公交模块通过出行蛛网图、出行 OD、线路客流分析和站点客流分析等 4 个功能板块，对常规公交的出行需求和客流特征进行统计分析。接下来将分别对每个功能进行介绍。

1. 公交出行蛛网图

基于深圳通刷卡数据，通过模型计算出深圳市 74 个街道办联系通道的全天的常规公交出行量，通过出行蛛网图的形式静态展示(图 6-65)。

图 6-65 公交出行蛛网图页面

2. 公交出行 OD

公交出行 OD 选取了 2019 年上半年、下半年和节假日的 7 个典型时间周统计非工作日和工作日的全天、早晚高峰、平峰等时间特征下各个行政区或街道之间的出行 OD 分布，出行方向可选择出发、到达和不限(图 6-66)。当出行方向为单向时，用户可自定义编辑任意形状区域，查询所选区域与其他行政区或街道的出行 OD 分布(图 6-67)。

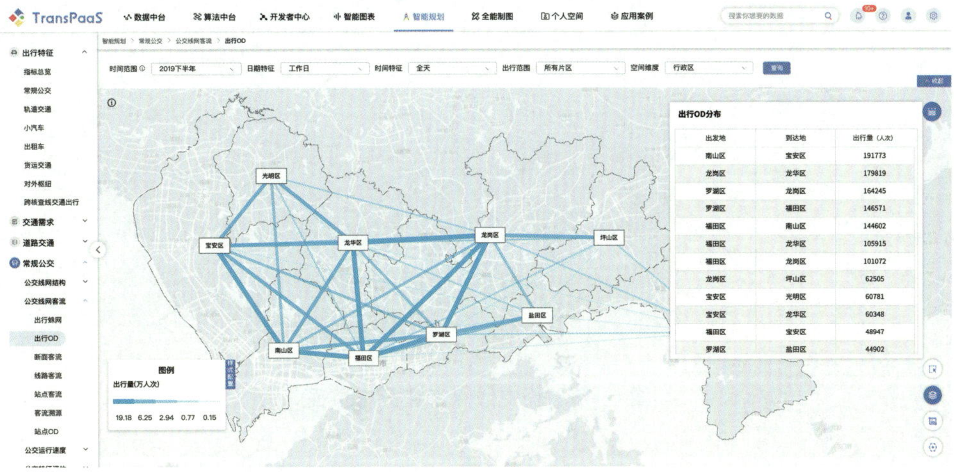

图 6-66 公交出行 OD 页面

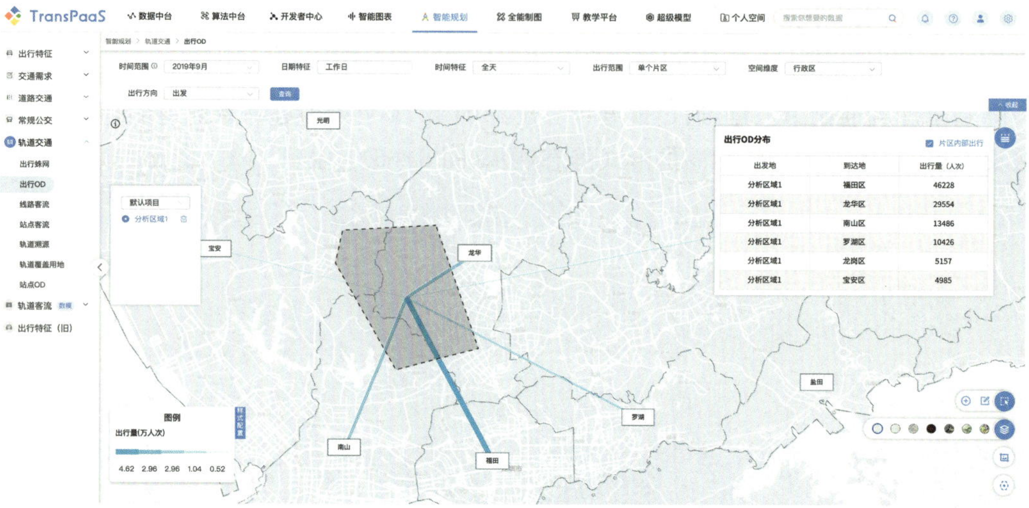

图 6-67　公交出行 OD 自定义选择页面

3. 公交线路客流分析

公交线路客流分析选取了 2019 年上半年、下半年和节假日的 7 个典型时间周统计非工作日和工作日的全天、早晚高峰、平峰等时间特征下深圳市所有公交线路的上下行客流量和断面客运量，并使用了柱状图展示线路上所有站点的上下客流量和站点之间的断面客流量（图 6-68、图 6-69）。

图 6-68　公交线路客流分析页面

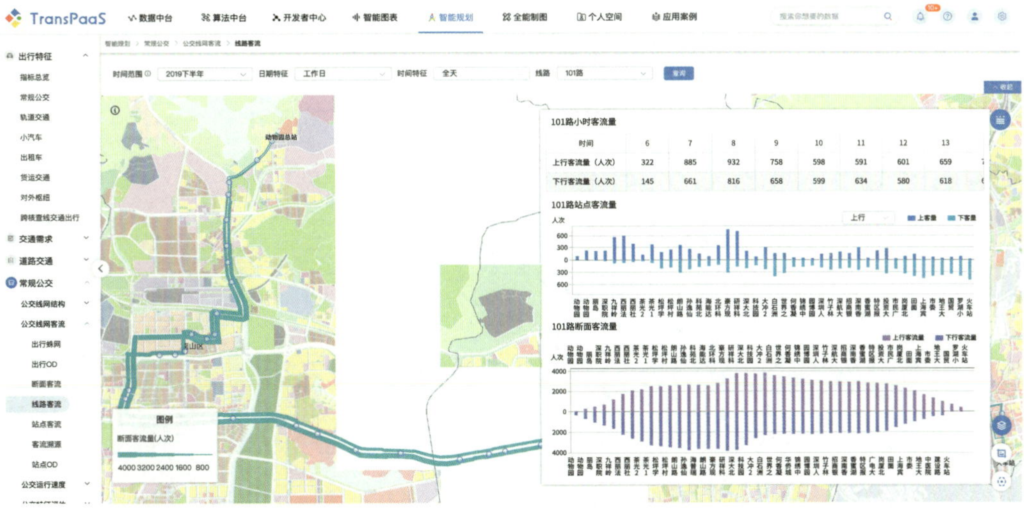

图 6-69 公交线路客流自定义选择页面

4. 公交站点客流分析

公交站点客流分析对工作日的早晚高峰、平峰和全天以及非工作日的全天分别展示公交站点的客流量分布(图 6-70)。用户可以查看经过某站点的所有公交线路客流量。展示区域范围涵盖所有站点的上下客流总量，并在柱状图中罗列了各个站点的上下客流量(图 6-71)。

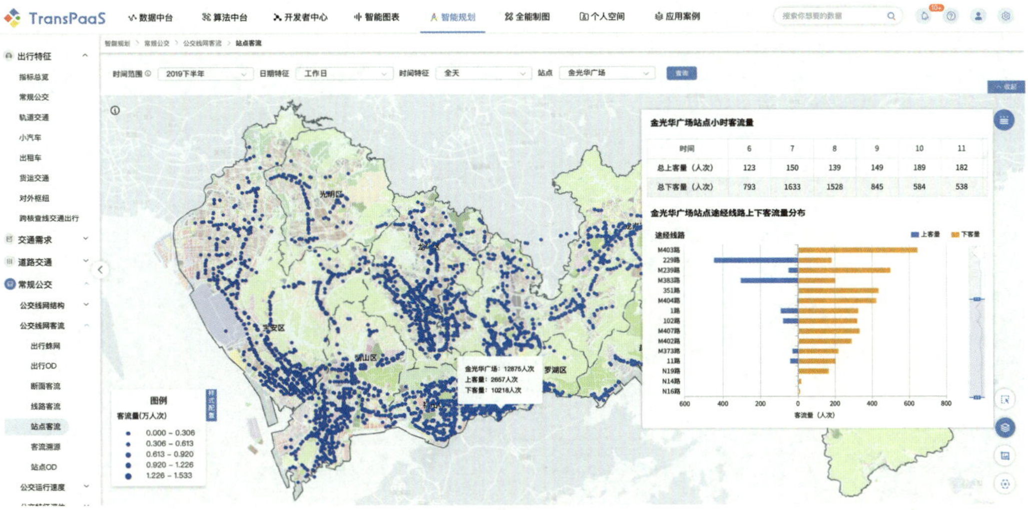

图 6-70 公交站点客流分析页面

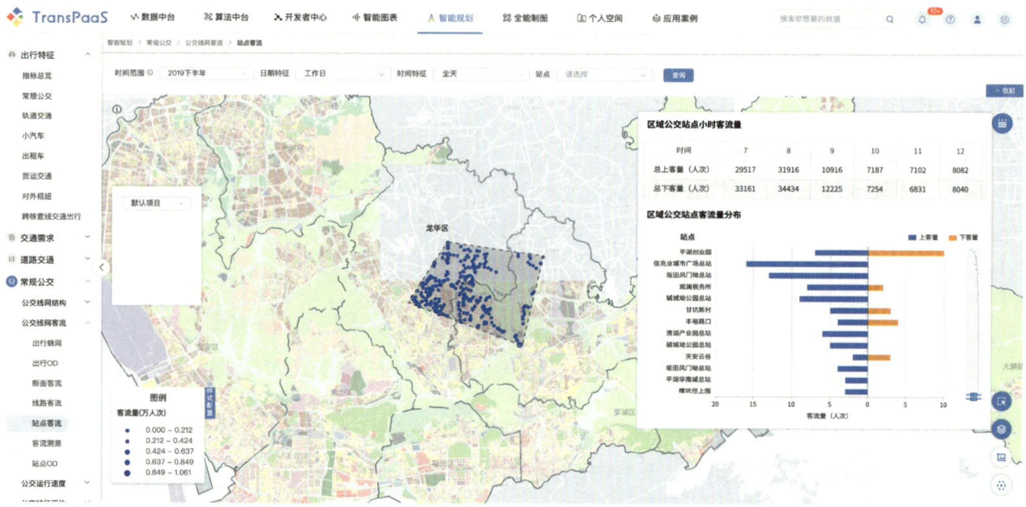

图 6-71　公交站点客流自定义选择页面

6.4.2.6　轨道交通

轨道交通模块通过出行蛛网图、出行 OD、线路客流分析和站点客流分析等 4 个功能板块，对轨道交通的出行需求和客流特征进行统计分析。接下来将分别对每个功能进行介绍。

1. 轨道出行蛛网图

基于深圳通刷卡数据，通过模型计算出深圳市 74 个街道办联系通道的全天的轨道交通出行量，使用出行蛛网图的形式静态展示(图 6-72)。

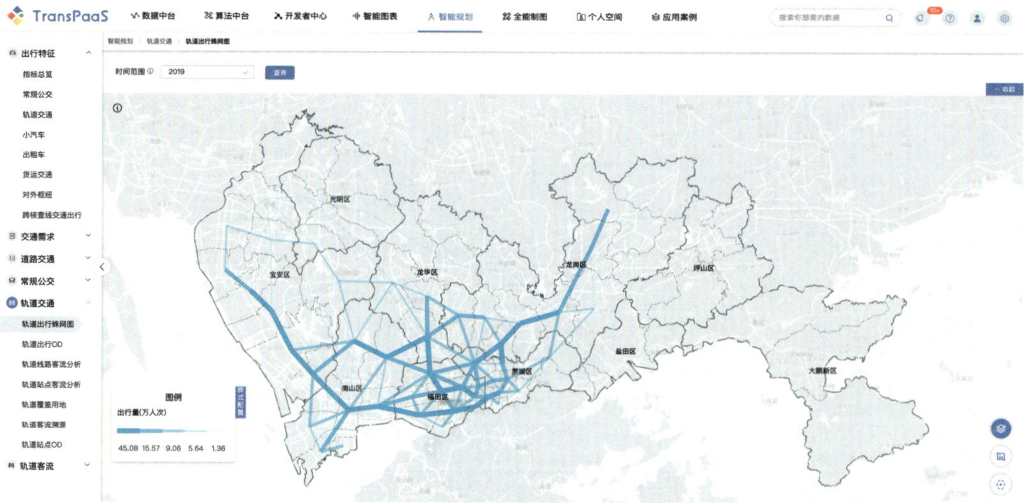

图 6-72　轨道出行蛛网图页面

2. 轨道出行 OD

轨道出行 OD 选取了 2019 年上半年、下半年和节假日的 7 个典型时间周统计非工作日和工作日的全天、早晚高峰、平峰等时间特征下各个行政区或街道之间的出行 OD 分布，出行方向可选择出发、到达和不限(图 6-73)。当出行方向为单向时，用户可自定义编辑任意形状区域，查询所选区域与其他行政区或街道的出行 OD 分布(图 6-74)。

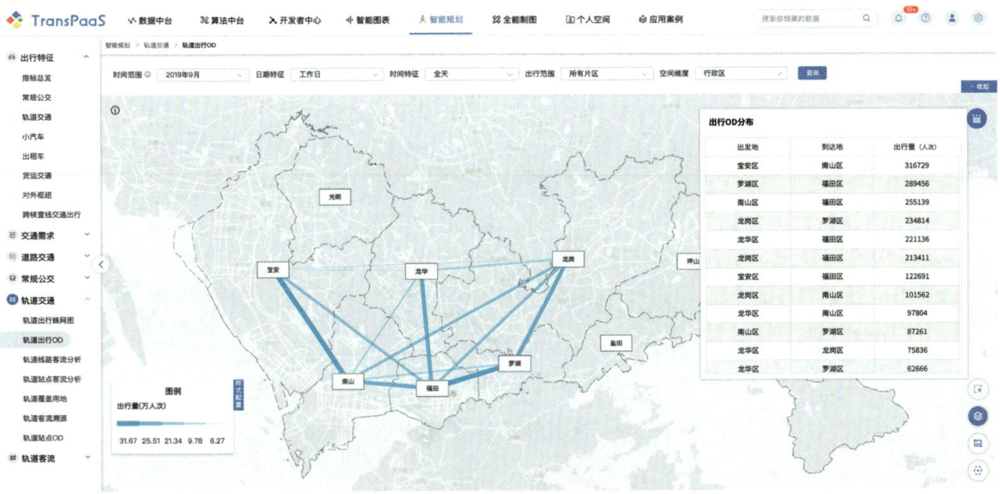

图 6-73 轨道出行 OD——首页

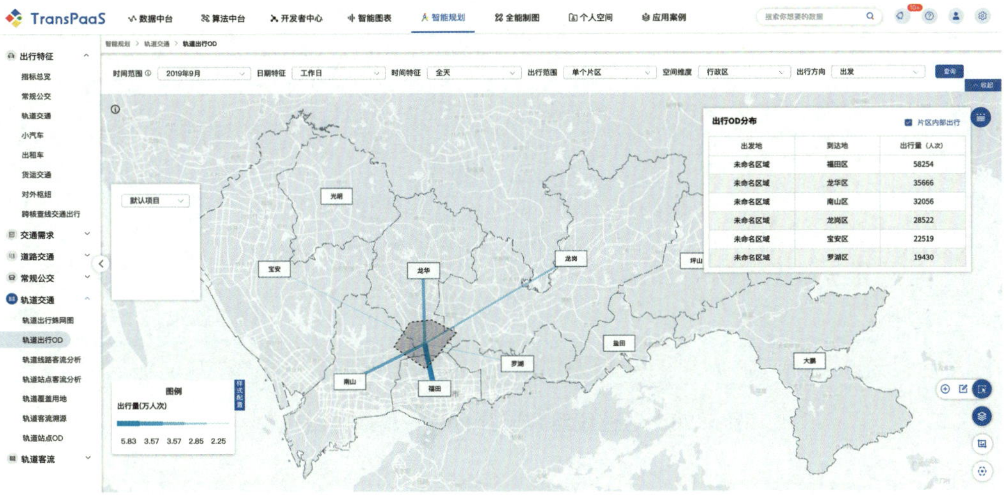

图 6-74 轨道出行 OD——自定义编辑

3. 轨道线路客流分析

轨道线路客流分析选取了 2019 年上半年、下半年和节假日的 7 个典型时间周统计非工作日和工作日的全天、早晚高峰、平峰等时间特征下深圳市 8 条轨道线路的上下行客流量和断面满载率(图 6-75)。下拉列表选择单条轨道线路时,界面聚焦展示所选线路的断面满载率分布和上下行客流量,并用柱状图展示该线路上所有站点的进出站客流量和站点之间的上下行断面客流量(图 6-76)。

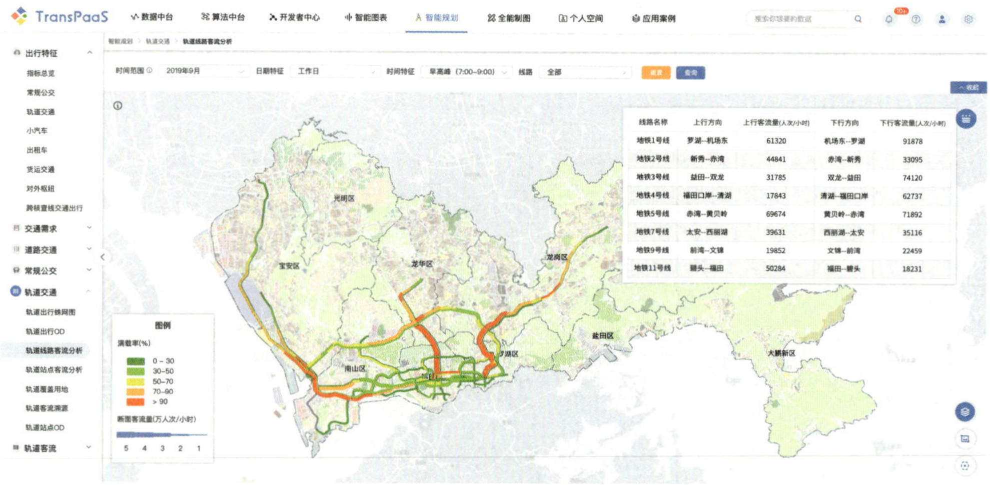

图 6-75 轨道线路客流分析——首页

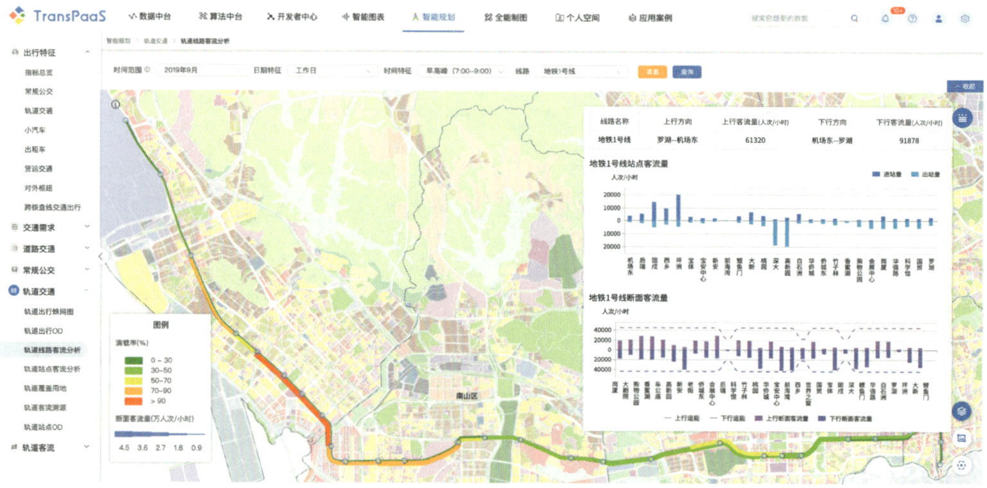

图 6-76 轨道线路客流分析——单条线路查询

4. 轨道站点客流分析

轨道站点客流分析对工作日的早晚高峰、平峰和全天以及非工作日的全天分别展示轨道站点的客流量分布(图 6-77)。鼠标点选某个站点,统计站点的进站和出站客流量。支持自定义编辑任意形状区域,展示区域范围涵盖所有站点的进站和出站客流总量,并在表格中罗列各个站点的进站和出站客流量(图 6-78)。

图 6-77　轨道站点客流分析——首页

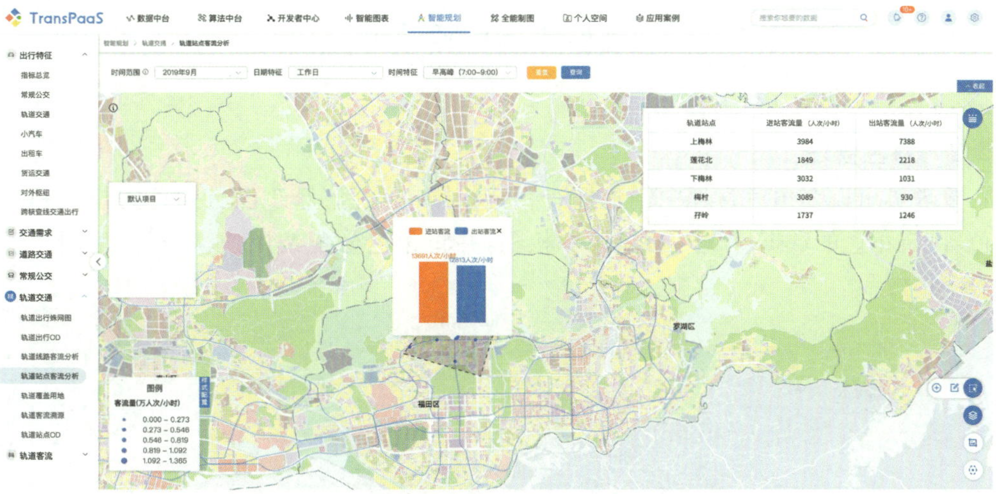

图 6-78　轨道站点客流分析——自定义编辑

6.5　系统管理功能

TransPaaS 平台具有数据多样、服务多样以及用户多样等特性，为了维护平台稳定正常运行，平台针对这些特性设计了用户、角色与功能权限的多层级管理。管理员在系统管理模块可以使用其中的角色管理、用户管理、指标管理、数据接口管理以及系统日志管理功能，对平台的用户、数据进行安全统一的管控。

6.5.1 用户管理

在“用户管理”中，管理员可以添加用户、批量添加用户或删除用户，也可以对用户角色权限、数据权限、用户信息和密码进行修改。

图 6-79 用户管理页面

6.5.2 角色管理

管理员可以在角色管理中创建拥有一定权限的角色、修改已有角色的权限和删除角色，设定角色的数据、操作、功能菜单权限，并将角色分配给用户，实现批量用户管理（图 6-80）。

图 6-80 角色管理页面

6.5.3 指标管理

1. 创建指标

管理员在“指标管理”中，可以对“数据指标”模块的数据目录进行增删改查。

平台的数据目录树共分为三层节点，第三层为具体数据表节点，同等级的节点可以拖拽排序，子节点可以拖拽变更父节点。管理员可以创建第一层和第二层目录节点，或创建第三层的指标节点。管理员创建第一层和第二层节点时需要填写目录名称、数据源、数据介绍、数据来源、数据处理流程和常用应用场景，而在创建指标节点时，管理员可以上传含有表结构的 csv 文件，直接填充数据表的字段结构和字段类型，并填写数据表的元数据、字段补充信息、数据详情、标准 SQL 查询语句（数据指标默认查询语句）和说明等相关信息（图 6-81）。

在“指标管理”中创建的指标指的是创建数据表的结构，完成建表后，管理员另外需要在“数据指标”模块找到新创建的数据指标表，上传 csv 数据表的数据内容。

图 6-81　创建二级指标

2. 导出元数据

在指标管理首页中，管理员可以选择目录树里的任意元素，导出数据目录或者元数据，选择带子节点的元素默认选择该元素的所有节点。

数据目录记录最小粒度为数据表，内容包括数据表所属一级目录、所属二级目录、表中文名、表英文名、描述、指标定义、处理流程、数据来源/时间、责任人和程序责任人。

数据表元数据记录最小粒度为数据表字段，包括字段所属表英文名、字段名、字段中文名、字段类型、字段长度、关联表名、关联字段、是否可为空、是否可见、字段描述。

3. 在线编辑

对于一些数据量较小的数据表，平台开放了在线编辑功能。数据管理员在指标管理中找到带有“在线编辑”的数据表，即可进入在线编辑。在线编辑提供了数据表的条件组合查询和增删改功能。数据管理员可以添加字段筛选条件，查询符合条件的数据条目，也可以在操作栏上删除或编辑某条字段，或增加空白数据条目，填写信息后点击确认按钮即可将新的数据插入该表并写入数据库（图 6-82）。

图 6-82　修改数据表元数据

4. *修改元数据*

管理员可以选择修改字段的数据表，在打开的弹窗中修改数据表的字段元数据信息、数据表详情和默认查询的 SQL 语句(图 6-83)。数据表信息中，所属的数据库不能修改；字段信息中，字段的类型、字段可见性不可修改。

图 6-83　修改数据表元数据

6.5.4　数据接口管理

“数据接口”管理模块通过“我的接口”“接口监控”“调用查询”“授权管理”“接口管理”五个子模块，对数据接口进行发布、授权、监控和管理。

1. 我的接口

“我的接口”为接口管理员专用页面，记录了平台用户生成的所有接口。在这个页面中，管理员可以对接口进行删改查和一键发布，已发布的接口会在“接口管理”中进行登记(图 6-84)。

图 6-84　我的接口

2. 接口管理

在“接口管理”页面中，管理员用户可以查看平台用户提交发布的所有数据接口申请的详情，并对其进行删改、发布或停用，可使用关键字对列表记录进行搜索(图 6-85)。

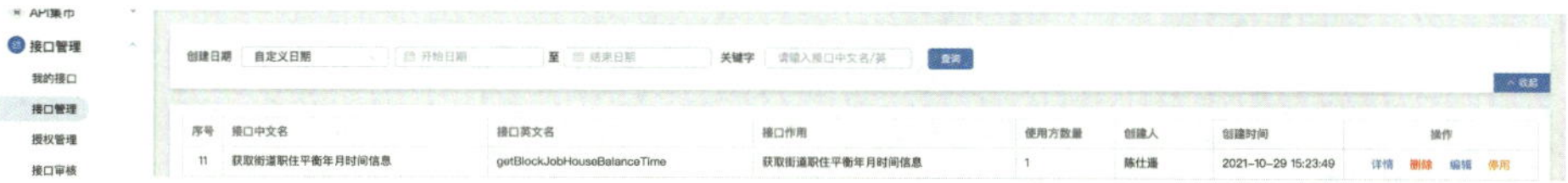

图 6-85　接口管理

3. 授权管理

在“授权管理”页面中，管理员可以添加接口使用方或对已有的使用方进行删改，也可以查看已授权给使用方的接口的数量、名称、密钥、有效期等信息(图 6-86)。

图 6-86　授权管理

管理员可以给某使用方添加新的接口授权、设置有效使用期限，或对已有的授权接口进行删除、停用或编辑有效期，确认新授权记录后，系统将给用户新授权的接口发送使用邮件(图 6-87)。

图 6-87　授权操作

4. 调用查询

“调用查询”主要提供以接口使用方为调查主体的数据统计，主要统计每个使用方的接口使用情况。统计信息包括使用方名称、使用联系人、联系人邮箱、电话、接口申请时间、接口有效期以及接口调用次数(图 6-88)。

图 6-88 调用查询

5. 接口监控

“接口监控”对平台已发布的数据接口进行调用和状态的统计，目前提供柱状统计图的有“当日调用次数 TOP20 的接口”“当日接口响应时长”“接口累计报错次数”，提供统计表格的有“接口调用预警”“接口平均响应时长”“非法访问记录”，管理员可下载数据表和统计图(图 6-89)。

图 6-89 接口监控

6.5.5 系统日志

为监控系统日常运作情况，监测和预防用户非正常操作，方便用户特征分析，平台提供了日志记录功能(图 6-90)。

系统日志分为访问日志和操作日志。访问日志记录了每个用户的 IP、访问平台页面的时间、访问的平台页面以及访问的类型，操作日志则记录了每个用户 IP、操作时间、操作模块、操作对象、操作内容等信息，平台日志提供导出功能。

图 6-90　系统日志页面

6.6　面向城市治理的业务功能场景

6.6.1　总体功能设计

面向城市交通治理的应用架构设计是以业务场景为导向，主要设计思路如下：

（1）以城市交通治理业务场景为导向，功能上应包含具体的业务支撑场景，满足用户对具体业务场景的应用需求。

（2）突出多源数据的深层融合，数据驱动提升系统应用功能，实现对应用场景多维度的分析研判，支持具体业务。

（3）形成监测—分析—决策为一体的交通业务闭环，通过平台功能研发，打造智脑体系，抓住当前大城市交通治理的关键，对交通实时运行状态进行掌控，对长期状态进行研判。

总体架构包括综合监测、场景研判和决策支持三大板块（图 6-91）。其中，综合监测与场景研判提供城市交通治理大部分的基本功能，决策支持则面向不同城市发展阶段的交通治理问题和不同部门的业务场景提供方案评估与决策支持，不断迭代、解耦、丰富和完善。

1. 综合监测

综合监测包括道路交通、公共交通、车辆运行、停车监测、慢行交通、交通环境和交通设施等部分（图 6-92）。通过对交通全要素的运行状况监测和相关指标分析，为发现交通问题提供量化支撑。

2. 场景研判

场景研判包括人员出行、公共交通、道路交通、货运交通、停车管理、慢行交通及道路设施等部分（图 6-93）。利用大数据深度挖掘和关联分析，为把握多场景的交通特征和发展态势提供研判依据。

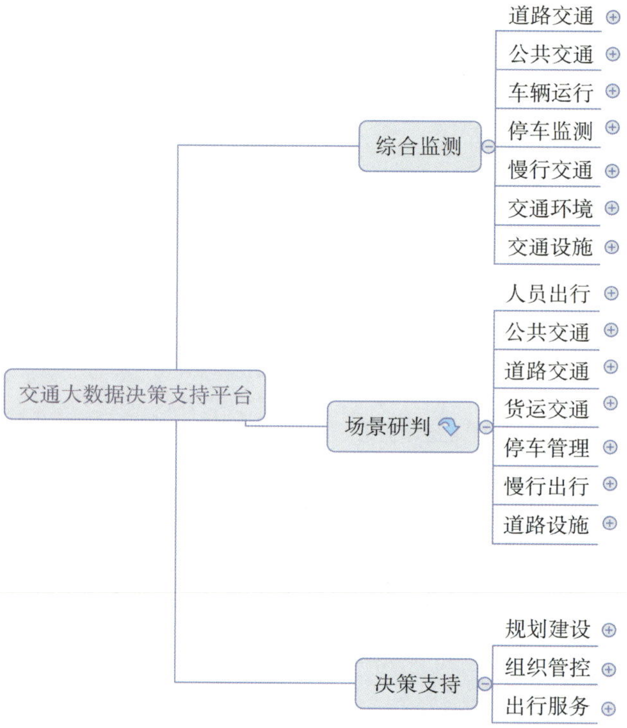

图 6-91　交通大数据决策支持平台总体应用架构设计

图 6-92　综合监测板块应用架构设计

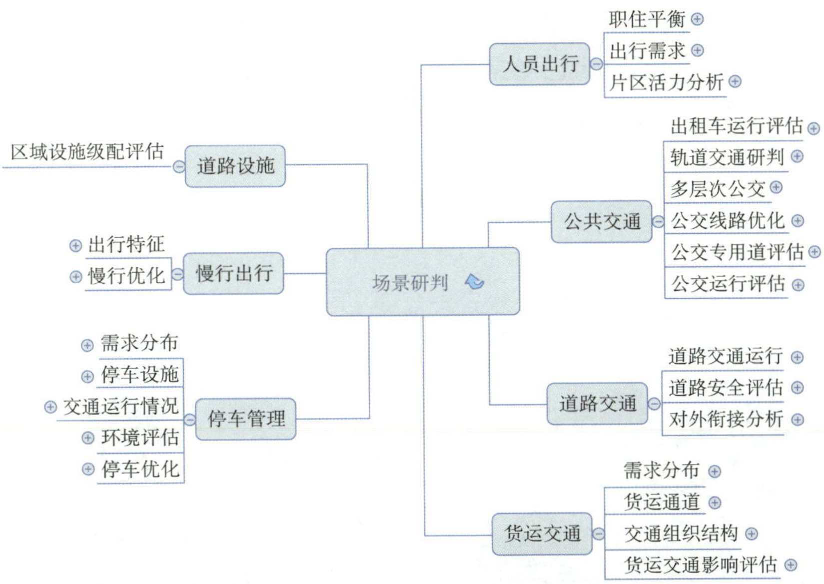

图 6-93 场景研判板块应用架构设计

3. 决策支持

决策支持板块立足于交通规划建设、组织管控和运营服务全过程的决策支持应用，分别提供规划建设方案评估分析、调控管控仿真推演、出行规划与信息服务支撑等场景应用功能（图 6-94）。

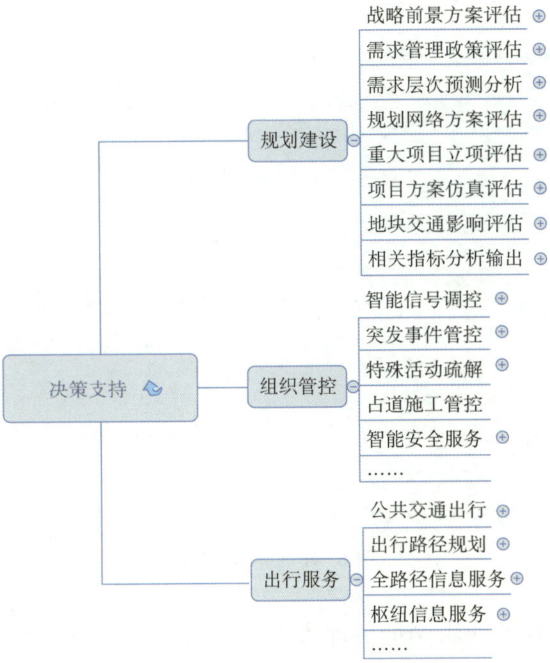

图 6-94 决策支持板块应用架构设计

TransPaaS 平台内容较多，为了更加容易使用此平台，用户需要一个统一的入口。登录界面如图 6-95 所示，平台已经完成单点登录集成，用户可以绑定第三方平台，使用第三方平台绑定的手机号验证码登录，也可以将手机号设为用户名，使用用户名和密码登录。

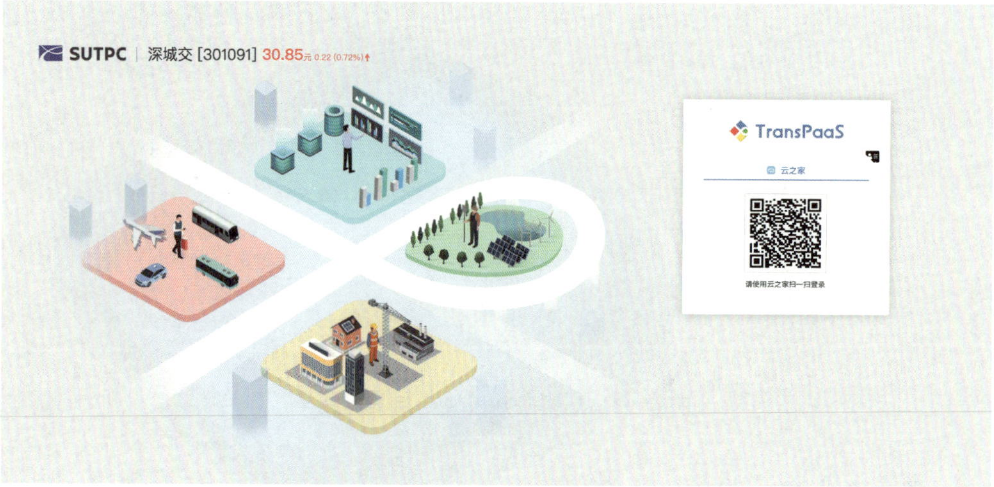

图 6-95　系统登录界面

TransPaaS 目前公开的 V1.2 版本平台主页如图 6-96 所示，为全局搜索页面，记录了用户的搜索记录，用户也可以选择删除搜索记录。

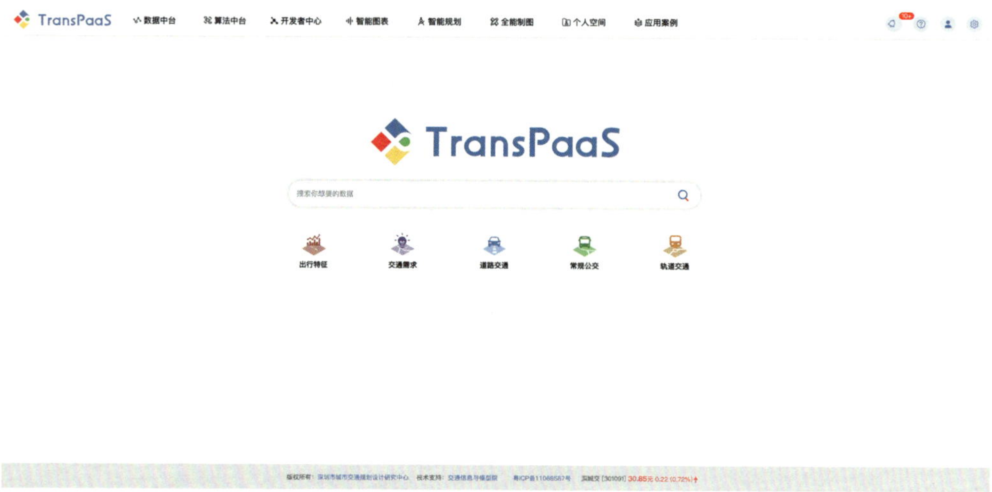

图 6-96　平台首页

用户输入 TransPaaS 新版网址后即可进入该页面，在该页面中，可以输入关键字搜索平台相关数据。用户可以点击搜索框下方的快捷图标进入智能规划模块相对应的页面。搜索结果会显示结果条目的简要介绍，其中数据会显示数据描述，算法会显示算法简介，如果想查看搜索结果的详情，需要登录平台。此外，如图 6-97 所示，用户可以看到搜索结果右侧的规划场景推荐和指标推荐菜单，更加便捷地找到需要的功能模块和数据指标。

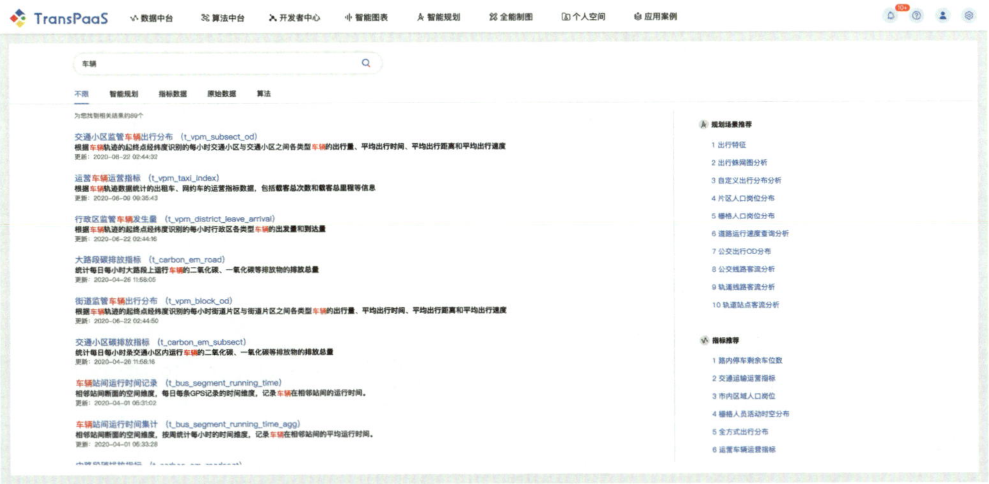

图 6-97　搜索结果页

平台当前开放了数据资源、算法工具、智能图表、数据资产、智能规划、系统管理六个应用模块。其中，非管理员用户可开放数据资源的数据查看、数据申请和数据接口功能，算法工具的算法模型和算法超市，以及智能图表和智能规划。系统管理员在此基础上可开放数据指标的数据审批、系统管理，数据接入、数据资产功能按需开放给特定用户。平台使用角色管理功能实现应用权限开放，从而实现所有用户功能的定制开放。

6.6.2　应用场景

基于总体架构设计，本节侧重对具体应用场景设计进行举例说明。包括城市生长监测、交通基础设施空间布局、交通政策、公共交通、货运交通、片区交通分析等部分应用场景。

1. 城市生长监测

城市生长监测包括人口监测、职住平衡监测、交通出行结构监测、机动车保有量监测等方面。

(1) 城市人口监测。人口是经济活动的主体，也是经济运动的出发点和归宿点，通过融合手机信令数据每月跟踪城市常住和流动人口的数量和分布变化，作为反映经济发展的重要参考指标(图 6-98、图 6-99)。

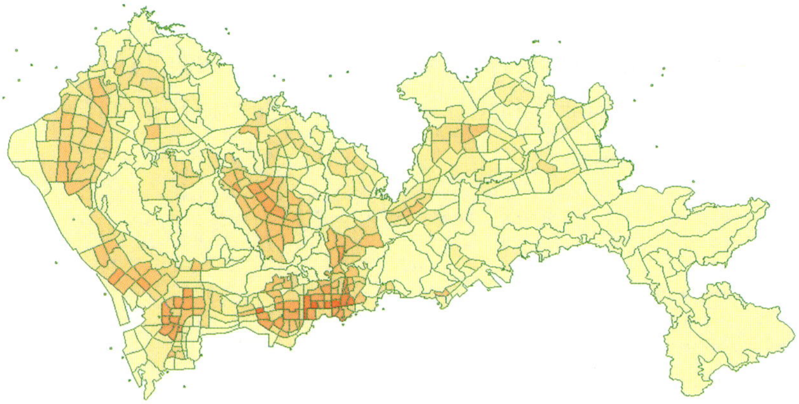

图 6-98　深圳人口现状密度分布图

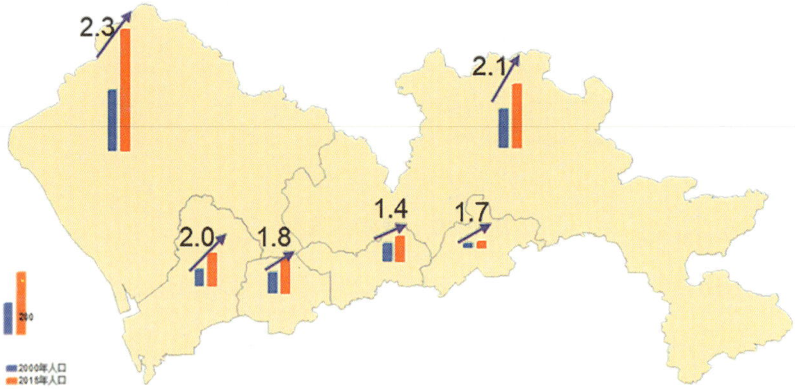

图 6-99　深圳 2000—2015 人口变化趋势

(2) 职住平衡监测。中心集聚(南山、罗湖开发量倍增)的开发模式将加剧职住分离,未来通勤圈半径可能扩大到 50～80 km,预计 2030 年将有超过 100 万的工作人口居住在市域外。图 6-100 为各组团内部就业者职住平衡指数。

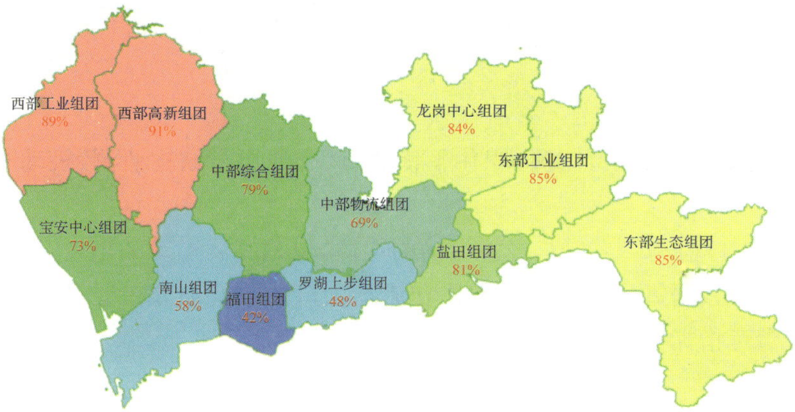

图 6-100　深圳市各组团内部就业者职住平衡指数

(3) 交通出行结构监测。大城市公共交通分担率提升进入攻坚期,公交分担率趋于稳定,相对竞争力有待提升,通过融合多源公交数据持续跟踪城市交通出行结构变化是否合理。图 6-101 为 2010—2018 年各交通方式客运量比例变化。

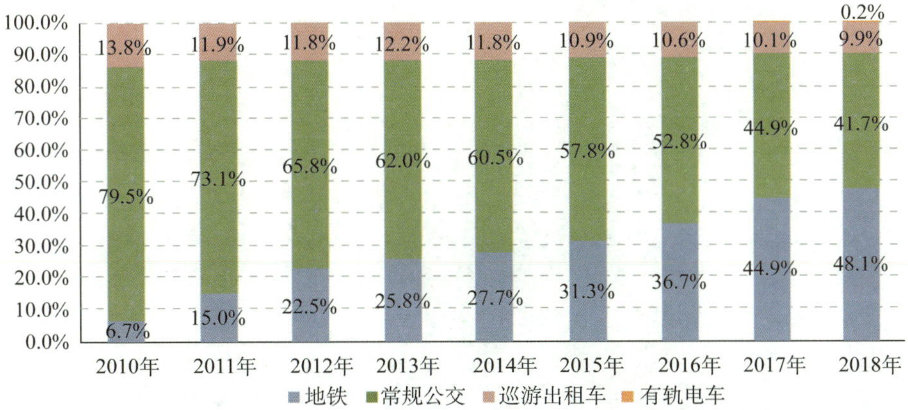

图 6-101　2010—2018 年各交通方式客运量比例变化

(4) 机动车保有量监测。维持小汽车数量的有序增长,持续监测评估限购政策实施效果,图 6-102 为 2001—2017 年深圳市私人小汽车保有量及净增速。

图 6-102　2001—2017 年深圳市私人小汽车保有量及净增速

2. 交通基础设施空间布局

(1) 城际交通联系。跨境、区域往来需求快速增长,城际交通发展面临新一轮扩容量、调结构、增效率,通过城际出行的分析,支撑城际轨道、跨江通道等对外通道的规划建设,图 6-103 为粤港澳大湾区九市城际出行到深圳的占比。

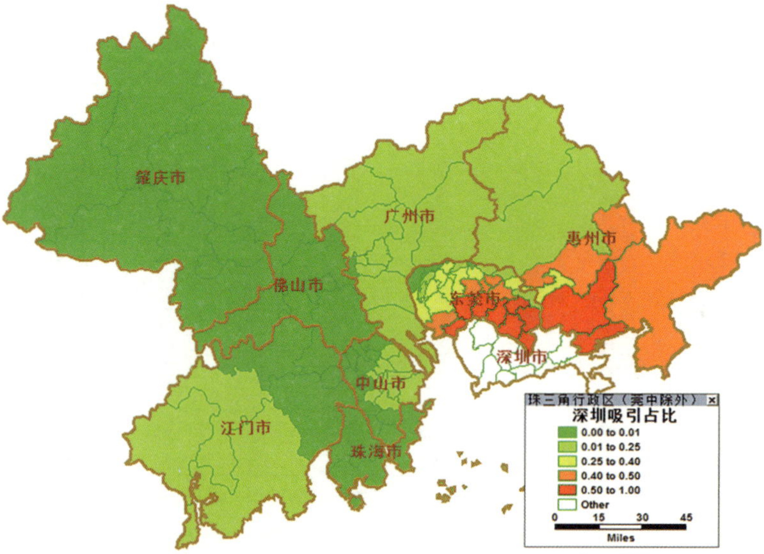

图 6-103　粤港澳大湾区九市城际出行到深圳的占比(对珠江西岸辐射能力明显不足)

(2) 枢纽优势客流腹地。通过大数据分析手段,精准识别旅客出行目的地和交通可达性信息,为政府制定枢纽和对外通道布局规划、调配接驳运力、提升枢纽旅客换乘效率提供决策依据。图 6-104 为深圳机场交通时空可达性。

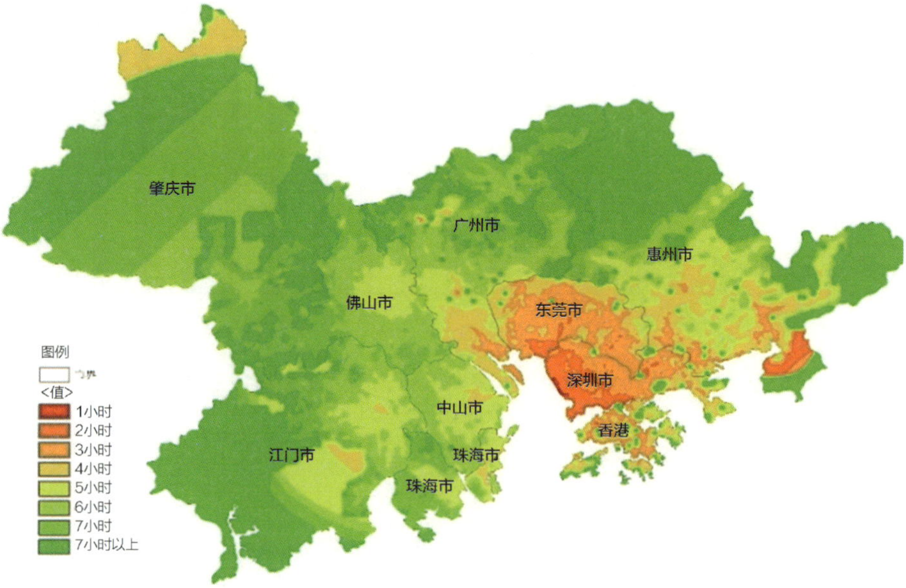

图 6-104　深圳机场交通时空可达性

（3）城市交通走廊需求特征。识别城市主要交通走廊，监测其变化特征，如深圳原特区内东西向道路交通需求趋于稳定，沿主要轴带集聚，未来随着中心集聚特征进一步强化，以西、中、东三条发展轴（福田—南山—宝安中心；福田—中部综合；福田—罗湖）和南、北两条发展带趋于饱和，如图 6-105 和图 6-106 所示。

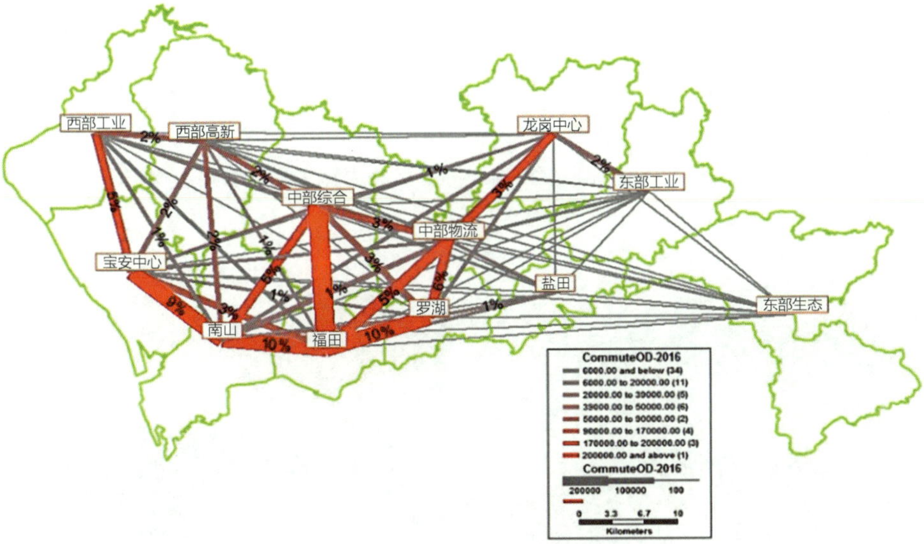

图 6-105　基于手机信令数据的通勤 OD 分布

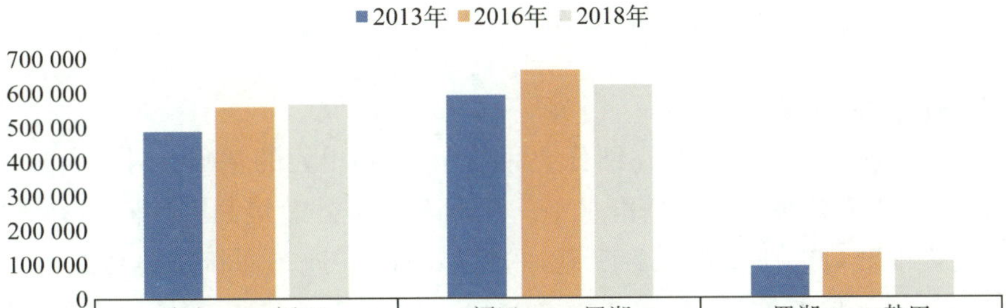

	南山⟷福田	福田⟷罗湖	罗湖⟷盐田
2013年	487 816	591 896	87 357
2016年	558 707	663 507	125 708
2018年	564 717	626 148	106 876

图 6-106　中心城区东西向道路交通需求趋于稳定（数据单位：人次/日）

（4）道路与停车设施优化。基于结合停车泊位利用率大数据及道路交通运行分析，制定全市路边临时停车泊位规模调整、停车收费策略。图 6-107 为深圳市福田中心办公区路内停车泊位利用率，图 6-108 为 2018 年深圳市工作日晚高峰片区道路运行情况。

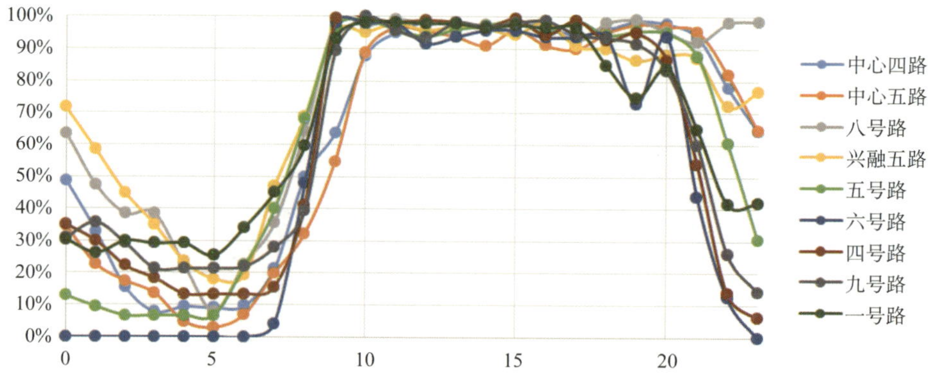

图 6-107　深圳市福田中心办公区路内停车泊位利用率

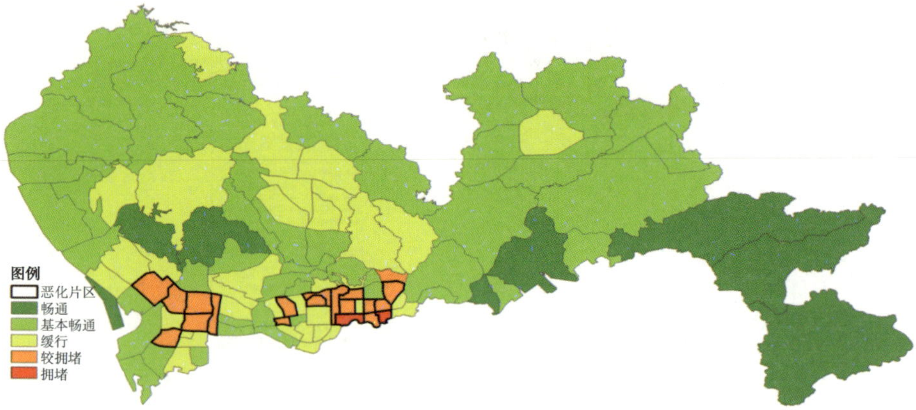

图 6-108　2018 年深圳市工作日晚高峰片区道路运行情况

3. 交通政策应用场景

(1) 小汽车使用特征监测。在细分空间单元、时间单元的基础上对不同车辆的活动特征开展研究，提升政策调控的精准水平。深圳全市限外政策高峰期间限外效果明显，外地车出行向非高峰时段转移现象明显，非高峰时段外地车通行总量占路网机动车出行总数的最高比例接近 40%，如图 6-109、图 6-110 所示。

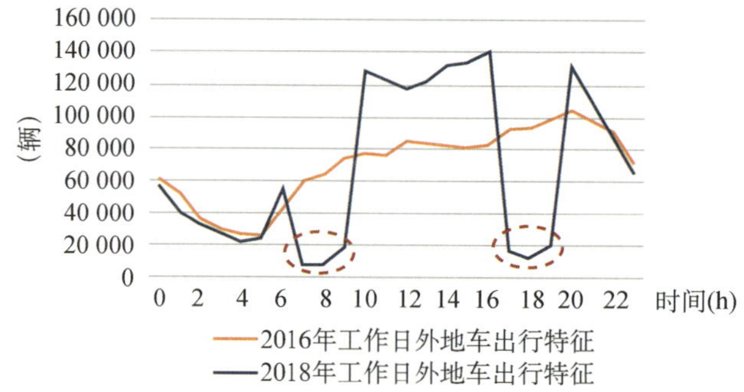

图 6-109　深圳市外地车出行时间特征

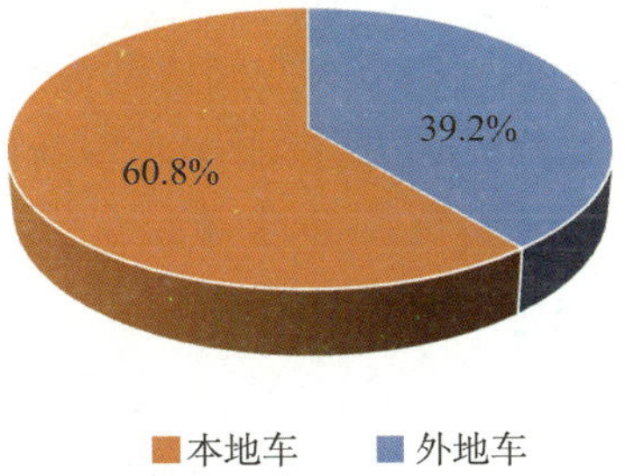

图 6-110　深圳市全路网外地车数量占比

（2）出行幸福感监测。基于数据众筹与出行链活动大数据，广泛征集具有不同社会属性特征的出行者在各出行环节中，采用不同交通方式的出行幸福度，绘制出行幸福指数地图（图 6-111、图 6-112），为廊道上的空间、运力资源优化和服务水平改善提供决策依据。

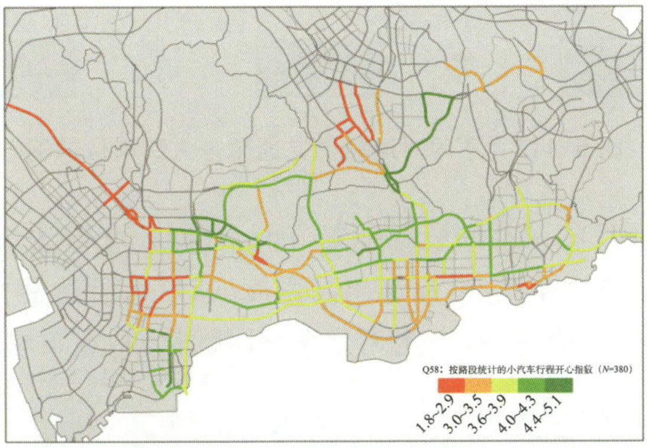

图 6-111　按路段统计的小汽车行程开心指数

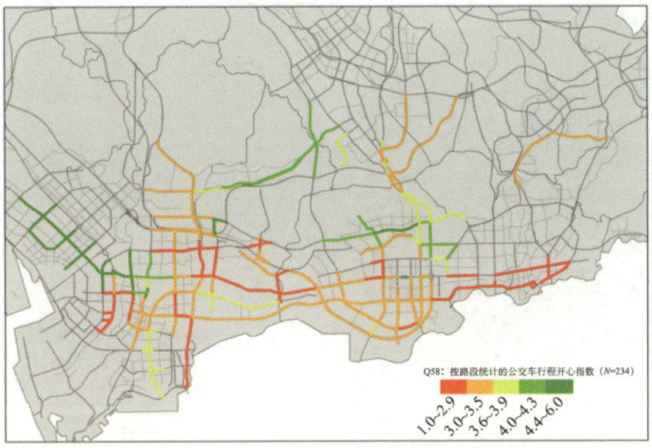

图 6-112　按路段统计的公交车行程开心指数

4. 公共交通应用场景

(1) 轨道与城市空间协调。研判轨道与空间协调关系,如深圳轨道三期推动了城市空间发展质量的全面提升,提高了城市二、三圈层龙华新区、坂田等发展重点地区的轨道覆盖,轨道建设带动沿线地区人口岗位集聚,800 m 覆盖全市人口岗位达 32%(图 6-113)。

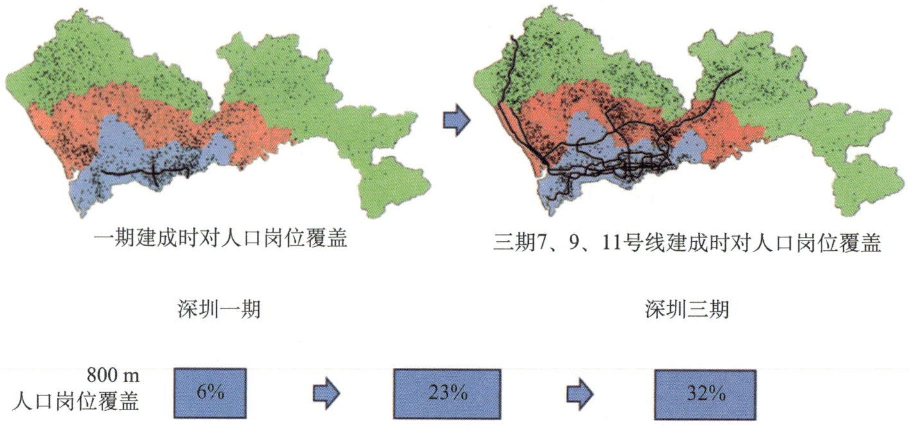

图 6-113　不同时期轨道交通覆盖人口岗位情况

(2) 公共交通资源评估。空间资源配置方面,开展公交可达性评估、公交资源评估等,并与人口岗位密度叠加分析,可筛选出高密度人口、低可达性社区如图 6-114 虚线框所示作为片区公交改善的重点,也能为公交线网优化、站点布局优化等工作的持续开展提供量化工具。

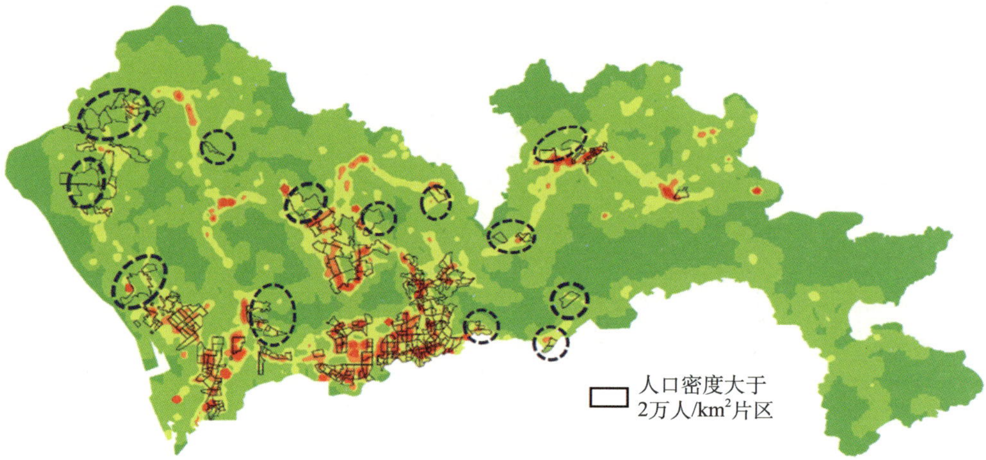

图 6-114　高密度人口、低公交资源(PTAL 指数)片区筛选

（3）公交客流构成分析。基于卡的类型、使用强度、职住情况划分公交人群，在对象和市场细分的基础上进行服务方案和交通政策的精细化设计，如图 6-115 为基于用户忠诚度的划分公交人群。

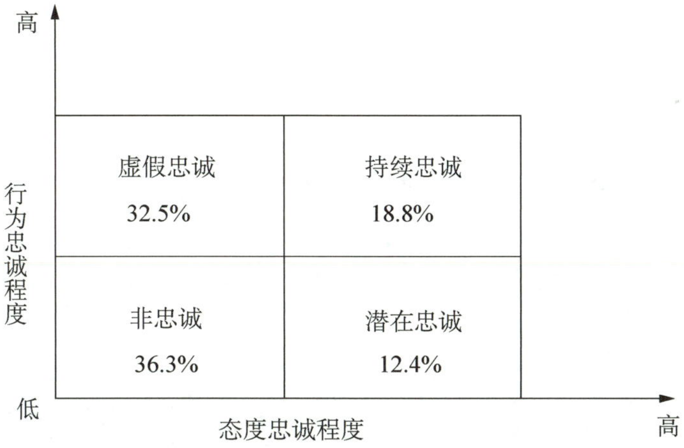

图 6-115　乘客忠诚度分析

5. 货运交通应用场景

（1）货运通道布局规划：识别和分析货运交通源地及交通时空分布、行驶路径、主要货运走廊，如图 6-116、图 6-117 所示。

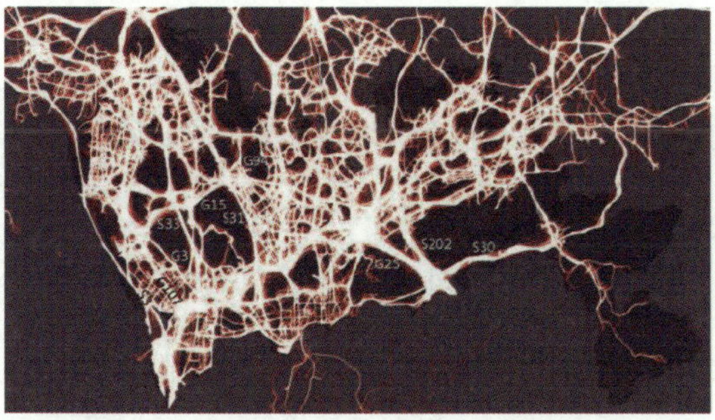

图 6-116　基于货车 GPS 的货运组织路径

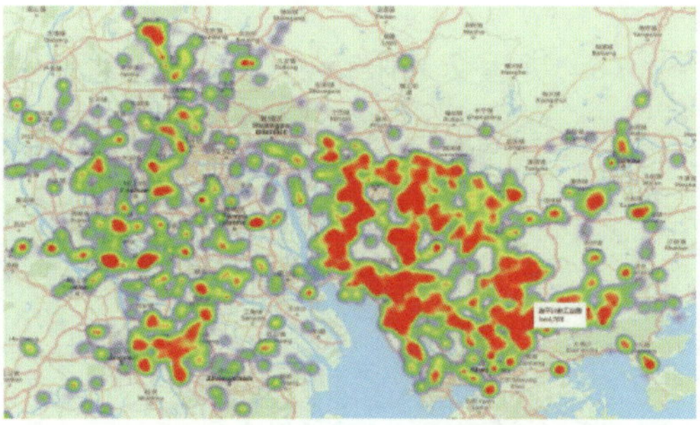

图 6-117　基于货车 GPS 的疏港货源地分布

（2）货运规划效果预判：利用系统平台，对货运规划效果预判，如通道货运收费调整、深港跨界货运交通组织调整等方案实施后，对全市路网运行状况影响的宏观模拟，如图 6-118 和图 6-119 所示。

（3）货运规划实施效果评估（图 6-120）：长期跟踪各项关键指标，对异常数据提出预警，辅助相关治理工作决策。例如，深圳未来构建内陆港组织体系后，对内陆港周边交通影响及相关改善建议。

（4）通道收费调整：动态跟踪评估高速公路回购后，通道交通构成、运行情况变化。

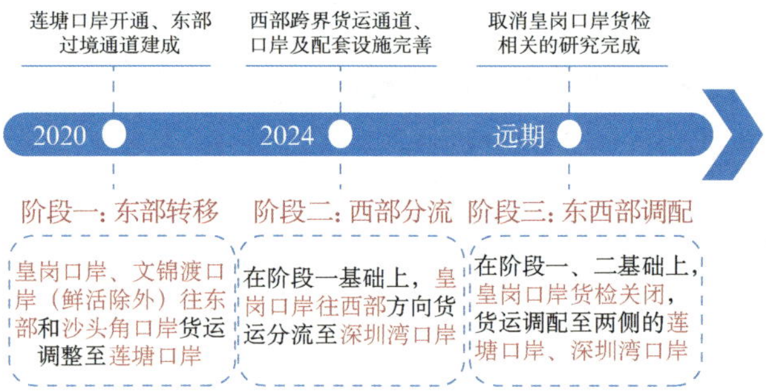

图 6-118　深港跨界货运交通组织分阶段调整方案

图 6-119　货运规划实施效果预判的交通模型

（5）货运交通限行：分析区域/通道限货对邻近路网的影响。

（6）新增货运设施：动态跟踪评估各类新增货运设施的使用情况，是否达到预期。

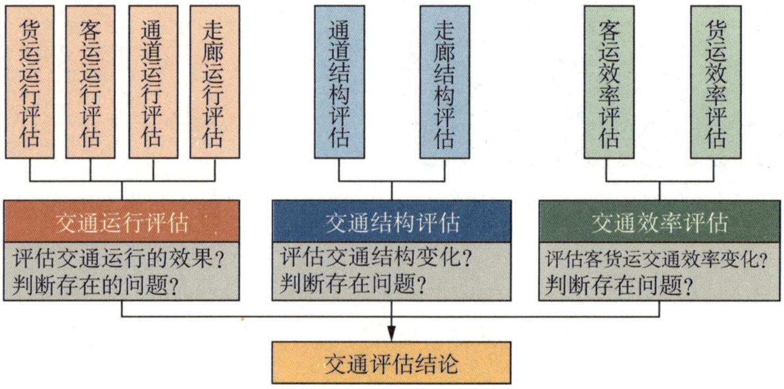

图 6-120　货运交通规划实施后评估

（7）货运组织调整：评估货运组织调整对邻近路网的运行状况、交通结构、交通效率等方面的影响。

6. 片区交通分析应用场景

以深圳北站及周边地区交通特征分析为例，构建用地与人口岗位、交通出行特征、道路交通运行、公共交通运行等部分组合的综合应用场景设计，形成标准化分析模板，高效支持规划决策分析应用。

(1) 用地与人口岗位：片区现状总开发建筑面积约为 1 400 万 m^2，如图 6-121 所示，以居住（黄色）、商业（红色）、办公（粉红）为主，占比分别为 75%、15%、10%。现状人口为 35.2 万人，岗位 10.8 万个。

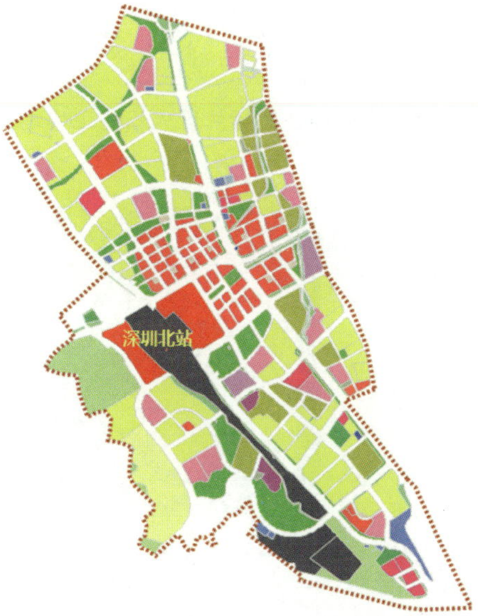

图 6-121　土地利用示意图（深圳北站片区）

(2) 交通出行特征之出行总量：片区早高峰进入 3.2 万人次/小时，离开 5.1 万人次/小时；晚高峰进入 5.1 万人次/小时，离开 3.5 万人次/小时（图 6-122）。

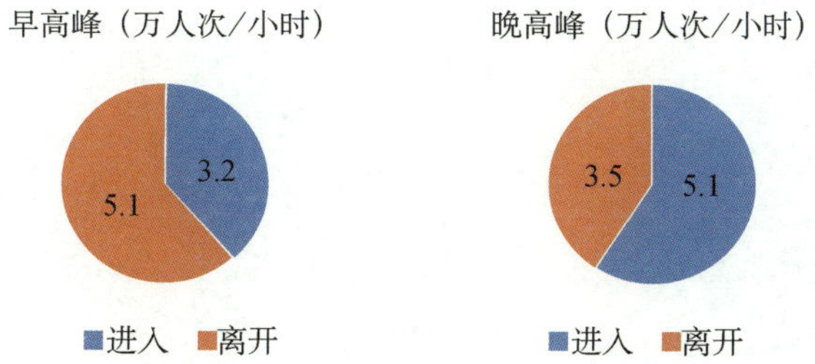

图 6-122　早、晚高峰进出比例示意图

(3) 交通出行特征之出行分布：现状在深圳北站片区居住的市民的工作地主要分布在龙华新区、福田区、南山区（图 6-123）；现状在片区工作的市民主要居住分布在龙华新区、龙岗区、福田区（图 6-124）。

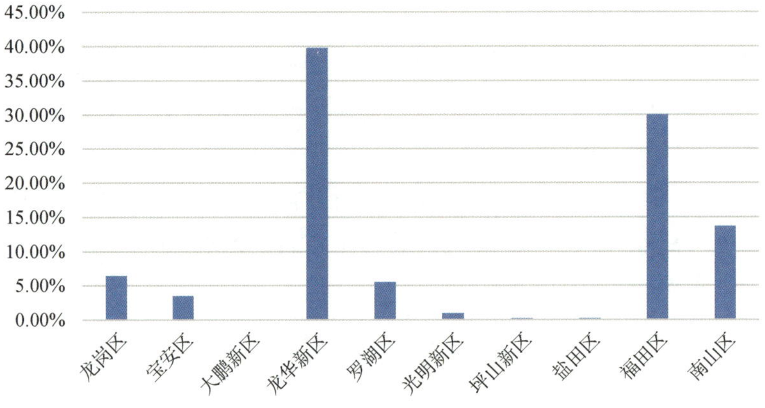

图 6-123 居住地在目标片区人口的工作地分布

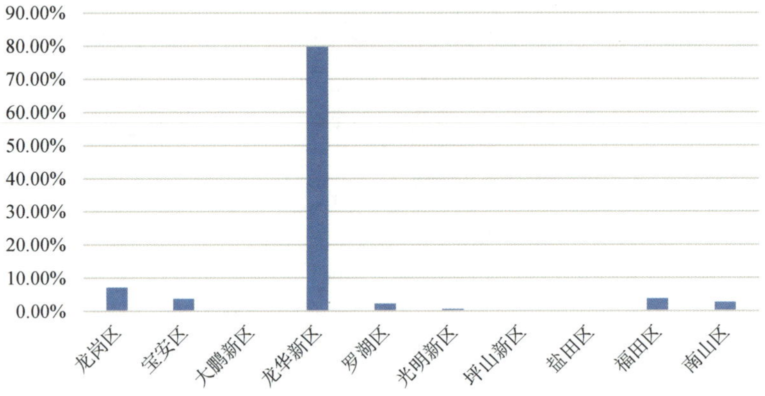

图 6-124 工作地在目标片区人口的居住地分布

总体出行中，内部出行的比例约为 36.2%，对外出行的比例 63.8%（图 6-125 把对外方向按东、南、西、北划分比例）。对外出行中，以龙华、福田、龙岗方向为主，占外部出行总量的 75%（图 6-126）。

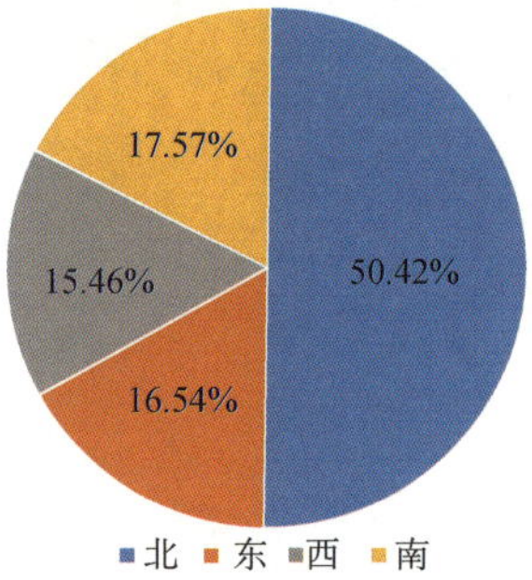

图 6-125 对外出行比例

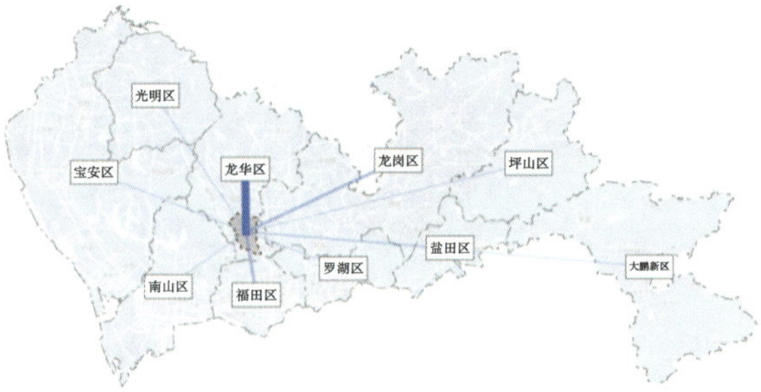

图 6-126 对外出行分布示意图(深圳市)

(4) 交通出行特征之出行方式：全方式出行方式中，公共交通（含常规公交、轨道交通）占 36.5%，慢行交通（含步行、非机动车）占 41.4%，小汽车（含私人小汽车、出租车）占 22.0%，如表 6-1、图 6-127 所示。

表 6-1　　全方式出行比例

出行方式	步行	非机动车	私人小汽车	出租车	常规公交	轨道交通
分担率	33.2%	8.2%	16.6%	5.5%	12.7%	23.8%

机动化出行方式中，公共交通（含常规公交、轨道交通）占 62.3%，小汽车（含私人小汽车、出租车）占 37.7%，如表 6-2、图 6-128 所示。

表 6-2　　机动化出行比例

出行方式	私人小汽车	出租车	常规公交	轨道交通
分担率	28.3%	9.4%	21.7%	40.6%

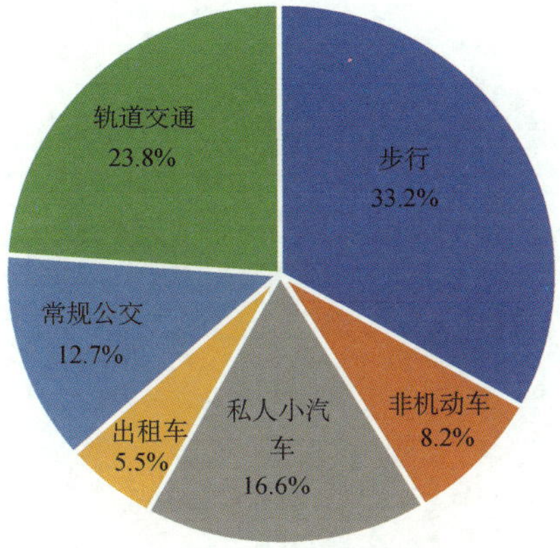

图 6-127　全方式出行比例饼图

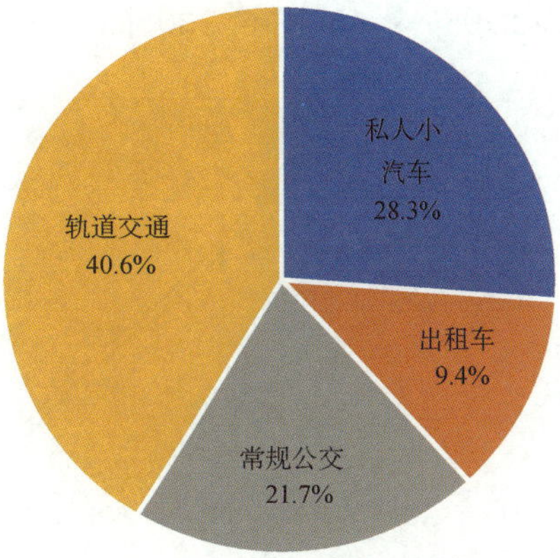

图 6-128　机动化出行比例饼图

（5）交通出行特征之道路运行：片区内部道路密度 4.9 km/km^2，低于深标要求，其中无高速公路和快速路，主干路 1.7 km/km^2，次干路 0.6 km/km^2，支路 2.5 km/km^2（表 6-3）。工作日片区高峰期平均运行车速为 22.7 km/h。图 6-129 为片区现状路网结构示意图。

图 6-129　片区现状路网结构示意图

表 6-3　　　　　　　　路网结构统计表

道路等级	长度/km	路网密度/(km · km^{-2})	深标/(km · km^{-2})
主干路	16.5	1.7	1.2～1.8
次干路	6.2	0.6	2.1～3.2
支路	24.1	2.5	6.5～10.0
合计	46.8	4.9	

工作日留仙大道高峰期交通压力较大，其中，留仙大道（梅龙路—新区大道）、留仙大道（新区大道—福龙路）早高峰期交通拥堵较为严重，留仙大道（梅龙路—新区大道）高峰交通拥堵主要出现在 8:30—9:00，留仙大道（新区大道—福龙路）高峰拥堵主要出现在 8:05—9:45（图 6-130、图 6-131）。

图 6-130　高峰小时道路运行状况分布图

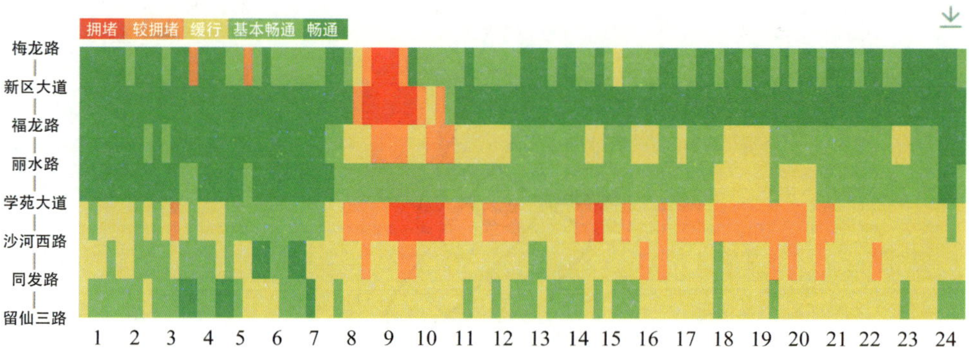

图 6-131　道路拥堵时空图

(6) 交通出行特征之交叉口运行：现状路网有 20 个信号交叉口，新区大道/玉龙路交叉口高峰期延误较为严重。

(7) 公共交通运行之轨道交通：现状片区共运营有轨道 4 号、5 号线及红山、深圳北站、白石龙、民乐、民治站点，轨网密度为 0.83 km/km^2，站点 750 m 覆盖率约 65%，岗位覆盖率约 62%，居住覆盖率约 60%(图 6-132、图 6-133)。

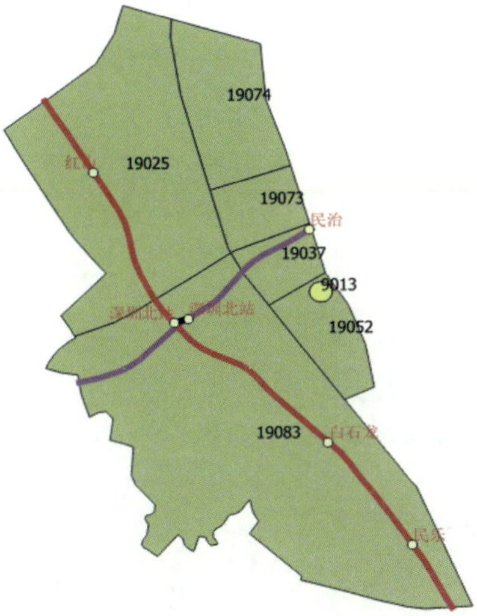

图 6-132　轨道线路及站点分布图(小圆圈)

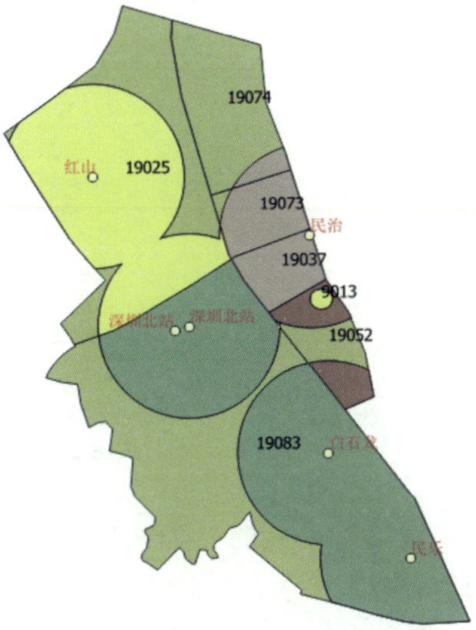

图 6-133　轨道站点人口岗位覆盖情况

工作日红山、深圳北站、白石龙、民乐、民治站客流早高峰出现在 8:00，客流晚高峰出现在 18:00(图 6-134)。

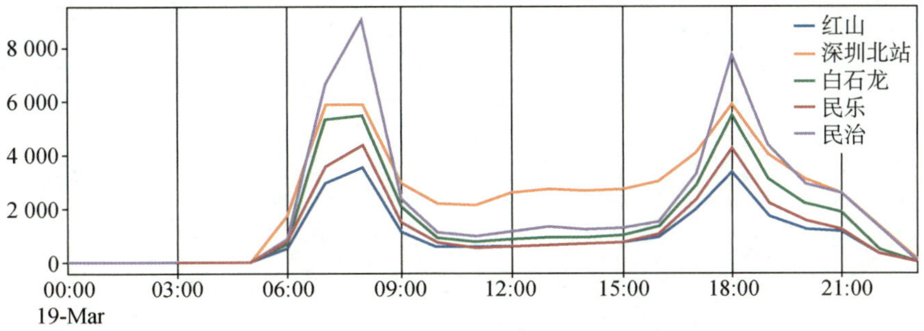

图 6-134　轨道站点客流时段分布图

(8) 公共交通运行之常规公交：玉龙路、新区大道、民塘路是片区的主要公交走廊，其中途径片区的公交线路 149 条(图 6-135)。片区公交停靠站约 89 对，首末站 18 座，站点 300 m 覆盖率约 91%。

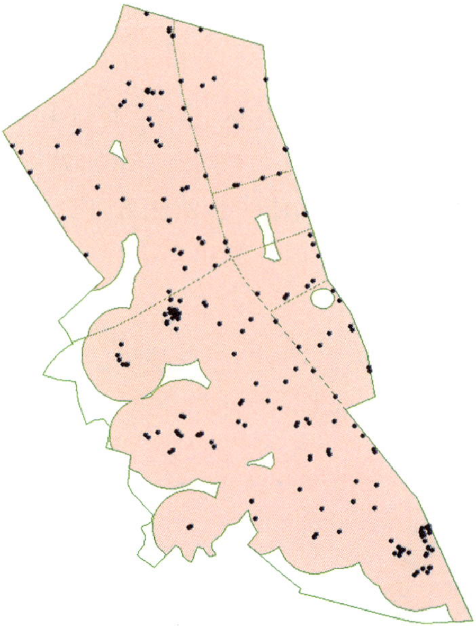

图 6-135　片区公交站点分布及 300 m 覆盖范围示意图

片区客流量最大的三个站是深圳北站交通枢纽公交场站、深圳北站、民乐地铁站北公交场站，高峰小时站点流量分别达到 728 人次、710 人次和 387 人次。如图 6-136 所示，点的大小代表客流量的相对大小。

图 6-136　公交站点客流量示意图

片区工作日高峰小时和全天公交与小汽车车速比分别约为 1.25 和 1.34，其中公交车辆在民塘路(北—南)路行驶较为缓慢(图 6-137、图 6-138)。

图 6-137　片区公交车速(比)分布图

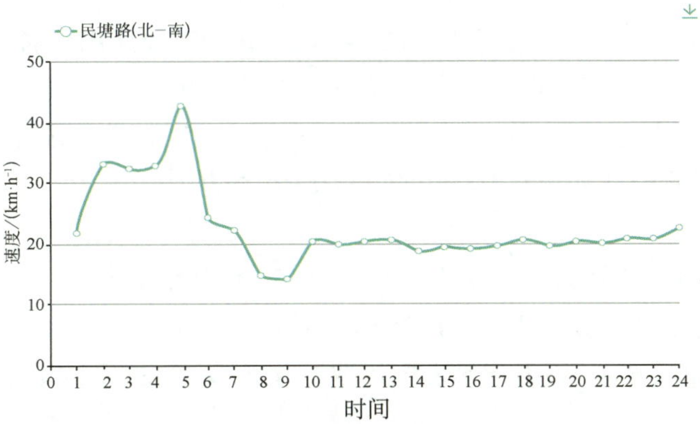

图 6-138　公交走廊车速(比)时间分布图

6.6.3　交通知识图谱应用场景

以图数据库主核心的交通知识图谱应用前景广泛，下面以城市交通中常见的公交出行场景为例，阐述如何利用图数据库建立交通知识图谱，并对图数据库进行同乘人员挖掘等深度应用。

6.6.3.1　公交出行场景知识图谱建立

1. 基础数据

基础数据为公交线路信息表和公交刷卡记录表，其中公交线路信息表包含了深圳市约 1 000 条公交线路对应站点数据，字段包括了线路编号、线路方向、线路名称和站点序号等信息，公交刷卡记录表记录了深圳市某个工作日约 300 万条刷卡记录，其中刷卡记录已经匹配下车站点信息。详细字段包括了 IC 卡编号、车辆编号、公交线路编号、上车站点序号、上车站点序号等信息。

2. 建模框架

根据公交人、车、站点之间的关联关系，建立如图 6-139 的公交知识图谱的框架。

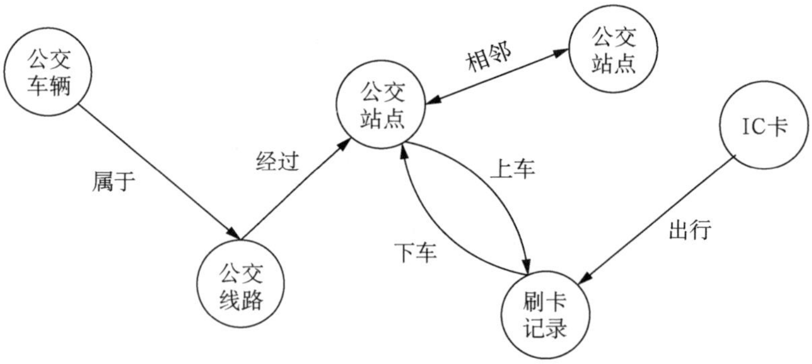

图 6-139　公交出行行为场景建模框架

其中实体包含公交车辆、公交站点、公交线路、IC 卡(公交出行者)、刷卡记录；关系包含公交车辆—公交线路(属于)、公交线路—公交站点(经过)、IC 卡—刷卡记录(出行)、公交站点—刷卡记录(上车)、公交站点—公交站点(相邻)、刷卡记录—公交站点(下车)，场景建模规模达到 500 万个节点、1 000 万条边。

3. 节点建模

将原始数据两张表转为图数据库对应的节点，其中数据表中的一条记录对应图数据库中的一个节点，整个数据表对应图数据库中某一节点集合(标签)。

(1) 公交车辆实体：从刷卡记录表中提取 vehicle 标签(去重)，单个节点仅包含车辆编号属性。

(2) 公交线路实体：从公交线路信息表中提取车辆线路标签，单个节点包含线路编号、线路名称、线路方向等属性。

(3) 公交站点实体：从公交线路信息表中提取站点标签，单个节点包含站点编号、站点名称、站点经纬度等属性。

(4) 刷卡记录实体：从刷卡记录表中提取刷卡标签，单个节点包含：刷卡记录编号、公交 IC 卡编号两个属性。

(5) IC 卡标签实体：从公交刷卡记录表中提取 IC 卡标签(去重)，单个节点仅包含 IC 卡编号属性。

4. 关系建模

根据基础数据中的两张表处理节点之间的对应关系。

(1) 公交车辆→公交线路(属于关系)：从刷卡记录表中提取公交车辆与公交线路的属于关系(去重)，关系匹配字段为车辆编号→线路。

(2) 公交线路→公交站点(经过关系)：从公交线路信息表中描述了每条公交线路经过公交站点的关系，关系匹配字段为线路编号→站点编号，关系属性包含站点序号。

(3) 公交站点→刷卡记录(上车关系):从刷卡记录表中提取公交站点与刷卡记录的上车关系,匹配字段为站点编号→乘车记录编号,关系属性包含线路编号,上车站点编号,上车时间。

(4) 刷卡记录→公交站点(下车关系):从刷卡记录表中提取刷卡记录与公交站点的下车关系,匹配字段为乘车记录编号→站点编号,关系属性包含线路编号、下车站点序号、下车站点时间。

(5) IC 卡→刷卡记录(出行关系):从刷卡记录表中提取 IC 卡与刷卡记录出行关系,匹配字段为 IC 卡编号→IC 卡编号。

(6) 公交站点—公交站点(相邻):从公交线路信息表中根据经纬度坐标记录公交站点的之间的相邻关系,匹配字段为公交站点编号—公交站点编号。

图 6-140 为公交出行场景知识图谱搭建。

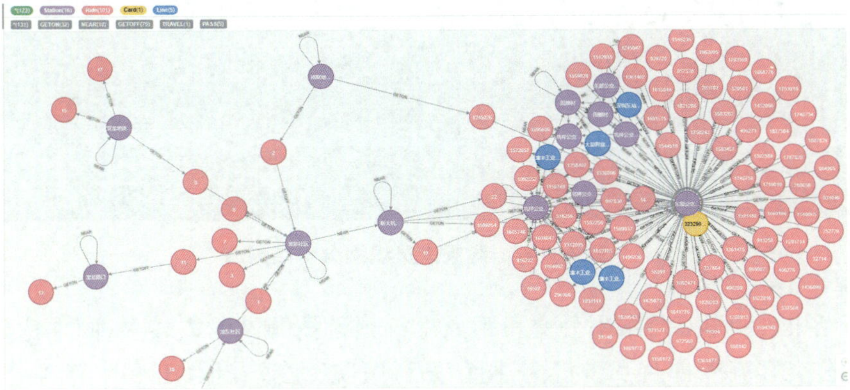

图 6-140 公交出行场景知识图谱搭建

6.6.3.2 公交出行场景挖掘

公交出行场景挖掘涵盖了同乘人员识别提取、最大公交客流提取识别、线路站点上下车客流提取、公交站点群公交运力挖掘、公交站点群客流挖掘(图 6-141)。其中,同乘

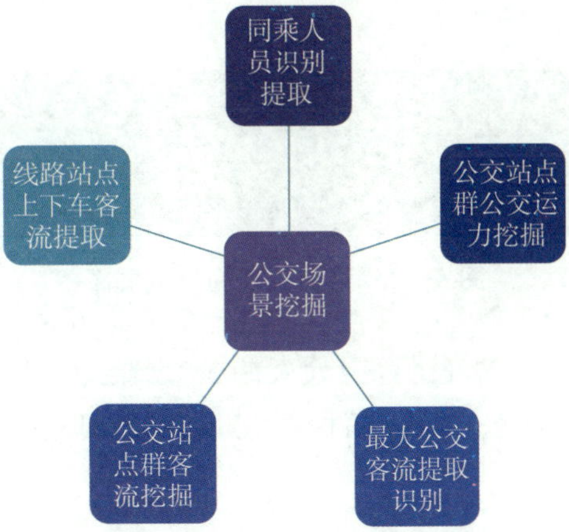

图 6-141 公交出行场景挖掘

人员识别提取、最大公交客流提取识别、线路站点上下车客流提取为基础统计挖掘分析，介绍 Neo4j 图数据库在一维数据挖掘分析。公交站点群公交运力挖掘、公交站点群客流挖掘为多维关联挖掘。

1. 同乘人员识别提取

高峰期间的长距离同乘人员识别是常规公交线路优化、定制公交线路开通的重要参考依据。在 Neo4j 中提取早高峰(7:30—9:00)、长距离(超过 10 个站)的同乘人员(同一站点上车、同一站点下车)情况，挖掘分析结果如图 6-142 所示。

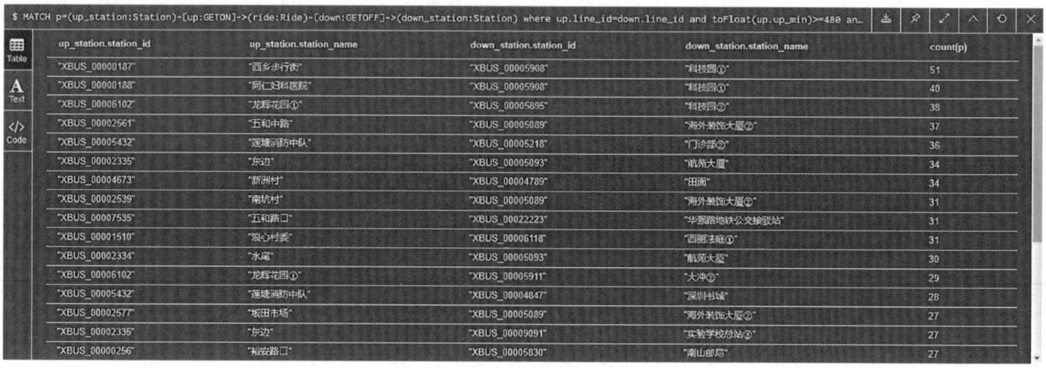
$ MATCH p=(up_station:Station)-[up:GETON]->(ride:Ride)-[down:GETOFF]->(down_station:Station) where up.line_id=down.line_id and toFloat(up.up_min)>=480 an...

up_station.station_id	up_station.station_name	down_station.station_id	down_station.station_name	count(p)
"XBUS_00000187"	"西乡步行街"	"XBUS_00005908"	"科技园①"	51
"XBUS_00000188"	"同仁妇科医院"	"XBUS_00005908"	"科技园①"	40
"XBUS_00006102"	"龙辉花园①"	"XBUS_00005895"	"科技园②"	38
"XBUS_00002561"	"五和中路"	"XBUS_00005089"	"海外装饰大厦②"	37
"XBUS_00005432"	"莲塘消防中队"	"XBUS_00005218"	"门诊部②"	36
"XBUS_00002335"	"东边"	"XBUS_00005093"	"航苑大厦"	34
"XBUS_00004673"	"新洲村"	"XBUS_00004789"	"田面"	34
"XBUS_00002539"	"南坑村"	"XBUS_00005089"	"海外装饰大厦②"	31
"XBUS_00007535"	"五和路口"	"XBUS_00022223"	"华强路地铁公交接驳站"	31
"XBUS_00001510"	"浪心村委"	"XBUS_00006118"	"西丽法庭①"	31
"XBUS_00002334"	"水尾"	"XBUS_00005093"	"航苑大厦"	30
"XBUS_00006102"	"龙辉花园①"	"XBUS_00005911"	"大冲②"	29
"XBUS_00005432"	"莲塘消防中队"	"XBUS_00004847"	"深圳书城"	28
"XBUS_00002577"	"坂田市场"	"XBUS_00005089"	"海外装饰大厦②"	27
"XBUS_00002335"	"东边"	"XBUS_00009091"	"实验学校总站②"	27
"XBUS_00000256"	"裕安路口"	"XBUS_00005830"	"南山邮局"	27

图 6-142 同乘人员识别分析结果

分析结果表明早高峰乘坐公交长距离出行到科技园站的人较多，同乘达到科技园公交站的公交客流来自西乡步行街、同仁妇科医院、龙辉花园、五和中路等公交站点。图数据库与传统关系型数据库最大差别在于，在同乘识别分析的出行量基础上可快速定位到每个 IC 卡出行链。

2. 站点间最大公交客流提取

站点间最大公交客流提取识别对于挖掘全市公交站点与站点之间的公交客流，对于识别全市公交出行走廊，最大公交站点出行 OD 挖掘。在 Neo4j 查询分析页面如图 6-143 所示。

```
MATCH p=(up_station:Station)-[up:GETON]->(ride:Ride)-[down:GETOFF]->(down_station:Station)
where up.line_id=down.line_id
RETURN up_station.station_id, up_station.station_name,down_station.station_id,
down_station.station_name,count(p)
order by count(p) desc
```

图 6-143 Neo4j 查询分析页面

从表 6-4 的客流提取数据表明，全天大的公交站点间客流主要有上水径至茵悦之生公交站、东边至沙元埔公交站、福保派出所至益田村公交站、沙元埔至东边公交站。

表 6-4　　最大站点客流提取

上车站点	下车站点	出行量/(人·次$^{-1}$)
上水径	茵悦之生	1 392
东边	沙元埔	1 120
福保派出所①	益田村	1 063
沙元埔	东边	998
松泉公寓	翠竹大厦	958
东门中①	布吉街	901
科苑北	科苑北环立交	896
深大地铁站	粤海门村	893
福田口岸总站	保税区海关	882
南山残联	鼎太风华	877
茶光②	茶光①	868
民康路口	横岭工业区	854

注：序号代表分站台。

3. 线路站点上、下车客流提取

线路站点上、下车客流提取用于提取分析单条公交线路在途经各公交站点处的上、下车客流，可快速挖掘提取公交线路的断面客流并识别满载率。在 Neo4j 中统计单条公交线路沿线公交站点上、下车客流分析结果如图 6-144 所示。

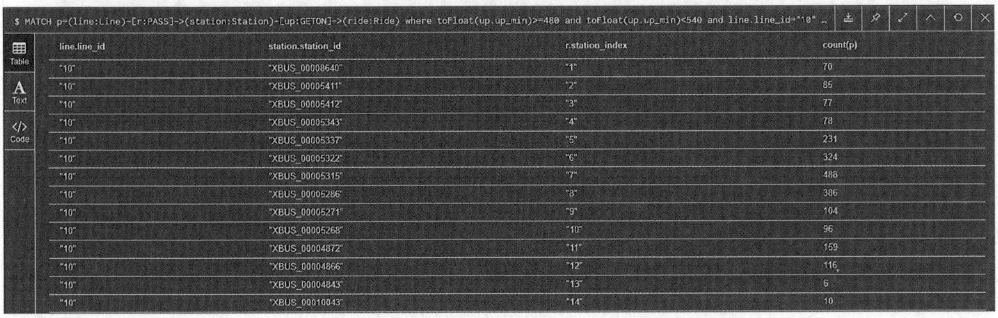

```
$ MATCH p=(line:Line)-[r:PASS]->(station:Station)-[up:GETON]->(ride:Ride) where toFloat(up.up_min)>=480 and toFloat(up.up_min)<540 and line.line_id="10" …
```

line.line_id	station.station_id	r.station_index	count(p)
"10"	"XBUS_00008640"	"1"	70
"10"	"XBUS_00005411"	"2"	85
"10"	"XBUS_00005412"	"3"	77
"10"	"XBUS_00005343"	"4"	78
"10"	"XBUS_00005337"	"5"	231
"10"	"XBUS_00005322"	"6"	324
"10"	"XBUS_00005315"	"7"	488
"10"	"XBUS_00005286"	"8"	386
"10"	"XBUS_00005271"	"9"	104
"10"	"XBUS_00005268"	"10"	96
"10"	"XBUS_00004872"	"11"	159
"10"	"XBUS_00004866"	"12"	116
"10"	"XBUS_00004843"	"13"	6
"10"	"XBUS_00010043"	"14"	10

图 6-144　公交线路站点上、下车客流提取

4. 站点群出行量挖掘

面向公交优化分析，公交站点群之间的公交出行量是支撑预约巴士开通与线路优化的重要分析依据。其中公交站点群是指 500 m 范围内的公交站点间的出行量，其中公交站点群 A 与 B 之间的公交线路关联示意如图 6-145 所示，分析站点 A 与 B 互相邻近站点之间的公交出行量是片区公交优化的关键。

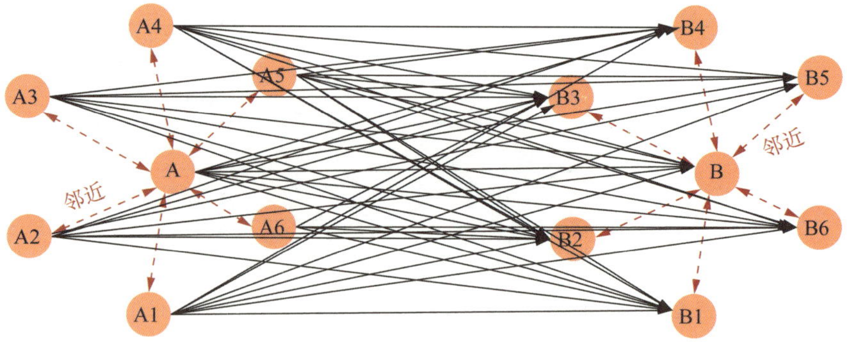

图 6-145　公交站点群出行量分析

根据站点之间的邻近关系，识别提取公交站点群之间的公交出行量，在 Neo4j 中可直观快速得到分析结果，以最大公交站点间客流科技园公交站至同仁妇科医院公交站点分析为例，相互邻近站点间的公交出行量识别结果如图 6-146 所示。

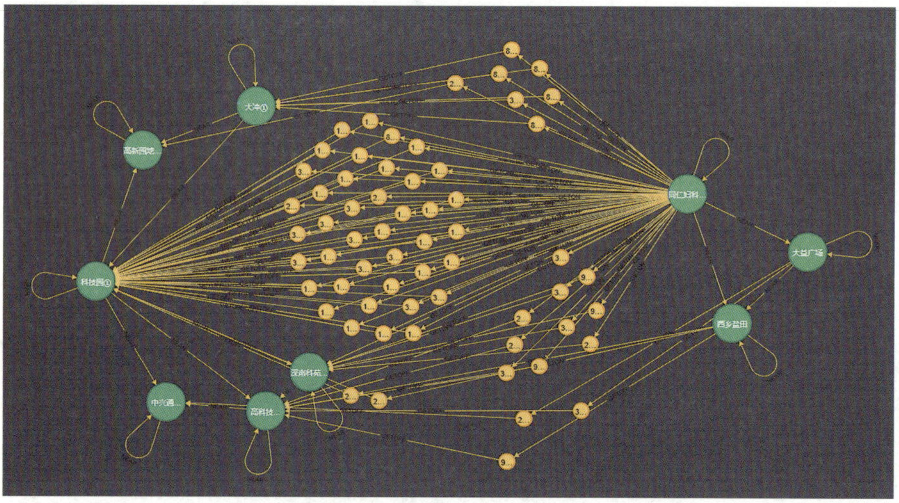

图 6-146　公交站点群之间的出行量识别结论

5. 站点群运力挖掘

公交站点群运力挖掘用于统计公交站周边邻近站点经过的各条公交线路拥有的车辆数(图 6-147)。其中公交站的邻近是指 500 m 范围内的公交站点，通过统计公交站点群经过的公交车辆，对于评估以目标公交站点为中心的 500 m 范围公交站群的运力评估，是片区级公交运力匹配计算的核心。

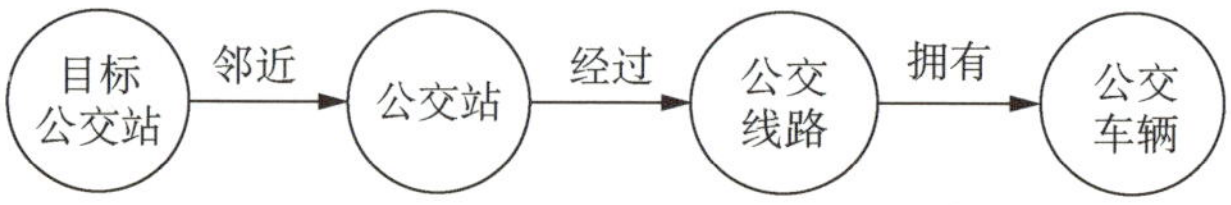

图 6-147　公交站点群公交运力挖掘框架

查询科技园公交站群的公交车辆运力如图 6-148 所示。

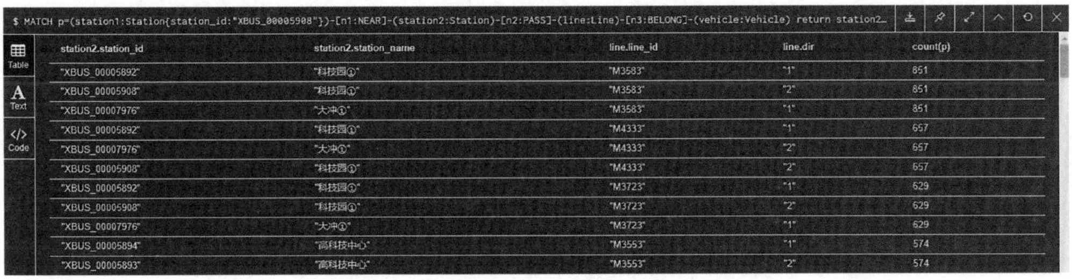

```
$ MATCH p=(station1:Station{station_id:"XBUS_00005908"})-[n1:NEAR]-(station2:Station)-[n2:PASS]-(line:Line)-[n3:BELONG]-(vehicle:Vehicle) return station2…
```

station2.station_id	station2.station_name	line.line_id	line.dir	count(p)
"XBUS_00005892"	"科技园①"	"M3583"	"1"	851
"XBUS_00005908"	"科技园①"	"M3583"	"2"	851
"XBUS_00007976"	"大冲①"	"M3583"	"1"	851
"XBUS_00005892"	"科技园①"	"M4333"	"1"	657
"XBUS_00007976"	"大冲①"	"M4333"	"2"	657
"XBUS_00005908"	"科技园①"	"M4333"	"2"	657
"XBUS_00005892"	"科技园①"	"M3723"	"1"	629
"XBUS_00005908"	"科技园①"	"M3723"	"2"	629
"XBUS_00007976"	"大冲①"	"M3723"	"1"	629
"XBUS_00005894"	"高科技中心"	"M3553"	"1"	574
"XBUS_00005893"	"高科技中心"	"M3553"	"2"	574

图 6-148　查询公交站点群公交运力结果

以上例子利用 Neo4j 图数据库建立了公交出行场景的知识图谱，场景建模规模达到 500 万个节点、1 000 万条边。在搭建的知识图谱上挖掘分析了公交典型出行场景中同乘人员识别提取、公交站点群出行量挖掘、公交站点运力挖掘等分析场景。横向对比了 Oracle 数据库和 Neo4j 查询性能，表明 Neo4j 在多维关联查询中的性能要显著高于 Oracle。从知识图谱的建立、场景挖掘、查询性能对比 3 个角度探索了知识图谱在交通数据挖掘方面的应用，为交通知识图谱的使用提供参考。

7 TransPaaS 大数据计算平台应用实践成果

城市交通治理能力和水平体现着一个城市的发展水平，关系着人们生活和工作的质量。实现面向交通服务多元主体新型关系的城市交通治理，是提升交通服务共建、共享、共治水平的新要求和新趋势[49]。在交通治理新趋势下，国内主要城市都在建设智能交通系统平台，TransPaaS 平台作为大数据计算平台成为城市交通治理的重要支撑工具，通过面向全方位交通监测的多源交通大数据汇集与采集、融合挖掘分析及多元可视化展示，建立综合交通大数据中心，形成系统建设的核心载体、基础和必备要件；基于综合交通大数据中心，以数据挖掘、运行监测、交通预测等集成化算法模型为技术支撑，构建交通综合监测、在线仿真推演等应用系统，支持城市交通综合治理工作科学开展，提升城市交通治理与管理水平助力智慧城市建设[50]。以 TransPaaS 平台为底座的城市交通治理系统建设项目已在深圳、武汉、苏州、湛江等十余个城市落地。项目根据城市、地区、院校的不同治理需求建设多样化的智能交通平台，涵盖以交通品质提升为目标的交通综合治理大脑、支撑城市交通规划与建设的决策支持平台、以数据管理为核心的数据治理与共享平台、面向院校教师及学生的教学实验与科研平台四大类型，助力城市治理体系和治理能力现代化建设。

7.1 TransPaaS 平台之弹性部署架构设计

新兴的数据中心模式均需具备出色的灵活性和不间断按需扩展的能力。基础架构不仅需要能支持这些能力，而且本身也须具备这些能力[51]。TransPaaS 平台可以根据

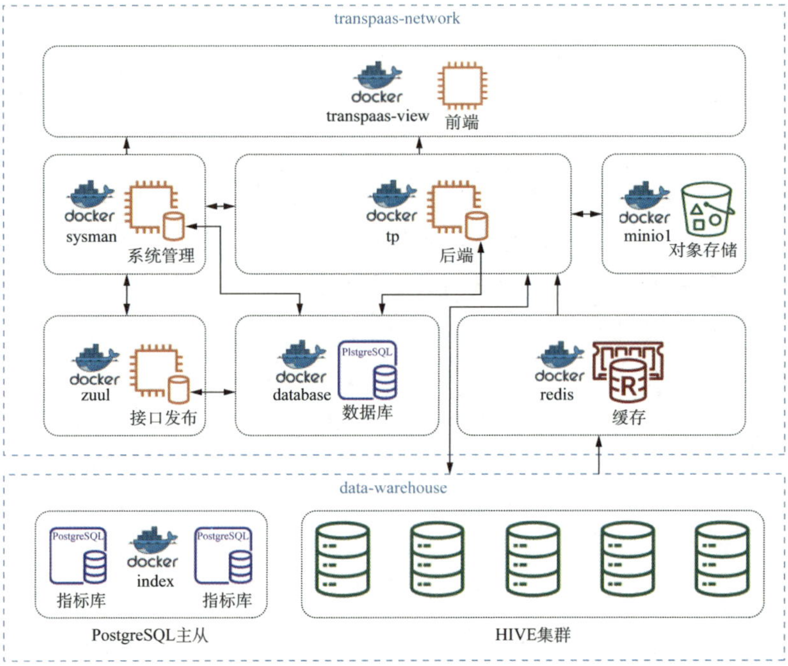

图 7-1　部署架构

项目情况，使用云部署和本地部署两种环境的部署方案，同时支持一平台切换多城市的弹性部署架构。如图7-1所示，包括前端、后端、数据库和HIVE集群等。系统部署多源异构数据、知识图谱以及推演算法，搭建支撑差异化业务功能，适应数据弹性生长，算力、数据、算法等全面共享。研发平台容器集群管理与应用全生命管理的自动化集成、部署、测试验证与管理维护技术与工具，通过弹性部署技术将资源与需求精确匹配。

7.1.1 硬件弹性部署设计

不同城市、不同的城市交通治理应用对于交通大数据平台的性能需求是不一样的。面对差异化的需求，交通大数据计算平台支持公有云、私有云与混合云多种部署方式，不同城市可以根据各自的需要，选择适合的部署方式。平台分布式大数据集群、容器化、服务化等技术，实现平台的硬件弹性，保证不同规模的城市与应用可以选取最适合的硬件规模。

(1) 分布式大数据集群：通过应用对海量的数据进行切割，不仅将以往单线程的数据处理工作变成了多节点的并行计算，也充分利用了单个节点的计算和存储能力，最终实现将大规模的服务器计算资源当作一个单一的存储系统进行管理，对应用程序提供数以PB计的存储容量，让应用程序像使用普通文件系统一样存储大规模的文件数据，实现硬件的无限水平扩展，存储空间可以达到PB级容量。

(2) 容器化：容器将应用程序与基础架构分开，从而可以快速交付软件应用。Docker实现以与管理应用程序相同的方式来管理基础架构，1个主机节点可以同时运行多个容器[52]。Docker所具备轻量级和快速的特性，并且不需要使用Hypervisor，可以实现同样的物理服务器中部署更多的应用，节省非常可观的硬件投入成本。有大型企业内部对容器化环境测算分析，相对传统虚拟机的部署方式，仅开发测试所需要的环境，可以节省50%～70%的硬件资源[53]。

(3) 服务化：系统各组件之间通过Restful API而不是原来的运维干预方式进行通信，各组件应具有良好的扩展性，实现机制可插拔；各系统组件可以根据管理集群的规模，实现自身的自动伸缩。

通过硬件弹性技术，资金和技术实力缺乏的中小城市可以选择公有云方式部署，自身不需要购买服务器、交换机等硬件。

7.1.2 数据弹性部署设计

各地的数据种类、数据格式、数据量与数据特征往往不太一样。如车辆GPS定位数据，某些城市的公交车数据包含线路字段，但有些城市并没有，每个城市的公交车数量也不一样，导致数据量也不同。不同城市出行特征的差异也会导致数据分布的特征不一样。交通大数据计算平台通过构建统一的数据汇集平台，将各地不同数据种类、数据格式、数据量、数据特征的数据接入平台，并进行标准化，得到统一的标准数据库。平台所有的计算任务、算法、服务与应用均建立在标准数据库之上，与原始数据隔离，这样，平台部署到不同城市时，只需要修改底层的数据标准化程序，上层的算法与应用不会因为数据不一样而需要定制化开发，从而实现了数据弹性。

7.1.3 功能弹性部署设计

平台功能划分为独立的模块组件，采用 Spring Boot 框架与 Spring Cloud 微服务技术，实现平台功能的差异化部署；在部署平台时，只需要勾选需要的模块，就可以将相应的功能部署到目标城市；当需要升级或增加功能时，只需要升级或增加相应的模块即可，而不会影响其他正常运行的功能。

使用模块化技术，交通大数据平台可以整体系统部署，也可以根据需求部署部分特性，也可以作为一个子模块嵌入部署到其他系统平台。

7.2 深圳(福田中心区)：品质交通综合治理大脑

我国超大城市交通综合治理体系的建设进入新的历史阶段，综合交通系统的协同发展和品质提升成为现阶段“体验经济”时代下解决交通供需主要矛盾的方向，让个体交通出行“可感知、可溯源、可调控、可服务”，营造“安心舒适、高效便捷、文明优序、智慧精明”的智行生态，实现“体验经济”时代下的智慧交通 3.0 阶段演进[54]，全面提升城市的核心竞争力。

7.2.1 建设背景

新时代的国家战略为深圳市赋予了全新使命，以智慧助力品质提升，是打造世界级城市发展引擎的重要途径。深圳的城市中心区——福田中心区正迈向“质量新时代”，由“中央商务区”向“中央活力区”转变。进入智慧品质提升阶段，对福田中心区交通出行品质效率提出了高标准、严要求，亟需构建与产业特点适配的独具特色的新型智慧交通体系，以满足创新要素的集聚和高效流通。通过打造体验式的交通服务示范区，形成智慧交通综合治理示范区，和国际一流、全球领先的高品质街道示范区、独具特色的中央活力区，提升城市的核心竞争力。

现有智慧交通系统难以适应新时期服务更加精细化、动态化、协同化的要求，更难以满足各类人群在中心区的出行体验要求，智慧交通系统在架构、功能、应用等方面亟须整体提升。交通治理五大关键问题主要集中在出行结构、出行安全、出行效率、信息服务水平及舒适包容性五个方面，如图 7-2 所示。

品质提升工程启动之前，福田中心区在高峰时段，公交、地铁的运能及组织与出行需求之间的契合程度有待提高，小汽车出行比例与国际级中央活力区相比依然偏高。路权不清晰的非灯控路口超过 60%，礼让行人抓拍取证摄像机不足，机动车不礼让行人

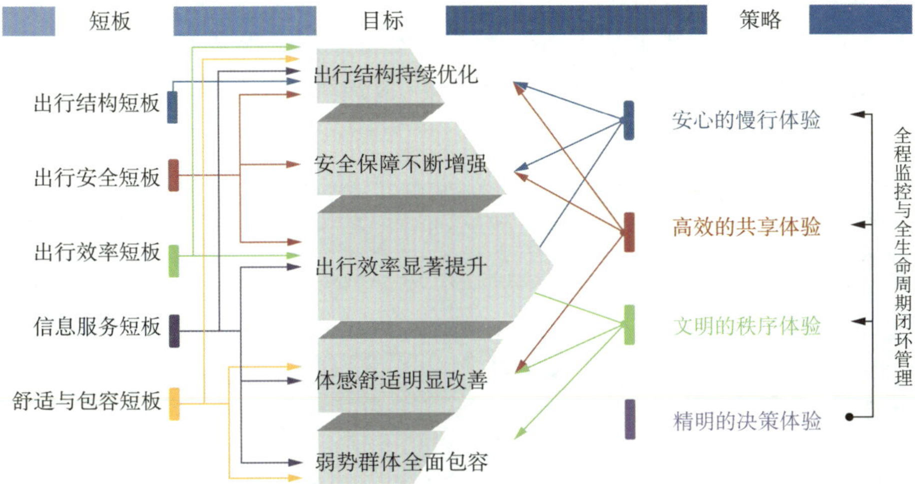

图 7-2　福田中心区五大短板、目标及策略

的情况频发，“稳静化活力街区”的理念尚未建立，人车冲突仍然普遍；传统面向车辆最优的信号管控体系仍在沿用，尚未建立起与中心区行人过街特征相适配的动态管控策略；行人过街等候时长超过国际公认的耐受时间，慢行体验亟待改善；信息指引系统与出行者客观需求仍存在差距，呈现碎片化、精度低、实时性差等五大关键问题。

福田中心区构建智慧交通大脑，主要是利用全息感知、仿真推演、精准调控、全程服务，融合数字新基建，持续改善交通治理五大关键问题。通过车辆动态限速管理、慢行安全主动预警和行人过街信号优先等营造安全极致的慢行体验[55]；通过全出行链信息服务、多元化公交服务和共享单车秩序管理打造全息化、高效率、优秩序的最便捷出行体系；通过逐步降低对小汽车出行的依赖、超前部署数字化基础设施以实施车路协同，积极拥抱以“万物互联”为基础的全新出行体验时代的到来；通过交通运行及城市生长全息感知和持续监测、交通运行综合分析与科学研判、交通综治措施的全生命周期管理与智慧评估，为政府工作带来精明极致的治理体验。

品质交通大脑注重从传统面向车辆最优的交通治理策略转向面向行人最优，以“体验的革命”为主线，形成可感知、可推演、可调控、可服务的核心能力，补强五类短板，持续优化出行结构，不断增强安全保障，显著提升出行效率，明显改善体感舒适，全面包容弱势群体，推动城市生活和政府治理双双迈入“体验时代”。

7.2.2　系统架构

福田中心区 AI+智慧交通大脑的建设包括四部分：一是综合监测，包括视频监测、运行态势监测、车辆运行规律监测、交通影响因素监测、智慧站台综合监测，同时提供智能分析、评估研判功能，并落实城市治理概念，强化交通协同治理；二是服务管理系统，包括智慧站台管理、慢行指引管理、智慧路灯管理子系统；三是建设大数据基础支撑平台，提供大数据治理与管理能力；四是统筹集约建设应用支撑平台，包括交通单元子系统、算法模型仓库子系统、推演仿真子系统等，为福田中心区提供交通智慧大脑，如图 7-3 所示。

图 7-3　福田中心区 AI+智慧交通大脑主驾驶舱

为支撑福田中心区智慧交通大脑对数据管理，交通数据计算、分析和治理等需求，TransPaaS 平台作为数据中台对多源数据进行汇聚、清洗、标准化、质量诊断等处理，建设交通与环境等数据专题库，最终为综合监测、分析研判、智慧站台等系统输出实时监测数据和交通现状评估指标；作为算法中台建设统计、空间、视频识别等专题算法库，统一管理算法与模型，为上层应用提供核心算法及计算环境；作为业务中台提供数据可视化及 API 服务；作为 AIoT 中台支持物联集成服务，集成下层前端设备采集的数据，为上层应用如综合运行监测系统、综合分析研判系统、智慧站台系统等输出数据及指标。福田中心区交通大脑的总体框架见图 7-4。

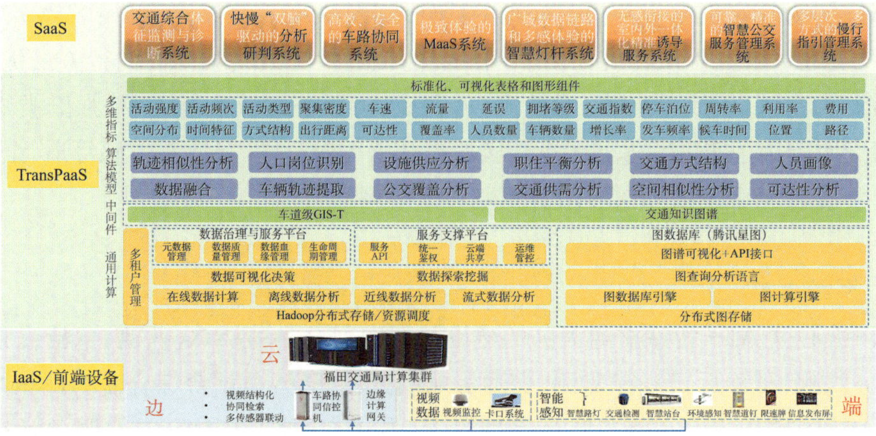

图 7-4　福田中心区 AI+智慧交通大脑总体框架“1+1+8”

平台集成交通分析中的通用模型和算法支持组件，交通算法模型模块包括统计算法库、空间算法库和交通算法库三个专题算法库。对交通领域不同业务场景建立专题数据库，将相关专题的业务数据存储于对应的专题数据库中进行统一管理。搭建矢量及栅格地图服务器，提供矢量及栅格地图发布引擎，各系统根据接口地址可对矢量地图进行调用、显示和基本操作。

针对福田中心区前端系统中车路协同实时性响应要求高等重难点，采用突破性"云—边—端"协同的交通大数据智能计算架构，如图 7-5 所示，构筑强大的后端 GPU 算例，实现对复杂 AI 场景的应用，依托前端的边缘计算网关，实现对低延时、简单 AI 场景的应用。云计算用于基于海量交通数据的关联分析，进行交通特征提取、仿真推演等；边计算用于多种端设备的多源数据实时处理分析，具备低延时、高可靠性等优势；端计算用于终端设备的数据采集和终端实时计算，以实时连续方式分析和处理视频数据，具有安全、敏捷等特点。

图 7-5 "云—边—端"协同的交通大数据智能计算

7.2.3 系统功能

TransPaaS 平台作为大数据平台及算法中台，为图 7-6 中其他八个系统奠定基础，支撑上层八大应用系统的使用，为交通分析研判与科学决策提供有力支撑。

TransPaaS 平台对综合监测系统输出实时监测数据及数据分析指标，实现福田中心区全要素和多场景的重点监测，包括人、车、路、环境、停车的全覆盖，如图 7-7 所示。

分析研判基于 TransPaaS 平台输出的手机信令、互联网位置数据进行中远期趋势研判，如图 7-8 所示。交通仿真系统基于交通大数据及预测等算法进行短期态势仿真推演，如图 7-9 所示。

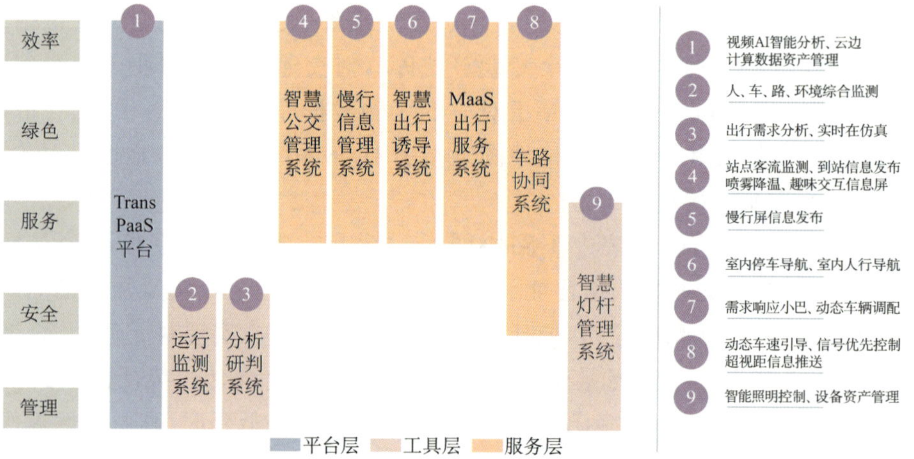

图 7-6　TransPaaS 平台支撑的应用

图 7-7　TransPaaS 平台支撑交通综合监测应用

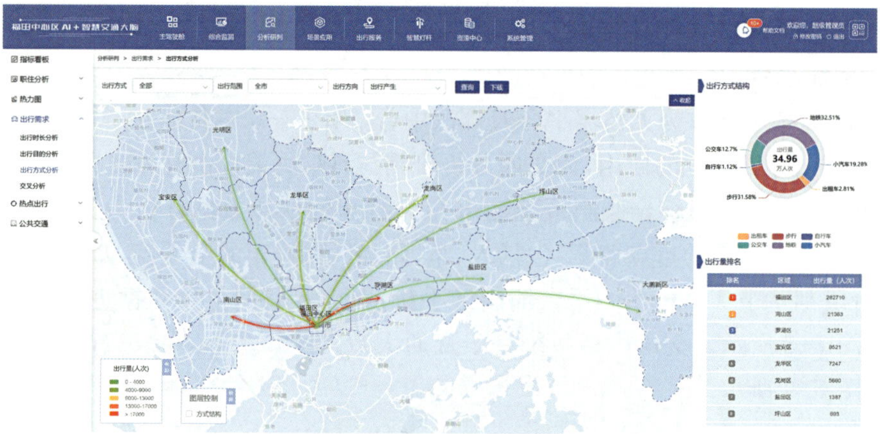

图 7-8　TransPaaS 平台支撑中远期趋势研判

图 7-9 TransPaaS 平台支撑短期态势仿真推演

基于 TransPaaS 的实时数据输出，智慧站台系统实现道路设备的全生命周期的精细化管理，提供设备检修与维护提醒，保证设备正常稳定运行，如图 7-10 所示。

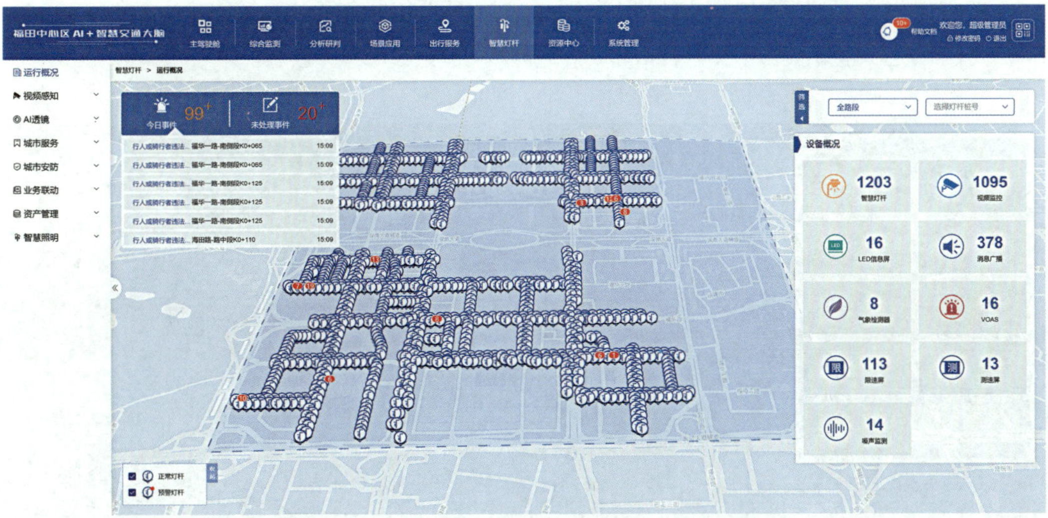

图 7-10 TransPaaS 平台支撑建立设备资产库

7.2.4 项目成效

福田中心区项目大规模建设边设备及端设备，总建设设备超过 2 500 套，形成具备全息感知、精准管控、全程服务、中长期治理的核心能力及应用，面向政府端实现城市级的精细调控与精准管控，面向企业端支撑运营系统优化，面向公众端提升出行体验。

通过创新应用“云—边—端”协同计算技术，平台实现月均数据计算量达 2.5 PB，在线仿真精准度高达 90%，推演延迟不高于 5 s 的重大突破，如图 7-11 所示。

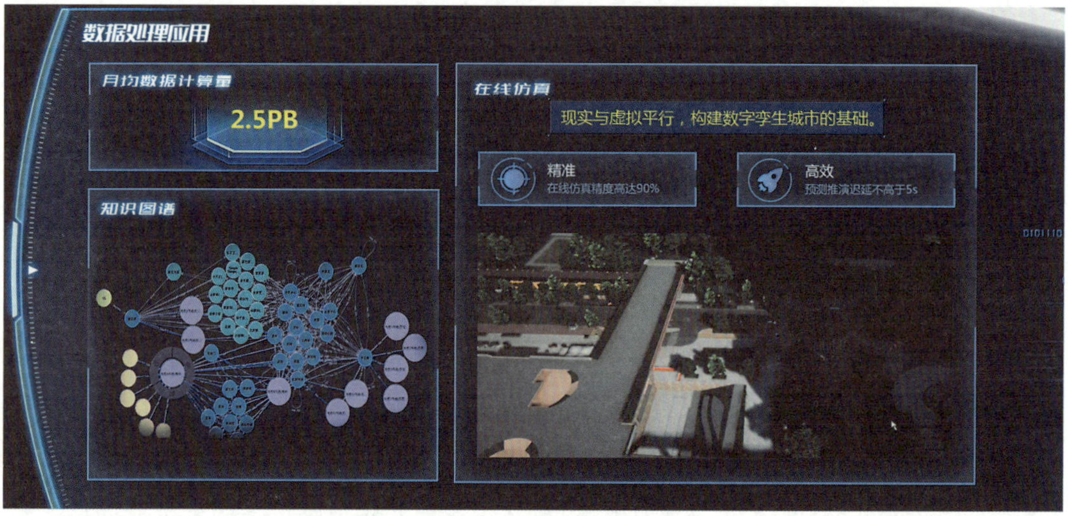

图 7-11　应用效果提升

平台研发创新性算法，大幅度提升视频 AI 识别的准确度，准确度高达 80%～90%，部分算法已达到世界领先水平，如图 7-12 所示。

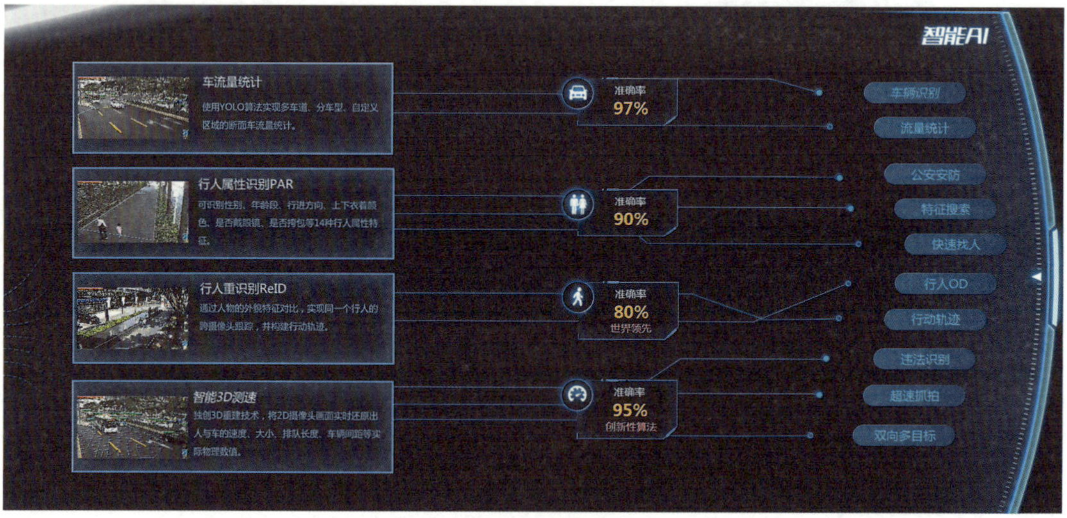

图 7-12　算法准确度提升

基于智慧交通大脑的科学交通治理，道路交通指数呈下降趋势，各类交通出行方式出行效率提升，在安全、环保和服务水平方面效果明显。从交通指标趋势来看，预期到 2022 年福田中心区将成为国际一流的高质量发展示范区(图 7-13)。

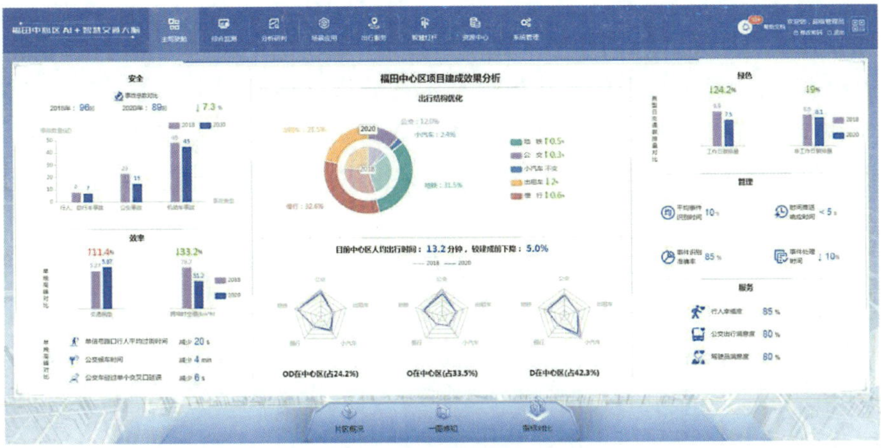

图 7-13　福田中心区项目建成效果初步分析

7.3　湛江:规划管理决策支持平台

全国多个城市现阶段仍处于交通大建设大发展时期,亟需大力推动城市交通设施建设,但交通系统复杂,交通建设事关城市发展格局、投资巨大,迫切需要科学决策,支持城市交通建设和交通发展。依托 TransPaaS 对城市交通信息化建设全面升级和多元信息融合,打造城市级面向政府决策、规划管理的智囊型决策支持平台,在武汉、无锡、湛江等城市进行了落地应用,以下以湛江市为例进行阐述。

7.3.1　建设背景

近年来,随着国家发布系列重大规划和省委省政府的高度重视,湛江市区域地位不断加强。《北部湾城市群发展规划》将湛江列为城市群“一核两极”之一的中心城市;《广东省沿海经济带综合发展规划(2017—2030 年)》,明确提出湛江市作为省域副中心城市,将打造粤西特色的区域创新极;习近平总书记 2018 年 10 月视察广东时指出,要把汕头、湛江作为重要发展极,打造现代化沿海经济带[56]。为适应新时期湛江战略定位要求,加快城市发展,湛江市着力进行交通基础建设,补齐交通发展短板。“十三五”期间,湛江加快推进新机场、高铁枢纽、高速公路、港口等战略性基础设施建设,奠定城市格局,同时加强城区道路建设,推进中心城区扩容提质,改善交通拥堵。

交通建设事关城市发展格局,投资巨大,交通系统复杂,需要审慎科学分析决策。特别当前湛江市正处于快速转型发展阶段,尚未形成合理的交通发展模式和一体化的综合交通体系,且交通数据采集工作基础较为薄弱,资源管理分散,数据积累缺乏,信息共享不足,无法全面监测城市交通状况,系统把握交通动态与趋势,尤其是在面向中长期的重大战略规划及政策、重要桥隧与通道走廊规划建设方案，针对近期城区交通拥堵综合治理措施等方面缺乏预测评估和决策支撑[57]。

以大数据、云计算为代表的现代信息技术在城市交通决策中日益发挥着重要作用，湛江市委、市政府高度重视，“加快建设交通大数据决策平台”纳入政府工作报告。结合湛江市现阶段城市实际情况，按照轻重缓急、突出重点的原则，制定了湛江交通大数据决策支持系统建设计划。

项目建设之前，湛江市交警、交通、城管部门分别建立面向各自业务的信息化系统，交通规划建设信息化薄弱，交通数据资源分散、碎片化，未建立系统化的面向规划决策支持的数据体系，无法全面系统对交通现状与发展趋势进行准确认知。而在交通研判方面，湛江市主要通过简单的数据汇集、统计与分析，完全依靠经验推断分析，缺乏关键的大数据分析、大规模交通仿真推演等决策支持技术，难以支撑交通规划和建设管理部门的多场景决策需求，如全面认知交通问题、决定重大枢纽选址和通道规划布局、论证项目建设必要性、比较建设方案优劣等场景。

基于上述对交通治理基础的调研结果，可总结出支撑交通规划决策的感知能力、研判能力及决策能力三项能力都较为薄弱，图 7-14 显示三大决策场景的困难痛点，包括问题趋势难以把握、规划布局举棋不定、建设方案难以比较，针对三项短板，建设重难点包含汇聚多源大数据、研发关键算法及交通模型、搭建云计算平台等几项建设工作以提升三项能力。

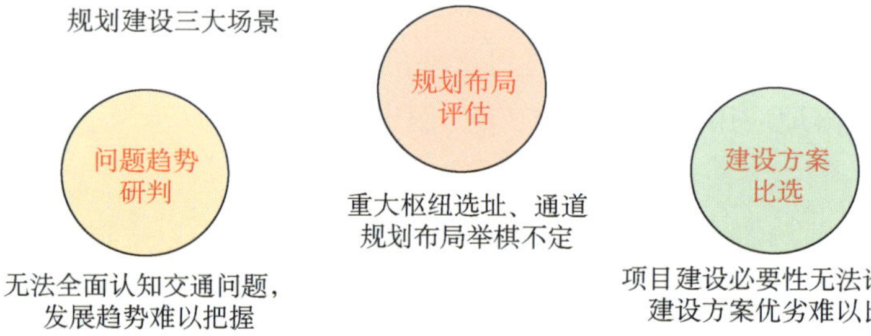

图 7-14　决策能力薄弱的三大场景

7.3.2　系统架构

湛江交通大数据决策支持系统现阶段重点支持交通规划建设及近期综合治理，构建交通规划管理决策支持平台，以多源大数据为基础，利用关键的交通特征分析算法、宏中微观交通模型实现综合运行监测与大规模交通仿真推演，为交通规划和建设管理的多场景决策提供科学支撑。

建设内容分为“1 个中心、2 大系统、3 大应用”，建设集成湛江交通大数据决策支持系统，如图 7-15 所示，即建立综合交通大数据中心，构建湛江市道路交通运行监测系统、宏观交通规划模型和中观交通仿真模型系统，支持综合交通运行监测、中长期交通规划建设、近期交通拥堵治理方案评估等多类决策应用[58]。

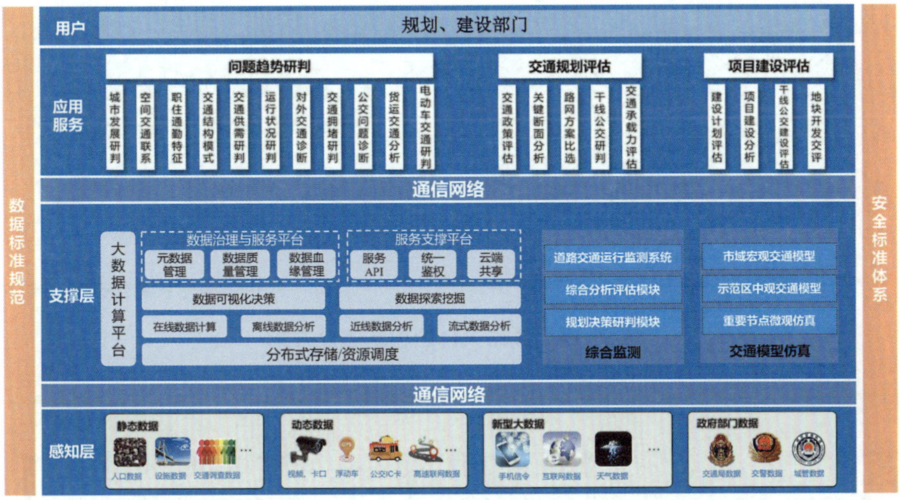

图 7-15　交通大数据决策支持系统逻辑架构

1 个中心：为整个交通大数据决策支持系统打下扎实的数据基础。

2 大系统：研发湛江市综合交通运行监测系统、多层次交通评估模型应用分析系统，构建关键决策支持技术。

3 大应用：支持综合交通运行监测分析及问题趋势研判、中长期重大交通规划建设决策支持和近期交通拥堵治理方案评估工作开展。

系统架构以 TransPaaS 平台为主要载体，嵌入到交通大数据决策支持系统中。作为数据中心，通过建立数据汇聚机制，实现综合交通多源数据汇聚整合，形成全市交通信息资源枢纽，奠定大数据决策支持系统的基础支撑。通过建立多源大数据标准体系，实现多源大数据的汇聚、存储、管理、共享和可视化，构建高效的数据治理与管理方式。基于综合数据中心建设，为道路交通运行监测、交通模型系统等决策支持技术提供基础数据支撑，为开展城市交通规划、建设及拥堵治理等决策分析工作提供量化基础。作为技术中台，集成多种类多维度的交通算法与模型，为系统综合检测模块及交通仿真模块提供算法、交通模型与弹性计算平台支撑。系统将数据、算法和应用在同一平台中实现串联，如图 7-16 所示，支持湛江项目动态监测交通现状、精准研判交通态势，为交通规划决策和治理提供助力。

TransPaaS 平台构建系统化的面向规划决策支持的数据体系，明确数据项、数据格式，建立交通大数据汇集、存储、管理、服务的标准规范，支撑应用全面系统对交通现状与发展趋势进行准确认知(图 7-16)。

平台采用容器集群技术，实现容器集群管理与应用全生命管理的自动化集成、部署、测试验证与管理维护，如图 7-17 所示。

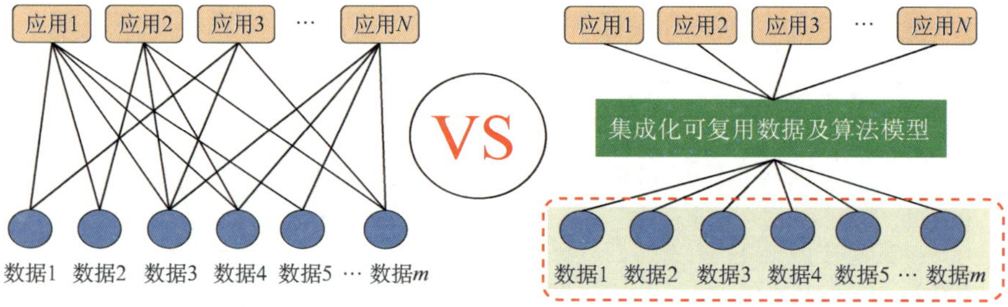

(a)“烟囱式”系统建设方式　　(b) 平台化集成化系统建设方式

图 7-16　数据中台的创新建设方式

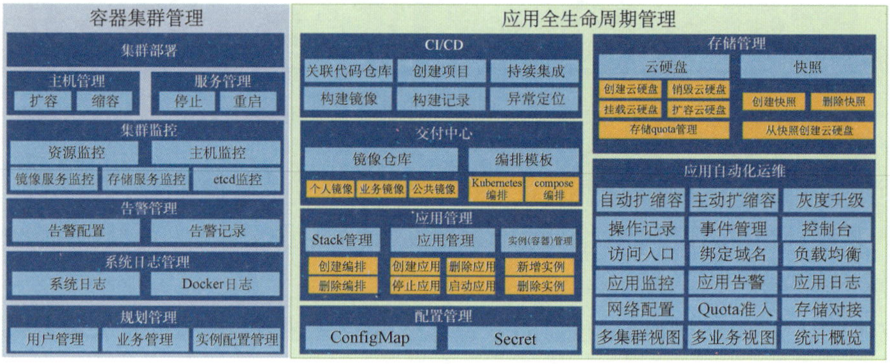

图 7-17　平台容器集群管理与应用全生命管理

7.3.3　系统功能

平台结合人员出行分析、车辆运行监测、道路运行监测、公交运行评估等多种类算法，用于湛江市交通动态监测分析，支撑湛江市交通大数据分析研判，提升交通规划建设决策能力，图 7-18 列举了部分核心算法。

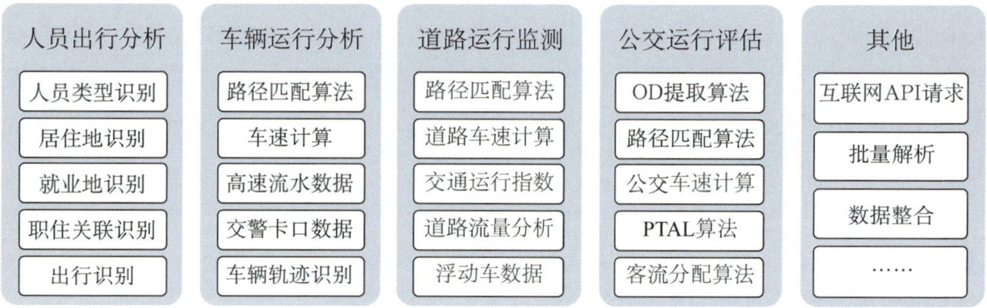

图 7-18　核心算法技术

平台建立宏观—中微观多层次交通模型体系，如图 7-19 所示，满足不同层面交通评估需求，围绕政策制定、规划布局、设施建设开展三大类、11 项宏观模型评估应用，以及围绕方案比选、交通组织管理、地块开发开展三大类、9 项中观模型评估应用。

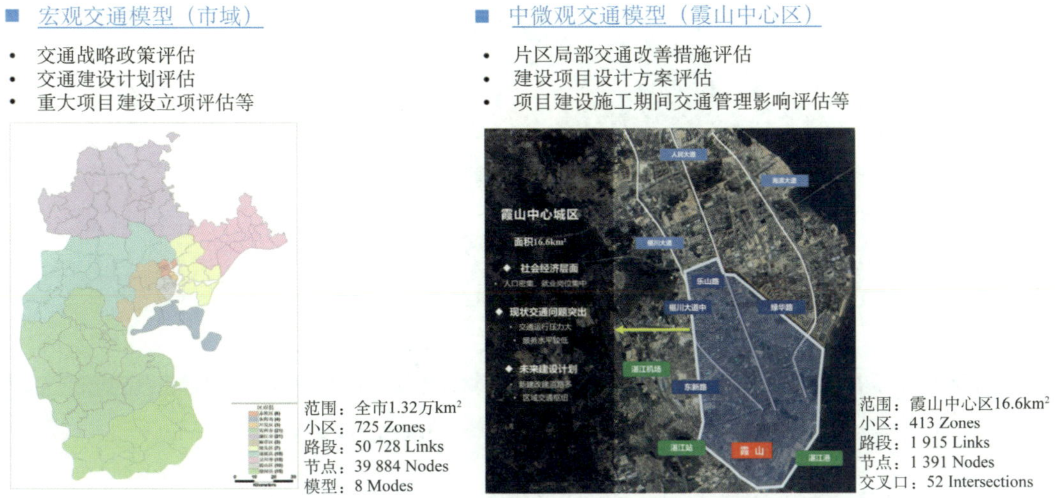

图 7-19　宏观—中微观多层次交通模型体系

TransPaaS 平台作为大数据中心和技术中台支撑系统中的决策支持应用，包括综合监测、分析研判和方案决策三大板块、188 项基础功能，如图 7-20 所示。

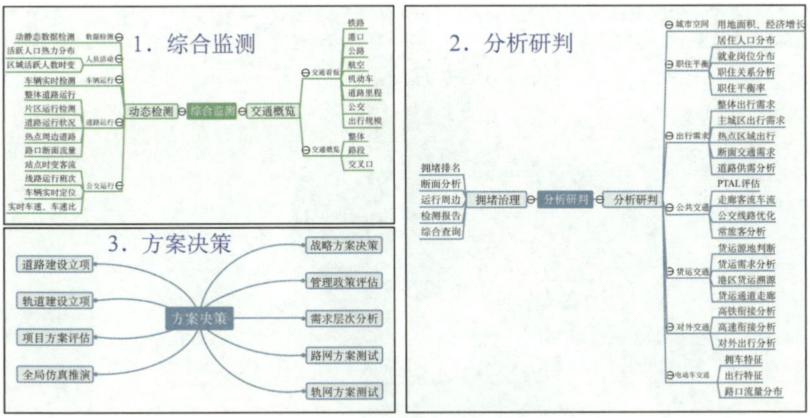

图 7-20　决策支持应用

支持综合监测模块掌握从宏观到微观不同层面与人、车、路、公交等不同实体的交通运行状况，掌握湛江市全景交通信息。如图 7-21 所示，全景交通功能从平均车速、延误等指标监测整体交通情况，从车速、流量等指标监测道路运行，从流量、延误和服务水平等指标监测交叉口运行情况。

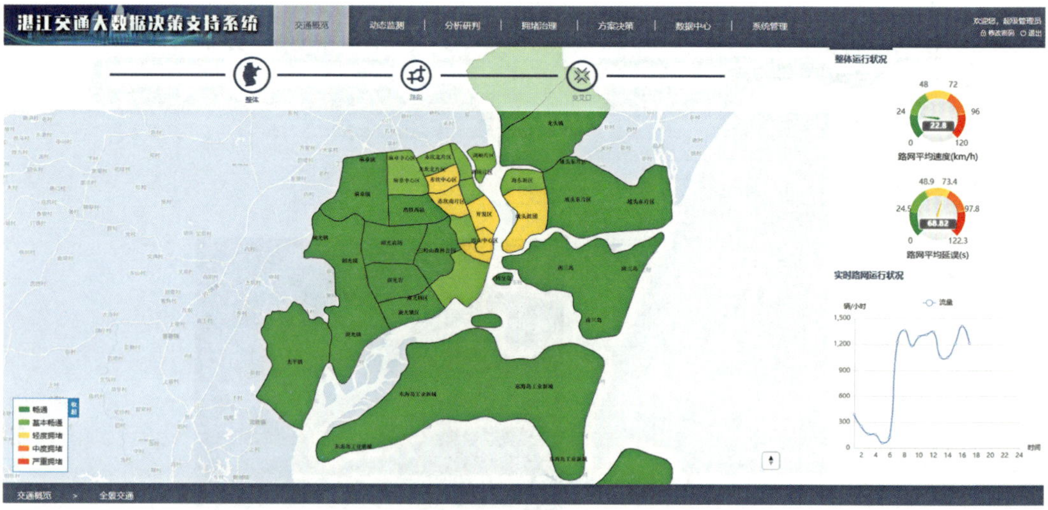

图 7-21　湛江交通决策支持系统全景交通

分析研判模块基于 TransPaaS 平台的数据、算法与交通模型，实现交通全系统问题及趋势综合研判。如图 7-22 市区出行分析，基于手机信令和静态采集数据，获得交通出行需求分布、方式结构特征，用于反映不同区域间的交通联系情况，描绘城市空间关系。

图 7-22　湛江决策支持系统市区出行分析

平台为规划建设决策支持功能提供支持，覆盖交通规划评估、建设方案评估和交通改善评估等多场景方案决策，图 7-23 为项目方案评估案例。

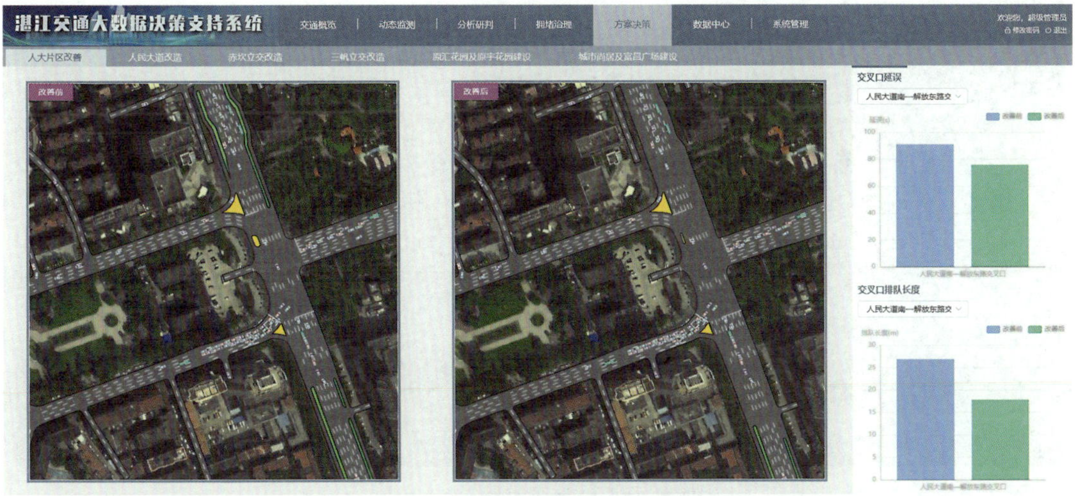

图 7-23　项目方案评估案例

平台交通模型支撑交通仿真推演。如图 7-24 所示，通过中微观层面的交通仿真，评估施工期间的交通组织以及片区交通改善方案。

图 7-24　片区交通改善交通仿真

7.3.4　项目成效

平台全面汇聚多源动静态数据，日均实时动态数据量约 4 000 万条，获取覆盖城市空间规划、交通需求、交通设施、交通运行等十大类、13 项静态数据，如图 7-25 所示。

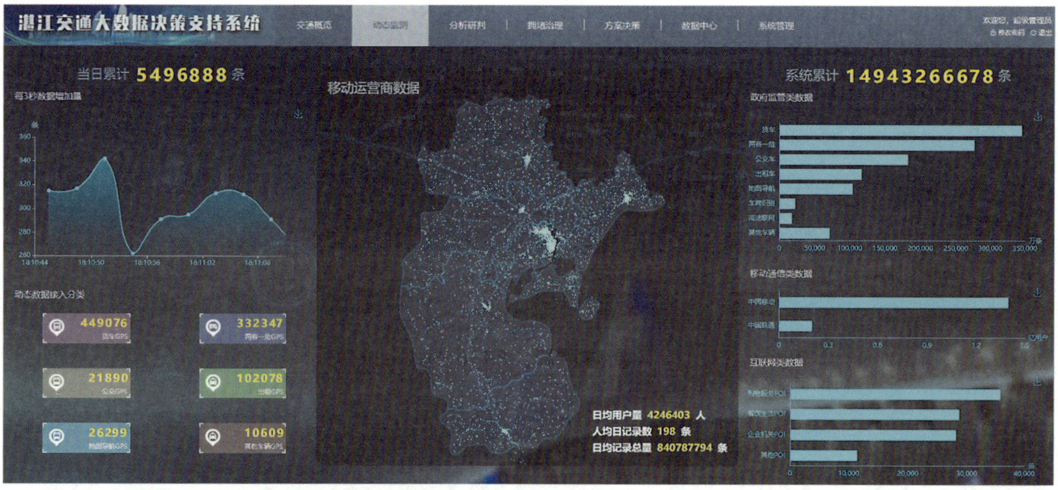

图 7-25 动态大数据接入情况

在平台建设过程中，结合湛江多个项目需求，运用交通大数据决策支持系统建设功能与技术，开展了中长期重大交通政策制定、交通布局规划，以及近期重大交通设施建设、交通治理改善方案等四个方面、近 20 项评估分析决策支持应用工作，如图 7-26 所示。

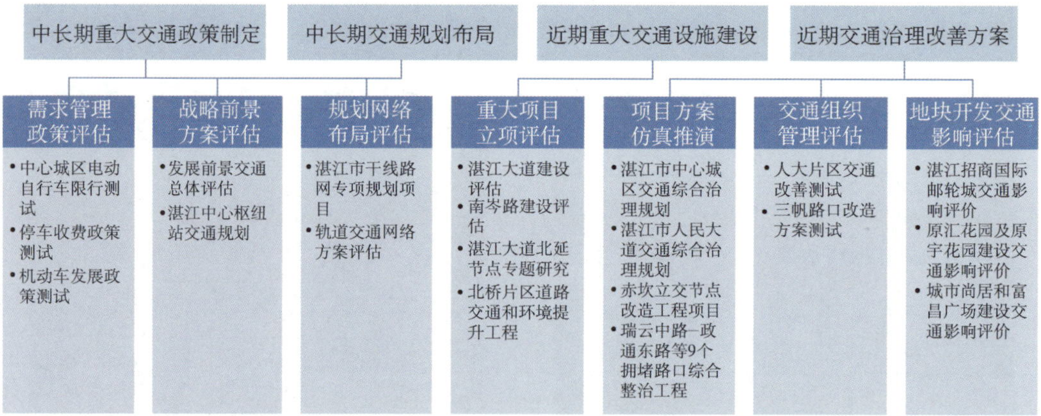

图 7-26 多场景评估分析决策支持

以下概述环湾发展背景下跨江交通规划评估分析案例。湛江市规划上是打造“一湾两岸”的城市空间结构，但目前东西两岸联系不大，东岸发展相对缓慢。基于交通量数据进行问题分析研判发现：是否要取消大桥收费成为一个需求管理政策决策问题。另外，根据车辆轨迹分析，东西两岸有些绕行交通，需判断是否要加快调顺大桥建设，解决绕行的同时支持东岸发展，构建拥湾格局。

通过模型仿真推演，对近期远期的通道规划方案进行论证分析。近期 2025 年需求大概 20 万人次/日、10 万车次/日，通过模型测试，在只有一座桥并且取消收费的情况下,交通出行压力较大,如果调顺大桥通车,压力得到缓解。因此,建议近期 2025 年要取消海湾大桥收费,而且加快建设调顺大桥,而远期建设 5 条通道基本能满足需求,如图 7-27 所示。

图 7-27　方案仿真推演

7.4　苏州:数据治理与共享平台

随着社会经济的快速发展,常住人口数量以及小汽车保有量的迅速提高,交通拥堵问题日渐凸显,需要通过大数据及交通模型分析交通拥堵成因,从根源上分析挖掘综合交通出行特征和规律,为新一轮交通改善措施提供量化支撑。通过对汇聚的多源异构数据进行标准化清洗和治理,实现大数据可视化监测,构建数据共享机制,打造数据治理与共享平台,在苏州、南昌、日照、济宁等城市进行了落地应用,以下以苏州市工业园项目为例进行阐述。

7.4.1　建设背景

苏州市工业园区位于苏州市城东,行政区划面积 278 km^2,是中国和新加坡两国政府间的重要合作项目,被誉为“中国改革开放的重要窗口”和“国际合作的成功范例”。近年来随着苏州工业园区社会经济的快速发展,车流量日益增多,道路交通呈现逐年拥堵的趋势。在土地开发和城市建设不断推进的同时,居民的出行结构也日益复杂。

在新的交通发展形势下,亟需从根源上分析挖掘园区综合交通出行特征和规律,更深入地了解园区居民的出行特征和道路交通的运行情况。亟需对园区居民的出行特征和道路交通的运行情况进行摸底,从根源上分析挖掘园区综合交通出行特征和规律,为园区规划、基础设施建设、改善决策提供更全面、透彻的定量分析支撑服务。

现有的数据与模型体系还存在一定局限性,需结合大数据分析进行补充完善;此外,现有数据存储分散,对数据的计算口径不一致现象较为明显,缺乏数据开发工具,积累的数据得不到很好的应用。

本项目对园区的综合交通出行特征特征和规律进行全面分析，要求站在全市层面统筹考虑，主要研究内容包括人口岗位分布、总体出行特征、内外部出行特征和通勤、就学出行特征等内容。重点是以手机信令数据为核心，结合出租车、公交车、轨道交通、公共自行车、停车等多源数据，通过融合分析全方位掌握园区综合交通出行特征，包括对园区职住分布、出行需求、分方式出行、通勤就学出行等进行指标提取与特征分析，并构建成果数据查询展示系统进行数据管理及结果指标可视化，为园区政府规划部门提供决策支撑，和后期进一步建设园区智慧规划决策平台打下坚实基础。

7.4.2 系统架构

结合项目工作内容及要求，为统一管理园区累积的项目数据，对沉淀的历史数据进行标准化，在部门内部对数据进行全生命周期管理，对部门外部共享综合交通出行特征分析研究成果，按部门职能授权访问。为此，基于 TransPaaS 平台架构，搭建苏州综合交通出行特征查询展示系统平台，借助平台的数据治理与数据共享能力，实现数据资产管理、数据汇聚、存储、计算、可视化分析和服务的全链路数据全生命周期管理，实现技术路线如图 7-28 所示。

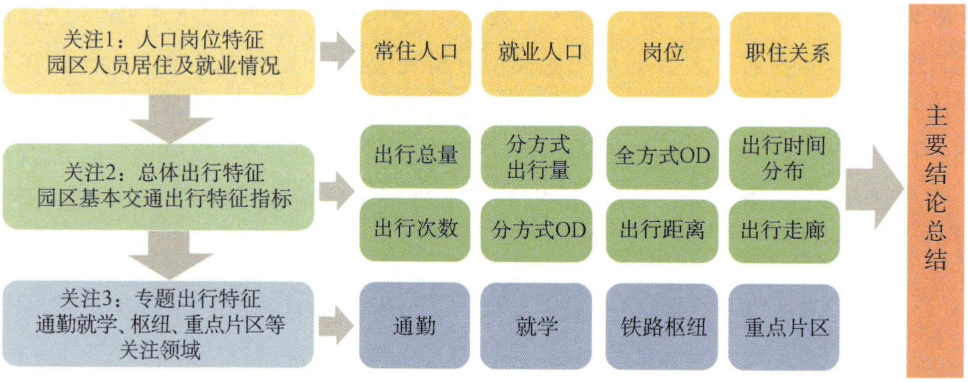

图 7-28　综合交通出行分析系统技术路线图

平台建设根据工程师的日常规划设计工作思路，将交付的各项指标采用交通专题划分的方式，从总体需求、现状特征到供给情况全过程分析园区内外的交通供需关系，分析成果采用平台的智能图表功能绘制了精美的图集并归类，作为指标图库建设的基础。镜像封装交通算法，将原始数据挖掘成能诊断交通特性的指标，与现状指标横向对比分析时空上的变化特征。平台按需部署部分功能模块，是差异化部署和多样化部署的结合。依托数据中台的数据全生命周期管理能力，同时满足苏州对数据治理的需求，支持用户在线分析跟踪城市生长过程，支持积累指标图库，通过创建用户分角色鉴权机制，在线同步共享研发成果。

7.4.3 系统功能

系统功能包括 5 个功能模块，分别是数据指标、算法模型、智能图表、数据展示和系统管理，如图 7-29 所示。总体功能包括汇聚手机信令、轨道刷卡、道路运行、就学、铁路、景区等多源交通数据，以及通过算法计算输出各项特征指标，对历史沉淀数据进行数据治理及提供数据共享服务。

图 7-29　综合交通出行特征查询展示系统

数据指标模块以园区各类交通数据结果指标为基础，提供数据浏览、查询、下载、上传等功能；算法模型模块内置交通分析常用算法，调用常用算法对数据进行计算分析；智能图表模块内置常用交通图层与统计图表，用户可使用平台数据进行可视化，可以绘制、编辑和保存可视化图表；数据展示模块以平台数据中台、算法中台能力为支撑，对人口岗位及出行特征进行分析研判，运用平台可视化能力对分析结果进行可视化展示；系统管理模块实现对系统用户账号、权限管理。图 7-30 为出租网约车出行分布分析示例。

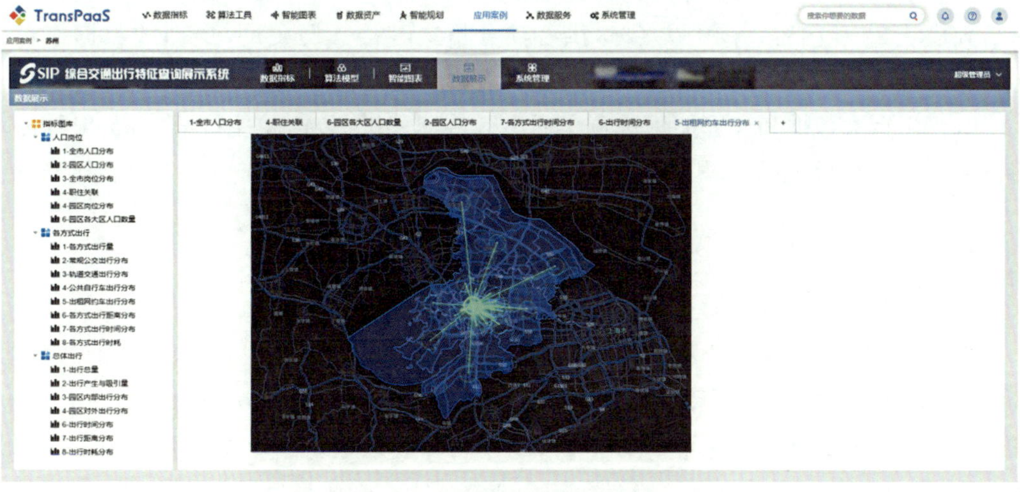

图 7-30　出租网约车出行分布

针对平台建设重难点，系统采用经过多城市、多数据源打磨的标准化结构设计规范对数据进行标准化清洗和管理；采用弹性扩展的交通智能计算容器云，通过 Dock 镜像封装算法模型，将数据和算法绑定，挖掘沉默数据的潜在价值，如图 7-31 所示，基于容器云技术，数据中心能够为众多业务系统提供一致而又相互隔离的应用服务，快速支撑业务系统应用。这种差异化的弹性部署方式，较符合苏州园区项目这类低成本、“零起步”快速搭建具有地方特色的数据治理与共享平台的需求，仅以少量投入便可实现数据治理，为城市交通治理赋能。

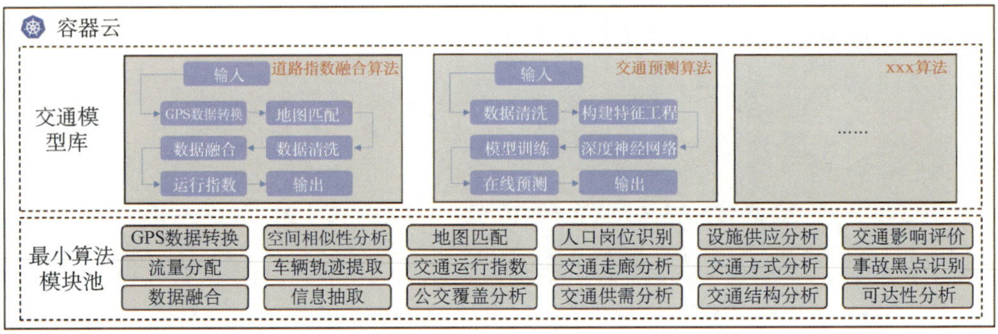

图 7-31　容器云技术

7.4.4　项目成效

平台汇聚园区范围公交刷卡数据 5 046 万条，GPS 数据 178 222 万条，刷卡数据时间精度为分钟，GPS 数据时间精度为秒，覆盖公交线路共 60 条，日均客流量 23.93 万人次；获取道路流量数据 1 058 万条，车牌识别 1 643 万条数据，时间精确至秒，覆盖园区内 374 条路段流量；集成停车流水记录共 59.38 万条，时间精确至秒，覆盖园区内 43 个公共停车场，涵盖 7 种不同类型。数据可视化系统展示人口岗位、总体出行、各方式出行三大模块 22 项内容，并预留接口，供各项分析内容接入历史的、更新的数据作对比分析。

基于平台大数据和计算能力进行交通出行特征分析，包括职住特征分析、出行需求特征分析、就学出行特征分析、轨道出行分析等四大类、14 中类，如图 7-32 所示。

7.5　川警、同济：教学实验与科研平台

传统交通数据采集手段耗时耗力，数据资源匮乏，无法提供全天候、高精准的数据，高校在课程设计、实习实训和科研训练等方面缺少素材与数据来进行教学分析与实验，数据资源及共享管理存在短板[59]。同时，高校研究成果缺乏企业专业队伍的设计和落地，无法体现研究成果的水平。教学过程中研究的内容和成果推广应用不足。

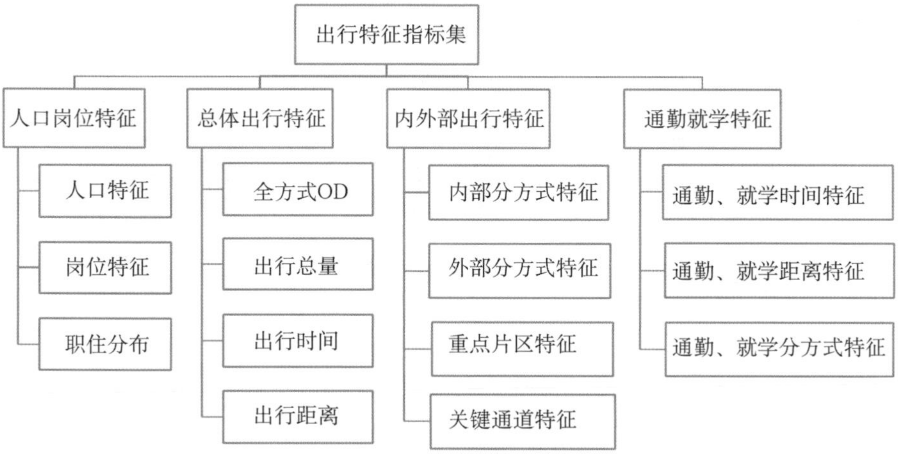

图 7-32 出行特征分析工作类

通过建设交通大数据实验分析平台，为院校相关交通研究和教学提供数据资源、计算资源、应用服务资源和学生实验环境，满足学生在实验、课程设计、实习实训、科研训练等方面的教学需求，为研究应用成果提供系统性展示和宣传窗口，在四川警察学院、同济大学、深圳技术大学等高校进行了落地建设，以四川警察学院建设的基于“云边计算”的交通管控一体化实验平台为例。

7.5.1 建设背景

随着大数据、“互联网＋”的兴起，交通数据的采集对象由“车”扩大到“车＋人”，数据类型由“交通内部”扩大到“外部环境”，采集精度由“抽样”到近似于“全样本”，采集频率由“定期调查”到“实时监测”，更多、更丰富、更好的交通大数据可为交通规划、研究、服务提供有力支撑。数据在城市交通治理中发挥着越来越重要的作用。交通治理发展新趋势对公安交通人才的培养提出新要求，通常处于城市治理末端的公安交通管理者，需要熟悉城市交通治理的新模式、控制的新方法、服务的新领域，全过程参与城市交通治理，逐步扭转被动挨打的局面。

面向数据驱动的交通治理闭环，如图 7-33 所示，四川警察学院尚未形成系统化的数据体系，缺乏与新时代智慧交通匹配的计算资源与大数据融合分析技术，且实验硬件仍为传统的模式，无法支撑新一代的教学及科研需求，总体软硬件条件都需大幅度提升。为不断提高技术与教学水平，进一步推动教学及科研升级，培养高素质交通警务人才，亟需以开放创新的理念重构城市交通大数据采集、分析与应用实验体系，尤其针对一个重点城市进行长期有效地跟踪研究，提升四川警察学院的教学及科研竞争力。

平台建设以数据时代交通治理者能力培养为主旨，从基本业务能力培养为出发点，着力提高数据辨识与分析技能，引导数据治理城市的思路及面向未来交通变革的思维

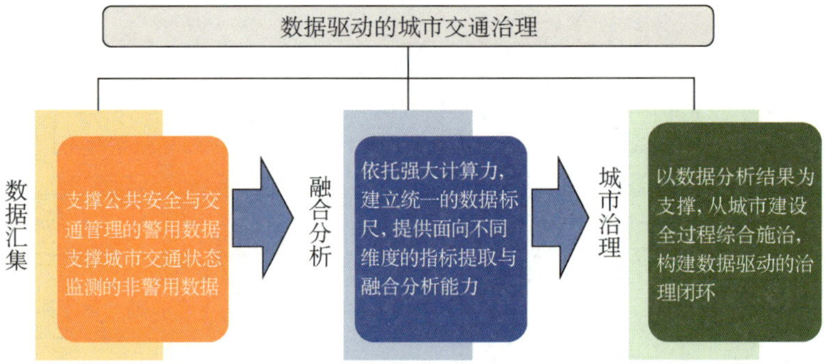

图 7-33 数据驱动的城市交通治理

方法培养，打造“精业务、通技能、善治理、创未来”的教学培养环境。“精业务”是指基于交通信号控制系统、重点车辆管控系统、事故统计分析系统、交通运行指数系统等业务系统，抽离核心组件与功能，全面面向实战提升能力。“通技能”在于掌握多源大数据，尤其是非警务数据，如手机信令数据、浮动车 GPS 数据、公交 GPS 数据、公交 IC 卡数据等数据类型及格式、基本处理方法及分析应用，有效提升多源数据应用能力。“善治理”要求了解各类型数据的特征提取与融合方法，尝试从更多角度认知交通问题，逐步培养数据驱动的交通治理思维。“创未来”需感受自动驾驶、车路协同、智慧道路等新技术，为即将到来的混行状态下交通治理问题，提前做好知识储备，拓展专业警务人才的视野及创新性思维。

平台建设目标分为三个层面：面向公共教学，为学院交通数据科学相关研究和教学提供公共的数据资源、计算资源、应用服务资源和学生实验环境；对外展示及宣传层面上，作为研究应用成果的系统性展示和对外宣传窗口；研究成果整合方面，针对学院的数据做相关数据分析及定制化功能。

7.5.2 系统架构

基于系统建设前的资源条件，需考虑对软硬件及实验环境三方面进行综合提升。一方面，需要构建可弹性分配资源的虚拟化集群，按需分配实验及测试资源；其次，需要构建分布式的计算节点环境，为高计算需求的实验提供基础；再次，需要构建可展示交互的大屏，为学院成果展示提供渠道；最后，需要构建包含信号机、自动驾驶小车等在内的车路协同硬件体系，为新型技术教学及测试提供实验环境。

系统依托 TransPaaS 平台进行扩展建设，在交通大数据资源支持下，构建了围绕云边计算的实验教学平台，如图 7-34 所示，包含交通大数据云平台、车道级在线仿真平台以及交通信号控制平台，满足教学过程中的多源交通大数据特征认知教学、城市综合交通治理流程与方法认知教学、重大活动交通组织与管理认知教学、大数据分析技能教学、交通管控技能教学等。

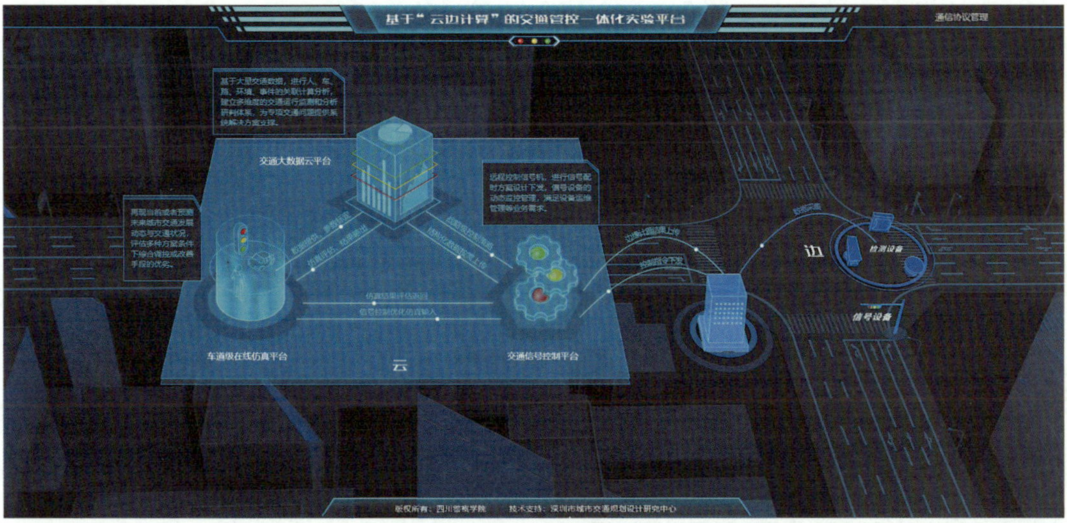

图 7-34　基于"云边计算"的交通管控一体化实验平台

系统总体框架见图 7-35，构建综合交通大数据、大数据教学两个中心，交通大数据、交通仿真、交通信号控制三个平台，实现了面向教学、科研的四大环境。

交通大数据云平台建设数据以离线为主，动态为辅，支持学生进行数据二次挖掘学习与算法模型试验。集中围绕深圳这个复杂的超大城市作为研究范本，关联深圳市 GPS、IC 卡、流量采集和手机信令等多源交通大数据，研究于机器学习、时空轨迹分析等算法，构建实验性的城市交通知识图谱与数据共享模式。基于大数据挖掘与检索算法，为智能研判与态势推演提供交通状态、个体活动规律、城市生长演化规律等城市交通知识。TransPaaS 平台作为大数据中心及大数据教学中心嵌入交通大数据云平台系统中，支撑大数据云平台其他模块、仿真平台和信号控制平台。

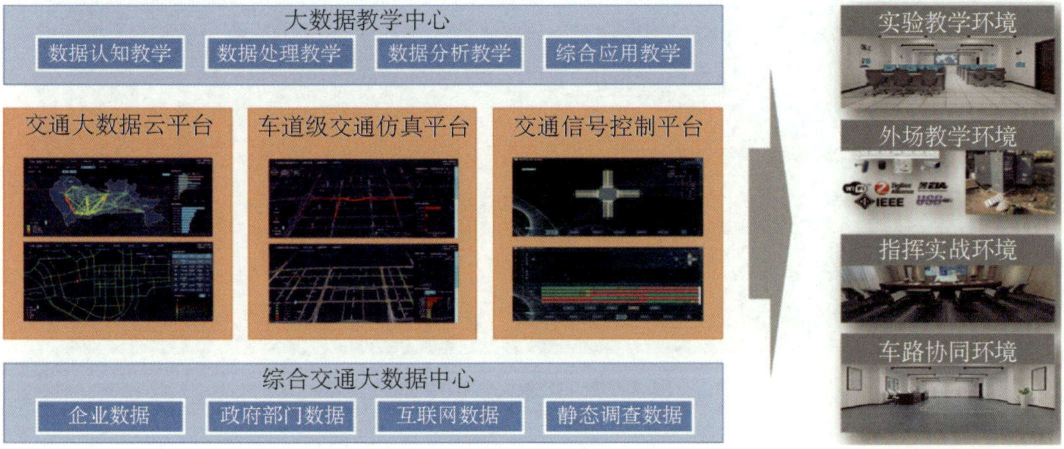

图 7-35　系统框架：两中心、三平台、四环境

针对项目重难点，主要突破技术采用基于“云边计算”的实验平台架构设计，通过云计算实现数据的融合计算，提供决策支持及战略级支撑。如图 7-36 所示，边缘计算将计算力前置，前端数据结构化，构建 100 ms 延迟级现场战术级响应，满足现场管控应用需求。

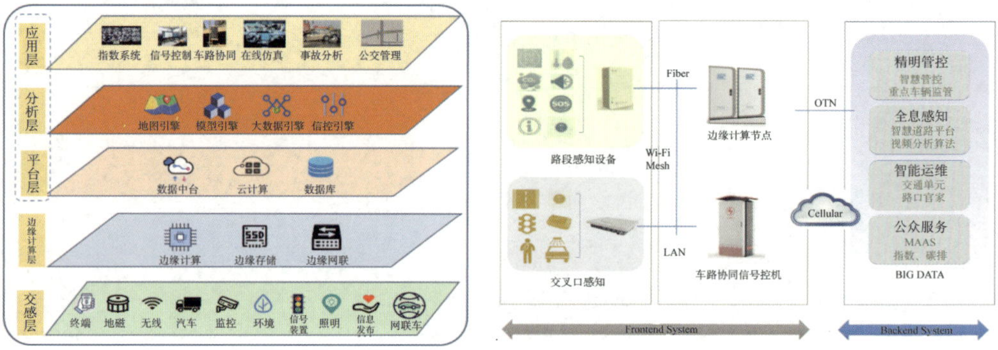

图 7-36 基于“云边计算”的实验平台架构设计

7.5.3 系统功能

TransPaaS 作为数据中心建立交通大数据体系，汇聚政府部门、企业、互联网共三大类、16 项交通大数据样本；通过规范字段名称、类型，对不同数据进行数据清洗、数据结构标准化后入库；实现数据监测、查询统计、更新、下载、可视化等资源管理服务，如图 7-37 所示。

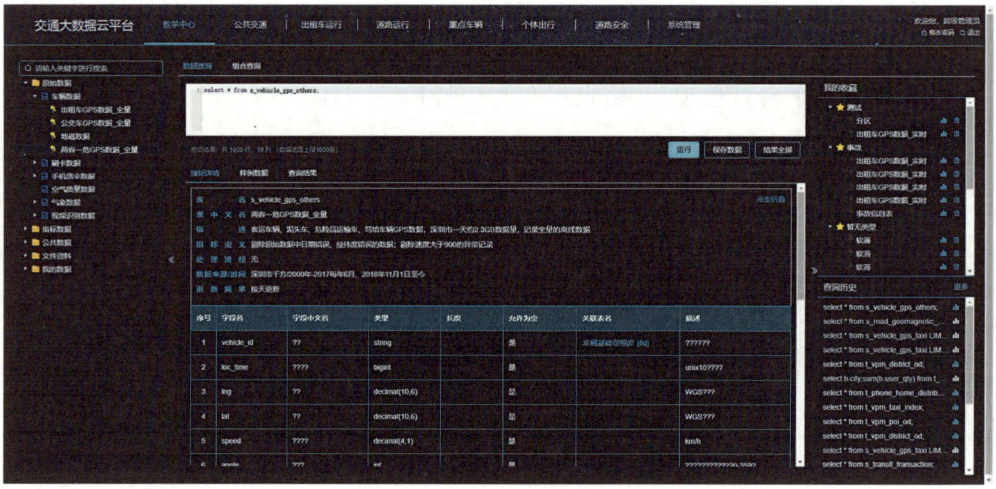

图 7-37 交通大数据中心

作为教学中心，建立可控的数据管理和共享制度，教师严格把控学生注册和数据下载流程，定期对数据进行更新维护和跟踪。其中算法模型模块主要针对平台数据进行交通数据的模型分析，可用平台封装好的算法或自定义。智能图表模块让学生使用数据库数据进行绘制、编辑和保存平台内置可视化图表。

平台教学中心提供两个案例供教学使用，分别是交通调查与数据分析与交通大数据应用，如图 7-38 所示，包含案例目的、内容、要求、形式以及评分规则。

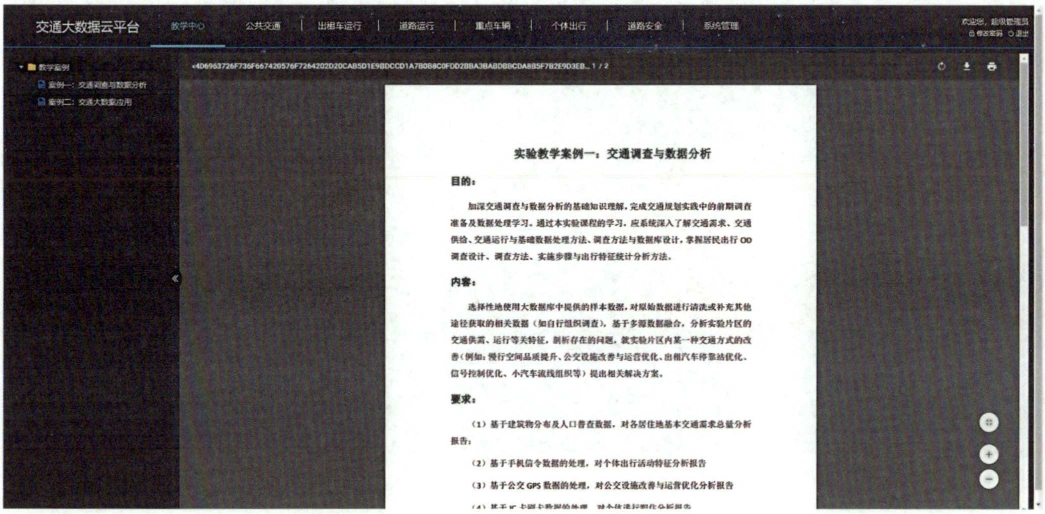

图 7-38 交通大数据云平台教学案例

通过实验对比模块，支持进行实验算法设计，将计算结果进行出图比较，如图 7-39所示。在实验准备页面，可以查看数据与默认的案例算法脚本；在结果比对页面，将计算结果拖入展示框内，进行图表展示。

图 7-39 交通大数据云平台实验对比

TransPaaS 平台作为数据中心及教学中心，还支撑平台公共交通、出租车运行、道路运行、重点车辆、个体出行和道路出行 6 个模块的应用。

个体出行的应用，热力图或密度颜色图展示全市分时的人员活动强度，并且显示全天人员活动强度变化以及各区人员活动强度，如图 7-40 所示。

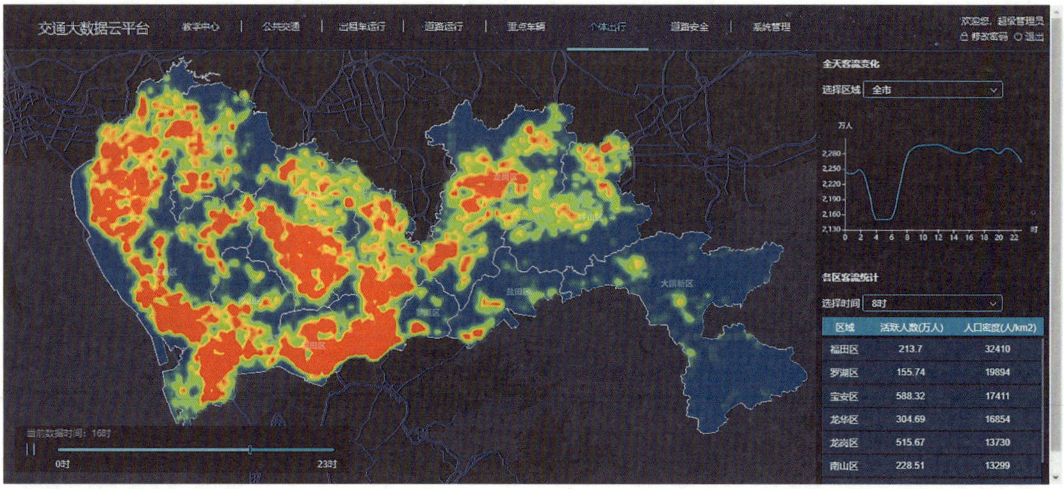

图 7-40 个人出行应用支撑

道路出行的应用，通过道路拥堵时空分布图，支持拥堵成因分析，找出引起拥堵的节点、路段，拥堵蔓延及消散规律，如图 7-41 所示。

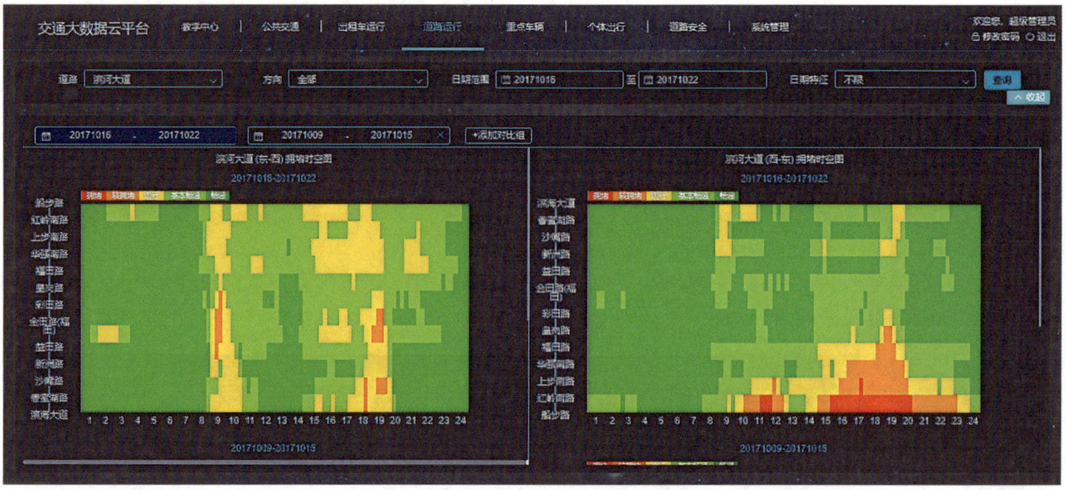

图 7-41 道路运行应用支撑

公共交通的应用，基于公交基础设施数据和网络分析算法，以 1 km×1 km 的栅格为最小粒度，分析公交基础设施的资源水平。

出租车出行的应用，基于路径匹配算法，进行出租车通道流量识别分析，如图 7-42 所示。

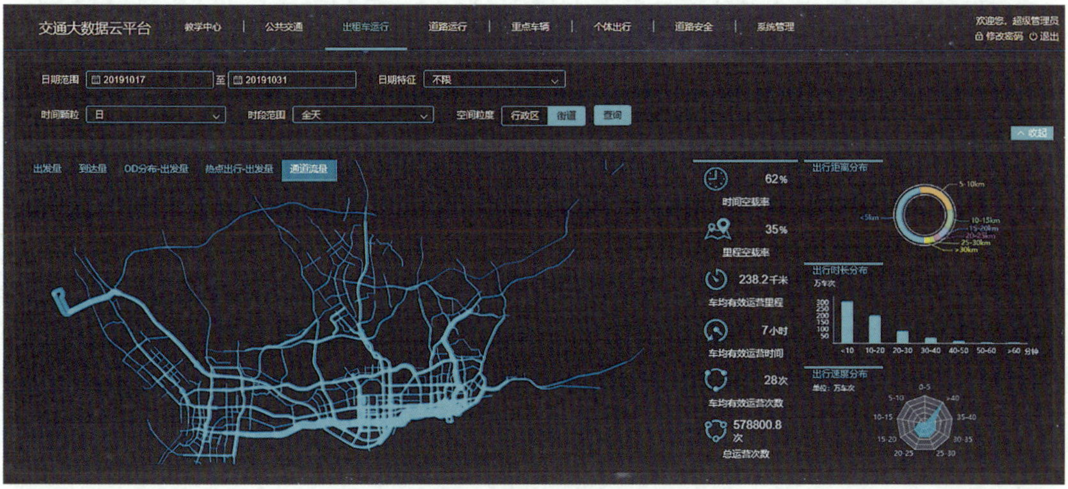

图 7-42　出租车出行应用支撑

重点车辆的应用，基于长时间实时监测与轨迹跟踪，对区域重点车辆之间出行需求进行空间分布评估分析，如图 7-43 所示。

图 7-43　重点车辆应用支撑

道路安全的应用，以点、线、面三个维度的形式对事故数量、强度的空间分布进行统计分析，如图 7-44 所示。

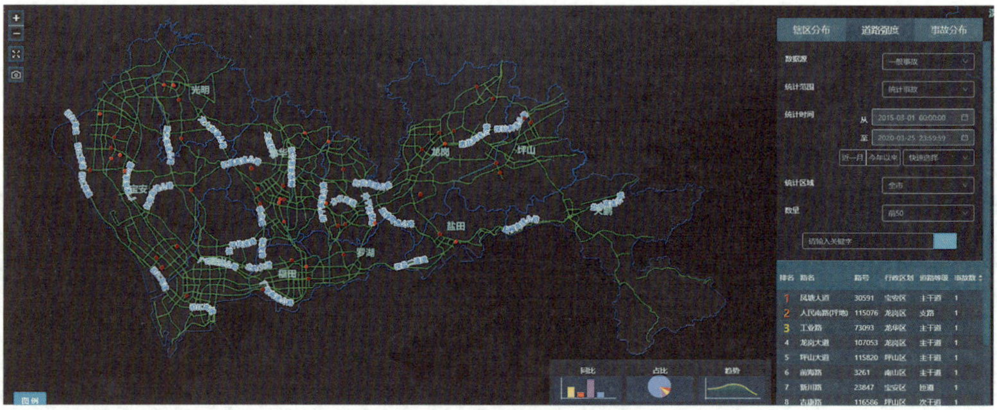

图 7-44　道路安全应用支撑

7.5.4　项目成效

以平台为载体，通过城市综合交通治理业务流程，带动每个阶段中数据处理技术的学习，以案例示范使学生逐步认识应用多源数据综合分析处理实际问题的方法，认知教学颇具成效，如图 7-45 所示。

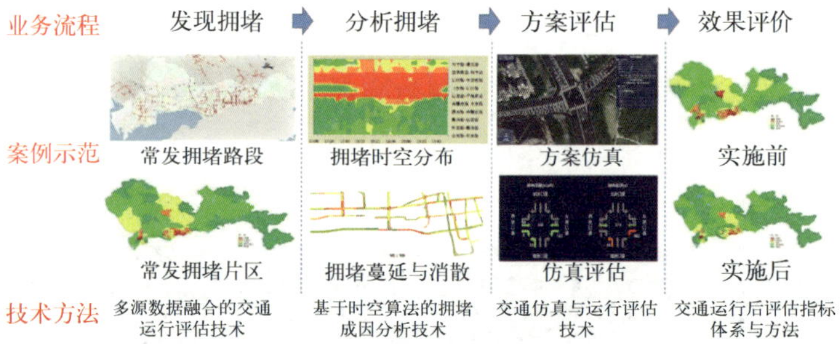

图 7-45　城市综合交通治理流程与方法

以平台为载体，面向数据应用需求，增强数据分析处理技能培养，使学生提升数据分析处理技能，大数据分析技能教学效果显著，如图 7-46 所示。

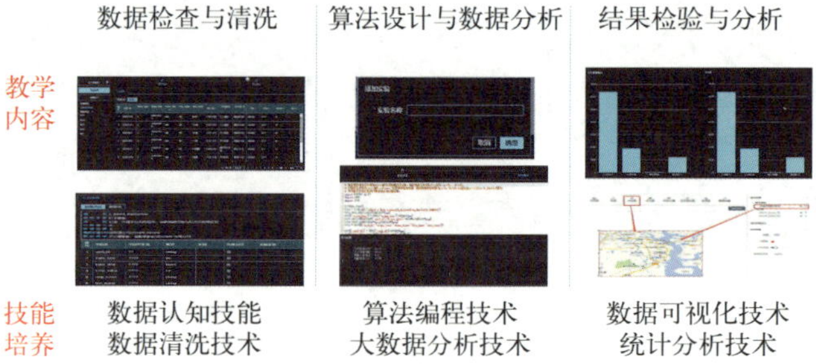

图 7-46　大数据分析技能教学

以平台为载体，通过开放性实验，循序渐进思维培养，拓展学生思路，培养学生综合思维能力，采用自由发散的课程形式，只给定目标，以小组形式讨论形成解决方案，逐渐培养学生个性化处理思维，平台提供高度仿真能力，如图 7-47 所示。

图 7-47　开放性实验

以平台为载体，支持行业领先的科学研究，基于可编程、可拓展的车路协同原型实验平台，对车路协同下的信号控制、应急管理、运输管理等交通模式研究，如图 7-48 所示。

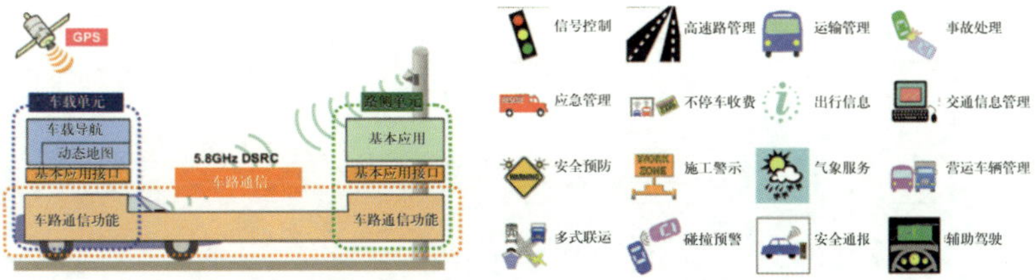

图 7-48　基于车路协同原型架构的交通模式研究

8 结　论

超大城市交通综合治理体系的建设，应以空间治理、数据治理、服务治理和制度治理为抓手，以更加多元的视角看待城市交通这一“技术—社会”复杂巨系统当中存在的问题，不断寻求制度建设、科技应用和管理模式创新。统筹利用交通大数据资源，既是实现超大城市可持续发展的基本原则，更是引领交通强国建设的必经之路。

大数据、云计算等信息技术的快速发展，给各行各业带来了巨大的变革潜力和创新空间，以大数据驱动城市交通治理能力现代化，实现交通与城市品质全面提升是行业共识。打造适用多场景决策需求、赋能各部门业务流程的面向城市交通治理的大数据计算平台，要求交通规划设计、运行管理、智能交通、计算机、系统工程等多专业融合，要求大数据融合与挖掘分析、交通监测、交通预测、交通仿真等多项关键技术研发、集成和系统整合，要求多线程协同，熟悉交通、城管、规划、交警、公路等多个部门的业务流程。这是一项极其复杂的系统性工程，迫在眉睫，且任重道远。

本书从交通和 IT 相融合的关键技术出发，依托国家重点研发计划，针对城市交通治理过程中，传统分析方法在认知表达能力、状态判断能力、秒级计算能力、平台开放能力上的短板，研究基于多源异构数据融合、精准刻画亿级交通实体及时空关联关系的知识图谱构建方法，面向交通运行状态控制和长期演化控制，研发实时动态推演算法、构建“云—边—端”协同的高性能计算平台，搭建可生长的开放式智能计算生态，为城市交通治理赋能。

本书系统总结国家重点研发计划实施过程中，攻克的科学问题即大数据与复杂性融合的城市交通数据分析理论，包括：①交通本体特征的精准识别和细粒度刻画；②个体实时高精度交通运行状态研判；③交通运行秒级推演与长期演化全链条敏捷评估能力；④智能计算平台的可拓展与定制化赋能。具体关键技术突破包括：

(1) 面向交通治理构建大数据驱动的交通运行认知和表达范式。基于亿级交通实体的属性、完整活动线索等多源异构数据构建知识图谱，实现人(行为画像)、车(全息轨迹)、路全要素提取；通过时空关系深度学习与对复杂场景理解，实现推演系统对真实世界运行和演化认知能力的突破。

(2) 面向城市交通复杂自适应系统，提出“状态迁移—演化态势”互动的治理思路。基于大数据宏观状态分析与微观因果模型的嵌套、大样本观测数据与小样本历史数据的关联映射，研判交通实时状态和演化过程两者间的下向因果、上向因果和同层因果关系；采用混杂系统理论协调系统演化进程中快慢变量的相互关系，打造“双脑引擎”。

(3) 面向交通治理，首次取得数据存储难题、检索及动态时空分析敏捷计算能力等方面的突破。提出云边端协同的弹性响应计算架构，针对亿级实体的多源异构融合、大规模并发计算、时空流式需求，构建高效存储与检索、动态时空分析敏捷计算技术体系。

(4) 提出开放式、模块化、可生长的平台建设与集成方法。兼容不同数据完备性和治理业务需求，通过治理业务单元、基准算法等开放，实现在线大数据并行计算能力、交通治理基础智能计算以及方案比选能力的共享，构建面向全行业赋能的开放治理生态。

本书通过大数据智能计算平台 TransPaaS 平台的建设，打造城市交通智能治理闭环，针对城市交通精细治理提出主动服务的全新模式。建立动态运行管理“实时评估—及时优化”与长期规划建设“跟踪评估—滚动调校”治理闭环，全面、客观、精准、及时把握城市交通系统运动规律。提取与主动评估交通运行生命体征预警及规划政策主动决策支持等技术，大幅提升交通运行的精细化管理水平和规划建设决策支持水平，赋能城市交通治理。主要创新如下：

(1) 基于对交通运行生命体征变化持续评估、问题诊断、态势研判和主动预警，建立主动决策支持的服务模式，将观测推演结论实时推送至交通部门，提升治理效率。通过动态 OD 估计、动态路径学习、车道级仿真、短时预测等技术，建立面向大规模路网的高性能实时在线仿真平台。针对现有信号管控模式适应性差、协同能力弱等问题，通过在线仿真预测车辆 OD、路径、流量和速度，适时制定动态协调控制等策略，指导智慧信控平台战术方案拟定，实现区域、走廊信号协调和单点信号优化。

(2) 通过规划政策主动评估和决策支持，将城市交通系统现状、设施规划、政策措施和运营组织全面数字化，为各利益相关群体的切身利益评估和反馈提供专业化平台工具 TransPaaS 云上智能规划平台，为全社会参与城市交通共治，分享成果赋能，提升城市交通治理能力现代化水平。

深圳交通中心依托以上理论研究、关键技术突破和城市治理模式创新，构建一个数据采集、数据治理、数据组织、数据计算、数据服务、数据安全于一体的智能计算平台，最终实现交通大数据资源的有效挖掘与利用；同时通过构建 TransPaaS 智能计算平台并以此为基础，建设了交通大数据平台和云上智能规划平台等，有效地支撑了全中心交通规划设计与研究业务再上新的台阶，使得研究成果的深度和数据分析的精度等方面均得以显著提升。

参 考 文 献

[1] 国家统计局. 中华人民共和国2020年国民经济和社会发展统计公报[EB/OL]. 2020-02-28. http://www.stats.gov.cn/tjsj/zxfb/202102/t20210227_1814154.html.

[2] 张燕,王婧. 大城市交通治理的复合策略研究[J]. 城市建设理论研究(电子版),2020(15):23.

[3] 邓晓翔,文军. 适应与替代:城市交通可持续转型的治理图景及应对策略[J]. 华东理工大学学报(社会科学版),2020,4:110-124.

[4] 杨旭东. 智能交通:城市拥堵治理的新路径[J]. 智慧中国,2020(5):64-66.

[5] 徐乐西,栾玉婷,曹越,等. 城市智慧交通管理大数据平台架构及设计探讨[J]. 邮电设计技术,2020(5):7-12.

[6] 中国信息通信研究院. 城市大数据平台白皮书[M]. 中国信息通研究院,CCSA TC601 大数据技术标准推进委员会,2019.

[7] 张豪杰. 城市交通大数据中心建设以及发展趋势[J]. 人民交通,2019(2):67-69.

[8] 张爱国,范文强,张迎娅. 云计算模型在智慧交通系统中的应用研究——以深圳市为例[J]. 城市交通,2019(3):48-52.

[9] 鲁彦平. 国家治理现代化与政策范式转型[J]. 行政与法,2015(2):12-17.

[10] 汪光焘. 城市交通治理的内涵和目标研究[J]. 城市交通,2018(1):1-6.

[11] 张晓春. 协同治理与品质提升——超大城市交通治理的思考[J]. 交通与运输,2018(5):1-3.

[12] 张晓春,邵源,孙超. 面向未来城市的智慧交通整体构思[J]. 城市交通,2018(5):1-7.

[13] 丘建栋,陈蔚,宋家骅,等. 大数据环境下的城市交通综合评估技术[J]. 城市交通,2015(3):63-70.

[14] 徐惠农,张晓春,林群. 深圳市交通综合治理实践经验[J]. 城市交通,2011(3):30-36.

[15] 翟霞. 传统关系数据库与大数据库技术[J]. 电子技术与软件工程,2019(12):168.

[16] 阿雷. 谷歌文件系统下一种基于实用网络编码的方法[D]. 武汉:华中科技大学,2012.

[17] 陈磊. 大数据处理系统性能及能耗优化方法的研究[D]. 北京:北京交通大学,2019.
[18] 张子妍. 大数据和云计算环境下的 Hadoop 技术研究[J]. 中国管理信息化,2017(13):177-179.
[19] 梅俊. Hadoop 核心技术及实例分析[J]. 信息技术与信息化,2019(10):85-86.
[20] 党引,吴旻荣,李强. 基于 HBase 的海量数据分布式序列存储策略优化[J]. 自动化技术与应用,2020(8):39-43.
[21] 黄伟建,宋园园. HBase 负载均衡分析及优化策略[J]. 微电子学与计算机,2016(4):125-128.
[22] 陈虹君. 基于 Hadoop 平台的 Spark 框架研究[J]. 电脑知识与技术,2014(35):8407-8408.
[23] 章仕锋,潘善亮. Docker 技术在微服务中的应用[J]. 电子技术与软件工程,2019(04):164.
[24] 杜军. 基于 Kubernetes 的云端资源调度器改进[D]. 杭州:浙江大学,2016.
[25] 徐增林,盛泳潘,贺丽荣,等. 知识图谱技术综述[J]. 电子科技大学学报,2016(4):589-606.
[26] 漆桂林,高桓,吴天星. 知识图谱研究进展[J]. 情报工程,2017(1):4-25.
[27] 段宏. 知识图谱构建技术综述[J]. 计算机研究与发展,2020(5):121-123.
[28] 邱胜海,王云霞,樊树海,等. 云环境下图数据库建模技术及其应用研究[J]. 计算机应用研究,2016(3):794-797.
[29] 于娟,黄恒琪,席运江,等. 基于图数据库的人物关系知识图谱推理方法研究[J]. 情报科学,2019(10):8-12.
[30] 李从凡. 基于图数据库的全国联网收费快速路径搜索和费率计算方法探究[J]. 中国交通信息化,2020(10):104-108.
[31] 屈新明,郭鹏,丘建栋,等. 基于图数据库的公交出行行为分析[J]. 智能城市,2019(13):20-22.
[32] 刘梅. 基于 docker 的持续集成及发布平台的设计与实现[D]. 沈阳:中国科学院沈阳计算技术研究所,2018.
[33] 赵再先,刘晓玲. 大数据时代"四阶段"交通模型体系技术升级方法[J]. 交通与运输,2019(S1):71-74.
[34] 褚浩然,郑猛,杨晓光,等. 出行链特征指标的提出及应用研究[J]. 城市交通,2006(2):64-67.
[35] 黄海军. 城市交通网络平衡分析:理论与实践[M]. 北京:人民交通出版社,1994.
[36] 王殿海,金盛. 车辆跟驰行为建模的回顾与展望[J]. 中国公路学报,2012(1):115-127.

[37] 李祖芬，于雷，高永，等. 基于手机信令定位数据的居民出行时空分布特征提取方法[J]. 交通运输研究，2016(1)：51-57.
[38] 丁鹏程，杨明，郑长江，等. 基于手机信令数据的城市通勤出行特征研究[J]. 交通科技与经济，2020(3)：29-34.
[39] 刘云舒，赵鹏军，吕迪. 大数据城市通勤交通模型的构建与模拟应用[J]. 地球信息科学学报，2021(7)：1185-1195.
[40] 潘嘉杰，丘建栋，张天怡，等. 基于 GPS 数据的货运特征分析——以深圳市为例[M]//中国城市规划学会城市交通规划学术委员会. 品质交通与协同共治——2019 年中国城市交通规划年会论文集. 北京：中国建筑工业出版社，2019.
[41] 何承，朱扬勇. 城市交通大数据[M]. 上海：上海科学技术出版社，2015.
[42] 郑健，邵源，安健，等. 超大城市交通治理关键问题及策略——以广东省为例[J]. 城市交通，2019(1)：36-44.
[43] Kavis Michaelj. 让云落地：云计算服务模式（SaaS、PaaS 和 IaaS）设计决策[M]. 成都：电子工业出版社，2016.
[44] Lucas Carlson，卡尔森，潘黎萍，等. PaaS 程序设计[M]. 北京：机械工业出版社，2015.
[45] 陈晓宇. 云计算那些事儿从 IaaS 到 PaaS 进阶[M]. 北京：电子工业出版社，2020.
[46] 索瑞斯 S. 大数据治理[M]. 北京：清华大学出版社，2014.
[47] 杨东援，段征宇. 透过大数据把脉城市交通[M]. 上海：同济大学出版社，2017.
[48] 段颖超. 城市交通大数据的地图可视化研究[D]. 北京：北京建筑大学，2016.
[49] 汪光焘，陈小鸿，叶建红，等. 城市交通治理现代化理论构架与方法初探[J]. 城市交通，2020(2)：1-14.
[50] 谢婷婷，李孔星. 用大数据推动湛江智慧城市建设[N]. 湛江晚报，2019-09-30. http://news. gdzjdaily. com. cn/zjxw/content/2019-09/30/content _ 2423635. shtml.
[51] 陈康贤. 大型分布式网站架构设计与实践[M]. 北京：电子工业出版社，2014.
[52] James Turnbull，特恩布尔，李兆海，等. 第一本 Docker 书[M]. 北京：人民邮电出版社，2016.
[53] 杨保华，戴王剑，曹亚仑. Docker 技术入门与实战[M]. 北京：机械工业出版社，2015.
[54] 宋家骅，王珣，金照，等. 品质提升背景下深圳智慧交通创新及实践[J]. 交通与运输，2019(S1)：148-153.
[55] 刘虹辰. 支持定制巴士　停车泊位可预约[N]. 2019-12-30. https://kuaibao. qq. com/s/20191230A0736D00?refer=spider.
[56] 张拴虎. 以汕头湛江为重要发展极打造现代化沿海经济带[N]. 2019-01-21.

https://theory.southcn.com/node_4274ee5d35/601ca7e827.shtml.
[57] 卢志民.依托大数据科学决策　打造高效交通体系[N].2017-10-18.http://news.gdzjdaily.com.cn/zjxw/content/2017-10/18/content_2248660.shtml
[58] 谢婷婷:多措出实招　发展迎利好[N].2019-01-18.http://news.gdzjdaily.com.cn/zjxw/content/2019-01/18/content_2351181.shtml.
[59] 庄立坚,丘建栋,李细细,等.道路交通运行指数在城市综合治理中的应用实践[J].交通与港航,2018(5):27-35.